Zu diesem Buch

Hoyerswerda, Saarlouis, Greifswald – diese und andere Ortsnamen sind zu Synonymen geworden. Sie stehen für eine neue Dimension der Fremdenfeindlichkeit in Deutschland, für eine Welle des Terrors, der sich indes nicht ausschließlich gegen die hier lebenden Ausländer richtet, sondern der den Fortbestand unseres Rechtsstaates bedroht. Wo Gewalt gegen Menschen mißbilligend in Kauf genommen wird, wo Brandanschläge, baseballschläger-schwingende Glatzköpfe und ausländerfeindliche Parolen gar auf offener Szene Beifall finden, dort hat sich jegliche Vernunft, dort hat sich Politik verabschiedet. «‹Ausländer raus›, das heißt im Klartext: Demokratie ade. Das gewollte Ende ohne Ausländer geht, wenn man es weiter denkt, einem Anfang voran, vor dessen Abschluß uns grauen muß.» (Irene Runge).

Seit den Ereignissen in Hoyerswerda und anderswo, seit der unwürdigen Odyssee jener sich in Sicherheit wähnenden Flüchtlinge, deren Flucht in Greifswald nicht etwa beendet war, sondern von neuem begann, ist die Angst zu einem prägenden Lebensgefühl im Alltag ausländischer Mitbürger geworden – gleich, ob sie hier Asyl suchen oder schon seit vielen Jahren mit uns leben, ob sie aus afrikanischen Ländern, dem Iran, der Türkei oder aus Jugoslawien kommen. Allen staatstragenden Beschwörungen zum Trotz: Deutschland ist ein ausländerfeindliches Land.

Dieser Band sucht mit Appellen, Analysen und den Berichten Betroffener eine Antwort auf die Frage, wie die deutsch-deutsche Form des Fremdenhasses entstanden ist und wie sich ihr gegensteuern läßt. Er macht darüber hinaus deutlich, daß es sich hierbei nicht allein um ein deutsches Problem, daß es sich vielmehr um ein europäisches und letztlich um ein weltweites Problem handelt, welches der sozialen, politischen und ökonomischen Welt(un)ordnung geschuldet ist: Die globalen Ungleichzeitigkeiten und Ungerechtigkeiten werden die «Migrationsströme» auch zukünftig «anschwellen» lassen. Die naivhumanitäre Forderung, alle Ausländer aufzunehmen, die hier um Aufnahme ersuchen, ist deshalb gegenwärtig sicherlich ebenso absurd wie der vielmündig-forsche – demokratiezersetzende (!) – Ruf nach einem Schutzwall gegen die Armen.

Die Autorinnen und Autoren dieses Bandes – Schriftsteller, Wissenschaftler und Politiker – wollen deshalb weder die Fremden idealisieren noch die Gesellschaft insgesamt kriminalisieren; ihr Ziel ist es vielmehr, eine von Irrationalismen und Verfälschungen durchtränkte Diskussion zu versachlichen und uns zur Vernunft zu bringen.

Hinweise zum Herausgeber, zu den Autorinnen und Autoren befinden sich am Ende des Bandes.

Bahman Nirumand (Hg.)

Angst vor den Deutschen

Terror gegen Ausländer und
der Zerfall des Rechtsstaates

Rowohlt

rororo aktuell
Herausgegeben von Ingke Brodersen

Redaktion Rüdiger Dammann / Frank Strickstrock

Originalausgabe
Veröffentlicht im Rowohlt Taschenbuch Verlag GmbH,
Reinbek bei Hamburg, Januar 1992
Copyright © 1992 by Rowohlt Taschenbuch Verlag GmbH,
Reinbek bei Hamburg
Alle Rechte vorbehalten
Umschlaggestaltung Büro Hamburg – Jürgen Kaffer / Peter Wippermann
(Foto: dpa / Weissflug)
Satz: Times (Linotronic 500)
Gesamtherstellung Clausen & Bosse, Leck
Printed in Germany
1080-ISBN 3 499 13176 5

Inhalt

Der europäische Schutzwall – Grenzen der Toleranz

Von deutscher Gastlichkeit

Vorwort

Im September 1985 schrieb ich in einem offenen Brief an Bundespräsident von Weizsäcker:

Allmählich werden hierzulande «Asylanten und Asylbewerber wie Erreger einer Seuche empfunden, die eine unheilbare Krankheit über das Land bringen und das deutsche Volk ins Unglück stürzen werden. ‹Rassenmischung ist Völkermord› wird auch wieder gerufen. Viele meinen heute, die ‹Seuche› müßte ausgerottet, verbrannt, vernichtet werden. Der Versuch, Asylantenzelte in Berlin zu verbrennen, ist ein Akt, der verbale Äußerungen mancher Politiker in die Tat umgesetzt hat. Hält diese Stimmung an, kann man sicher sein, daß sich folgenschwere Taten anschließen werden. (...) Glauben Sie nicht, Herr Bundespräsident, daß es an der Zeit wäre, die Stimmungsmacher zur Vernunft zu mahnen? Der Wahlkampf wird im Januar zu Ende gehen. Aber wie wird es um die Geister stehen, die in diesen Tagen wachgerufen werden? Wird es gelingen, sie wieder in die Schranken zu weisen?»

Ich weiß nicht, ob mein damaliger Brief dem Bundespräsidenten persönlich vorgelegt worden ist; ich erhielt jedenfalls keine Antwort. Auch die von mir erbetene Warnung blieb aus, die Geister von damals wurden nicht in Schranken gewiesen. Im Gegenteil, sie wurden immer dreister und mächtiger. Die verheerenden Folgen kennt man schon, allein innerhalb eines Jahres, zwischen dem Sommer 1990 und dem Sommer 1991, sind an die dreißig Ausländer in Deutschland ermordet worden.

Es ist nicht meine Absicht, hier ein Klagelied anzustimmen und zu berichten, was ein Flüchtling erleidet, wenn er gezwungenermaßen seine Heimat verläßt. Es liegt mir fern, Mitleid erwecken zu wollen. Ich möchte auch nicht näher ausführen, weshalb politischen Flüchtlingen, die, in welcher Form auch immer, unter Einsatz ihres Lebens der Tyrannei Widerstand geleistet haben, höchste Achtung gebührt. Und schließlich möchte ich darauf verzichten, zu begründen, warum Deutschland, trotz mancher Vorzüge, nicht nur für Flüchtlinge, sondern für Ausländer insgesamt kein Traumland ist. Vielleicht genügt der Hinweis auf die Tatsache, daß inzwischen nicht nur das Wort «Flüchtling» in Verruf geraten ist, sondern auch das Wort «Ausländer» schon wieder wie ein Schimpfwort klingt. Welcher Ausländer könnte hier unter diesen Umständen eine zweite Heimat finden?

Nein, dieses Vorwort soll nicht die Situation der Flüchtlinge in Deutschland schildern.

Es soll sich auch nicht an die Skinheads und ihre rechtsradikalen Schwestern und Brüder richten. Denn sie sind Ignoranten, die nicht wissen, was sie tun; sie sind auf beiden Ohren taub, und sie sind sprachlos. Ihre Sprache ist die Sprache der Gewalt. Sie sind Feiglinge, die sich nur dann stark fühlen, wenn sie Schwächeren begegnen. Sie schleichen sich im Dunkel der Nacht zu ungeschützten Flüchtlingsheimen, werfen ihre Brandsätze und Steine und stehlen sich davon.

Dieses Vorwort wendet sich auch nicht an die Schreibtischtäter, die im Gegensatz zu den Skinheads durchaus wissen, was sie tun, die Lügen in die Welt setzen, Zahlen manipulieren, Tatsachen verdrehen, Feindbilder aufstellen, Sündenböcke herbeizaubern, Haß schüren und das Feuer der Fremdenfeindlichkeit entfachen. Denn wenn zum Beispiel der Stadtrat von Hoyerswerda den Flüchtlingen, den Opfern der Gewalttaten, zum Vorwurf macht, sie hätten sich der deutschen Kultur, den hiesigen Verhaltensformen nicht angepaßt und damit ausländerfeindliche Gewalt geradezu provoziert; wenn der CDU-Fraktionsvorsitzende im Brandenburger Landtag die Terroranschläge als eine verständliche Reaktion der Bevölkerung deutet, als eine Reaktion auf die Verärgerung darüber, daß «kriminelle Handlungen von Asylbewerbern nicht bestraft und die betreffenden Ausländer nicht in ihre Heimat zurückgeschickt werden»; wenn das Bundesinnenministerium verfälschte Informationen verbreitet, die den Beweis liefern sollen, daß Ausländer eine Belastung darstellen, die allmählich für die deutsche Bevölkerung unzumutbar werde; und wenn schließlich manche Politiker und Journalisten von einer Flut, von einer Katastrophe reden, die Deutschlands Existenz bedrohe, dann tun sie dies bewußt, wohl wissend, daß ihre demagogischen

Worte und Schriften den Unwissenden, die mit Bäuchen voller Wut herumlaufen, als Argumente für ihre Gewalttaten dienen. Sie stellen den Gewalttätern praktisch einen Freibrief aus.

Das Vorwort wie auch die nachfolgenden Beiträge sollen sich vor allem an all jene richten, die in Passivität verharren, die Fremden gegenüber keinen Haß empfinden, die aber dennoch schweigen. Wie ist diese Passivität zu erklären? Wie ist es möglich, daß erst viele Wochen vergehen, zahlreiche Flüchtlingsheime in Brand gesteckt, Menschen totgeschlagen, aus dem Fenster geworfen, erstochen werden müssen, bis wenigstens eine kleine Minderheit in diesem Land sich rührt und zu dem Treiben nein sagt? Was die schweigende Mehrheit offensichtlich nicht registriert, ist, daß sich die Gewalttaten langfristig betrachtet nicht allein gegen Flüchtlinge und Ausländer richten. Denn wenn einmal die Lawine der Gewalt ins Rollen kommt und nicht früh genug von Dämmen des Widerstands aufgehalten wird, besteht die Gefahr, daß sie sich nicht nur an einer Minderheit austobt. Dies ist eine Lehre, die sich nicht zuletzt aus der deutschen Geschichte ziehen läßt. Ich möchte keine historischen Parallelen ziehen. Der Hitler-Faschismus bildet ein einmaliges Ereignis in der Geschichte, er war mehr als die Herrschaft der nackten Gewalt. Dennoch gibt es im heutigen Deutschland Momente und Situationen, die an jene unseligen Zeiten erinnern. Als damals die Juden abtransportiert wurden, haben viele weggeschaut und diesem Verbrechen keinen Widerstand geleistet. Und als alles vorbei war, als Millionen Juden verbrannt und umgebracht worden waren, wuschen alle ihre Hände in Unschuld. Dieselben Unschuldsbeteuerungen durften wir noch einmal nach dem Sturz des Stalinismus in der DDR erleben. Und was geschieht in diesen Tagen in Hoyerswerda, in Saarlouis, in Münster und anderswo?

Wann werden die Deutschen, die Gründe genug hätten, auf ihr Land stolz zu sein, endlich erkennen, daß die Demokratie sich nicht in der Akzeptanz des staatlichen Gewaltmonopols erschöpft, daß es nicht ausreicht, sich an den Buchstaben des Gesetzes zu halten. Eine Demokratie braucht eine zivile, eine couragierte Gesellschaft.

Wenn sich die Verantwortlichen in Deutschland mit einem manchmal geradezu obszönen Seitenblick auf die Wählerstimmen weigern, demonstrativ und mit allen ihnen zur Verfügung stehenden Mitteln gegen das Treiben der Rechtsradikalen vorzugehen und sich schützend vor fünf Millionen hier lebende Ausländer zu stellen, dann muß sich die zivile Gesellschaft rühren. Wenn im Nachbarland Frankreich Staatspräsident Mitterrand sich in die erste Reihe einer Massendemonstration gegen Rassismus und Fremdenfeindlichkeit stellt und in Deutschland Spitzenpolitiker zwar am Rednerpult im Bundestag ihr Bedauern über Gewalttaten äußern, jedoch dieses Bedauern mit einem «aber» und mit Argumenten ergänzen, die man anschließend in vereinfachter Form wieder aus dem Munde der Gewalttäter vernimmt, dann stimmt das nachdenklich, dann sind zivile Tugenden gefordert.

Dies schreibt jemand, der aus einem Land stammt, in dem schon seit Jahren die pure Barbarei herrscht, jemand, der sich dieser Barbarei widersetzt hat und aus diesem Grund in der Bundesrepublik weilen muß. Vielleicht ist gerade den Verfolgten, die zumeist aus Ländern der sogenannten Dritten Welt stammen und die man hierzulande gewöhnlich als «Scheinasylanten» diffamiert, der Zugang zu der Erkenntnis leichter, daß die Zivilisation, die in Westeuropa mit Recht hochgepriesen wird, nicht nur aus Wohlstand, dicken Leibern und der Befriedigung immer abseitigerer Konsumwünsche besteht. Die Zivilisation muß und kann sich in erster Linie allein in humanem Verhalten, in menschlicher Solidarität und in wahrhaft kultiviertem Dasein äußern. Daß im Jahre 1991 in einem Land, das sich seiner aufklärerischen Tradition rühmt, das auf Heine und Tucholsky, auf Walter Benjamin, auf die Geschwister Scholl, auf Heinrich Böll zurückblickt, Menschen ermordet und verbrannt werden, weil sie eine andere Hautfarbe haben, eine fremde Sprache sprechen, in einer anderen Kultur aufgewachsen sind, ist eine beschämende Tatsache, die nicht damit wettzumachen ist, daß die Menschen hier die Möglichkeit haben, im Winter Erdbeeren und zum Frühstück russischen Kaviar zu essen.

Ich möchte noch einmal betonen, daß die Barbarei der letzten Monate sich nicht allein gegen die Flüchtlinge im besonderen und gegen die Ausländer im allgemeinen richtet. Sie ist ein Angriff auf die zivile Gesellschaft. Denn es bedarf wohl keiner besonderen Intelligenz, um zu erkennen, daß Deutschland ohne die hier lebenden Ausländer nicht nur ein ödes, langweiliges und sicherlich auch für viele Deutsche unerträgliches Land wäre. Wenn die fünf Millionen Ausländer dieses

10

Land tatsächlich verließen, würde Deutschland auch einen nicht wiedergutzumachenden ökonomischen Schaden erleiden. Denn Ausländer schaffen hier nicht nur den Müll weg, wie manch Wohlmeinende, die für uns um Verständnis werben wollen, behaupten. Hier gibt es hunderttausende ausländische Ärzte, Ingenieure, Architekten, Wissenschaftler, Techniker, Künstler, Schriftsteller und zahlreiche Unternehmer, die Werte und auch Arbeitsplätze schaffen, Dienste leisten, am Aufbau und an der Erhaltung der Gesellschaft teilhaben. Und sie zahlen wohlgemerkt Steuern und Rentenbeiträge, weit mehr als sie selbst in Anspruch nehmen. Selbst die deutsche Einheit wird bekanntlich von Ausländern mitfinanziert. Machen wir doch eine einfache Rechnung: Ziehen wir von den Abgaben, die Ausländer an den deutschen Staat leisten, die Ausgaben ab, die sie tatsächlich verursachen, mitsamt dem, was die Flüchtlinge und Asylbewerber den Staat kosten, dann wird jeder, der rechnen kann, mit Leichtigkeit nachweisen können, daß der deutsche Staat den Ausländern noch eine ganze Menge schuldig bleibt. Berücksichtigt man darüber hinaus den Anteil der ausländischen Arbeiter am deutschen Wirtschaftswunder sowie all die Gewinne, die die deutsche Wirtschaft gerade aus jenen Ländern erzielt, aus denen die meisten Flüchtlinge kommen, dann müßte jeder, der über die Kosten der Flüchtlinge und die Anwesenheit der Ausländer klagt, vor Scham erröten.

Ich denke also nicht, daß es ökonomische Gründe sind, die zu den fremdenfeindlichen Gewalttaten, zu dem Haß gegen Ausländer geführt haben. Es geht offenbar eher um die Erhaltung eines verkrusteten Weltbilds, um jene Vorstellung von deutscher Kultur, von deutschem Wesen, das rein bleiben und von der Gefahr eines «Durchrassens» verschont werden soll. Eine solche Gefahr stellen letztendlich nicht nur Ausländer dar, sondern auch jene Deutsche, die sich dieses Weltbild nicht zu eigen machen wollen.

Gerade diese sind nun gefordert, Mut zu zeigen, Farbe zu bekennen und all die Verkrustungen aufzubrechen, die den offenen, freien Austausch der Kulturen verhindern und das unbeschwerte, phantasievolle, beglückende Zusammenleben der Völker ständigen Verhärtungen aussetzen. Wir müssen die Ängste, die die Menschen sowohl im Westen als auch im Osten Deutschlands plagen, ernst nehmen. Doch wir sollten auch jene Irrationalismen, die diese Ängste und den damit verbundenen Haß erzeugt haben, offenlegen. Es geht jetzt, meiner Ansicht nach, darum, die Lüge von der Wahrheit, Manipulation von Aufklärung und Verfälschungen von sachbezogenen Informationen zu unterscheiden. Das ist auch die Intention dieses Bandes. Er enthält Beiträge von Schriftstellern, Soziologen, Psychologen, Politikern und Juristen, die verschiedene Aspekte der Fremdenfeindlichkeit, ihre Gründe und Hintergründe darstellen. Für ihr Mitwirken möchte ich den Autorinnen und Autoren, den Mitarbeiterinnen und Mitarbeitern des Rowohlt Verlages Dank sagen.

Das lodernde Feuer der Ausländerfeindlichkeit in der Bundesrepublik hat in der Öffentlichkeit eine allgemeine Debatte über Deutschland, die Deutschen und ihr Verhältnis zu fremden Menschen und Kulturen ausgelöst. Es besteht nun die Gefahr, daß diese Debatte wie viele aktuelle Themen von den Medien abgewürgt und die Ausländerfeindlichkeit von der Flut neuer Nachrichten ins Alltägliche geschwemmt wird. Das wäre allerdings nicht nur für die hier lebenden Ausländer eine fatale Entwicklung, sondern noch viel mehr für die Deutschen selbst.

Bahman Nirumand

Der neue Rassismus –
eine Welle der Gewalt

Hans Magnus Enzensberger

Über einige Besonderheiten
bei der Menschenjagd

Wer sich in die politischen Diskurse der deutschen Öffentlichkeit ein-
mischt, der tut es auf eigene Gefahr. Abschreckend wirken weniger
die moralischen Verdächtigungen, die auf diesem Felde gang und
gäbe sind. Sie können sich auf eine lange Tradition berufen und gehören zur publizistischen Normalität. Gravierender sind die intellektuellen Risiken, die jeder eingeht, der sich an einer Mediendebatte beteiligt. Fast immer wird er, kaum daß er seinen Beitrag abgeliefert
hat, dümmer aussehen als zuvor. Nach dem Grund braucht er nicht
lange zu suchen: Wer sich auf die Prämissen des jeweiligen Talkma-
sters einläßt, ist schon verloren. Selber schuld! Denn es ist wahrlich
kein Geheimnis, woher die Sprachregelungen kommen, denen die
Teilnehmer sich mehr oder weniger freudig unterwerfen.

Es hat sich in den Parteizentralen seit Jahren herumgesprochen,
daß die Besetzung von Begriffen strategisch ebenso wichtig ist wie die
Verfügung über den Apparat. Man muß das Geschick bewundern,
mit dem sich die politische Klasse, der nichts ferner liegt als ein Gedanke, diesen Gedanken zu eigen gemacht hat. Daß die politische
Auseinandersetzung immer mehr zum Medienphantom wird, ist eine
der Folgen; sie verdampft im Fernsehen, und zwar dort, wo das Fernsehen am ödesten ist: Man glaubt, den Bericht aus Bonn vor sich zu
haben. An solchen Vorgaben ist auch die oppositionelle Rede fixiert:
Sie begnügt sich damit, die Parolen des Gegners auf den Kopf zu stellen.

Nirgends tritt dieses plumpe Schema deutlicher hervor als in der

«Ausländerpolitik» und in der «Asyldebatte». Schon diese Formulierungen sind ganz offensichtlich auf dem Bonner Mist gewachsen. Die Politiker haben es aber auch dahin gebracht, daß der Streit auf zwei Feldern ausgetragen wird, die sich je nach Bedarf beliebig miteinander vertauschen lassen: Einerseits wird eine abstrakte, moralisierende Grundsatzdiskussion angezettelt, andererseits kann man sich jederzeit auf juristische Verfahrensfragen zurückziehen, sobald es um die Praxis geht. Bei dieser Rochade bleiben durchaus elementare, durchaus naheliegende Fragen auf der Strecke, die zu stellen offenbar nicht im Interesse der Veranstalter liegt.

Eine solche Frage möchte ich hier aufwerfen, auch wenn sie für das Problem der Großen Wanderung gar nicht zentral ist. Es geht dabei immerhin um Leben und Tod derer, die, mit welchem Paß, mit welchem Stempel, mit welcher Begründung auch immer, bereits in diesem Land leben. Es geht, mit einem Wort, um die Bewohnbarkeit der Bundesrepublik. Nicht bewohnbar nenne ich eine Gegend, in der es beliebigen Schlägerbanden freisteht, beliebige Personen auf offener Straße zu überfallen oder ihre Wohnungen in Brand zu stecken.

Von der Frage, wer als Deutscher gelten soll und wer nicht, kann man dabei durchaus absehen, wenigstens solange sie nicht dadurch entschieden wird, daß die einen in normalen Kleidern herumlaufen, während die anderen per Gesetz dazu gezwungen werden, sich irgendwelche Winkel, Kreuze oder Sterne anzuheften. Da bisher solche Gesetze von keiner Seite vorgeschlagen worden sind, ist die Unterscheidung von In- und Ausländern in diesem Zusammenhang belanglos, und es ist, in diesem Zusammenhang, überflüssig, den Status des Ausländers sentimental zu verklären, etwa mit der beliebten und lügenhaften Behauptung, die derzeit von Hinz und Kunz aufgestellt wird: «Ich bin ein Ausländer.»

Wie schon der flüchtigste Blick auf Hinz und Kunz lehrt, sind Nervensägen und Schwindler, Rüpel und Idioten unter der einheimischen Bevölkerung mit derselben statistischen Frequenz anzutreffen wie unter Türken, Tamilen und Polen. Das gewaltlose Zusammenleben mit ihnen ist eine Zumutung, die in der Zivilisation ausnahmslos jedermann zuzumuten ist. Wer sie nicht ertragen will, muß notfalls dazu gezwungen werden. Nicht zumutbar ist hingegen die Anwesenheit von Leuten, die sich auf die individuelle oder organisierte Menschenjagd begeben.

Diese einfache Unterscheidung hat mit der sogenannten Ausländerproblematik nichts zu tun. Es geht dabei auch nicht um irgendwelche Regelungen für irgendwelche Asylverfahren, geschweige denn um das Elend der Dritten Welt oder um den ubiquitären Rassismus. Es handelt sich vielmehr um das Gewaltmonopol, das der Staat für sich in Anspruch nimmt.

Nun kann man den diversen Regierungen dieser Republik allerhand vorwerfen, aber daß sie jemals gezögert hätten, von diesem Monopol Gebrauch zu machen, wenn es bedroht schien, kann ihnen niemand nachsagen. Ganz im Gegenteil, die Exekutive ließ es in dieser Hinsicht nie an Eifer fehlen. Bundesgrenzschutz, Geheimdienste, Sicherungsgruppen, Mobile Einsatzkommandos, Landes- und Bundeskriminalämter waren stets zur Stelle mit Hard- und Software von der Rasterfahndung bis zur Hubschrauberstaffel, vom Phantombild bis zum Schützenpanzer. Und auch die Legislative hat nicht geschlafen. Sie hat, bis zur Bedenkenlosigkeit beherzt, juristisches Neuland betreten, vom Konstrukt der kriminellen Vereinigung bis zum Kontaktsperre-Gesetz. Seitdem verfügt der Rechtsstaat über ein geradezu schreckenerregendes Arsenal von Möglichkeiten, sich vor seinen Widersachern zu schützen.

Von keinem dieser Mittel ist in den vergangenen Monaten auch nur der geringste Gebrauch gemacht worden. Auf das massenhafte Auftreten von Schlägerbanden in beiden Teilen Deutschlands hat der Apparat der Repression, von der Polizei bis zu den Gerichten, mit einer bis dahin unerhörten Enthaltsamkeit reagiert. Verhaftungen waren die Ausnahme; wo sie vorgenommen wurden, hat man die Täter so gut wie immer am nächsten Tag auf freien Fuß gesetzt. Bundesanwaltschaft und BKA, einst vor Eifer, Schaden vom deutschen Volk zu wenden, durch die Medien hechelnd, halten still, als hätte man sie in den einstweiligen Ruhestand versetzt. Der Bundesgrenzschutz, der noch vor wenigen Jahren jede zweite Straßenkreuzung besetzt hielt, ist wie vom Erdboden verschluckt.

Was die Politiker betrifft, so sind viele von ihnen in einer ziemlich neuen Rolle aufgetreten, nämlich als Sozialhelfer. Ihre therapeutischen Bemühungen galten nicht den Gejagten – die wurden mit rhetorischen Karamelbonbons abgefunden –, sondern denen, die sich auf die Menschenjagd spezialisiert hatten. Dabei kamen bedauerliche Mängel des Schulwesens, vor allem in der ehemaligen DDR, zur Sprache; es wurde um Verständnis für das schwere Los der Arbeitslosigkeit gerungen; als mildernder Umstand kam, neben der Unreife der Totschläger, ihre kulturelle Desorientierung in Betracht. Man habe es alles in allem mit armen Schweinen zu tun, denen mit pädagogischer Geduld begegnet werden müsse. Von derart unterprivilegierten Personen könne man schließlich nicht ohne weiteres die Einsicht erwarten, daß das Verbrennen von Kindern, strenggenommen, nicht statthaft ist. Um so dringender müsse auf das mangelhafte Freizeitangebot hingewiesen werden, das den Brandstiftern zur Verfügung stehe.

Ein so inniges Verständnis für die Täter verwundert, wenn man sich an die Bilder von Brokdorf und von der Startbahn West erinnert. Damals schien den Verantwortlichen die Lösung nicht im raschen Ausbau von Diskotheken und Jugendheimen zu liegen; offenbar war der einwandfreie, kostenlose Zugang zum Paradies der Freizeit in den siebziger Jahren noch nicht zum unveräußerlichen Menschenrecht avanciert. Es wurde im Gegenteil kräftig zugeschlagen, getreten und geschossen, und ein paar Tote hat die Staatsgewalt, wenn ich mich recht erinnere, dabei durchaus in Kauf genommen.

Sollte ihr plötzlicher Sinneswandel einer Bekehrung zu verdanken sein? Seit der Aufklärung hat es immer wieder Menschenfreunde gegeben, die uns versichert haben, das Strafrecht sei ungeeignet zur Lösung gesellschaftlicher Probleme. Das ist, angesichts der Zustände in den Knästen und der hohen Rückfallquote, kaum zu bestreiten, auch wenn uns die Reformer eine überzeugende Alternative schuldig geblieben sind. Wie dem auch sei, die rätselhafte Wendung des Staatsapparats zur verständnisvollen Nachsicht für Totschläger läßt sich auf diese Weise nicht erklären. Ladendiebe und Bankräuber, Hochstapler und Defraudanten, Terroristen und Erpresser werden verknackt wie eh und je; für die Abschaffung des Strafgesetzbuches oder auch nur für eine durchgreifende Reform des Strafvollzugs ist bisher keine Regierungspartei eingetreten. Wir sind also auf andere Deutungen angewiesen, wenn wir die rätselhafte Differenz zwischen Verfolgungseifer auf der einen und *Laisser-faire* auf der anderen Seite verstehen wollen.

Möglicherweise hängt die Intensität des Einschreitens von den Rechtsgütern ab, die das Gesetz zu schützen hat. In den genannten Präzedenzfällen ging es um das Privateigentum an Immobilien, um das Recht, Flughäfen zu erweitern, Autobahnen zu bauen und Atomanlagen aller Art zu errichten. Bei den Überfällen und Brandstiftungen der letzten Monate hingegen stand das Leben von einigen tausend Bewohnern des Landes auf dem Spiel. Offenbar halten die staatlichen Instanzen Mord und Totschlag für eine bloße Ordnungswidrigkeit, die Beseitigung eines Zaunes hingegen für ein Schwerverbrechen.

Natürlich läßt der Sachverhalt auch noch andere Deutungen zu. Schwer zu glauben, aber nicht ganz auszuschließen, daß es Politiker gibt, die mit den Mordbanden, die bei uns unterwegs sind, sympathisieren; schon etwas näher liegt die Vermutung, daß viele der Menschenjagd ungerührt zusehen, weil sie sich einbilden, daß eine solche Haltung politisch vorteilhaft sein könnte.

Natürlich glaubt man ungern an ein solches Maß von Idiotie, und nur das Fehlen anderer, plausiblerer Erklärungen berechtigt dazu, es ins Auge zu fassen. Eines sollte indes auch der Dümmste begreifen, nämlich daß der Verzicht auf das Gewaltmonopol des Staates Folgen hat, die für die politische Klasse selber keineswegs harmlos sind. Eine dieser Konsequenzen ist die Notwendigkeit der Selbstverteidigung. Wenn der Staat sich weigert, sie zu schützen, werden sich bedrohte Einzelpersonen oder Gruppen aus Gründen der Notwehr bewaffnen müssen. Für den notwendigen Nachschub wird der internationale Handel mühelos sorgen. Sobald sich die Gegenwehr ihrerseits hinreichend organisiert hat, kommt es zu förmlichen Bandenkriegen, eine Entwicklung, die in Großstädten wie Berlin und Hamburg bereits zu beobachten ist. Politisch kann das zu Verhältnissen führen, wie Deutschland sie gegen Ende der Weimarer Republik erlebt hat.

Zum andern dürfte sich der massenhafte Straßenterror, wenn er folgenlos bleibt, früher oder später auch gegen die politische Klasse wenden. Bekanntlich gibt es keinen lückenlosen Personenschutz, und es wäre eine Illusion, zu glauben, daß die gesamtdeutschen Rollkommandos die väterliche Milde, die ihnen mancherorts entgegengebracht wird, auf die Dauer erwidern würden. Eine solche Toleranz, die stets den Tätern, nie den Opfern gilt, zeugt von einem überdurchschnittlichen Sinn für Kontinuität. Manchem Politiker fällt es offensichtlich schwer, sie aufzukündigen. Das läßt verschiedene Schlüsse zu, unter denen aber nur ein einziger überrascht: Der Selbsterhaltungstrieb dieser Personen ist, wie die Fabel lehrt, weniger ausgeprägt, als man gemeinhin denkt.

Freimut Duve

Terror in Deutschland

I. In Deutschland haben Nacht um Nacht Menschen Angst. Sie leben im Terror des ungeschützten nächtlichen Schlafraums. Seit Hoyerswerda sind Brandanschläge zur Methode geworden im zweitgrößten Industriestaat der Welt. Flüchtlinge und Vertriebene sollen erneut flüchten und vertrieben werden.

Brandsätze in der Nacht, Schlagwörter am Tag. Auch Sätze können brennen, Wörter können schlagen. Zuerst brennen die Sätze im Kopf und in der Seele, nicht im Möbelholz oder im Bettzeug. Aber sie können Fanfaren sein zum glühenden Brandsatz, zum heimtückischen Totschlag. In der Nacht vom siebten auf den achten November 1991 wurden mehrere Brandsätze in die kleine Änderungsschneiderei des Iraners Mahmat Geraky am Winterhuder Weg in Hamburg geworfen. Unbekannte hatten zuerst eine Scheibe eingeschlagen und dann brennende Papierfetzen in das Haus aus Holz geworfen. Zweieinhalb Wochen zuvor hatte der Schneider einen Brandbrief erhalten: «Du Ausländerschwein wirst nicht lange hierbleiben.» Erst Anfang August hatte er sich die kleine Werkstatt eingerichtet.

Brandbriefe? In Grimms Wörterbuch heißt es: Literis incendium minari: Brandbriefe ins Haus werfen, eine sehr alte Methode. Brandbriefe waren in Norddeutschland Branddrohungen per Handschreiben. In Hamburg wird ein solcher Brief zum erstenmal 1514 erwähnt. Die makabren «Brandbriefe» behalten bis ins neunzehnte Jahrhundert ihre Bedeutung. Bayern hatte schon 1396 einen «Brandbrief» ganz anderer Art erlassen, eine Verordnung gegen die gefährlichsten Feinde der mittelalterlichen Stadt, die Brandstifter. Es gab auch

«Brandbriefe», mit denen Geld gesammelt wurde, für Brandopfer. Auch für den persischen Schneider wird in Hamburg spontan Geld gesammelt. Er hatte sich nach dem ersten Brandbrief an die Polizei gewandt, die ihn damals beruhigte: Die kritzelige Kinderschrift deute auf einen Kinderstreich.

Ein Reporter hört von einem Handwerker in der Nähe der ausgebrannten Schneiderei, der am Morgen danach den Satz gesagt haben soll: «Hoffentlich ist der Kerl gleich mit verbrannt.» Für einen solchen Satz, der die Gewalt verherrlicht und die Opfer schmäht, wäre in den siebziger Jahren ein gerichtliches Verfahren angestrengt worden. «Die Verherrlichung von Gewalt» ist strafbar, die Verharmlosung von Gewalt wurde damals zum gesellschaftlichen Skandal. Am 7.4.1977 waren der Generalbundesanwalt Buback, sein Fahrer und ein Polizist ermordet worden. Vierzehn Tage später hatte ein anonym gebliebener Autor einen Text unter dem Pseudonym «Mescalero» in den Göttinger Nachrichten des ASTA veröffentlicht, in dem er oder sie zugab, «klammheimliche Freude» über diese Ermordung empfunden zu haben. Nach der Trauer über den dreifachen Mord kam es nun zu verständlicher Empörung – und zu staatlichen Maßnahmen. Über zwei Jahre ziehen sich Prozesse gegen Dutzende von Hochschullehrern und Intellektuellen hin, die alle die Meinung kundgetan hatten, der Artikel fünf des Grundgesetzes schließe das Recht ein, auch einen solchen Text zu veröffentlichen. Am Ende wurden die Trotz-Herausgeber freigesprochen.

Die politischen Morde und Mordanschläge der siebziger Jahre hatten dieses Land drastisch verändert. Es gab neue Gesetze, es gab Sondereinheiten der Bund- und Länderpolizeien. Einige wenige Terroristen und Hunderte von Sympathisanten hatten damals das Land aufgewühlt. Und peinlich genau wurden alle Publikationen daraufhin strafrechtlich geprüft, ob irgendwo Verständnis oder gar Sympathie mit den Tätern der RAF zu erkennen war. Was wäre geschehen, wenn es in den siebziger Jahren in solcher Fülle Nacht um Nacht Anschläge auf die Wohnhäuser von Deutschen gegeben hätte?

II. George Steiner, einer der großen Kulturkritiker unserer Zeit, hat aufmerksam gemacht auf die schwere Beschädigung der modernen Sprache des 20. Jahrhunderts; er spricht von der «Vergewaltigung der Sprache». Irgendwann, schon vor dem ersten Mord an zwei Vietnamesen in einem Hamburger Ausländerheim am 22. August 1980, irgendwann ist das Wort von den Asylanten erfunden worden. Jürgen Link hat dazu eine erste Untersuchung vorgelegt. Das Wort ist buchstäblich aus Behörden in die Zeitungen und damit in unseren Sprachgebrauch gerutscht*, mitsamt all seinen mörderischen Variationen: Scheinasylant, SPD-Asylant (Volker Rühe). Es hat dann mehr und mehr die Funktion eines Ventils übernommen für ein ganzes Bündel von Haß und Unerträglichem, und es diente zugleich als Ventil für die Verunsicherung der Menschen in einem als dramatisch empfundenen Zeitbruch zwischen den achtziger und neunziger Jahren. Alfred Dregger hat vor einigen Jahren den absurd richtigen Satz gesagt: «Nicht alle Menschen der Welt können bei uns Platz finden.»

Global denken und lokal handeln! Das war einst der Leitsatz der Friedens- und Ökologiebewegung. In einer geradezu perversen Umstülpung dieses Gedankens sind in jüngster Zeit lokale Brandanschläge und Terroraktionen gegen Ausländer bei uns als Reaktion auf ein «Weltproblem» auf «Verständnis» gestoßen. Dabei wurden die Maßstäbe des Rechtsstaates, in dem nichtstaatliche Gewaltanwendung unter keinen Umständen erlaubt ist, in erschreckend kurzer Zeit auch von führenden Politikern beiseite geschoben. Erinnern wir uns.

Der Chef der Treuhand wurde aus dem Dunkel ermordet, als er im hellen Fenster seines Hauses von außen zu sehen war. Im Entsetzen über die Heimtücke und in der Trauer um das Opfer, im Mitgefühl mit den Angehörigen wäre niemandem eingefallen, als Antwort auf Rohwedders Ermordung von einer Reform der Treuhand zu reden. Kein Gedanke daran, in irgendeiner Form den Tätern nachträglich zuzubilligen, daß sie vielleicht irgendeinen globalen, aberwitzigen subjektiven Grund hatten, ihr Opfer zu hassen. Ein solcher Gedanke verbietet sich nicht allein aus Scham und Anstand, sondern auch aus Demokratie-Räson. Unsere Grundphilosophie lautet: Niemand darf irgendein Ziel mit Gewalt zu erreichen versuchen. Fast (!) jedes Ziel darf nur über die streitbare öffentliche Aus-

* Jürgen Link, Sympathisanten – ein Schimpfwort, in: Kein Asyl bei den Deutschen, Reinbek 1986, S. 55 ff.

einandersetzung angestrebt werden. Von diesem gewaltfreien Streit ausgenommen bleiben allerdings die Grundrechte der Verfassung. Sie stehen nicht zur Disposition.

Die terroristische Gewalt gegen Schlafräume, in denen sich nichtdeutsche Familien aufhalten, die offene Gewalt in Bahnen und Bussen gegen «ausländisch» aussehende Mitreisende und deren spontane Beschützer ist in den letzten Wochen vor allem im deutschen Bundestag sowie in unzähligen Kommentaren in einem geradezu verfassungsfeindlichen Kontext diskutiert worden. Die terroristische Gewalt wurde vom Innenminister zwar entschieden verurteilt, dies aber stets im Zusammenhang mit der Diskussion über das Asylrecht und über eine Änderung der Verfassung. Im Bundestag ist eben in diesem Geiste mehr über die Angst der Deutschen vor Asylsuchenden als die über die Angst vieler Ausländer vor Mordanschlägen gesprochen worden. Der Staat hat also eilfertig den mordbereiten Tätern das Signal zukommen lassen (ob bewußt oder fahrlässig, ist leider zweitrangig): Wir haben euren Haß verstanden, wir treten in die Verfassungsdebatte ein. Der inzwischen in den Fraktionsvorsitz der CDU/CSU gewechselte Innenminister des deutschen Verfassungsstaates schien die Gefahr nicht zu sehen. Die gefährliche Wirkung auf die Demokratie, die dieses Verhalten auslöst, könnte weit über die Gefährdung der bedrohten Menschen hinausgehen.

Pogrome beginnen im Kopf, hat mein Kollege Hirsch im Bundestag gesagt. Die Gewaltakte mißbilligend in Kauf genommen haben Tausende, die weggucken. Das wurde ihnen leichtgemacht, weil auch die Bundesregierung intensiver über das Problem, das die Opfer darstellten, sprach als über den Skandal der Täter. Da ist die Substanz des demokratischen Rechtsbewußtseins beschädigt worden.

Potentielle Opfer dieses neuen Terrors sind beileibe nicht nur Asylbewerber (sie in vorderster Linie), sondern alle ungeschützten «ausländisch» aussehenden Menschen in unserem Land. Potentielle Opfer sind inzwischen auch die vielen Deutschen, die sich schützend vor Asylbewerber oder vor Angegriffene in Bussen und Bahnen stellen. Hier droht die zweite dramatische Folge der falschen Verquikkung von Gewalt und Asylrecht: Plötzlich fangen andere an, sich mit Gewaltmitteln gegen mögliche Angriffe zu schützen. Solche Gewalt ist wie das Feuer der Brandsätze: sie lodert weiter.

Nein, die Polizei kann nicht alle Bedrohten schützen. Das konnte sie auch nicht in den siebziger Jahren – vor der RAF –, trotz des gigantischen Aufgebotes, das damals plötzlich nötig schien und möglich war. Wir wollen keinen Polizeistaat, weder damals noch heute. Aber den Einsatz der staatlichen Mittel gegen die bekannten Täter und Gruppen, die Beobachtung der klammheimlichen und stramm-öffentlichen rechtsextremen Szene, die deutliche Information über all jene Organisationen, die diesem Terror Vorschub leisten oder ihn gar begrüßen.

Die unmittelbar gefährdeten Unterkünfte der Asylbewerber müssen direkt geschützt werden. Und was die Polizei nicht leisten kann, das müssen wir Bürger alle gemeinsam schaffen: eine Schutzkultur um die Bedrohten und die sich bedroht Fühlenden. Die Polizei ist überfordert, wenn sie auch noch die vielen Spielarten des inneren Unfriedens und die latente Gewaltbereitschaft in den Griff bekommen sollte. Sie kann Menschen vor Gewalt schützen, sie kann Menschen aber nicht vor Haß schützen, das müssen wir selbst tun, das muß die Schutzkultur unserer öffentlichen Demokratie leisten. Vereinzelte Schutzgruppen haben sich verängstigter Asylbewerber angenommen. Tapfer ist bedrohtes Obdach geschützt worden.

Die Bedrohten hingegen zu nutzen für die eigene These vom «faschistischen Staat» oder gar der angeblich rechtsradikalen Polizei, das wäre ein weiterer Bruch des inneren Friedens. Der Gewalt der Brandwerfer kann nur die Polizei begegnen. Beim Schutz der Ausländer vor der Gewalt und vor Haß geht es nicht darum, die Welt in gute und schlechte Menschen einzuteilen – gemäß dem Motto «Alle Deutschen sind schlecht und alle Nichtdeutschen gut» (oder umgekehrt). Das entspräche der Denkart der Rassisten jedweder Couleur. Es geht um die radikale Ächtung der terroristischen Gewaltleute. Es geht um das Erkennen der bewußten oder unbewußten Biedermännerei. Aber es geht auch darum, eine perfide Strategie öffentlich zu machen, die bewußt die Gewaltakte in die Asyldebatte hineinreibt. Zornig werden über nichtdeutsche Zuhälter und über kurdische Drogendealer, diskutieren über die üblen Tricks von jugoslawischen Hütchenspielern? Natürlich. Aber gibt es legitimierbare Mordgewalt gegen Hütchenspieler?

Wir sind im Kern des ältesten Kulturproblems: die Fremden. Da werden mit Statistik oder mit Einzelgeschichten Kollektivängste gegen vermeintliche Kollektive geschürt, die gar keine sind. Das Kollektiv der «Ausländer» gibt es nur in unserem inländischen Kopf. Das Kollektiv der Flüchtlinge gibt es nur in den Köpfen und in den Akten. Was hat eine Bahai-Familie aus dem Iran zu tun mit einem kroatischen Ehepaar, das der Zerstörung seines Dorfes entflohen ist. Kommen wir um Himmels willen zurück von den abstrakten Begriffen zu den wirklichen Menschen, die bei uns und hoffentlich mit uns leben.

Die große Mehrheit der Deutschen lehnt die Mordtaten und die terroristischen Gewalttäter ab. Zugleich fühlt die Mehrheit eine neue Fremdheit im eigenen Land, die viele Ursachen hat. Eine davon ist der schwierige Prozeß, zu akzeptieren, daß Deutschland faktisch längst zum Einwanderungsland geworden ist, daß die «Gastarbeiter» keine Kurzfristbesucher mit begrenztem Landgang waren, sondern bereits in der zweiten Generation hier leben.

Über all das können wir reden. Nicht reden können wir über die klammheimliche Biedermännerei, die auf Brand und Mord eine Verfassungsdebatte stützen möchte.

III. Nach Artikel 1 unserer Verfassung muß der Staat bedrohte Menschen mit staatlicher Gewalt schützen. Wo seine Vertreter erkennen lassen, daß sie die Gewaltsignale als Teil einer Problemlösung sehen, wird die Arbeit der Polizei unmöglich. Auch wer völlig unterschiedliche Auffassungen über das Asylrecht hat, muß sich dem Pakt gegen Gewalt und Haß anschließen. Sonst ist der innere Frieden nicht wiederherzustellen. Denn Asylgesetzgebung betrifft die Art, wie wir mit Menschen umgehen, die morgen und übermorgen zu uns kommen, oder aber – wie die politische Rechte hofft – wie sie draußen gehalten werden können. Der allnächtliche Terror trifft Menschen, die schon bei uns sind, der alltägliche Haß trifft Menschen, die ihr ganzes Leben mit uns leben, betrifft unsere Mitbürger. Wer also über die Weltflüchtlingsbewegung und die globale Migration spricht im Zusammenhang mit den Terroranschlägen, der fuchtelt mit Drohbildern, die mit den realen Menschen und ihren konkreten Ängsten wenig zu tun haben. Natürlich gibt es einen Zusammenhang zwischen den Menschen, die aus aller Welt in den letzten zwanzig Jahren nach Deutschland gekommen sind, und der Angst vor weiteren Einwanderern. Die Kultur des Zusammenlebens mit denen, die hier sind, kann brüchig werden an der Diskussion über diejenigen, die angeblich noch

24

kommen. Aber mit diesem Zusammenhang wird Schindluder getrieben. Das Bild von der großen Menschenlawine wird benutzt gegen die, die hier sind. Und es scheint mehr und mehr zum Fundament eines rassistischen Bildes der sauberen weißen europäischen innerstädtischen aufgeräumten und gefegten Welt, des sauberen öffentlichen Raumes zu werden, in der jeder wirklich Fremde ein häßlicher Schmutzfleck ist. Die reiche Gesellschaft wird mit der unmittelbaren Nähe zu sichtbaren realen Armen nicht mehr fertig.

Hier liegt der Kern der Auseinandersetzung der letzten Wochen. Tagesschau am 30. November 1991: Bilder von sehr weit weg. Tausende von Kindern gehen im langen Zug durch die Straßen von Rio de Janeiro, wo sonst der wilde Karnevalszug, vorbei an jauchzenden LTU-Europäern, tanzt. Still und ernst ziehen die Kinder der Straße vorüber. Die gejagten Kinder ohne Eltern, ohne Schutz werden in Brasilien von Killerbanden, auch von Todesschwadronen der Polizei, umgebracht. Es heißt, Geschäftsleute würden die Morde bezahlen. Die früh zerstörten Kinder leben vom Straßenraub, von der alltäglichen Kleinkriminalität. Wo es keine Vision gibt, wie ihnen zu helfen ist, da gibt es keine Politik, die ihnen helfen könnte, und wo die fehlt, da greifen die bürgerlichen Geschäftsleute in die Tasche und schicken die Kinder-Killer. Die Kinder stören die Ruhe, sie stören das Straßenbild, sie verändern den öffentlichen Raum, den die Geschäftswelt braucht.

Der Kampf um den öffentlichen Raum und um sein Styling hat begonnen: Sinti-Frauen vor dem Alsterhaus in Hamburg mit dem Baby auf dem Arm stören das Bild auf doppelte Weise. Der Kontrast zur heilen Welt, in der wir uns eingerichtet hatten, verletzt unser gedrilltes ästhetisches Bewußtsein. Die Herolde des Elends vor unseren Kaufstätten zerren buchstäblich vor unsere Füße, was wir uns weit, weit weg und nur für die Tagesschau aufgespart wünschen. Schon erntet in Deutschland keinen Protest mehr, wer fordert, die Straßen der Innenstädte dürfen nicht den Bettlern und Junkies überlassen werden, und wer private Dienste einstellt, um die Bürger zu «schützen». Im Film «Der König der Fischer» des Regisseurs Terry Gilliam tauchen immer wieder zwei gedungene, elegant gekleidete Killer auf, bestellt und bezahlt, die wilde traurige Lumpenschar der Obdachlosen mit Gewalt zu vertreiben, auch zu töten: sie tränken den Mantel des im Dreck liegenden Hauptdarstellers mit Benzin.

Die Meldungen werden Routine. Wie der Wetterbericht oder der Verkehrsfunk. Der Terror hört nicht auf. Nicht von selbst und nicht durch den Meinungsumschwung. Die Mehrheit der Deutschen scheint verstanden zu haben: Die trutzige Felseninsel Deutschland, auf der kein Unerwünschter je landet – sie gibt es nicht, hat es nie gegeben. Wir müssen mit Migrationen leben – gestern, als elf Millionen aus Ostdeutschland kamen, vorgestern, als Millionen aus Polen ins Ruhrgebiet wanderten. Aber reicht diese Erkenntnis, um mit dem Treibsand umzugehen, in dem Terror und Haß gründen?

IV. Wir werden der Gewalt nicht Herr, und wir werden die klammheimlichen Verbündeten der allnächtlichen Terroristen nicht von ihrer Komplizenschaft abbringen können, wenn wir die Endzeitlichkeit unserer Muster im Kopf nicht mitdenken. Von all den großen Schreckensbildern des Kalten Krieges ist nur eines übriggeblieben, das der Armuts- und Elendswanderung. Wenn die Verteilungskämpfe in anderen Erdteilen und im Balkan wieder einmal als Vertreibungskämpfe geführt werden, wenn also das weltweite Verteilungsproblem auf diese Weise angegangen wird, warum soll den Ankommenden dann nicht auch hier der Einlaß verwehrt, das Bleiben vergällt, das Obdach verbrannt werden? Für diese Apokalypse gibt es keine Ethik, für die Vertreibung der Vertriebenen keine Moral.

Der Humanismus, die universale Geltung der Würde und der Rechte des Menschen ist in Gefahr. Während Staaten und Parlamente, während UNO und KSZE das Netz der übernational geltenden Menschen- und Bürgerrechte immer enger knüpfen, lockert sich das Gewebe der inneren humanistischen Überzeugung, daß die Prinzipien von Menschenrecht und Menschenwürde zu erhalten seien. Wenn die Not und die Bedürftigkeit der Armen zur allseits gefürchteten Forderung werden, die Eingangstore unserer Sozialkliniken und unserer Konsumburgen zu öffnen, dann funkt die Humanität SOS.

Das billige Bild vom vollen Boot hat den reichen Gesellschaften vermeintliche Gründe geliefert, als erstes die Prinzipien der Humanität über Bord zu werfen. Endzeitbilder locken den Widerstand, sie stacheln an. Wenn unser Schicksal eh die überfüllte Welt ist, dann kann mit dem Kampf aller gegen alle ja schon möglichst früh begonnen werden. Je mehr Menschen auf der Welt, um so wertloser die

Würde des einzelnen. Die inhumane Logik der Geschichte von der Mutter, die sich entscheiden muß, beide Kinder sterben zu sehen oder eines an Bord zu geben und das andere untergehen zu lassen, wird zum Politikersatz. Die klammheimlichen Freunde der allnächtlichen Brandterroristen benutzen den apokalyptischen Gedanken, als handele es sich da in Hoyerswerda um die ganz große Weltkonfrontation, und angesichts des allgemeinen Untergangs ist es nicht nur geboten, sondern geradezu human, fünfe gerade sein zu lassen und den jungen Leuten den Terror nicht allzu übel zu nehmen.

Die Mehrheit der Deutschen verabscheut diesen Terror, die Zahl der Menschen, die mit Schrecken die Schreckenstaten verfolgen, nimmt zu, nicht ab. Die Initiativen besorgter Bürger, der Kirchen, der Gewerkschaften, vor allem aber der großen Wirtschaftsverbände haben die Klammheimlichen in ihre Schranken gewiesen. Aber das Problem der Gewalt sind wir nicht los. Solange politische Parteien das süße Gift der Überfremdungsangst in ihre Wahlkampfkasse rühren, solange kann der Pakt der Vernunft und der Humanität nicht geschlossen werden. Die Wanderungen sind ein weltweites Problem, aber nicht die ganze Welt kommt zu uns. Das Elend ist weltweit, aber wir müssen lernen, daß unsere Welt nicht aufgeteilt bleiben kann in das abendliche, gemütlich-gruselige allüberall Dabeisein qua Tagesschau und in die europäische Apartheid beim alltäglichen Gang durch die von allem Fremden sorgfältig gereinigte City.

Europäische Apartheid

Hans-Jürgen Heinrichs

Von Fluten, Wellen und Strömen

Für Goldy und Paul Parin

> «Wir neigen zu der Ansicht, die Bedrohungen der
> Gesellschaft oder unserer selbst kämen von au-
> ßen. Tatsächlich geht eine Gesellschaft jedoch
> von innen her zugrunde und nicht durch die Ein-
> wirkung von Feinden. Alle Welt ist von dem
> Wahn verfolgt, von mörderischen Feinden umge-
> ben zu sein. Aber das einzige, was uns wirklich
> zerstören kann, ist in uns selbst. Mit unserem
> Hochmut zerstören wir unsere Sanftheit und
> Freundlichkeit. Dadurch berauben wir uns selbst
> der Möglichkeit, wach zu sein...»
>
> Chögyam Trungpa

Überflutungen sind Katastrophen. Man erinnert sich mit Schrecken
an sie in Indonesien, auf Bali oder an der Nordsee. Die einen sind
dankbar dafür, daß sie verschont blieben; die anderen hoffen, so
etwas nie wieder erleben zu müssen. Das ist das emotionale Umfeld,
das die Rede von «Ausländerfluten» und «Ausländerströmen» (gegen die man Dämme errichten müsse) in jedem von uns evoziert. Wir
werden allein durch die sprachlich so verfaßten Nachrichten gefühls-
mäßig hineingezogen in Mißtrauen und Feindlichkeit den Fremden
gegenüber.

28

Aber es wäre ein Kurzschluß, eine solche sprachliche Diskriminierung als *Verfehlung* einzelner Menschen (vor allem Politiker) anzusehen. Im Gegenteil: Sie ist genauer Ausdruck des Bewußtseins in einem Großteil der Bevölkerung. Gerade in den emotional zugespitzten Formulierungen werden die latent vorhandenen Meinungen und Tendenzen gebündelt und fokussiert. Die Politiker, die so reden, sind Sprachrohre; sie sagen, was die meisten fühlen. Zugleich haben natürlich solche Formulierungen auch den Charakter von Initialzündungen: sie machen aus gemischten und in verschiedene Richtungen offenen Gefühlen *eine* Haltung.

Offensichtlich findet im Augenblick eine Verlagerung statt: Fremdenhaß richtet sich nicht mehr allein auf einen Türken, Sinti, Roma oder Neger, sondern auf die *Masse* aller Fremden. An die Stelle eines einzelnen, mit Haß verknüpften Merkmals wie etwa stinkend oder schwarz ist das Phantom von Fremdheit und Andersartigkeit überhaupt, und dies flut- und stromartig, getreten. Ich will skizzieren, was an unserer Art der Fremdenfeindlichkeit spezifisch eurozentristisch und was daran anthropologisch universal ist.

Jeder ist ein Fremder

«Der Ethnozentrismus ist ein universelles Problem, bis in die Sprache hinein. So behalten die Inuit diesen Namen (der übersetzt «Mensch» heißt) nur sich selbst vor; sie wiederum werden von ihren Nachbarn nach einer Eßgewohnheit – rohen Fisch zu essen – Eskimo genannt, und bezeichnenderweise sind sie uns in dieser Fremdbezeichnung bekannt geworden.» (Karl-Heinz Kohl) Den eigenen Stamm oder eine Völkergemeinschaft derart selbstgewiß als «Menschen» zu bezeichnen findet sich in vielen Kulturen, beispielsweise bei den afrikanischen Bantu-Völkern. Auch Menschen und Völker aufgrund bestimmter Eigenschaften und Eßgewohnheiten zu benennen hat sich bis in die Gegenwart hinein durchgehalten: wir schimpfen Italiener «Spaghettifresser», Türken «Kümmeltürken» und «Knoblauchfresser», wir wiederum sind für die Amerikaner «Krauts» und so weiter.

Das Fremdsein wird zum Stigma. Das Herkunftsland des Fremden zum Sündenbabel und zur Giftküche, mit Vielweiberei und allerlei Ungenießbarem.

Angesichts solcher Schreckbilder erscheint auf einmal wieder die Einheitskultur als Idealbild; in Deutschland werden beispielsweise die fünfziger Jahre, in denen man ja noch nicht von Ausländern bedroht schien, als «rein» und «sauber» glorifiziert. Man vergißt dabei den gesellschaftlichen Mief, die damals empfundene Enge und Provinzialität sowie die Tatsache, daß Deutschland nach 1945 mit zwölf Millionen Heimatvertriebenen wohl kaum als homogen bezeichnet werden kann – «Deutsche gewiß, aber gleichwohl Einwanderer eines besonderen Typs», hat sie Claus Leggewie genannt. Und wenn Vertriebene jetzt von allen Seiten umworben werden, um sie vom Feindbild «Asylant» abzusetzen, dann will man den Schleier des Vergessens darüber breiten, daß sie in der Adenauer-Ära um nichts besser behandelt wurden als die Asylsuchenden heute. Das Nachdenken über die Rückführung der Vertriebenen in den Jahren des Kalten Krieges und die Festschreibung des Vertriebenenstatus sogar bei den bereits in Deutschland geborenen Nachkommen belegen, wie die Vorurteilsmuster gegenüber «Asylanten» und Immigranten schon damals wirksam waren.

Das Paradoxe ist, daß die Ausländerfeindlichkeit nicht etwa dadurch abnimmt, daß Menschen in einer Vielvölkerrepublik aufwachsen und leben, daß sie ständig hautnah mit Gegenwelten zusammentreffen. Nein, die massenhafte Konfrontation mit Fremden baut eher Brücken zum irrationalen Verhalten. Sozial und bewußtseinsmäßig verändernd wirkt nur die überschaubare Einzelbegegnung, in der man sich beeindrucken läßt von den Qualitäten dieses oder jenes Menschen aus der Türkei, aus einem arabischen oder afrikanischen Land.

Es gibt universelle Abgrenzungsmuster, die jedoch in *geschlossenen, traditionalen* Gesellschaften Fremden gegenüber oft nach kürzester Zeit durchlässig werden zugunsten einer Integration über die Zuweisung einer bestimmten Rolle. Das Ausgrenzungs- und Abgrenzungsverhalten, wie wir es kennen, tritt in dieser Form nicht in allen Kulturen auf. Die Tatsache, daß Fremde in traditionsgeleiteten Gesellschaften schneller integriert werden, bedeutet jedoch nicht, daß diese Gesellschaften aggressionsfreier seien als wir, sondern nur, daß die Aggressionen weniger gegen einzelne als vielmehr gegen andere Gruppen gerichtet werden.

Das Fremde und der Fremde werden, so wissen wir aus der Ethno logie, in allen Gesellschaften erkannt. Überall reagiert man auf den Fremden ethnozentristisch, ohne ihn damit schon ausgrenzen zu müssen; zuweilen integriert man ihn sehr schnell, ja es ist sogar der Fall (bei den Agni in Westafrika) bekannt, daß der Fremde nicht gehaßt wird, obwohl den Fremdarbeitern bald das ganze Land gehört. Sie seien, sagt man, einfach tüchtiger als man selbst. Feindschaften im eigenen Clan dagegen erscheinen geradezu selbstverständlich.

Von den Jivaho im Amazonasgebiet ist bekannt, daß sie in Nachbargebieten Kopfjägerei betreiben, was sie indes überhaupt nicht davon abhält, gleichzeitig mit den dort lebenden Völkern einen intensiven Tauschhandel und damit enge Beziehungen zu pflegen. Die Untersuchungen der Schweizer Ethnopsychoanalytiker Parin und Morgenthaler legten offen, welch breite Palette von Reaktionsformen auf den Fremden das Volk der Dogon in Westafrika entwickelt hat: Fremdes so bestehen zu lassen, wie es ist, und daneben eine Reihe ritueller Einrichtungen, die der Integration von Fremden und dem Ausgleich von Spannungen mit benachbarten Völkern dienen.

Paul Parin hat darüber hinaus auf Stämme hingewiesen (z. B. im Bergland von Papua-Neuguinea), die regelmäßig untereinander Scheinkämpfe ausfechten, um innere Spannungen abzubauen und sich in ihrem Gefühl der Geschlossenheit zu üben. Beobachten wir unsere westlichen Gesellschaften daraufhin, werden wir sicher ähnliche Formen finden, die so etwas wie ethnozentristische Exerzitien sind, aber noch überhaupt nicht in die Kategorie von Fremdenhaß fallen; ja, im Gegenteil, es scheint ein emotionales Selbstwertgefühl zu geben, das geradezu wie ein Schutz gegen irrationales Handeln wirkt. In den konsumindustriellen Gesellschaften allerdings, in denen das Selbstwertgefühl so weitgehend an Sozialprestige, äußerlichen Besitz und Ethno-Klischees gebunden ist, scheint dieser Schutz nun brüchig geworden zu sein.

«Damit es zu Haß kommt, dafür ist immer ein Prozeß nötig, der fluktuiert und der willentlich und strategisch unterhalten werden kann. Haß figuriert als Ersatz, wenn Bedrohung sich ausbreitet. Dabei sind Realfaktoren die symbolischen Träger für die stets latent vorhandenen Aggressionen.» (Paul Parin)

Folgen wir den Ethnologen weiter zum einsamsten Punkt der Erde, der Osterinsel: Auch hier schlugen sich die Menschen schon vor Urzeiten die Köpfe ein, die «Langohren» und die «Kurzohren». Thor

Heyerdahl hat uns von ihnen erzählt, als wir noch Kinder waren. Später fuhr ich selbst dorthin und suchte hinter der Monumentalität der überall herumstehenden Köpfe nach den Spuren für diesen Haß auf den Fremden, der doch ihr eigener Bruder hätte sein können. Fremdenhaß, so lernte ich hier und in vielen Ländern Afrikas, Asiens, Osteuropas sowie überall in der arabischen Welt, ist nicht davon abhängig, daß der Fremde einer ganz anderen Rasse, Ethnie oder Religion angehört und aus einem fernen Land kommt. Auf kleinstem Raum und unter ethnisch geradezu verwandten Völkern breiten sich ebensolche Gefühle der Feindschaft aus.

Bei den gegenwärtigen Migrationswellen erleben wir beides: wie das Nahe, das Verwandte und das ganz Andere aufeinanderprallen. Dabei vermischen sich rassistische, ökonomische und politische Vorurteile, Urteile und Strategien bis zur Unkenntlichkeit. Weitblickende und im Vergleichen geübte Fachleute haben in diesem Zusammenhang festgestellt, daß jedes von der Migration betroffene Land die eigenen Probleme völlig überbetont – und verzerrt. Während Deutschland offensichtlich noch ganz in dieser Nabelschau verharrt, haben die Franzosen bereits erkannt, daß ihre Wirtschaft und das Alltagsleben von Städten wie Marseille oder Paris ohne die Algerier, Marokkaner und andere Afrikaner erst einmal, vielleicht auch auf immer, zusammenbräche.

Die Rede von der Belastungsgrenze ist sogar auf lange Sicht eine reine Fiktion – selbst die Schweiz mit einem fast 15prozentigen Anteil ethnischer Minderheiten ist weder überfremdet noch gar überlastet; der deutsche Bevölkerungsrückgang seit 1970 (so haben es die Statistiker errechnet) konnte durch die ausländische Bevölkerung gerade ausgeglichen werden. Wenn die Bevölkerung, wie man dies hochgerechnet hat, von 60 Millionen auf etwa 40 Millionen absinken wird, müssen wir unsere Ausländerpolitik sogar ankurbeln und mit positiven Werten besetzen. Wer wird sich dann noch trauen, von einer «durchraßten Gesellschaft» (so Edmund Stoiber) zu sprechen? Selbst Parteifreunde haben dagegen jetzt schon klargemacht, welche wirtschaftliche Bedeutung die sogenannten Ausländer zum Beispiel für das deutsche Rentensystem haben. «Wir streiten», hat der FDP-Politiker Burkhard Hirsch festgestellt, «über eine multikulturelle Gesellschaft (...). Aber könnte es denn eine monokulturelle Gesellschaft überhaupt geben?»

Bewußtseinsmäßig sind wir noch nicht auf die multikulturelle Gesellschaft vorbereitet. So sind denn auch die Politiker und die Bevölkerung voller Angst, die Vielvölkergesellschaft könnte unsere deutsche Identität aushöhlen. Einig sind sie sich außerdem darin, daß die Neubelastungen der deutschen Einheit bereits alle unsere Möglichkeiten, noch mehr Fremde bei uns heimisch werden zu lassen, eindeutig beschränken. Daß wir zusammen stark seien – dieser Traum ist längst ausgeträumt.

Aber während die Europäer, jeder auf seine Weise, von der Migration profitieren, ist sie für andere Länder, etwa innerhalb Afrikas, ein sehr viel schwieriger zu bewältigendes Problem und praktisch ohne Vorteil. Und dennoch gibt es gerade hier, etwa in Afrika, Beispiele, wie man nach anfänglichen, zum Teil brutalen Zurückweisungen, große Gruppen aufgenommen und integriert hat. Andererseits zeigt etwa das Beispiel Zyperns, mit welch rasanter Geschwindigkeit ein Haß innerhalb eines Volkes entstehen kann, wenn eine von außen erzwungene (durch die türkische Besetzung) Migration einsetzt und man an den Geflüchteten nach kürzester Zeit auch wirklich Eigenschaften festmachen kann, die der eigenen Überheblichkeit recht zu geben scheinen. Gleichzeitig haben wir gerade erst erlebt, wie schnell die Projektionsfläche für Feindschaft sogar von einer Person (Gorbatschow) zerbrochen werden kann, die dann ihrerseits sofort umfunktioniert wird zu einer Projektionsfläche für Freundschaftsgefühle (von der Verniedlichung «Gorbi» bis zur praktischen Rußlandhilfe). Plötzlich – da die Phantome Kommunismus und Rote Armee verschwunden sind – können enge, freundschaftliche Verbindungen aufgenommen werden.

Wenn wir unsere Situation richtig einschätzen wollen, müssen wir stets solche Vergleiche mitbedenken. Man mag an sich selbst die Probe machen: Wie viele Menschen aus Lateinamerika mögen bislang in die USA eingewandert sein? Drei Millionen, fünf Millionen? Nein, mehr als 13 Millionen. Und wie viele Afroamerikaner leben in einer Stadt wie New York, deren Gesamtbevölkerung auf acht bis neun Millionen geschätzt wird: 500000, eine Million? Nein, geschätzte zwei bis drei Millionen und zudem über eine Million Puertoricaner. Solche Zahlen relativieren die Ängste vor Überfremdung. Um bei der Empirie zu bleiben: «Im Augenblick leben in Deutschland nicht mehr Menschen, als hier leben würden, wenn wir eine normale Geburtenrate gehabt hätten. Kurzfristig besteht zwar ein Zuwanderungsdruck (‹Klein Bari›), aber langfristig kommen wir ohne die Einwanderer nicht aus. Das ist eigentlich ein konsensfähiges Modell, das gut publik gemacht werden könnte.» Während der Soziologe und Politikwissenschaftler Claus Leggewie die Schweiz insofern als vorbildlich ansieht, als sie eine übergreifende politische Form für das Zusammenleben gefunden habe, stellt Paul Parin die Willkür heraus, mit der auch in der Schweiz massenhaft ausländische Arbeiter ausgewiesen wurden, wenn man sie kurzfristig nicht mehr brauchte. Frankreich wiederum betreibt eine kulturelle Assimilationspolitik mit dem Ziel, gemischte Identitäten herauszubilden; auf eine sogenannte rassische Qualifikation legt man dort weniger Wert. Vom Fremden wird lediglich verlangt, daß er sich (in guter kolonialistischer Tradition) zur französischen Republik bekennt.

Wenn, soviel kann man nach alledem festhalten, die Menschen ihre ethnozentristische Einstellung nur zur Ich-Stärkung nutzen würden (jenseits nationalistischer Ideologien), könnten sie sich verhältnismäßig angstfrei auf das Fremde und den Fremden hin öffnen und von ihm lernen. Ihr kulturelles Selbstbewußtsein würde auf diese Weise sogar noch gestärkt. Daß der Ethnozentrismus keineswegs eine Vorstufe des Fremdenhasses ist, ja im Gegenteil geradezu als Schutz funktioniert, zeigt sehr deutlich das Beispiel der Jatmul in Papua-Neuguinea. Sie halten ihre Gesellschaft für die beste aller existierenden; trotz dieser «Hybris» ist ein Haß auf Fremde aus anderen Gesellschaften bei ihnen so gut wie unbekannt. Das heißt durchaus nicht, daß man nicht herablassend selbst auf die nächsten Nachbarn schaut und sich darüber mokiert, wie die Bewohner des nächsten Dorfes tanzen und sprechen. Man hat traditionellerweise immer gute Feinde gehabt, mit denen man kämpft. Das ist ein Teil des Lebens und wird überhaupt nicht ideologisch überhöht.

In den afrikanischen Gesellschaften ist, im Verhältnis dazu, das ethnozentristische Selbstwertgefühl durch den früher einsetzenden Kolonialismus beschädigt worden. Die Jatmul haben die von ihnen so hoch besetzten Gefühle der Autonomie dadurch zu retten versucht, daß sie sich auch gegenüber den mächtigen Weißen als selbständig Handelnde und nicht als Opfer darzustellen versuchten.

Kommen wir auf unsere westlichen Gesellschaften zurück. Auch hier ist ja das inzwischen mehrfach angesprochene Phänomen bekannt, daß Völker so vielschichtige Beziehungen zueinander unterhalten, die es ihnen erlauben, einerseits Handel miteinander zu treiben und sich andererseits die Köpfe einzuschlagen oder sich zumindest ideologisch zu bekämpfen. Der Waffenhandel und speziell die Lieferung von Giftgas an den Irak sind dafür die markantesten Beispiele. «Fürchte deinen Nächsten wie dich selbst» – heißt es bei den Agni in Westafrika.

In dieser Mahnung zur Furcht steckt auch etwas von Respekt und Aufmerksamkeit (von *awareness*). Dagegen ist in unseren Gesellschaften das Geflecht von Zuneigung aus Geschäftssinn einerseits und Abneigung aus Vorurteilen andererseits unentwirrbar geworden und der Respekt voreinander ist gegen Null gesunken – trotz multikultureller Vielfalt.

Augenblicklich scheinen wir in vielen Bereichen Rückschläge bei dem Aufbau multikultureller Gemeinschaften hinnehmen zu müssen: Die Verurteilung von sogenannten Wirtschaftsflüchtlingen wirft auf alle Flüchtlinge das Zwielicht eines Verdachts; das Asylrecht wird verschärft werden; die alten angstmachenden Parolen im Stil von «Das Boot ist voll» werden wider besseres Wissen aufrechterhalten; multikulturelle Gesellschaften wie die UdSSR und Jugoslawien zerbrechen; gegenüber bestimmten ethnischen und religiösen Gruppen, wie vor allem den Muslimen, wächst unsere Identitätsangst, unsere Toleranzschwelle ist hier noch niedriger als gegenüber Türken oder Afrikanern.

Claus Leggewie hat betont, daß alle diese Faktoren dennoch keine Argumente gegen die multikulturelle Gesellschaft sind, sondern nur zeigen, daß diese nicht «utopiefähig» ist, das heißt sich jeder Idealisierung widersetzt. Gegen die Evidenz von Rückschlägen und Regressionen – ganz natürlich in Prozessen der Konfliktintensivierung, die für viele, die noch an traditionellen Identitätsmustern festhalten, nur schwer erträglich sind – würden letztlich nur aufklärerische politische Bewegungen und Lernprozesse die multikulturelle Gesellschaft stärken. Den Januskopf des Rassismus werde man allerdings nie von der multikulturellen Gesellschaft fernhalten können. «Ich glaube, daß multikulturelle Gesellschaften einen Überschuß an Vielfalt produzieren (Freude, Reize, andere Wahlmöglichkeiten). Gleichzeitig sind viele überfordert und verstärken homogenisierende Tendenzen.» (Leggewie)

Offensichtlich handelt es sich bei der Fremdenfeindlichkeit um ein globales Problem, vergleichbar noch am ehesten dem Kampf der Keime, Viren, Bakterien gegen das menschliche Immunsystem. Ein Kampf um Leben und Tod an jeder Stelle des Körpers – wie an jeder Stelle des Staates; die Grenzen haben (in diesem Vergleich) dieselbe Funktion wie die menschliche Haut: Durchgangsort, aber auch Schranke zu sein.

Einerseits öffnet die politische Entwicklung (EG, Europäisierung und Internationalisierung) die Grenzen; andererseits werden sie wichtiger denn je für die beständig neu auflebende Politik der Abschottung, die den einen Faktor, daß die Räume immer enger würden, überbetont. Wir wissen aus der Geschichte, daß das bereits früher ein Argument war: Kein Volk hat je, in seinem Selbstverständnis, genügend Raum gehabt. Dies war und ist allerdings weder ein territoriales noch ein ökonomisches, sondern stets ein mehr gefühlsmäßiges Problem: Zuviel Fremdheit und Elend, sagen uns die Psychologen, läßt unser Selbstwertgefühl und Sozialprestige nicht zu. In Gruppenprozessen entstehen Feindbilder, und das Invasionsgespenst (nach Abdankung des Kommunismusgespensts) lebt auf.

Den Staat gegen das Fremde stark und immun machen – das erscheint manchem wie eine Schutzimpfung aus Staatsräson.

Die Psychologie hat stets auf Therapie, Pädagogik und politische Bewußtseinsbildung gesetzt, um diese «Vorurteilskrankheit» und «Volksseuche» (wie sie das Phänomen in den sechziger Jahren pathologisierte) zu bekämpfen. Inzwischen wissen die psychoanalytisch und sozialanalytisch geschulten Erforscher von Ängsten, Projektionen, Vorurteilen und Haß, daß diese irrationalen Muster so unendlich schwer in den Griff zu bekommen sind, weil sich die sozialen Schichten ganz unterschiedlich verhalten. Und: weil eine *politische* Entspannung *psychisch* gerade die gegenteiligen Folgen haben kann. Verschwindet ein Feind durch Entspannungspolitik, schwindet auch die Möglichkeit, eigene Konflikte auf ihn abzuwälzen.

Früher einmal stand der Feind im Osten, jetzt steht er überall. «Wir haben Angst, daß eine Seite plötzlich durchdreht und einen Krieg anfängt.» – «Wer sonst als die Russen soll uns denn angreifen?» – In der Zeit des sogenannten Kalten Krieges wurden persönliche Ängste vor Zerrüttung und familiäre Dramen mühelos in den Ost-West-Konflikt verlagert, wie die Arbeiten der politischen Psychologie (z. B. *Kriegs-*

ängste und Sicherheitsbedürfnis von Leithäuser und Volmerg) zeigen. Nach dem Putschversuch in der Sowjetunion im August 1991 flackerte für Tage dieses schwelende Feuer wieder auf. Jetzt ist der Osten überall – etwa so wie Max Frischs «Andorra», das überall ist; oder so wie es Graffitis verkünden: «Jeder ist ein Fremder, ein Jud', ein Türke, ein Kurde – irgendwo.» Das war auch schon so, in mythischen Zeiten, auf der Osterinsel: Jenseits von «Ikos Graben» – das waren nur ein paar Meter, und auf der anderen Seite lebte nur ein anderer Stamm des gleichen Volkes – lauerte der Todfeind, der sich das eroberte Menschenfleisch unter die Achseln legte, um es zu «schmoren».

Vom individuellen Vorurteil zum kollektiven Wahn

Seit dem Erscheinen des Klassikers *Die Natur des Vorurteils* von Gordon W. Allport (1954) und der Herausbildung einer politischen Psychologie in den sechziger Jahren haben die Wissenschaftler mehr und mehr versucht, mit empirischem Material, durch Befragung und interdisziplinäre Forschung den «dunklen Mächten», dem «angeborenen Bösen» auf die Spur zu kommen, um solche Disposition im Verhalten oder in den Genen, in den Gesellschafts- und Sozialstrukturen präzise zu verankern.

Teilweise glaubten Wissenschaftler, Vorurteile und Fremdenhaß schwerpunktmäßig auf bestimmte Gesellschaften begrenzen zu können, und sprachen etwa von einem «amerikanischen Dilemma» in der «Negerfrage» oder einem «deutschen Dilemma» in der «Judenfrage».

Warnungen vor einem erneuten Aufflammen von Antisemitismus und Rechtsradikalismus wechselten im Nachkriegsdeutschland stets mit Tönen der Beschwichtigung; Wahlergebnisse etwa dienten dabei als Beleg. Spätestens nach der «Wiedervereinigung» aber ist das wirklich vorhandene, das unterschwellige, nur verdrängte und jederzeit neu zu aktivierende Potential an Rassismus und Ausländerfeindlichkeit nicht mehr länger zu leugnen. Allport: «Vorläufige Urteile werden nur dann zu Vorurteilen, wenn wir sie unter dem Eindruck neuen Wissens nicht zurücknehmen können.» Dies kann verheerende Folgen haben und weit über projektive Verhaltensweisen, wie sie uns aus dem alltäglichen Leben vertraut sind, hinausgehen. Paul Parin hat vorgeschlagen, diese verschärfte Form der Verzerrung «projektive Identifikation» zu nennen: «Auch wenn sich der Feind verändert, bleibt das Feindbild bestehen. Wenn der Jude kein Geschäftsmann mehr ist und keine Macht mehr hat – dann erscheint dies eben als die Ausnahme.»

Man kann diese Erklärung auch auf alle anderen festsitzenden Feindbilder (Gaddafi oder Saddam Hussein, selbst wenn sie sich änderten; die Homosexuellen, Muslime oder Sinti und Roma usw.) anwenden. Das rassistische Vorurteil ist eines der am schwierigsten aufzulösenden.

«Ich liebe Dich Deiner schwarzen Haare und Deiner blauen Augen, Deiner Körpermaße, Deiner Skelettform und Deines Schädelbaus wegen» – kaum jemand wird so eine Liebeserklärung abfassen. Warum aber begründen wir im Rassismus auf solche Weise unseren Haß auf andere? Der Rassismus stilisiert unterschiedliche Merkmale zu einer «Art» und unterscheidet willkürlich zwischen minderwertiger Rasse und Herrenrasse. «Wer Jude ist, bestimme ich.» (Göring)

Eine «Disposition» für Vorurteile jeder Couleur ist immer gegeben und kann sich «bei einer Veränderung der Verhältnisse epidemisch ausbreiten» – so die 1962 von der Deutschen Gesellschaft für Psychotherapie und Tiefenpsychologie formulierte Sorge um den scheinbar gedämpften Antisemitismus. *Die Veränderung der Verhältnisse* – das ist das entscheidende Stichwort: Psychologen und Soziologen haben in den letzten Jahren immer stärker betont, daß eine Individualpsychologie nicht mehr zur Erklärung von Fremdenhaß ausreicht. Zwar ist die Triebdynamik die tiefste Schicht für solches Verhalten, aber die Verhältnisse und die massenpsychologischen Vorgänge bestimmen dessen spezifischen Ausdruck.

Die Forscher begnügen sich nicht mehr mit der Formel von einem «angeborenen Fremdenhaß», auch wenn diese Formel, zum Beispiel in genbiologischen Theorien, immer noch aktuell ist. Ähnlich ist es mit der berühmten These von der «autoritären Persönlichkeit» (Adorno u. a., 1950), die vielen sozialpsychologischen Forschungen als eine Leitidee diente. Alexander Mitscherlich sprach von der «autoritären Selbstverständlichkeit», mit der sich den Menschen Vorurteile aufdrängen. Das diktatorisch errichtete Herrschaftssystem ist dafür das gesellschaftliche Pendant. Haben Grausamkeiten den

Wahn und das grandiose Selbst befriedigt, tritt eine Phase der Entspannung, ja manchmal eine «Art Schlafzustand» ein (Mitscherlich). Aber der Wiederholungszwang lauert schon im Hintergrund.

«Sie mögen ziehen in ihr Land, wann sie wollen, wir wollten gern Geschenke dazu geben, daß wir ihrer los werden.» – Ob in diesen Sätzen Martin Luthers oder schon in den Verordnungen des christlichen Konzils von 1215, die das Tragen des Judensterns vorschrieben, ob in der 1555 erlassenen Verfügung von Papst Paul IV., wonach Juden in Gettos zu wohnen hätten, ob im nationalsozialistischen Antisemitismus oder in den Apartheidsgesetzen in den USA und in Südafrika, ob in den ethnisch (schein-)legitimierten Kriegen zwischen dem Irak und dem Iran, zwischen der Türkei und den Kurden, stets figuriert der Begriff der Rasse (und zuweilen auch der der Religion) als ein Vorwand. Er wird, das haben Historiker und Anthropologen stets betont, auf eine unhaltbare Weise vereinheitlicht: «Arier» und «Juden» beispielsweise sind mit den Methoden einer wissenschaftlichen Anthropologie gar nicht unterscheidbar. «Einheitliche Rassen» – das war stets eine zweckbestimmte Fiktion.

Rassistisch motivierter Fremdenhaß – das ist ein diffuses Abstoßen alles Fremdartigen, das man an der eigenen Person und Kultur nicht sehen und zulassen will. Jean-Paul Sartre hat das präzise formuliert: «Man genießt das aristokratische Vergnügen, sich die Verschiedenheiten aufzuzählen: ich schneide meine Haare, er flicht sie; ich bediene mich einer Gabel, er braucht Stäbchen; ich schreibe mit dem Gänsekiel, er malt seine Schriftzeichen mit dem Pinsel; ich habe geradlinige Ideen, er hat krumme. (...) Darin besteht dieses Spiel mit den Verschiedenheiten: wenn sie eine weitere finden, wenn sie einen neuen Grund finden, um nicht zu verstehen, wird man ihnen in ihrem eigenen Land einen Preis für besondere Empfindsamkeit geben. Und niemand wird sich wundern, wenn diejenigen, die derart ihren Mitmenschen wie ein Mosaik aus unauflösbaren Andersartigkeiten zusammensetzen, sich nachher fragen, wie in aller Welt man eigentlich Chinese sein könne.»

Ist erst einmal eine Charakteristik gefunden oder erfunden – die stinkenden Neger oder die abscheuliche Häßlichkeit der Hottentotten, die Gewinnsucht der Juden, die Faulheit der Südländer oder die Dummheit der Zulukaffer –, dann läuft jede Konfrontation wie ein innerer Film nach diesem Muster ab.

Die auf die Werte Europas fixierte, eurozentristische Einstellung ist ein Sonderfall des ethnozentristischen Gefühls eigener Vorbildlichkeit, das auch andernorts wirksam war und ist: Im 16. Jahrhundert etwa war der Ethnozentrismus in China mindestens so ausgeprägt wie in Europa. Und in der japanischen Literatur des beginnenden 19. Jahrhunderts tauchen die Europäer nur als «Barbaren» auf: «Ihr Auftreten erschreckte durch plumpe Rücksichtslosigkeiten, sie bewegten sich ohne Anstand und Eleganz, drückten sich äußerst ungeziemend aus und behandelten sich untereinander mit einer Roheit, die den Japaner konsternierte.» Und im Vorwort eines 1914 gedruckten englisch-japanischen Wörterbuchs heißt es: «Alle Barbaren haben nur zwei Laute, den der Zunge und den der Lippen, und da sie die drei andern Laute nicht haben – mit der Kehle, dem Gaumen und den Eckzähnen hervorgebracht – ist ihre Sprache schwer zu verstehen. Selbstverständlich haben die Chinesen alle fünf Laute; unser Land, obwohl es nur klein ist, hat auch die fünf Laute, und dies beweist, daß es ein überlegenes Land ist.» Das Selbstwertgefühl der Japaner dürfte heute nicht geringer sein.

Solange sich Menschen als *Individuen*, ob im Beruf oder im Alltagsleben, begegnen, nehmen sie sich auch ganz konkret in ihrem unterschiedlichen Aussehen und Verhalten wahr. Auf dieser Ebene entstehen praktisch keine Vorurteile. Wenn aber über 60 Prozent der Bürger in der ehemaligen DDR glauben, daß es zu viele Ausländer in Deutschland gebe, so ist dies eine Meinung, die sich in der Regel ohne konkrete Erlebnisse mit Ausländern herausgebildet hat, einmal abgesehen von den wenigen Arbeitern aus Vietnam, Mosambik und Kuba. Auch die latent antisemitische Haltung bei etwa einem Drittel der Deutschen gründet nicht auf einer eigenen Erfahrung – es leben doch nur annähernd 30 000 Juden unter uns –, sondern auf einem abstrakten Vorurteilsmuster.

Dies sind noch überschaubare Konfliktstrukturen, und sie wären im Grunde auch lösbar. Werden diese irrationalen Muster aber auf eine internationale Ebene gehoben, ist praktisch keine friedliche Koexistenz mehr möglich, wie zum Beispiel zwischen Israel und den arabischen Staaten. «Glauben Sie niemals einem Araber, wenn er sagt, er akzeptiere den Staat Israel, und glauben Sie niemals einem Israeli, wenn er sagt, er akzeptiere die Formel: Frieden gegen Land», so der Schriftsteller Kheiri Tehebi. Seine Begründung: Juden und Araber seien «historized people». Vielleicht die prägnanteste und in dieser Schlichtheit desillusionierendste Formel: Fremdenfeindlichkeit ist ein Merkmal der geschichtlichen Völker; sie ist unablösbar mit dem geschichtlichen Prozeß, mit der Evolution und Zivilisation verbunden.

Die Ursachen der kriegerischen Einstellung zwischen Israel und den arabischen Staaten seien, hat der damalige ägyptische Präsident Sadat 1978 betont, zu siebzig Prozent psychologischer Natur. Heute scheint der territoriale Konflikt im Nahen Osten sogar hinter der (psychologisch viel brisanteren) Frage zurückzutreten, ob sich Israel in die Welt zu integrieren vermag, von der das Land umgeben ist. Hat es aber jemals den Fall gegeben, daß ein ökonomisch höher entwickeltes und moderneres Land sich einer – im Sinne der Moderne – rückständigeren Kultur angepaßt hätte?

Dieses Beispiel soll nur zeigen, daß auf der Ebene internationaler Auseinandersetzung die Vorurteile kaum noch regulierbar sind und daß auch die innerhalb einer Gesellschaft als Allheilmittel eingesetzte Technik der Integration nicht oder kaum noch funktioniert. Auf inter-nationaler Ebene ist jede positive individuelle Erfahrung mit den anderen, den Fremden, fast zur Bedeutungslosigkeit degradiert.

Fremde, Menschen anderer Kulturen, Asylsuchende, so äußerte vor kurzem ein Schweizer Politiker, gehörten nicht in sein Land; nicht, weil sie minderwertig, sondern weil sie «derart verschieden von uns» sind. Man könnte dies, im Unterschied zum Rassismus, einen «Differentialismus» nennen. Das ist zwar Ausdruck einer offenen Feindseligkeit, aber noch kein Haß. Zum Haß steigert sich diese Haltung, wenn sie zu aggressiven Aktionen, zur Verleumdung und Diskriminierung von «derart verschiedenen» Menschen aufruft.

«Jedes Kind», schreibt der Psychoanalytiker Paul Parin, «hat zuerst ein inneres Bild des ‹Vertrauten›, bevor es lernt, das ‹Fremde›, das Nichtvertraute anzunehmen und damit umzugehen. Vertraut, familiär ist erst nur das Antlitz der Mutter. Mit etwa acht Monaten löst die Gegenwart eines fremden Gesichts Angst aus. Nach einer Zeit des Hin und Her hat der Säugling gelernt, das Vertraute vom Fremden zu unterscheiden und mit beidem umzugehen – wenn auch unterschiedlich. Diese ‹epigenetischen Krisen› wiederholen sich immer wieder: wenn der Vater, wenn wieder ein Geschwister in die Zweisamkeit mit der Mutter eintritt, wenn das Kind zur Schule geht oder in eine andere größere Gemeinschaft eintritt. Was früher fremd war, kann vertraut werden. (Meine Schulklasse, meine Mitschüler und Lehrer sind vertraut, die Klasse nebenan ist fremd.) Bis sich auf irgendeinem Niveau der Entwicklung – im Dorf, im Stamm, im Volk, in der Nation – eine gleichsam organische Einheit hergestellt hat, zusammengehalten von der Sprache, von gleichen Traditionen und ähnlichen Erfahrungen, die dem Fremden gegenübersteht. Doch greifen dabei bereits gesellschaftliche Einflüsse, überlieferte und propagierte Wertvorstellungen massiv in die individuelle Entwicklung ein. Gefühlsmuster und Verhaltensstereotypie haben sich herausgebildet, wie man sich vom Fremden abgrenzt und wie man mit den Fremden, die außerhalb des Vertrauten stehen, umgeht. Fremdenfeindlichkeit, Gastfreundlichkeit, Exotismus, Beschränkung auf das engste Eigene und Mechanismen zur Einbeziehung des Fremden sind Beispiele für solche Stereotype.»

Fremdenfeindlichkeit und schließlich Fremdenhaß sind extreme Ausformungen eines Befremdens, wie es allen Menschen ständig im Alltag widerfährt: Befremden gegenüber dem, was der eigenen Person nicht ähnlich sieht, was der Fremde anders macht als man selbst. Diese unbedachten Aversionen, dieses dumpfe Unbehagen und fast automatische Sichabsetzen – häufig verbunden mit einer Haltung des Herabsehens und Herabsetzens – durchziehen das tägliche Leben, unsere gewollten und nicht gewollten Begegnungen. Es sind weitgehend harmlose, wenn auch zuweilen ärgerliche und zermürbende Reaktionsformen, die stets latent vorhandenen Aggressionen Raum geben, um das eigene Ich zu stabilisieren, es als gelungener, feiner, normaler als das des Fremden erscheinen zu lassen.

Einerseits schleift die multikulturelle Gesellschaft viele Ecken und Kanten der oft recht willkürlichen Befremdlichkeitsgefühle ab, andererseits gibt es auch die Gegenbewegung eines starren und verstärkten Festhaltens am Eigenen – aus Angst, es könnte unterschiedslos untergehen in einer internationalen Gemeinschaft.

Die panikartige Angst vor «Asylantenströmen» hat nicht nur die ethisch-humanistischen Überlegungen zurückgedrängt und jeden Ausländer zu einem potentiellen Heuchler gemacht, der sich «auf unsere Kosten bereichern» will – was die wirklichen Verhältnisse völlig verzerrt –, sondern auch alle Differenzierungen zwischen hier lebenden, zum Teil in Deutschland geborenen Menschen anderer Kulturen, politischen Asylsuchenden und Asylbewerbern aus wirtschaftlicher, existentieller Not eingeebnet.

Mit der Proklamierung des Begriffs «Wirtschaftsflüchtling», der suggeriert, jemand wolle nur von einer Wohlstandsgesellschaft in eine noch bessere wechseln, und zwar ohne den Wunsch, hier seinen Unterhalt selbst zu verdienen, haben wir eine totale Nivellierung eingeleitet: dieses neue Feindbild macht die Menschen blind vor Wut.

Wir werden das Problem, oder richtiger gesagt: dieses Thema unserer Zeit, nicht adäquat behandeln, solange wir darin eine vorübergehende Erscheinung erblicken, die auch uns möglicherweise tangiert und für dessen Lösung man nur geeignete verfahrenstechnische Regeln und – wie es paramilitärisch heißt – effektive «Abwehrstrategien» entwickeln und anwenden müsse. Bei aller Bedeutung, die angemessene politische Richtlinien und Handlungsanweisungen haben, kann doch der Weg an einer bewußtseinsmäßigen Veränderung nicht vorbeiführen. Solange wir das Fremde und den Fremden außerhalb von uns, jenseits der menschlichen Gattung, zumindest aber jenseits unseres gesellschaftlichen Systems und dessen humanistischem und demokratischem Selbstverständnisses situieren, solange sind wir nur mit Abwehr oder, was letztlich das gleiche ist, mit *Techniken* der Integration (im Sinne von Gleichmachung) beschäftigt.

Im Alltag – das können wir ständig erfahren – spielt der Begriff der Rasse so lange keine Rolle, bis er ideologisch exponiert wird und sich als Vor-Urteil im einzelnen festsetzt. Erst mit diesem Klischee im Kopf werden Beziehungen zwischen einer «Rasse» und ihren hohen beziehungsweise minderwertigen kulturellen Leistungen konstruiert. Die fixe Idee von der Herrenrasse hat alle weiteren negativen Zuschreibungen der restlichen, «niedrigeren» Rassen zur Folge gehabt. Dabei mußten biologische Behauptungen als Garant, mußten Zukunftsphantasien als Hoffnungsträger für diese neue «Wissenschaft» herhalten und so den kollektiven Wahn rechtfertigen.

Der Psychologe Ernst E. Boesch hat eine «allgemeine existentielle Unsicherheit» und eine «weltanschauliche Krise» für das Aufkommen irrational begründeter Rassenvorurteile verantwortlich gemacht: Er betont, daß es Antisemitismus auch unabhängig von Judenpogromen und Hexenverurteilungen schon lange vor der eigentlichen Hexenepidemie gab. Juden und Hexen: Symbole des absolut Bösen, Verbündete des Satans. Ihnen wurden alle Scheußlichkeiten, aber auch die «sexuelle Geilheit und Lüsternheit, die der normale Bürger sich selbst zu versagen hatte», zugeschrieben. Und der Historiker Geoffrey Parrinder verwies 1958 ganz in diesem Sinne auf den Ku-Klux-Klan: eine Hexenjagd, diesmal nach Farbigen und machtlosen Minoritäten. «Und in Rußland und den kommunistischen Staaten gleichen Geheimpolizei, Säuberungsaktionen und künstliche Geständnisse den Methoden der Hexenprozesse. Hexenjagd ereignet sich immer noch. Wo sie unter einem Namen verschwindet, blüht sie unter einem andern.»

Der kollektive Wahn, das können diese Aussagen auch belegen, war nicht an eine bestimmte Rasse und deren Verteufelung gebunden. Auch wenn die Negerfeindlichkeit in den USA immer rassistisch motiviert war, haben die Psychologen auch hier herausgefunden, daß der Rassismus als Vorwand für ein Bündel von aggressiven Vorurteilen eingesetzt wurde.

Ob *der* Jude oder *der* Neger, *der* Türke oder *der* «Itaker» – solche Kategorien rechtfertigen nur die Selbstüberschätzung, festigen die Gruppe, zu der man sich zugehörig fühlt und legitimieren die Unterwürfigkeit unter Autoritäten. Erst in dem Augenblick, da der einzelne glaubt, sein Land territorial (vor der ‹Landnahme› von fünf Millionen und mehr Einwanderern, in Deutschland) sowie ideologisch (vor Überfremdung) verteidigen zu müssen, schätzt er seine eigenen (guten) Erfahrungen mit einzelnen Fremden geringer ein und unterwirft sich den in seiner Gesellschaft kursierenden Vorurteilen und Klischees.

Dieser Vorgang hat eine historische Entsprechung im 16., 17. und 18. Jahrhundert, als die ersten sogenannten Exoten nach Europa kamen und hier zwar wie Wesen von einem anderen Stern angestaunt, aber freundlich behandelt wurden. Da gab es bis ins 19. Jahrhundert – und der Ethnologe Karl-Heinz Kohl hat dazu die markantesten Beispiele in seinem Buch *Abwehr und Verlangen* zusammengetragen – einerseits einen Afrikaner aus Mali, der es in Preußen bis zum Staatssekretär brachte, und andererseits einen Richard F. Burton, der zum Scheich Abdullah wurde, T. E. Lawrence, der zum einheimischen Wüstenkämpfer konvertierte, Herman Melville, dem wir als Südsee-«Beachcomber» begegnen – sowie viele weitere Fälle eines «Eskapismus ins Primitive».

Europäische Reisende und Abenteurer verspürten den prickelnden

Wunsch, sich den vermeintlichen «Wilden» in Habitus, Sprache und Kleidung anzuverwandeln, und sogenannte Exoten praktizierten die Travestie in europäische Lebensformen: «Kulturelle Überläufer» auf beiden Seiten und offensichtlich unkomplizierte ethnische Mischformen; der einzelne Fremde erschien nicht als Bedrohung.

Erst im beginnenden Kolonialismus und der massenhaften (durch ökonomische Interessen und Machtkämpfe gesteuerten) kolonialistischen Konfrontation veränderten sich diese Beziehungen grundlegend. Der Fremde – inzwischen von der physischen Anthropologie vermessen – wurde zum Unruhestifter. Auf den «Kulturkontakt» – so der Kulturwissenschaftler Urs Bitterli in seiner Studie *Die ‹Wilden› und die ‹Zivilisierten›* – folgten vernichtende «Kulturzusammenstöße», aber auch Formen der «Akkulturation» und «Kulturverflechtung». Es entstanden neue «Mischkulturen» – Vorläufer der Zusammenballung unterschiedlichster Ethnien in den Großstädten des beginnenden 20. Jahrhunderts und schließlich unserer heutigen multikulturellen Gesellschaften.

In den frühen urbanen Gesellschaften tritt die Fremdenfeindlichkeit bereits in einer politischen Funktion auf und wird für die verstärkte Abgrenzung instrumentalisiert. In den zeitlich früher stattfindenden Auseinandersetzungen zwischen seßhaften und nichtseßhaften Gesellschaften ging es dagegen ganz konkret um das Verfügungsrecht über Territorien; Fremdenfeindlichkeit war damit eine Form des Überlebenskampfes der eigenen Gruppe. In der Entwicklung von den frühen urbanen zu den modernen Gesellschaften wird die Fremdenfeindlichkeit zunehmend offensiver und dient der Legitimation für die imperialen Ansprüche und die christliche Missionierung. Angesichts der rassistisch, imperialistisch und religiös motivierten Zerstörungskriege, die daraus entstanden, könnte man heute wieder von einer Rückkehr zu einer mehr defensiv ausgerichteten Fremdenfeindlichkeit sprechen. Wir entwickeln ja keinen missionarischen Eifer gegenüber den «Wilden»; es ist eher eine postmoderne Gleichgültigkeit im Verhältnis zu den Türken, Chinesen oder Schwarzen entstanden: «Sollen die doch bleiben, wie sie sind.» Die neuen, teilweise insgeheimen Ausmerzungswünsche sind nicht mehr an ethnisch Fremde gebunden, sondern können auf jeden (auch aus den eigenen ‹Bundesländern› kommenden) Menschen bezogen werden, wenn er für die eigene Existenz bedrohlich erscheint.

Historiker und Ethnologen, die die ganze Menschheitsgeschichte und die unterschiedlichsten Kulturen zumindest annähernd im Blick haben, sind nie auf die Idee gekommen, rassistische Verhaltensformen, Verfolgungen, Massenmorde, Verbrennungen und Lynchjustiz, Sklavenhandel und Kolonialismus als individualpsychologische, pathologische Randerscheinungen abzutun: Wenn etwas mehr oder weniger für alle gilt, gehört es zum «Normalen» – so «anormal» es auch sein mag. Das ist eben der Januskopf des Anthropos: Er ist schöpferisch, kooperativ und destruktiv, besessen von Verfolgung und gewaltsamer territorialer Verteidigung beziehungsweise dem, was Hans Jonas das «Alexandersyndrom» nannte. Immer wenn Alexander der Große an Grenzen stieß, hat er sie kriegerisch überschritten. Je größer das Reich auf diese Weise nach außen hin wurde, desto mehr zerfiel es im Inneren.

Solche wahnhafte Expansion hat nichts mit dem Nomadentum, der territorialen Verlagerung, dem Sichausbreiten und dem Nichtanerkennen von Grenzen zu tun. Zwar gehört auch Krieg, gehört zumindest gewalttätiger Wettstreit zum Nomadentum – der Ethnologe Bruce Chatwin spricht sogar von einer «Militärmaschine»; ein solcher Streit gerät den darin verwickelten Parteien aber nie außer Kontrolle. Trotz massiver interner Fehden und Blutrachegelüsten wurde unter Nomaden stets auf eine schnelle persönliche Gerechtigkeit hingearbeitet. Ihre territoriale Instabilität schließlich sorgte dafür, daß sie sich an Eroberungen größeren Ausmaßes nicht heranwagten. Außerdem gaben sie dem menschlichen «Urbedürfnis nach Bewegung» so entschieden nach, daß bei ihnen diese «zornige Antwort auf frustrierende Einengung» – auch Aggression genannt – sehr viel versöhnlicher ausfiel. (Auch hier kann man etwas von der Vielfalt von Aggressionen, die ja auch viele positive, schöpferische Anteile hat, erfahren.)

Einige moderne Biologen sprechen davon, daß die weiter zunehmende Überbevölkerung die Menschen in ein «Schwärmestadium» versetzt habe – also in ein mehr unfreiwilliges Nomadisieren und Sich-Bewegung-Verschaffen –, eine fundamentale Unruhe, begleitet von globalen Hungersnöten, Krankheiten und Epidemien. Das Wort von der natürlichen «Auslese» hat auf einmal wieder Konjunktur: Krebs, AIDS und Naturkatastrophen erscheinen geradezu als Helfer bei dieser notwendigen Selektion.

Aber, so wissen Ethnologen und Historiker, riesige Flüchtlingsbewegungen in panischer Angst sind ebensowenig nur ein Problem der Gegenwart wie apokalyptische Vorstellungen von einer vollständigen Vernichtung der Welt durch wandernde Horden. Auch zur Zeit der Verwüstungen durch die Mongolen im dreizehnten Jahrhundert schien das Ende zum Greifen nah.

Ungleichzeitigkeiten der Moderne

Der Nomade ist so wenig wie der ferne «ideale» Inselbewohner ein «edler Wilder». Und dennoch sind beide so wichtig für Korrekturen in unserem Selbstverständnis und im eingespielten Verhalten der Angst vor «Wilden», «Nomaden», «Asylanten». Sie werden zu Sündenböcken gemacht, obwohl sie doch bloß Träger einer anderen Idee vom Leben sind und weil sie auf ein gesellschaftliches Modell der Seßhaftigkeit stoßen, das ja auch nur *ein* Modell ist, eines, das jedoch besonders «zornige Antworten» (auf eigene Einengung) parat hat. So geht es nicht darum, anderen fernen Idealen nachzutrauern, sondern unsere eigene Gesellschaft ein Stück weit zu öffnen auf das vermeintlich Fremde und «ganz Andere» hin.

In der Angst, unser Raum könnte zu eng werden, und zwar auf eine für uns selbst lebensbedrohende Art und Weise, spielt meines Erachtens auch eine ganz fundamentale Abgrenzung von jener Lebensform hinein, die den Seßhaften zutiefst suspekt ist: das Nomaden- und Zigeunerleben. Daß dies Existenzformen und ökonomisch lebbare Entwürfe des Lebens sind, versuchen die Seßhaften stets herunterzuspielen, um darin eine Übergangsform, zu Beginn des zivilisatorischen Prozesses, zu sehen. Herumziehende, territorial ungebundene und übergreifende Horden – das ist ein stets abrufbereites Schreckbild, das unsere (auch reale) Sorge um «Lebensraum» irrational begleitet.

Daß jeder von uns im Alltag und im sozialen Netz schon die Rolle einer *displaced person* innehatte, daß wir in einem «Jahrhundert der Flüchtlinge und Asylanten» leben, vergessen wir ein Stück weit, wenn wir Seßhaftigkeit gegen Nomadisieren ausspielen. In der «inter-nationalen Moderne» (so Micha Brumlik) haben sich zwar die Gesellschaften selbst in den «Blick des Fremden» genommen – sie können sich also prinzipiell aus Distanz von außen sehen –, zugleich aber sind sie

47

weiterhin unerschöpflich im Erfinden und Aktivieren von Abwehr- und Verdrängungsstrategien.

Besorgnis um den eigenen Wohlstand oder (so vor allem in den neuen Bundesländern) nackte Existenzangst wechseln sich in der Asylfrage ab mit Zynismus und Unkenntnis über die tatsächlichen Gefahren, denen abgeschobene Asylanten in ihrem Land (z. B. im Irak oder in Rumänien) ausgesetzt sind, ganz abgesehen davon, daß die soziale Ausschließung nach der Rückkehr auch tödlich sein kann. Diese Gefahr im Auge, sagt ein Roma aus Rumänien, der in die neuen Bundesländer «verlegt» werden soll: Lieber ginge er zurück in sein Land, als ein Opfer der Rechtsradikalen in der ehemaligen DDR zu werden.

Die Migration hat paradoxe Züge angenommen: Länder wie die ehemalige DDR, die Türkei oder Italien sind Kreuzungspunkte ebenso für Einwanderung wie für Auswanderung; gleichzeitig Länder der Flucht und der Zuflucht; zur gleichen Zeit Entwicklungsländer und, für die noch Ärmeren, Wohlstandsländer. Daß die Länder Europas auf diese Weise einander näherrücken, haben sich diejenigen, die von einem vereinten Europa als einer politisch, ökonomisch und kulturell starken Macht träumten, nicht vorgestellt.

Durchlässiger gewordene oder gar niedergerissene faktische oder symbolische Grenzen (wie die Mauer und der Eiserne Vorhang) ermöglichen ein «Zusammenwachsen», das ganz neue Berührungsängste erzeugt. Politiker glauben sich weitgehend mit Verfahrensregelungen retten zu können, indem sie das sogenannte Zugangsproblem direkt an den Grenzen oder in grenznahen Sammellagern juristisch und bürokratisch lösen wollen. Und die von den «Asylantenströmen» überforderte Bevölkerung bringt ihre Ratlosigkeit auf die Widerspruchsformel: «Ich habe ja nichts gegen Ausländer, warum aber sollen gerade wir sie aufnehmen.»

Aber auch jedes vernünftige, argumentierende Gespräch zu diesem Thema verstrickt sich in Sympathien und Antipathien. Auch das freundlichste Gespräch über Ausländerfeindlichkeit ist selbst von Emotionen und nichtbewußten Vorurteilen geprägt. Gerade in den Fällen, wo man kollektive Schuld (bei der Judenvernichtung oder der Zigeunervertreibung) auf sich geladen hat, neigt man zu einer Überidentifizierung mit dem Opfer, um sich solcherart von den Schuldgefühlen zu entlasten.

Jedes Vorurteil ist auch ein Urteil – nur sehen wir in ihm deutlicher die emotionale Verzerrung. Vielleicht kann man gerade deswegen etwas von der Art, wie *Vor*urteile zustande kommen, für die Bildung von *Urteilen* lernen; denn auch diese sind nicht nur der Ratio verpflichtet. In jedem Urteil bewerten wir und geben damit zu erkennen, welcher Gruppe wir uns zugehörig fühlen. Wir rechtfertigen somit deren Selbstbezogenheit und Egoismus. Wir tragen dazu bei, das gruppeneigene «Immunsystem» zu stärken, so daß der Fremde schneller als fremd erkannt werden kann. Der gesellschaftliche «Körper» reagiert dann wie «geimpft».

Dieser Stempel mit der Aufschrift «Fremder», den jede Gesellschaft immer zur Hand hat, dieser vermeintliche Xenophobie-Virus – gleichgültig, ob man ihn nun in den Genen oder in den Sozialstrukturen der Gesellschaft lokalisiert –, läßt sich nicht durch Verordnungen aus dem Verkehr ziehen.

Daneben, so haben wir gesehen, wäre es viel zu simpel, jede selbstbezogene, auf die eigene Ethnie fixierte Einstellung zu verdammen, da sie für das Zusammengehörigkeitsgefühl in der Gruppe unabdingbar ist. Es geht darum, jeweils den Punkt auszumachen, wo die Abgrenzung in Feindschaft umschlägt und hauptsächlich irrationalen Mustern und Klischees folgt. Verstrickt sich der einzelne auf diese Weise in eine Fülle von aggressiven Abwehrstrategien, verschwinden sowohl seine eigenen persönlichen Erfahrungen mit Ausländern wie auch allgemeine ethische Überlegungen aus seinem Blickfeld.

Die Frage ist, ob es nicht die Pflicht jeder ökonomisch intakten und politisch integren Gesellschaft wäre, ohne Bedingungen Menschen aufzunehmen, die verfolgt und bei der Abschiebung gefoltert und ermordet werden, oder Menschen, die aus Gesellschaften kommen, die fast nicht mehr lebensfähig sind. Können wir uns auf almosenhafte Unterstützungen herausreden, die wir zudem nur unter massivem Druck zu geben bereit sind? Wiederholt sich in solchen Hilfeleistungen (wie zum Beispiel gegenüber den Albanern in Italien) nicht die Art der Entwicklungshilfe, die viele Länder in deren Abhängigkeit belassen hat, da die Unterstützung nicht den Aufbau einer konkurrenzfähigen, unabhängigen und starken Wirtschaft des anderen Landes ermöglichte?

Dem entspricht auch in vielen Fällen die Sprache der Politiker und Journalisten, die die Angst in der Bevölkerung noch durch die Spekulation anstachelten, Deutschland könne, unbemerkt, ein «Schlupfloch» für einen massenhaften Ansturm von Albanern werden. «Müssen wir uns die auch noch reinholen?» war denn auch der Tenor in den Reaktionen der Bevölkerung. Eine Verengung des Begriffs «politisch Verfolgter», die Ausschließung von sogenannten «Wirtschaftsflüchtlingen» und das Recht direkter Abweisung an den Grenzen (die Lösung des sogenannten «Zugangsproblems») – das ist die (Verfahrens-)Ebene, auf der man glaubt, das Problem politisch lösen zu können.

«Come together»?

Nur in der Werbung scheint ein beidseitiges Aufeinanderzugehen und ein selbständiges Für-sich-selbst-Sein möglich: «Come together» – Rassen trennen nicht. Zumindest nicht auf den Werbeplakaten von Stuyvesant und in der «Vereinte Farben»-Welt der Kleider von Benetton. Völkerverständigung als Werbespot. Aber ist das überhaupt attraktiv zu einer Zeit, da die Industrienationen mehr denn je um ihren Wohlstand fürchten? Warum setzt die Werbeindustrie auf das völker- und rassenverbindende Moment, wo den meisten der Spruch «Come together» doch eher als blanker Horror erscheint?

In dieser kontrapunktischen und zum tatsächlichen Verhalten der Bevölkerung gegenläufigen Strategie wird der menschliche Wunsch nach einem angstfreien Zusammenleben auf eine völlig unverbindliche und rein ästhetische Weise befriedigt: schöne Menschen stecken die Köpfe zusammen und lachen sich an. In uns ist ja immer beides virulent: der Wunsch nach Harmonie, nach Einswerdung und derjenige nach Zerstörung und Abspaltung. Man könnte sogar den Eindruck gewinnen, daß es so etwas wie ein globales Gleichgewicht zwischen Entspannung und dem Aufflammen neuer Krisenherde gibt, was auch stets eine Verlagerung der Ängste und Projektionen nach sich zieht. Auf die Entspannung im Ost-West-Konflikt folgte der Ausbruch des Golfkrieges und die Errichtung eines neuen, jetzt auch religiös mitbestimmten Feindbildes: die Araber und der Islam.

Für mich stellt sich heute – nach der Verabschiedung der rational und argumentativ nicht haltbaren (Vor-)Urteile hinsichtlich der «Ausländerflut» und des «Invasionsgespenstes», hinsichtlich der

«Überfremdung» und damit der multikulturellen Gesellschaft insgesamt – eine andere Frage viel dringlicher: Gaukelt uns das Wort multikulturell nicht etwas vor, nämlich die Fiktion eines Zusammenlebens ganz verschiedener Kulturen und deren Traditionen? Also das Bild einer lebendigen Vielfalt? Ist multikulturell vielleicht nur ein neuer, schillernder Deckname für die Konsumgesellschaft, die darunter bestehenbleibt und deren Kraft alle Ethnien in ihren Bann zieht, sie dazu zwingt, im Konsumieren *gleich* zu werden. Und haben diejenigen, die aus Not und Leid geflüchtet sind, noch die Energie und den Wunsch, die von diesen Erfahrungen beherrschte Vergangenheit ihres Landes und ihrer Kultur lebendig zu halten, sie als Tradition zu bewahren? Wird uns nicht, wenn das an die Wand gemalte Invasions- und Überfremdungsgespenst in seinen realen Maßen erkennbar wird, ein anderer Schrecken durch die Glieder fahren: derjenige totaler Gleichheit? Dann erinnern wir uns vielleicht wieder an Pasolinis Wort, daß in dieser Hinsicht die Konsumindustrie etwas geschafft hat, wovon der Faschismus noch weit entfernt war.

Claus Leggewie

Der rechte Aufmarsch

Einwanderung:
Die Herausforderung der neunziger Jahre

Anti-Politik

Als die Diktatoren in Osteuropa und der Sowjetunion gestürzt waren, schien eine lange Periode des Weltfriedens und das goldene Zeitalter der Demokratie angebrochen. Doch wer die Diktatur überwunden hat, hat die Demokratie noch nicht gewonnen. Im zerfallenden Sowjet-Imperium und seinen früheren Satelliten sprossen und sprießen heftige ethnische und religiöse Konflikte auf. Selbstverwaltungs- wie Panzerkommunismus haben nationale Leidenschaften nur ins Unterschwellige abgedrängt, nicht aus dem kollektiven Gedächtnis getilgt. Die postkómmunistischen Parteiensysteme restaurieren sich nach präkommunistischem Muster. Unter diesem weitgespannten Dach etablieren sich auch *populistische* Bewegungen, die gedanklich vor die Oktoberrevolution zurückgehen oder an Vorbilder der Zwischenkriegszeit in Osteuropa anschließen oder sich ganz aktuell aus den Ruinen und Trümmern des Realsozialismus bedienen, der neben allem anderen eine Verwüstung des Politischen hinterlassen hat. Prototypisch dafür steht der kometenhafte Aufstieg (und Fall) des polnischen Präsidentschaftskandidaten Stefan Tyminski und seiner «Partei X».

Obskure, massenwirksame Phantomparteien wie diese vermengen klassische Themen der Rechten – traditionellen Judenhaß und Nationalismus – mit neuer Xenophobie und Überdruß an Politik schlechthin. Dieses Amalgam möchte ich *Anti-Politik*[1] nennen. Es greift an die Wurzeln der provisorischen Demokratien im Osten; die an den bizarren Rändern der Gesellschaft wuchernde Unzufriedenheit strahlt ins Zentrum der politischen Systeme aus und beeinflußt Rhetorik und Strategie der zentristischen Regierungskoalitionen, wie man ebenfalls exemplarisch in Polen beobachten kann. Dieser neue *National-Populismus*[2] kann eine selbstzerstörerische Zersplitterung und innere Erosion der nachkommunistischen Republiken bewirken. Wenn sich die ökonomische Lage nicht durch eine rasche Teilnahme Osteuropas an der Europäischen Konföderation bessert und wenn Demoralisierung und Kulturzerfall nicht aufhören, kann diese Fragmentierung rasch umschlagen in autoritären Zentralismus, getragen von Militärs oder charismatischen Präsidialfiguren. Was geschichtsphilosophisch nicht vorgesehen war – der Übergang vom Sozialismus in den Nationalpopulismus, womöglich gar in einen Faschismus neuen Typs –, liegt heute durchaus im Bereich des Möglichen.

Auch im Westen Europas reicht die nationalpopulistische Sezession mittlerweile von Stockholm über Antwerpen und Bern bis Mailand.[3] Sie entspringt hausgemachten Legitimationsverlusten, wird aber befördert durch die psychologischen Belastungen, die der Befreiungsprozeß Osteuropas nach sich zieht. Auch der Westen hat enorme Schwierigkeiten, sich nach dem Ost-West-Konflikt in einer offenen Welt zurechtzufinden, ohne dabei in autoritäre und protektionistische Wahrnehmungs- und Handlungsmuster zu verfallen. Selbst auf dem Boden «gefestigter Demokratien» droht die Fragmentierung der politischen Systeme; das Schwinden der Wähler- und Mitgliederbasis sowie der Verlust der Meinungsführerschaft der Großparteien hat nicht nur der (raren) Spezies des autonomen Aktivbürgers und demokratischen Bürgerbewegungen Platz gelassen, sondern auch neuen Gruppen, die man gewöhnlich unter dem Label «rechtsextrem» abhandelt. Und hier ist nun offensichtlich ein Wandel eingetreten. Während öffentlich artikulierter Nazismus und Antisemitismus nach 1945 fast immer auf Splittergruppen und den sogenannten vorpolitischen Raum außerhalb der Parlamente beschränkt blieben, können seit Beginn der achtziger Jahre in ganz Westeuropa nationalpopulistische Bewegungen auch Wahlerfolge feiern; und ihre «Lösungsvorschläge» finden noch weit mehr Resonanz in der öffentlichen Meinung.

Prototypisch sind die *Front National* (FN), die in Frankreich unter Führung Jean-Marie Le Pens trotz des (wahlrechtsbedingten) Ausschlusses aus der Nationalversammlung zu den erfolgreichsten Parteigründungen der jüngsten Vergangenheit zählt, ferner die erdrutschartig vorankommende *Freiheitliche Partei Österreichs* (FPÖ), die sich unter der Ägide Jörg Haiders erneuert und verjüngt hat. Beide *leader* transportieren Ideen der extremen Rechten nur noch in kaschierter Anspielungsform bzw. als Kritik der «Vergangenheitsbewältigung» und Plädoyer für den «Schlußstrich».

Jüngstes Zeichen dieses Syndroms war der Ausgang der vorgezogenen belgischen Parlamentswahlen im November 1991. Während fast alle Parteien, darunter die staats- und verfassungstragende Koalition aus Christdemokraten, Sozialisten und flämischer *Volksunie*, erheblich an Stimmen und Mandaten verloren, kamen diverse nationalpopulistische Kräfte in beiden Landesteilen zu beträchtlichen Mandatsgewinnen. Der Wahlkampf der wallonischen *Front National* und vor allem des *Vlaams Blok* war gezielt immigrationsfeindlich; letzterer strebt die zwangsweise «Heimkehr der Nichteuropäer» aus Belgien an. Außerdem macht er gegen das «wallonische Armenhaus» mobil, propagiert also eine in Europa neuartige Abkoppelungsneigung der reichen Regionen (ähnliche wie die norditalienischen Leghe) und opponiert gegen den doppelten (belgischen und europäischen) Brüsseler Zentralismus. Der zum Teil auf die profaschistischen Rexisten der dreißiger und vierziger Jahre zurückgehende Flamen-Block konnte in seiner Bastion Antwerpen mehr als ein Viertel der Stimmen auf sich vereinigen und damit an frühere Erfolge bei Europa- und Kommunalwahlen anknüpfen; der Partei des jungen, wegen politischer Gewaltdelikte vorbestraften Filip De Winter dankten die Wähler weniger die geleistete parlamentarische Arbeit als ihre «klare Sprache» und die «neuen Gesichter».

Die «belgische Krankheit» hat zwei weitere Symptome: die hohe Zahl der ungültigen Stimmen – der Wahlzettel als Denkzettel[4] – und die Stimmengewinne der *Liste Rossem*, die von einem zur Wahlzeit inhaftierten «anarchistischen Millionär» und Börsenspekulanten angeführt wird. Van Rossem war mit dem offenbar einleuchtenden Slogan angetreten: *Alle Politiker sind Schweine.* Es bedeutet schon einiges, wenn dieser vulgäre, antipolitische Soupçon, der sich auf mehr als ein Körnchen Wahrheit beruft, zur mandatsträchtigen Mobilisierung an die Wahlurnen geeignet ist. Erinnerungen an den französischen Poujadismus, aber auch an die Inkubationszeit faschistischer Bewegungen werden wach.

Das belgische Exempel deutet hin auf allgemeine Merkmale des Nationalpopulismus. Sein wichtigstes Mobilisierungsmotiv ist Überfremdungsangst, die nicht direkt biologisch-rassisch, sondern kulturell fundiert ist. In ihr fließen «ursprüngliche», schwer widerlegbare Gefühle zusammen: Die Vorstellung, räumlich beengt und Opfer einer «Fremdeninvasion» zu sein, mit der von den demokratischen Eliten kaum wahrgenommenen Stimmung summarischer Unzufriedenheit mit der Leistungsfähigkeit moderner Wohlfahrtsstaaten. Charismatisch auftretende Tribune «sagen laut, was das Volk insgeheim denkt»; das verbreitete Gefühl der «kleinen Leute», Ausgeschlossene zu sein, die in ihren «wahren» Bedürfnissen durch die politische Klasse vernachlässigt, ja verachtet werden, kommt so öffentlich und plakativ zum Ausdruck. Trotz (oder gerade wegen) des allgemeinen Wohlstands greift die Selbsteinschätzung um sich, man sei *Opfer* der Verhältnisse und durch die medial präsentierte Politiker-Politik nicht mehr vertreten. Dieser Eindruck rekurriert weniger auf elaborierte politische Programmatik als auf politische Gerüchte und soziale Ressentiments; leicht steigert sich verbale Aggression in handfeste Gewalt, zur Selbstermächtigung, «endlich» zurückschlagen zu können.

In diesem antipolitischen Bermudadreieck von volkstümlicher Xenophobie, passiver Politik(er)verdrossenheit und einem gegen die politische Klasse gerichteten Antizentralismus verschwindet das Politische. Es formiert sich eine Anhängerschaft, die nicht mehr auf die traditionelle Rechte und den erklärten Neonazismus beschränkt bleibt, sondern weit ins (vormals) linke Milieu hineinreicht und ihre Wucht gerade aus dem Niedergang sozialdemokratischer oder kommunistischer Arbeitertraditionen und Bewegungsmilieus beziehen kann. Dies erklärt die gewisse Vorreiterrolle Frankreichs und Österreichs; auch in Skandinavien, in den Beneluxstaaten, in der Schweiz und in Südeuropa trifft man diese Konstellation an, in der eine «Partei X» das entstandene politische Vakuum füllt. Der Nationalpopulismus gewinnt damit eine europäische Dimension, die nationale Gren-

zen und die eigene Borniertheit des antieuropäischen Ressentiments
übersteigt.

Das deutsche Dilemma

In Deutschland waren am rechten Rand des parlamentarischen Systems bisher nur Zwerge zu sehen.[5] Was die Erfolge rechtsextremer oder nationalpopulistischer Gruppen anbetraf, rangierte die alte Bundesrepublik eher im Mittelfeld. Ein Bodensatz extrem-nationalistischer und xenophober Einstellungen war durchgängig vorhanden, ließ sich aber schwer und nur punktuell von Rechtsparteien mobilisieren und einbinden. Der Versuch der REPs Ende der achtziger Jahre, nach dem Muster von FN und FPÖ «abzusahnen», scheiterte an der eigenen Unzulänglichkeit und an der schwachen Chancenstruktur des politischen Systems. Extremer Nationalismus und Fremdenfeindlichkeit, obwohl demoskopisch keineswegs nur in Spurenelementen nachweisbar, blieben im kollektiven Bewußtsein präsent, aber politisch wirksam eingehegt.

Die Bundesrepublik wuchert noch mit diesen Pfunden. Beide großen politischen Familien – Christ- und Sozialdemokratie – haben über vierzig Jahre Bindungskräfte nach rechts und links außen an den Tag gelegt, die in der Parteiengeschichte ziemlich einzigartig sind. Die extreme Kleinbürger-Mitte und der alltägliche Arbeiterfaschismus wurden nach 1945 katholisch-mittelständisch oder gewerkschaftlich-protestantisch gezähmt. Der dabei entschieden zu kurz gekommene Liberalismus überlebte in den beiden kleinen Mittelschichtsparteien FDP und GRÜNE, die sich um «kleine Leute» nicht groß zu kümmern brauchten, sich aber als Anwälte von Minderheiten und Emanzipatoren vom Obrigkeitsstaat profilieren konnten und den Großen neue Ideen und Mehrheiten lieferten. Daß dieses geniale, allseits zur Mitte drängende Parteiensystem ausläuft, haben schon viele Kassandras zu früh prophezeit.

Gegen die Dauerpräsenz der großen Volksparteien und die Sonderrolle der CSU ist die extreme Rechte bis heute extrem zersplittert. Die Osterweiterung der Bonner Republik führt allerdings in völliges Neuland, wo die Parteiidentifikationen schwach und die Vertrauenskapitale gering sind. Wenn eine «Partei X» zugkräftige Kandidaten und Kandidatinnen anbieten kann, wird sie die beispielsweise Franz Schönhuber immer noch zugebilligte Issue-Kompetenz (nämlich die besten Lösungen für die «Ausländerfrage» anzubieten) besser ausspielen können.

Wie lange die Rechts-Sperre der alten Bundesrepublik im neuen Deutschland vorhalten wird, ist eine ganz offene Frage. Nicht nur haben sich in Ostdeutschland aus der autoritären DDR-Tradition und im Windschatten der «friedlichen Revolution» antidemokratische bzw. demokratieferne Kräfte herauskristallisiert, die die «Wende» konsequent verwirklichen wollen und dazu vor politischer Gewalt nicht zurückschrecken. Auch setzten die Verwerfungen des rasanten Vereinigungsprozesses in Westdeutschland verwandte Kräfte frei, die nun äußerst brachial auf sich aufmerksam machen. Der rechtsautoritäre Bodensatz ist weder in der antifaschistischen Lehr- und Zuchtanstalt noch im Treibhaus postmaterieller Lebensstile verdampft. Vielmehr ist rechter Radikalismus gerade unter jungen Erwachsenen eine Spielart des schnellen und gefährlichen Lebens geworden – nach dem Motto: *live right, die young.*

Resonanz und Reichweite dieses *plebejischen Aktionismus* in Deutschland, wo wildentschlossene Horden mit Gelegenheitstotschlägern und beifälligem Mob zusammenwirken, sind meßbar [6] größer als in den oben genannten Ländern oder in Großbritannien. Deutsche Spezialität im Spektrum der europäischen Rechten ist die exorbitante interethnische Gewalt, deren Qualität ähnliche Attacken auf Ausländer andernorts weit übertrifft – bis in die Nähe des Pogroms. Als Gründe für diese plötzliche, bisher nicht beendete Eruption aufgestauter Gewalt sind viele soziologisch-politische Gemeinplätze aufgeführt worden. Das Studium einzelner Vorkommnisse und Täterprofile belegt indessen, wie diffus, ja quecksilbrig der Gewaltausbruch ist. Von organisierter Bandenbildung im Stil einer «neuen SA» oder einer «braunen RAF» kann selten die Rede sein; die Mordanschläge und Gewalttätigkeiten werden meist dezentral, spontan und ziellos begangen. Der logistischen Hilfe wohlorganisierter und auch finanzstarker Rechtsgruppen können die Täter aber ebenso gewiß sein wie der Laxheit, in manchen Fällen gar Komplizenschaft der Ordnungskräfte.

Es fragt sich nun, unter welchen Bedingungen der Transfer außerparlamentarischer Violenz auf den politischen Markt stattfinden kann und unter welchen Umständen die Transformation dezentraler und spontaner Impulse der fremdenfeindlichen Bewegung in organisierte Politik und dauerhafte Parteibildung möglich wird. Im Bremer Stadtstaat, einem in dieser Hinsicht besonders günstigen politischen Pflaster, hat bei den Landtagswahlen im September 1991 die «freiheitliche Rechte» DVU/NPD einen Treffer gelandet; auch die totgesagten REPs gaben Lebenszeichen im unteren Umfragebereich, konnten aber aus der aufgeregten Stimmung im Spätsommer wenig Kapital schlagen.[7] Ihr politisches Comeback bei den nächsten Landtags- und Kommunalwahlen dürfte weiterhin schwierig sein. Politische Unternehmer werden sich aber bemühen, dem Magma aus grantelndem Volkszorn, rabiater Fremdenhatz und alleindeutscher Ideologie stärkere politische Kontur zu verleihen und vielleicht eine neue Partei aus der Taufe zu heben. Andernfalls dürfte sich in Deutschland der in Ost- und Westeuropa bereits weiter fortgeschrittene Trend zur Enthaltung, die Ausstiegsoption aus dem politischen System verstärken. Politische Explosion oder antipolitische Implosion – beides zählt zu den «Opportunitäten» des deutschen Vereinigungsprozesses.

Zwei Faktoren bedingen die Erfolgschancen einer nationalpopulistischen Formation in Deutschland: ein tiefsitzender, «kulturell» getönter Rassismus, der aus der Kommunikationslatenz heraustritt und sich zu einer räsonablen, zwar hochumstrittenen, aber öffentlich artikulations- und anschlußfähigen Position mausert, vor dem Hintergrund sozialer Anomie und Desintegration, die unter dem Stichwort Individualisierung unzulänglich beschrieben ist.

Als begünstigende Rahmenbedingungen (nicht primäre Ursachen) kommen hinzu: der ökonomische Strukturwandel, der vor allem in Ostdeutschland lange Massenarbeitslosigkeit und große Unsicherheiten der Lebensplanung mit sich bringt; die ost-westlichen und aus der Dritten Welt kommenden Wanderungsprozesse und die ihnen zugeschriebenen Infrastrukturprobleme (vor allem fehlender Wohnraum in Ballungsgebieten).

Die Spielregeln der Wettbewerbsdemokratie selbst bringen die Volksparteien in eine Art *double bind*: Spielen sie die rechte Welle herunter, solange ihr elektorales Gewicht unter dem Gefahrenwert von fünf Prozent liegt, laufen sie Gefahr, daß auch rechtsextreme Prozentsplitter Regierungen stürzen und Koalitionsgebäude zum Einsturz bringen können. Die Bürger hingegen ob ihrer xenophoben Anwandlungen als «Ausländerfeinde» zu schelten und ihnen moralisch zu kommen vergrößert noch ihre Verdrossenheit und die Chancen populistischer Agitation. Also hielt man nach «berechtigten Anliegen» der randalierenden und marodierenden Glatzköpfe und ihrer Sympathisanten Ausschau. Der faschistische Urschrei wurde bisweilen zum verzweifelten sozialpolitischen Hilferuf hochgejubelt. So entstand der fatale Kurzschluß: weniger Ausländer, weniger Gewalt.[8] Der Versuch, den rechten Rand damit auf Dauer zu besänftigen, macht ihn womöglich erst recht wild auf weitere Taten. Das Parteiensystem, aber auch die zivile Öffentlichkeit haben sich dieser Erpressung nicht entziehen können und die Agenda freigegeben – auch aus dem durchsichtigen taktischen Kalkül, von der freigesetzten Stimmung zu profitieren.

Die Abwesenheit von Politik

Zu Beginn der neunziger Jahre heißt eine, wenn nicht *die* große Konfliktlinie: *offene Republik* versus *Festung Europa*. Die Folgen der jahrzehntelangen und fortdauernden Immigration haben den Europäern ihre historische Identität problematisch erscheinen lassen. Bei dem gern als «Neue Völkerwanderung» titulierten Prozeß geht es weniger um Quantitäten als um seine Wertung und Deutung. Vorbereitet auf ihn waren die wenigsten Gesellschaften Europas. Die Politik verfügte weder über das Rüstzeug, sich kompetent durchzuwursteln, noch über die richtige Landkarte für die Zukunft. In allen europäischen Ländern – auch in klassischen Einwanderungsländern wie Frankreich und solchen jüngeren Datums wie Großbritannien – wurde ganz auf «Fremdenabwehr» geschaltet. Man hält es offenbar für billiger, Europas lange Grenzen zur Festung auszubauen, und für opportun, dabei elementare Menschen- und Bürgerrechte außer Kraft und aufs Spiel zu setzen. Schengen, Berlin und Maastricht – diese Konferenzorte markieren die Etappen einer auf Abschottung setzenden «Lösung» des Einwanderungsproblems.

Nicht gestaltet, sondern verwaltet wird auch in Deutschland. So ist das Ausländerrecht in der Hauptsache restriktives und exklusives «Fremdenabwehrrecht» (Heiner Geißler), die Ausländerpolitik eine Melange aus Sicherheitsvorkehrungen und Sozialpolitik ohne langfristige Perspektive. Die achtziger Jahre begannen mit dem zum Scheitern verurteilten Versuch, stattgefundene Immigration durch Rückkehrprämien für Gastarbeiter rückgängig zu machen. Die jüngste Novelle des Ausländerrechtes, die die Handschrift von Bundesinnenminister Wolfgang Schäuble trägt, hat zwar den ursprünglichen Entwurf seines Vorgängers Friedrich Zimmermann (CSU) verbessert; aber es bleibt geprägt von der Vorstellung, Ausländer in Deutschland seien vorrangig Risikofaktor und Gefährdungspotential. Integrationserfolge, in der Schule wie auf dem Arbeitsmarkt, sind nicht zu leugnen; das gilt auch für die in den achtziger Jahren als «schwierig» angesehene größte Einwanderergruppe der Türken.[9] Doch beruht dieser relative Erfolg am ehesten auf der Eigeninitiative und Selbsthilfe der ethnischen Minderheiten, die sich in Deutschland angesiedelt haben. Von einer Politik der Einbürgerung in einem umfassenden Sinne sind wir weit entfernt. Die Entscheidung des Bundesverfassungsgerichtes gegen das kommunale Wahlrecht war auch nicht gerade zukunftsweisend; der substantielle deutsche Volksbegriff wird darin auf anachronistische Weise konserviert.

Den Gipfel der Ignoranz bildete jüngst die Absicht, das immer schon stiefmütterlich behandelte Amt des Ausländerbeauftragten der Bundesregierung ganz absterben zu lassen; daß die langjährige Amtsinhaberin, Liselotte Funcke, deswegen ihren Job mit großem Eklat hinwarf, bewirkte nicht den erhofften Prozeß des Überdenkens. Denn auch ihre Nachfolgerin, Cornelia Schmalz-Jacobsen (FDP), hat dem Amt nicht die Kompetenzen und Mittel verschaffen können, die die einzige mit Zuwanderungs- und Eingliederungsfragen befaßte Stelle auf Bundesebene dringend benötigt. Fazit: Die Ausländerpolitik der achtziger Jahre war schlicht eine Katastrophe. Lediglich auf kommunaler Ebene hat mit der Einrichtung einiger lokaler Ausländerbeauftragter (bzw. beim Senat in Berlin) und mit dem Frankfurter Dezernat für Multikulturelle Angelegenheiten Innovation stattgefunden. Praktische Erfahrungen in diesem neuen Politikfeld sind nur auf kommunalen Spielwiesen gemacht worden, wo man Beauftragte und Beiräte, Vereine und Ausländergruppen wortreich über ihre Ohnmacht klagen hört. Dabei ist das wahrlich Stoff, aus dem eine Reformpolitik an Haupt und Gliedern gemacht sein könnte.

Diese Versäumnisse verstoßen nicht nur gegen Gebote der Menschlichkeit, sondern auch gegen wohlbegründete Interessen. Denn selbst ein asylrechtlich weniger offenes Europa wird attraktiv bleiben für Zuwanderer aus Osten und Süden – *nicht zu unserem Schaden*: Kein Babyboom, nur Einwanderung repariert das Geburtendefizit, so die nüchterne und übereinstimmende Erkenntnis von Demographen, Arbeitsmarktexperten und Volkswirten aller politischen Couleur.[10] Wichtiger in diesem Kalkül ist die für eine «Kulturgesellschaft» selbstverständliche Annahme, daß Gemeinwesen, die sich nach außen abschotten, verkalken und nicht genügend Anregungen für Innovation und Kreativität in allen Lebensbereichen entwickeln können.

Eine von materiellen und immateriellen Nutzenerwartungen bestimmte Argumentation, mehr oder weniger angereichert durch humanitäre Selbstaufklärung, wird von einer sich allmählich verbreitenden «Koalition der Vernunft» vorgetragen, die sich aus Außenseitern quer durch alle Parteien, publizistischen Meinungsführern, wichtigen Interessenverbänden (Arbeitgeber, Kirchenleitungen, Gewerkschaftszentralen) sowie Stichwortgebern aus der nicht zu unterschätzenden Lifestyle-Branche (Werbung, Talkshows, PR-Agenturen, Zeitgeistmagazine, Jugendclubs) zusammensetzt. Solche Beiträge beeinflußten beispielsweise die Haltung des deutschen Bundespräsidenten, der neuerdings Einwanderungsquoten vorschlägt und damit zum Ärger seiner Parteifreunde das Tabu «Deutschland ist kein Einwanderungsland» gebrochen hat.

Seine Position polarisiert aber auch die öffentliche Meinung wie lange nicht mehr; sie scheint kaum mehrheitsfähig. Als im Sommer 1991 Hertha Däubler-Gmelin (SPD) eine Volksabstimmung über den Asylparagraphen 16 GG vorschlug (und diese Absicht sogleich dementieren ließ), fürchtete jeder eine Art Blankovollmacht für Ausländer-raus!-Mehrheiten oder gar einen kostenlosen Werbegag für die DVU. Die Idee eines Plebiszits war vielleicht mißlungen. Aber richtig daran ist, daß keine Einwanderungspolitik gegen wachsende Mehrheiten etabliert werden kann. Das heißt nicht, daß sie deshalb auf ewig prinzipiell ausgeschlossen wäre. Noch 1991, vor der Emotionalisierung des Themas von oben und unten, bekundeten die befragten Deutschen eher Zustimmung sowohl zum unangetasteten Asylrecht als auch zur Perspektive «Einwanderungsland». Meine These ist: Daß Toleranz und Aufnahmebereitschaft jetzt so rasch bröckeln, ist keiner urdeutschen Aversion, sondern vor allem der *Abwesenheit von Politik* geschuldet, die das Feld rabiaten Rassisten und xenophiler Gratis-Betroffenheit überläßt. Dieses Polster ist noch nicht ganz perdu. Wenn dafür mit so viel Verve und Professionalität geworben würde wie für das bekannte *Come together* im Rauchgenuß, wäre eine pragmatische Übereinkunft auch in dieser diffizilen Frage noch möglich.

Neue Politik

Wo Gefahr droht, wächst – entgegen Hölderlins Überzeugung – das Rettende nicht von selbst. Es mangelt weiter an politischer Phantasie und professionellem Design, wie die *Gesellschaft der Fremden*, zu der Europa nach gut dreißig Jahren faktischer Immigration längst geworden ist, nicht bloß «xenophil» zu beschwören, sondern endlich konkret zu gestalten wäre.[11] Die aufgeregte, aber schlecht informierte öffentliche Debatte muß sich frei machen von den ganz und gar unpolitischen Extremen: «offene Grenzen» versus «Ausländer raus!» Es fehlen: neue Institutionen, gangbare Prozeduren und konkrete Visionen einer offenen europäischen Gesellschaft – und die europäische Koordination ihrer Befürworter. Während der Nationalpopulismus europaweit im gleichen Tritt marschiert und sich die europäische Sicherheitsbürokratie zusammenschließt, hängen die Reformkräfte in lähmenden lokalen Debatten und philanthropischem Provinzialismus fest.

Dabei sind in allen Ländern Ansätze für die Reform des Einwanderungs-, Flüchtlings- und Einbürgerungsrechtes vorhanden[12], die in einen europäischen Staatsbürgercode einmünden und, nicht nur nebenbei, «europäische Identität» stiften können. Drei Barrieren muß jemand überwinden, der für längere Zeit in ein europäisches Land einreisen und einwandern will (was sich ja meist erst nach längerer Zeit herausstellt) – drei enger werdende Flaschenhälse, deren Öffnung beziehungsweise Schließung, also Selektivität, mit dem internationalen Wohlstands- und Sicherheitsgefälle, mit der ökonomischen und kulturellen Selbstwahrnehmung der Einwanderungsgesellschaft sowie mit der intendierten und tatsächlichen Aufenthaltsdauer der Zuwanderer und ihrer angenommenen Zahl variiert. Die erste Hürde bilden die Modalitäten der Einreise; als nächstes bauen sich die

Schranken der sozialen und politischen Teilnahme von Fremden auf, schließlich sind die Voraussetzungen des voll gleichberechtigten Bürgerstatus zu erbringen. Diese Strecke von der Einwanderung zur Einbürgerung muß übersichtlicher und einfacher werden.

Als Generalprinzip sollte eine möglichst freizügige Niederlassung und die selbstverständliche Gewährung von politischen Teilnahmechancen und Möglichkeiten zur kulturellen Selbstverwirklichung der ethnischen Minderheiten gelten. Eine Europäische Konföderation, in der bereits jetzt 15 Millionen Fremde leben, kann nicht mehr nach den alten Mustern vaterländischer Identität und nationaler Interessen gestrickt sein. Aus Fremden können Bürger werden, auch wenn sie weder Blut und Boden vereinen noch Sprache und nationale «Erinnerungsgemeinschaft» (Max Weber) zusammenschweißen. Die politische Union kann sich nicht mehr aus primordialen Gemeinschaftsbezügen ergeben, sondern eher durch gute Nachbarschaft, republikanischen Gemeinsinn und aktive Teilnahme, das heißt durch artifizielle und abstraktere Bezüge auf gemeinsame Spielregeln und Prozeduren des Rechts- und Sozialstaates. Gemessen an dieser Herausforderung ist das deutsche (und in Frankreich von der politischen Rechten wieder angestrebte) Jus sanguinis (Blutsrecht), das auf alt-nationaler Kulturhoheit basierende Verständnis von Volk und Nation, ein rettungsloses Fossil. Vorzuziehen ist das republikanische Prinzip: Bürger ist, wer auf einem bestimmten Territorium geboren ist oder sich dort eine bestimmte Zeit aufgehalten hat. Denkbar ist auch ein a priori europäischer Bürgerstatus ohne weitere nationale Qualifikationen, auch wenn das Gros der Euro-citoyens die Vereinigten Staaten von Europa aus vaterländischer Perspektive definieren wird.

Was auf der anderen Seite die unumgänglichen Quotierungen und Kontingentierungen der Zuwanderung anbetrifft, muß als Generalprinzip die möglichst großzügige Regelung des Asylrechtes gelten. Dieses bezieht sich vornehmlich auf politisch und rassisch Verfolgte, wobei die klassische Vorstellung vom Flüchtling mit den tatsächlichen, darunter auch ökologischen Fluchtmotiven der heutigen Weltgesellschaft nicht mehr übereinstimmt. Zwischen Flüchtlingen und Einwanderern kann aber klar unterschieden werden. Natürlich haben die europäischen Staaten das Recht, die Zuwanderung trotz des obwaltenden Elends und des starken Entwicklungsgefälles so zu organisieren, daß sie politisch-administrativ zu managen bleibt. Die Gegner jedweder Quotierung übersehen leicht, welche gegenteilige Wirkung ihre läßliche Rede von den «offenen Grenzen» entfaltet. Doch kann bei der Festlegung von Quoten nicht allein die demographische und soziopolitische Nachfrage des postindustriellen Europa ausschlaggebend sein (welche einzig zu weißen Facharbeitern tendiert), sondern auch die konkrete Notsituation der außereuropäischen Regionen, in denen Auswanderungsneigungen bestehen.

Man erkennt daran die Schwierigkeiten einer europäischen Einwanderungs- und Eingliederungspolitik. Gemessen daran ist die institutionelle Ausstattung unzureichend. In Deutschland hat die ausländerpolitische Abteilung des Bundesinnenministeriums noch eine Art Generalkompetenz; Einwanderungspolitik ist auf diese traditionell-«hoheitliche» Weise aber nicht zu implementieren. Pluralismus und Demokratie gedeihen nur von unten, eingebettet in ressortübergreifende Verhandlungssysteme und Verantwortungsnetze, unterstützt von leistungsstarken Zentral- und Regionalverwaltungen. Unten – das ist heute der Platz, wo Bürgermeistern und Bürgern, Sozialdezernenten und Regierungspräsidenten «vor Ort» Flüchtlinge vor die Füße gekippt werden wie Sondermüll. «Unten» wächst dann auch der Volkszorn; aber nur dort können die angemahnten «konkreten Lösungen» entstehen.

Runde Tische sind jetzt als Modell einer dezentralen Politikberatung ins Gespräch gebracht worden. Es darf sich dabei nicht um die Fortsetzung der Parteiendebatte auf lokalem Niveau oder eine rein symbolische Dauer-«Woche des ausländischen Mitbürgers» handeln. Vielmehr müssen politische Entscheidungsträger, lokale Meinungsführer, Experten und unparteiische Beobachter, unterstützt von ad hoc gebildeten Querschnittsämtern, periodisch in Klausur gehen und lokal vertretbare Planungen und Szenarios entwickeln. Ausländerbeiräte und Handwerkskammern, Schuldezernenten und Sozialberater, Landräte und SOS-Rassismus, Polizei und amnesty – in solchen unkonventionellen Runden müssen sich die Anwälte der Humanität auch in die Dilemmata knappen Wohnraums eindenken und müssen sich die Protagonisten des kurzen Prozesses mit Fragen der Welt-Gerechtigkeit herumschlagen.

Ausblick

Zuwanderung aus dem Osten und Süden wird «eines unserer wichtigsten politischen Probleme bleiben», hat neulich Bundespräsident Richard von Weizsäcker erklärt. Spätestens mit dieser Feststellung des höchsten Repräsentanten der Bundesrepublik Deutschland sind ein Bann gebrochen und eine deutsche Lebenslüge entlarvt. Immigration wird zur wichtigen Konfliktlinie erhoben, an der sich politische Energien, Koalitionen und Konfrontationen herausschälen. Die Zwiespältigkeit dieses Vorgangs ist deutlich geworden: Manche befürchten, daß jetzt die Büchse der Pandora geöffnet ist; die Fanale von Hoyerswerda, Hünxe und andere Eruptionen des Fremdenhasses sind für sie nur Vorspiel künftiger Dramen der multiethnischen Gesellschaft und Signal für die Formierung einer Neuen Rechten. Machiavellistisch setzen sie auf eine Einwanderungspolitik, um so den Raum für populistische Gegenkampagnen zu eröffnen. Ich halte es eher mit einem radikal realistischen und pragmatischen Diskurs, der die Gesellschaft mit ihrer Wirklichkeit, aber auch mit ihren Möglichkeiten konfrontiert. Entmutigende Erfahrungen werden einem dabei nicht erspart bleiben. Doch können selbst solche Krisen letztlich ihr Gutes haben, wenn die Europäer auf ihre ureigenen Traditionen kultureller Vielfalt, demokratischer Rechtsstaatlichkeit und föderalen Bargainings setzen und die notwendige Gelassenheit bewahren – selbst da nun unüberhörbar aus Vukovar und Dubrovnik das Geschützfeuer des ethnischen Bürgerkriegs herüberdringt und aus Belfast wieder Tote im Religionskrieg gemeldet werden.

Anmerkungen

1 Nicht zu verwechseln mit dem Wortgebrauch György Konrads. Ich verwende den Begriff eher im Sinne der politischen Theorie Hannah Arendts.
2 Den Terminus habe ich bei meinem französischen Kollegen Pierre-André Taguieff entlehnt; vgl. auch meinen Beitrag *Nationalpopulismus – der neue Rechtsextremismus*, in: Theo Schiller (Hg.), *Parteien und Gesellschaft*, Stuttgart (i. E.).
3 Vgl. dazu Kirfel/Oswalt (Hg.), *Die Rückkehr der Führer*, Wien [2]1991 und Greß/Jaschke/Schönekäs, *Neue Rechte und Rechtsextremismus in Europa*, Opladen 1990.

4 In Belgien besteht Wahlpflicht.

5 Siehe dazu Claus Leggewie, *Die Republikaner. Ein Phantom nimmt Gestalt an*, Berlin [4]1990, Kap. 2.

6 Im Jahr 1991 zählte das Bundesamt für Verfassungsschutz über 600 Straftaten mit rechtsextremistischem Hintergrund; das Bundeskriminalamt meldete 1800 Straftaten gegen Ausländer und Einrichtungen wie Asylbewerberheime etc. (nach: *tageszeitung*, 26.11.1991).

7 Umfragen im Oktober 1991 gaben ihnen etwa zwei Prozent Stimmenanteile (vgl. EMNID-Umfrage, *SPIEGEL* 48/1991, S. 61).

8 Ex-Bundesinnenminister Wolfgang Schäuble bekundete im Bundestag durchaus Verständnis für Bundesbürger, die nicht länger ertragen wollen, daß Asylbewerber ohne Aussicht auf Anerkennung auf Steuerzahlerkosten Sozialhilfe empfangen (*SPIEGEL* 48/1991, S. 38). Schäubles «sorgsam ausgetüfteltes böses Kunstwerk demagogischer Aufheizung» (Jürgen Leinemann) verschweigt, daß die Krawallmacher und Claqueure auch anerkannte Asylbewerber durchaus loswerden wollen.

9 Siehe dazu demnächst meine Studie über die Deutsch-Türken (München, i. E.) und «*Ali im Wunderland*», in: *Die Zeit* Nr. 45/1991, S. 49–50.

10 Vgl. den Hochschullehrer-Aufruf zur Asyldebatte in: *Frankfurter Rundschau*, 29.8.1991.

11 Vgl. dazu Lutz Hoffmann, *Die Unvollendete Republik*, Köln 1990; Dieter Oberndörfer, *Die offene Republik*, Freiburg 1991 und Claus Leggewie, *MultiKulti. Spielregeln für die Vielvölkerrepublik*, Berlin [2]1990 sowie World Media 2, *Die neue Völkerwanderung*, Berlin 1991 und zuletzt Ute Knight/Wolfgang Kowalsky, *Deutschland nur den Deutschen?*, Erlangen 1991.

12 Vgl. die Entwürfe der Fraktion Bündnis 90/GRÜNE vom Herbst 1991.

Wolfgang Thierse

Deutsch-deutsche Gewalt

Vereint in die Barbarei?

Was in den letzten Monaten im frisch vereinigten Deutschland geschehen ist, erinnert – ich kann und will mich gegen diesen Vergleich
nicht wehren – an entsetzliche Bilder aus der Spätzeit der Weimarer
Republik und aus dem faschistischen Deutschland: zerbrochene Fensterscheiben in Asylbewerberheimen – zerstörte Geschäfte jüdischer
Nachbarn in der Pogromnacht des 9. November 1938; Aufmärsche
von grölenden Skinheads und Faschos – SA-Umzüge mit Sieg-Heil-
Parolen; Jagd auf Ausländer in U-Bahnen – Jagd auf Juden in den
Städten Großdeutschlands.

Sind solcherart bedrängende Vergleiche erlaubt und angemessen?
Wie ernst sind die Ausbrüche von Ausländerfeindlichkeit und Fremdenhaß zu nehmen? Man solle nicht dramatisieren, wird von konser-
vativer Seite empfohlen. Wolfgang Schäuble, damals noch Bundesinnenminister, war sich in der Bundestagsdebatte am 18. Oktober 1991
sicher, daß das deutsche Volk nicht ausländerfeindlich sei, im Gegenteil: «Die Bundesrepublik ist ein ausländerfreundliches Land.» Das
ist – bestenfalls – eine gutgemeinte Beschwörung. Die Realität der letzten Monate im geeinten Deutschland sieht anders aus! Denn ent-
setzlicherweise ist Deutschland, so gespalten es sonst noch ist, darin
wirklich vereint: Ausländerfeindlichkeit und Fremdenhaß sind keine
spezifisch ostdeutschen Phänomene. Die Tatsachen sprechen eine
ganz eindeutige Sprache: Hoyerswerda ist furchtbarerweise überall in
Deutschland. Intoleranz, Gewalttätigkeit, Rechtsradikalismus gibt es

67

– wie man weiß – im schleswig-holsteinischen Bauerndorf wie im beschaulichen badischen Ländle, am benachteiligten Rand unserer Zweidrittel-Gesellschaft wie in der Villengegend von Berlin-Dahlem.

Das Thema, das Problem eignet sich also nicht, Ängste vor «dem Osten» zu bestätigen, Vorurteile nach dem schlimmen Muster zu verschärfen: «Jetzt schleppen die Ossis nicht nur ihren Stasi-Dreck hier herein, sondern überziehen uns auch noch mit ihrem Nationalismus.» Allerdings, die bestürzende Beobachtung, daß den verbrecherischen Tätern eine nicht unerhebliche Zahl von Menschen schweigend – ob angstvoll schweigend oder zustimmend schweigend – zuschaute und zuschaut, darf nicht dazu verleiten, die Ursache allzu schnell im deutschen Charakter, in deutscher Vor-Geschichte zu suchen. Derart monokausale und darin durchaus mystifizierende Klärung wird von der europäischen Realität widerlegt. Hoyerswerda gibt es nicht nur in Deutschland. Vergleichbares gibt es ebenso bei europäischen Nachbarn: Die Wiederkehr von Nationalismus und Rechtsradikalismus, die Zunahme von Fremdenhaß und Ausländerfeindlichkeit sind europäische Vorgänge. Das darf uns nicht entlasten und beruhigen. Deshalb möchte ich – frei nach dem Satz von Bertolt Brecht: «Mögen andere von ihrer Schande reden, ich rede von der meinigen» – über die Ursachen von Ausländerfeindlichkeit und Fremdenhaß im neuen «Ostteil» Deutschlands nachdenken helfen.

Zur Vorgeschichte

Es hat in der DDR immer Ausländerfeindlichkeit gegeben, gewiß in sehr unterschiedlicher Intensität. Angst vor dem Fremden, Unsicherheit gegenüber dem Unvertrauten, kleinliche oder überhebliche Ablehnung des Andersartigen gehörten und gehören zum Typus des DDR-Bürgers.

Die DDR-typische Ausländerfeindlichkeit war zunächst und vor allem unreflektierte Tradierung von Ressentiments gegenüber den Nachbarvölkern, insbesondere gegenüber den Polen. In dieser Hinsicht gab es eine schlimme und ungebrochene Tradition aus unaufgearbeiteter, unverwandelter deutscher Mentalitätsgeschichte. Es ist vielfach festgestellt worden: Die DDR war eine kleinbürgerlich geprägte deutsche Gesellschaft. Diese DDR-typische Ausländerfeindlichkeit ist stets unter den Teppich gekehrt beziehungsweise – noch schlimmer – von Zeit zu Zeit von der ehemaligen SED-Führung instrumentalisiert worden. Ich erinnere daran, wie die latenten antipolnischen Gefühle eines Teils der ehemaligen DDR-Bevölkerung dazu mißbraucht wurden, um den «Solidarność»-Bazillus im Jahre 1981 abzuwehren. Der unterschwellige Hinweis auf die «typisch polnische» Faulheit und Unordnung sollte die DDR-Bürger immun machen gegen die politischen Einflüsse aus dem Osten.

Die DDR-typische Ausländerfeindlichkeit war und ist Ausdruck unseres Hospitalismus. Wir haben schlicht nicht gelernt, wie man mit dem Fremden, mit dem Ausland umgehen soll. Wie auch, da wir das Ausland 40 Jahre nicht erleben, nicht erfahren konnten! Wir waren eingeschlossen und reagieren deshalb – wenn der Vergleich erlaubt ist – wie hospitalisierte Kinder: autistisch, verschreckt, verunsichert, abwehrend, aggressiv. Außenkontakte waren verboten, reglementiert oder instrumentalisiert. Das «kapitalistische Ausland» – Ziel heimlicher Wünsche – lag außerhalb realisierbarer Möglichkeiten, jedenfalls für die meisten von uns. Aus Gründen der psychischen Hygiene versagte man es sich, seinen Träumen allzuoft nachzuhängen. Eine alltägliche, ja selbstverständliche Übung. Aber dort, wo die Träume amputiert wurden, gab es Phantomschmerzen.

Gleichermaßen schmerzhaft waren die später dann manchmal genehmigten Reisen, da das zugewiesene Stück Freiheit deren eigentliche Abwesenheit nur doppelt spürbar machte. Ambivalent war auch die Begegnung mit den Ausländern, den Fremden, die uns «auf unserem Territorium besichtigten». Einerseits Interesse und Neugier, andererseits die zwanghafte Solidarisierung mit der Trabbi-Kultur, zu der man sich aus Beschämung und Stolz bekennen mußte, da es – trotz alledem – ein Stück Heimat war, in dem sich der einzelne tapfer eingerichtet hatte. Reisen in die sozialistischen Bruderländer boten keinen Ausgleich für die Versagenskomplexe gegenüber dem reichen Westen.

Die DDR-typische Ausländerfeindlichkeit war Ausdruck des elementaren Mangels, alltäglich positive Erfahrungen mit Ausländern machen zu können, auf alltägliche Weise zu erlernen, daß Ausländer eine Bereicherung sein können. Wir haben ja nicht nur nicht sonderlich viel reisen können, auch mit den Ausländern, die in der DDR lebten, hatten wir kaum Kontakt. Die Vietnamesen, die Polen, die

Afghanen, die Angolaner, die bei uns als Gastarbeiter – wie sie nicht heißen durften – lebten und arbeiteten, lebten und arbeiteten getrennt von uns: in abgetrennten Abteilungen in den Betrieben, in kasernenartigen Unterkünften. Wahrhaftig, der reale Sozialismus in der DDR hat so etwas Ähnliches entwickelt wie eine eigene Form der Apartheid! Die errichtete Barriere zwischen den Deutschen und den Ausländern im eigenen Land ist nur von sehr wenigen DDR-Deutschen übersprungen worden. Da wir in der ehemaligen DDR nicht auf alltägliche Weise positive Erfahrungen mit Ausländern machen konnten – es wäre so schön gewesen, heute vietnamesisch, morgen chinesisch, übermorgen afrikanisch essen zu gehen –, fehlt uns eine wichtige Erfahrung, die uns jetzt widerstandsfähiger gegen neuen Fremdenhaß machen könnte.

Die DDR-typische Ausländerfeindlichkeit war Ausdruck einer Ablehnung, einer Abwehr des übermächtigen politisch-ideologischen Zwangssystems. Ein geheimer, latenter, unausgesprochener Nationalismus, der um so widerständiger, haltbarer war, je mehr er tabuisiert wurde, grundierte die DDR-Existenz. Ein mehr oder minder unaufgeklärter Nationalismus war die zähe, fatale wie fast unausweichliche Antwort von unten auf einen diktierten Internationalismus von oben. Ein deklamatorischer Internationalismus, der das Gegenteil von dem erzeugte, was er vorgeblich – anfänglich wohl auch tatsächlich – wollte. Die immer byzantinistischer werdenden staatlichen Veranstaltungen, die Völkerfreundschaften, Städtepartnerschaften und Delegationen stießen schon deshalb auf Ablehnung, weil sie zu Weihespielen der «großen internationalistischen Idee» instrumentalisiert wurden, die nur zur Tarnung folkloristisch drapiert waren. Sie blieben leer, weil ihnen keine eigene alltägliche Erfahrung entsprechen konnte.

Die DDR-typische Ausländerfeindlichkeit war auch Ausdruck einer verqueren Art von Tabuverletzung. Weil Antifaschismus und Internationalismus als ideologische Staatsdoktrin autoritär dekretiert und durchgesetzt wurden, erschienen faschistische Symbole und Ideologeme als schärfste Form der Ablehnung – reizvoll gerade für Jugendliche. Naziparolen und Hakenkreuze an Schul- und Häuserwänden, Schändung von jüdischen Friedhöfen – das waren unterdrückte Fakten der DDR-Geschichte. Die Zahl solcher Ereignisse hat in den achtziger Jahren eher zugenommen; sie belegt, daß es eine ungute Tradition unverarbeiteter deutscher Ideologiegeschichte gab und gibt. In der Fortsetzung solcher Tabuverletzungen mag auch das Moment einer «antiautoritären Revolte von rechts» (Michael Rutschky) enthalten sein, die sich ursprünglich der entsetzlichen Formen und Symbole der faschistischen Vergangenheit bediente. Inzwischen bekennen sich – so ist zu fürchten, ist zu beobachten – die ehemals Revoltierenden längst autoritär zu den entsetzlichen Werten jener entsetzlichen Vergangenheit. Dieser Vorgang ist nicht zu erklären ohne den Einfluß westdeutscher und österreichischer Ideologen und Organisatoren des Rechtsradikalismus. Er ist ihr Werk, aber die Werkzeuge sind – allzu viele – aus der ehemaligen DDR. Deutlich hörbar wurden die nationalistischen Töne schon gegen Ende der Leipziger Montagsdemonstrationen Ende 1989, als rechtsradikale Jugendliche, souffliert von angereisten Westdeutschen und Österreichern, den Ruf «Wir sind ein Volk» aus einem Ausdruck heftiger Hoffnung in eine Drohung verwandelten. Hier schon brach etwas auf, was in der Folgezeit durch soziale und kulturelle Einbrüche und Umbrüche verstärkt wurde.

Zur Gegenwart

Es gibt, glaube ich, einen inneren, wenn auch zwiespältigen Zusammenhang zwischen dem Wiedererstarken von Ausländerfeindlichkeit und Fremdenhaß in Deutschland und der Art und Weise, wie problematisch die deutsche Einigung in den vergangenen zwei Jahren verlaufen ist. Nicht um zu entschuldigen oder zu beschönigen, sondern um zu verstehen, sollte man sich vor Augen führen, welche negativen Erfahrungen dabei gemacht wurden, ohne die positiven Erfahrungen während des deutschen Einigungsprozesses damit gänzlich vergessen machen zu wollen.

Vor einigen Wochen war in den Zeitungen folgende Meldung zu lesen: «Jeder zweite Sozialhilfeempfänger in den neuen Bundesländern ist jünger als 25 Jahre.» – Eben noch Montagsdemonstrant, der persönlichen Mut und gemeinschaftliche Stärke erlebt und Geschichte geschrieben hatte, kurz darauf Objekt von Vereinigungstechnokraten, arbeitslos, von Existenzängsten geplagt: Vom Helden der Nation zum Sozialfall. Endlich aufgehoben in der starken, geein-

71

ten Nation und schon die Erfahrung, daß vom Lebensstandard bis zum Lebensgefühl alles «zweitklassig» geblieben ist. Die ersehnte Freiheit wird nun, da sie erreicht ist, nicht mehr nur als Glück empfunden, da ihre Möglichkeiten nicht finanzierbar sind. Sie stellt sogar eine Bedrohung dar. Die Zukunft ist nicht nur hoffnungsvoll offen, sondern zugleich deprimierend riskant. Zum weder verarbeiteten noch eingebrachten Erbe und den Erlebnisdefiziten aus den vergangenen 40 Jahren kommen Existenzängste, Überforderungsängste, Konkurrenzängste: Was wird den Ostdeutschen nicht alles abverlangt! Eine radikale Änderung ihres Lebens vom Alltag, über den Beruf, das politische System und die eigenen Überzeugungen. Wer kann schon sicher sein, daß er das erfolgreich bewältigt. Daß er Zukunft gewinnt, daß er einen Platz im gemeinsamen Deutschland sicher hat. Das Erlebnis der Befreiung wird bei nicht wenigen überdeckt von Verunsicherungen, Verängstigungen, von Verlusten. Es sind durchaus auch soziale Nöte, aus denen heraus der nächst Schwächere mißhandelt wird. Es ist der Fremde, der Ausländer, der Asylsuchende, der für all diese Schwierigkeiten verantwortlich gemacht wird, der im Kampf um Arbeit und Wohnung als Konkurrent empfunden wird.

Diese Aufzählung erweckt den Anschein, als wären es zurechenbare Auswirkungen und rationale Prozesse, um die es hier geht. Dabei sind es Projektionen; es sind Erfahrungen der eigenen Unzulänglichkeit, der eigenen Bedrohung, die auf den Fremden abgewälzt werden.

Hinzu kommt, daß in Ostdeutschland sehr viele Menschen, zumal junge, ihre eigene Biographie neu interpretieren müssen. Alles was sie für wichtig, für wertvoll, für gut oder für schlecht gehalten haben, müssen sie politisch und weltanschaulich neu definieren. Dies ist ein sehr anstrengender Prozeß, gewissermaßen der Prozeß einer neuen Identitätsfindung. In einer Phase, in der es vielen schwerer fällt als zuvor, die eigene Identität positiv zu definieren, funktioniert ein uralter fataler Mechanismus: Man definiert sich durch Abgrenzung gegenüber anderen, durch Ausgrenzung, also negativ.

Es ist das Muster des Antisemitismus, das hier durchscheint. Besonders deutlich äußert sich dieser Mechanismus bei Jugendlichen. Der Ostberliner Sozialdiakon Michael Heinisch versteht die neonazistischen Übergriffe der Jugendlichen vor allem als unreflektierte Widerstandsaktion gegen die drohende Bedeutungslosigkeit des eigenen

Lebens. Rechtsradikale Provokationen erscheinen in dieser Perspektive als ein Versuch, dem eigenen Leben Gewicht und Aufmerksamkeit zu verleihen.

Darin ist, denke ich, auch eine Aussage über den Zustand unserer Demokratie enthalten. Diejenigen, die da so aggressiv agieren, teilen uns etwas mit über die von ihnen empfundenen Handlungsblockaden, über Mitwirkungsdefizite, über ihre undeutliche Erfahrung, daß sie Objekte eines Prozesses sind, in den sie als Subjekte nicht eingreifen können. Berechtigt oder nicht, dieses Defizit an Handlungsmöglichkeiten, an demokratischer Einflußnahme, bewirkt jene Ersatzhandlungen, jene falschen und entfremdeten Formen von Aktivität, die sich als Aggressionen gegen die Schwächeren richten.

Zurück zur Vernunft

Wenn diese Beobachtungen über Zusammenhänge und Ursachen von Ausländerfeindlichkeit und Fremdenhaß im Osten Deutschlands in ihrer Tendenz zutreffen – es sind Hypothesen, es sind Annäherungsversuche –, dann sollte sich die demokratische Öffentlichkeit in Deutschland über einige Konsequenzen verständigen.

Erstens: Wir sollten uns – das ist von elementarer Selbstverständlichkeit – über das Ziel der Wiederherstellung eines gesellschaftlichen Klimas einig sein, in dem Aggressionen gegen Ausländer schlicht das sind, was sie sind, nämlich Verbrechen! Das schließt ein, daß der Rechtsstaat seine selbstverständliche Aufgabe erfüllt, ausländische Mitbürger zu schützen und Verbrechen zu ahnden.

Zweitens: Wir sollten uns darüber verständigen, wie wir Lernprozesse gerade im Osten Deutschlands organisieren können, die dazu führen, daß Fremdheit und Andersartigkeit positiv erfahren und bewertet, also nicht als beängstigend, nicht als die eigene Identität gefährdend empfunden werden. An der multikulturellen Gesellschaft als einem Ideal ist festzuhalten, aber dieses Ideal ist nicht von heute auf morgen zu verwirklichen, sondern nur über Zwischenschritte des Lernens, die gerade die Menschen im östlichen Deutschland nicht überfordern dürfen.

Drittens: Wir sollten darüber nachdenken, wie man vorhandene Ängste wirklich ernst nehmen kann, ohne sie zu verstärken und, vor allem, ohne sie parteipolitisch zu instrumentalisieren, um damit Wahlen gewinnen zu wollen.

Viertens: Wir sollten die demokratischen Mitwirkungs- und subjektiven Handlungsmöglichkeiten für die Individuen und vor allem für junge Leute stärken. Wir sollten darüber nachdenken, wie veraltet – wie veraltet! – den jungen Leuten unsere Parteiendemokratie vorkommen muß.

Fünftens: Wir sollten darüber nachdenken, wie die integrativen Kräfte der Gesellschaft gestärkt werden könnten, und zwar so, daß sie vom einzelnen nicht als Zwang erfahren werden. Es gilt, die Offenheit der demokratischen Gesellschaft zu verteidigen.

Sechstens: Wir müssen neu über friedliche Lösungen in sozialen Konflikten nachdenken, im Streit um das Teilen, im Verteilungskampf. Denn die Einheit Deutschlands, die Einheit Europas, das wird keine Idylle sein. Auch dafür ist die Ausländerfeindlichkeit ein Menetekel. Die erkennbare Mühe um soziale Gerechtigkeit – nicht erst ihr Gelingen – wird eine elementare Voraussetzung dafür sein, daß wir Konflikte in Zukunft friedlich austragen können.

Wir können durch eine Änderung unserer Asylgesetzgebung und der Asylrechtspraxis, so notwendig und sachgerecht diese im einzelnen sein können oder müssen, die Flüchtlingsproblematik der Welt nicht lösen. Das ist eine triviale Einsicht. Die Ursachen für Fluchtwellen – Armut und Unterdrückung – müssen vor Ort bekämpft werden. Aber wir können, indem wir uns der Aufgabe stellen, eine offene Gesellschaft, eine wirklich demokratische und nicht nur repräsentativ-demokratische Gesellschaft zu schaffen, einen Beitrag dazu leisten, daß die Probleme der Armut und der Unterdrückung anders gelöst werden als bisher.

Es wäre furchtbar, wenn die deutsche Einheit, das Wiedererstehen eines deutschen Nationalstaats, unabwendbar verbunden wäre mit Aggressivität, mit Ausgrenzung, mit dem Wiedererstehen eines deutschen Nationalismus. Dann wäre sie ein Irrtum, ein Fehler gewesen – aber nur dann!

Fremd
bei den Deutschen

Bahman Nirumand

Typisch deutsch

Annäherung an ein Phantom

Endlose Diskussionen im Fernsehen und Rundfunk, zahllose Kommentare in den Zeitungen sowie nicht zuletzt Gerichtsverhandlungen und Sicherheitsvorkehrungen waren notwendig, bis das Lenin-Denkmal in Berlin, umstellt von Polizeieinheiten, schließlich abmontiert und abtransportiert werden konnte. War dies ein letzter Triumph der Revolution? Wohl kaum. Es war vielmehr eine schrittweise vorbereitete Demontage, kein revolutionärer Sturz; es gab keinen Jubel, eher ein paar Tränen; die Gefühle – ob für oder wider – waren längst zerredet und zerfetzt, der revolutionäre Elan war unter den Worten und Gerichtsakten erstickt, der historische Akt seiner Symbolkraft beraubt und auf ein technisches Problem reduziert worden.

   Der, dessen Denkmal hier demontiert wurde, hatte einmal gesagt: Wenn Deutsche einen Bahnhof besetzen wollen, werden sie zunächst Bahnsteigkarten lösen. Tatsächlich erhielten die Deutschen auch dieses Mal, als sie sich zu einer Revolution entschlossen – so es denn überhaupt eine war –, ihre «Bahnsteigkarte», und zwar aus der Hand Gorbatschows. Zögerlich, oder wie sie es nannten, «friedlich», begaben sie sich auf die Straße und gingen – selbstbeherrscht, bedachtsam und geleitet von einer alles überragenden Vernunft – tastend und mit leisen, langsamen Schritten voran. Kein Palast wurde besetzt, kein Regierungsgebäude zerstört, kein Denkmal gestürzt, keine Straße umbenannt. Es war bewundernswert und zugleich erstaunlich, wie die Menschen ihre Wut über zwölf Jahre Nationalsozialismus und vierzig

Jahre Stalinismus bändigen konnten und derart diszipliniert, selbstbeherrscht agierten, daß sie sogar ihren Peinigern, den Stasibonzen und Parteifunktionären, den Auftritt auf ihren Kundgebungen erlaubten und ihnen mehr oder minder geduldig zuhörten. War dieses Verhalten ein Ausdruck der Zivilisation oder einer historischen Verklemmung, rührte diese Bedachtsamkeit aus politischer Erfahrung und Reife oder aus Angst und Unsicherheit?

Wie auch immer, die Demonstranten riefen: «Wir sind das Volk.» Sie schienen entschlossen, etwaigen Versuchen der Herrschenden, die Erhebung niederzuschlagen, Widerstand zu leisten. War es also doch ein leuchtender Augenblick in der deutschen Geschichte, dessen sich das Volk rühmen darf und auf den spätere Generationen mit Stolz zurückblicken können? Diese Frage kann bereits heute, nach zwei Jahren, nicht ohne Zögern bejaht werden. Denn längst ist das, was die vierzig Jahre lang Erniedrigten, ihrer Freiheit Beraubten, unmündig Gehaltenen, in ihren Sehnsüchten Unbefriedigten und materiell Benachteiligten in einer historischen Sternstunde – ob nun mit oder ohne Hilfe von außen – geleistet haben, diese friedliche Volkserhebung, die den Gemarterten ein Stück Selbstbewußtsein, ein Stück Identität, ein Gefühl des Stolzes hätte verleihen können, binnen weniger Monate auf brutalste Weise von den Schwestern und Brüdern aus dem Westen mit Füßen zerstampft und mit der alles überragenden DM für einen Spottpreis versteigert worden. Die allgemeinen Gefühlswallungen der ersten Stunde, die Solidaritätsbekundungen, die Freudentränen, die Bundestagsabgeordnete beim Singen des Deutschlandlieds vergossen, waren lediglich dem Augenblick gewidmet; die offenen Arme, mit denen die Landsleute aus dem Osten empfangen wurden, verwandelten sich bald in Schlingen um den Hals der Revolutionäre. Das Feuer der Revolution erlosch zu kalter grauer Asche. «Wir sind ein Volk» riefen nun die Demonstranten unter dem Würgegriff des Kapitals.

Ist all dies, was in den vergangenen zwei Jahren geschehen ist, «typisch deutsch»?

Das Unbeschreibbare beschreiben

Es ist einem Autor, der aus einem Land stammt, das man als unterent-
wickelt bezeichnet, auferlegt, sich über Deutschland und die Deutschen zu äußern, ein Umstand, der für viele, über die zu reden sein
wird, kränkend sein könnte. Vielleicht würde man einem Amerikaner, einem Briten, ja sogar einem Franzosen eine solche Meinungsäußerung eher gestatten. Das erschwert von vornherein die Auseinandersetzung mit einem Thema, das ohnehin nicht leicht zu behandeln
ist. Denn es wird immer ein Wagnis sein, die Vielfalt der Verhaltensformen, Ansichten, Lebensvorstellungen, die in jedem Volk und also
auch bei den Deutschen vorzufinden sind, auf einen Nenner zu bringen. Dieses Unternehmen wird ohne Verallgemeinerungen und Pau-
schalisierungen kaum möglich sein. Dennoch will ich es wagen und
dabei auch Verallgemeinerungen nicht scheuen. Denn ich denke, daß
Menschen, die über Generationen gemeinsam in einem Gebiet leben,
die gleiche Sprache sprechen, Ebbe und Flut derselben Geschichte
erleben, derselben Musik lauschen und dieselbe Erziehung genießen,
von bestimmten allgemeinen Verhaltensnormen und Charakterzügen
geprägt sind, die man durchaus als typisch bezeichnen kann, wohlwis-
send, daß dabei unzählige Ausnahmen und Abweichungen existieren,
die nicht selten den allgemeinen Urteilen nahezu völlig widersprechen. Gleichzeitig möchte ich betonen, daß es sich bei meinen Äußerungen um subjektive Wahrnehmungen handelt, Wahrnehmungen,
die von einem nie nachlassenden Interesse, von Emotionen, von
Liebe und Haß, von Bewunderung und Verachtung begleitet waren.

Treffe ich meine Landsleute oder Freunde und Bekannte aus anderen Ländern, kommen wir häufig unwillkürlich auf Deutschland und
Deutsche zu sprechen. Erfahrungen, Beobachtungen, Erlebnisse
werden ausgetauscht und Versuche zur Charakterisierung unternommen. Dabei werden oft die gängigen negativen und auch positiven
Klischees wiederholt: Die Deutschen sind fleißig, zuverlässig, arrogant, leistungsorientiert, Sauberkeitsfanatiker, Besserwisser, ver-
bohrte Individualisten; sie sind korrekt, ehrlich, naiv, kleinkariert,
verschlossen, verklemmt...

Doch ob bewundernd oder verachtend, bei allen Äußerungen
schimmert immer wieder eine Unzufriedenheit, ein Unbehagen
durch. So recht zu Hause scheint sich hier kaum ein Ausländer zu

fühlen, selbst diejenigen nicht, die sich hier ihr Leben aufgebaut und sich dem Wunsch der Behörden gemäß voll integriert haben. Ich denke nicht, daß es die Sehnsucht nach der eigenen Heimat ist, die sogar denen, die bereits über Jahrzehnte hier leben, ein Gefühl des Fremdseins verleiht. Es ist auch nicht der Mangel an Bereitschaft, sich den Deutschen gegenüber zu öffnen und mit diesem Land ewige Freundschaft zu schließen. Der Grund liegt vielmehr, wie ich meine, bei den Deutschen selbst.

Die Deutschen – bei diesem Plural stocke ich schon, denn die Verallgemeinerung wird viele, auf die meine Aussage nicht zutrifft, zum Protest bewegen. Ich muß dies in Kauf nehmen. Also die Deutschen besitzen eine ganz spezifische Besonderheit, die man bei anderen Völkern nicht vorfindet. Und diese Besonderheit, dieses Anderssein ist unglaublich schwer, ja vielleicht unmöglich zu beschreiben. Adjektive wie fleißig, tüchtig, zuverlässig, ängstlich, duckmäuserisch reichen nicht aus. Es ist etwas Unüberwindbares, Provokatives, Arrogantes, Unterwerfendes, Hartes, Autoritäres, etwas, das einem Bewunderung abverlangt, oft uneingeschränktes Lob herausfordert, sowie etwas, was wütend macht, was anziehend und zugleich abstoßend wirkt, was eine fröstelnde Kälte ausstrahlt; es ist eine belebende, ermunternde, erheiternde Vielfalt, eine zum Gähnen zwingende Langeweile, eine unabänderliche Normalität, etwas Biederes, Einfältiges, Trauriges, Brutales – nein, alle diese Worte vermögen den Kern nicht zu treffen. Dabei weiß fast jeder, auch die meisten Deutschen wissen es, was gemeint ist, wenn man die Bezeichnung «typisch deutsch» gebraucht, eine Bezeichnung übrigens, die in ihrer entsprechenden Variation meines Wissens nirgends auf der Welt von den Angehörigen eines Volkes so häufig zur Charakterisierung der eigenen Landsleute benutzt wird. Deutsche können sich Jahre, ja vielleicht Jahrzehnte in einem anderen Land aufhalten, in einem völlig anderen Milieu leben, sie können bewußt versuchen, dieses «typisch Deutsche» aus sich herauszutreiben, der Erfolg ist in den meisten Fällen sehr gering. Es ist wie die Farbe der Haut, die man nicht abstreifen kann. Das «typisch Deutsche» ist nahezu unverwüstlich.

Und eben dies fiel mir besonders nach der Vereinigung der beiden deutschen Staaten auf. Obwohl beide Staaten sich unter völlig verschiedenen Bedingungen entwickelt haben und ihre Geschichte über vierzig Jahre lang einen völlig unterschiedlichen Verlauf genommen hatte – hier unter dem Einfluß der USA und Westeuropas, dort unter dem der Sowjetunion und Osteuropas, hier eine aufgesetzte Demokratie, dort eine erzwungene Diktatur des Proletariats, hier Modernisierung und Wohlstand, dort in vielen Bereichen Unterentwicklung und Armut –, blieb auf wundersame Weise das typisch Deutsche in seinen Grundzügen nahezu unangetastet erhalten. Vielleicht ist dies auch ein Grund für jene Aversionen, Abneigungen, ja oft Haßgefühle, die die Deutschen im Westen für ihre Schwestern und Brüder im Osten empfinden. Im Grunde bilden die «Ossis» ein Spiegelbild dessen, was den «Wessis» in tiefster Seele ruht. Etwas, was man im Westen abgestreift zu haben glaubte, kommt unerwartet durch die «Ossis» in reinerer Form zum Vorschein. Man erinnert sich der eigenen Vergangenheit und stellt verdutzt fest, daß der Wohlstand, der Konsum, das moderne Leben, die Freizügigkeit lediglich eine Kruste gebildet haben, unter der die Vergangenheit, das eigentlich deutsche Wesen, verborgen liegt. Lange Zeit hindurch durften die Menschen im Westen ihren östlichen Schwestern und Brüdern gegenüber in der Pose des Spenders auftreten und sich an ihren Überlegenheitsgefühlen laben, jetzt stellt man fest, daß die Verwandtschaft doch viel näher ist, als man es wahrhaben wollte. Die Begegnung mit den Ossis ist eine Begegnung mit sich selbst, der Haß gegen sie ein Selbsthaß.

Und die Ossis? Aus ihrer Sicht haben sich die ehemaligen Wohltäter, die bis dahin um ihr Schicksal bangten, ihre Leiden mittrugen, um ihre Befreiung kämpften und das kleinste Zeichen ihres Widerstands als eine große Heldentat priesen, plötzlich als brutale Egoisten entpuppt, die von ihnen uneingeschränkte Unterwerfung verlangten und sie wie Brüder und Schwestern behandelten, derer man sich schämen müßte. Diese von den Ostdeutschen geforderte Selbsterniedrigung verstärkte nicht nur den Neid, sie erzeugte auch Haßgefühle.

Die Ausländerfeindlichkeit war und ist ein Versuch, diese Gefühle auf ein Feindbild zu lenken. Kommunisten existieren nicht mehr, mit den Juden wäre es äußerst problematisch geworden, die Ausländer eigneten sich am besten dazu. Sie wurden zu Sündenböcken der neuvereinten Nation. Bei diesem Ablenkungsmanöver kamen aber gerade jene Verhaltensformen zum Vorschein, die man gewöhnlich als «typisch deutsch» bezeichnet, und zwar sowohl im Westen als auch im Osten.

Aber was ist dieses Typische, dieses Konglomerat von Eigenschaften, das jetzt durch die Einheit besonders augenfällig geworden ist und viele Deutsche, besonders die im Westen, nicht glücklich zu stimmen scheint?

Dabei haben sich die Deutschen noch nie so froh, so ausgelassen, so gerührt erlebt wie in den Tagen nach der Öffnung der Mauer. Das Klatschen und Jubeln bei jedem einfahrenden Trabbi, die Umarmungen, die Freudentränen, das gemeinsame Singen und Tanzen auf den Straßen war einfach wunderbar. Das ist ein Deutschland, das man uneingeschränkt und von ganzem Herzen lieben könnte, dachte ich. Für mich war das ein so befreiender Anblick, daß ich in mir den nicht zu bändigenden Drang verspürte, mich zu den Jubelnden zu begeben und in den Freudenchor miteinzustimmen. Daß meine große Lust – und viele Ausländer hatten ähnliche Erlebnisse –, an dem echten und wahren Volksfest teilzunehmen, durch den mehrmals wiederholten Satz «Laßt uns Deutsche allein!» einen jähen Dämpfer erhielt, schien mir damals noch unerheblich. Obwohl enttäuscht, war ich keineswegs gewillt, solche oder ähnliche Äußerungen ernst zu nehmen. Ich deutete sie als Randerscheinungen, denen ich zufällig begegnet war. Viel wichtiger schien mir die Tatsache, daß ein über Jahrzehnte getrenntes Volk endlich wiedervereint war und die Sehnsüchte und Hoffnungen sich erfüllt hatten. Es war ein Neubeginn, der Beginn eines neuen Kapitels in der deutschen Geschichte.

Selbstverständlich waren mir schon damals die anstehenden Probleme nicht ganz unbekannt: Aus achtzig Millionen Menschen im Herzen Europas ein Land, ein Volk, eine Nation, eine Identität zu formen, schien mir kein leichtes Unterfangen zu sein; ich meine es nicht nur ökonomisch. Es ist eben ungeheuer schwierig, und es bedarf eines Salto mortale, wenn die Aufhebung der Spaltung zu einer neuen, gemeinsamen Identität führen soll. Denn diese Identität steht zwangsläufig auf einem bebenden, durchlöcherten historischen Boden, auf dem Boden einer Geschichte, deren bestimmte Phasen man nicht rühmen kann und häufig nicht einmal wahrhaben will. Wie soll der Stolz begründet werden, wie der freie und unbeschwerte Gang in die Zukunft vonstatten gehen, wenn so schwere Klötze wie Faschismus und Stalinismus an den Beinen hängen. Es war von vornherein klar, daß hier dem freien Flug der Phantasie nur schwer überwindbare Dämme entgegenstehen.

Doch wie gehen die Deutschen damit um? Wie sich nun feststellen läßt, heute nicht anders als nach 1945. Die Vergangenheit wird vergessen und verdrängt. Sieht man von einer Handvoll Intellektueller ab, so versuchte und versucht man damals wie heute die Geschichte zu den Akten zu legen und zur Tagesordnung überzugehen. Hier findet eine bemerkenswerte Selbsttäuschung statt, die tagtäglich ihren Tribut fordert. Denn das Verdrängte macht krank, es nagt mit tausend Zähnen am Fleisch und an den Knochen, es lähmt die Vitalität, hält den Schrei wie einen Kloß im Hals, es macht depressiv. Es ist schon eigenartig und für mich ein unlösbarer Widerspruch, daß die Deutschen mit einer ihnen eigentümlichen Gründlichkeit alles und jedes problematisieren, über alles reflektieren, es bis ins kleinste Detail zerlegen, sezieren, auch oft sich selbst, ihre eigene Psyche, ihre Seele unter die Lupe nehmen, ja sogar Gefühle wie Liebe, die keiner Begründung bedürfen, durch endlose Diskussionen zu erforschen versuchen, ihre Geschichte aber mit derselben Gründlichkeit verdrängen. Als die Mauer fiel, wurde auch gleich die vierzigjährige Geschichte der DDR «entsorgt», genauso wie man einst nach dem Zusammenbruch des Dritten Reichs mit den Trümmern auch die Vergangenheit zu beseitigen trachtete. Kein Wunder, daß man bei den Deutschen oft das Gefühl hat, als trügen sie etwas heimlich Verborgenes bei sich. Ich habe selten Deutsche frei über Deutschland reden gehört. Selbst bei denen, die lauthals Deutschland rufen oder die erste Strophe der deutschen Nationalhymne singen, spürt man eher eine Trotzhaltung, einen Schrei, der die Angst vor der Finsternis, vor dem Schweigen übertönen soll. Das Bekenntnis zur eigenen Nation erfolgt nie ohne Hemmungen.

Dabei hätten die heutigen Deutschen doch allen Grund, auf ihr Land stolz zu sein. Was sie auf dem Gebiet der Technik, in der Kunst, in den Wissenschaften, in der Literatur und in anderen Bereichen des Lebens, der Kultur und der Zivilisation hervorgebracht haben, ist nicht selten einmalig und einzigartig. Heute mutet die Bundesrepublik Deutschland – auch nach der Vereinigung – unter den Staaten der Erde wie eine Insel an, deren Bewohner, im Gegensatz zu denen der meisten anderen Länder, in ihrer Mehrheit die Möglichkeit haben, ein gesichertes, freies, inhaltsreiches Leben zu führen.

Im allgemeinen hat man hingegen keinesfalls den Eindruck, als wären die Deutschen tatsächlich glücklich. Vielleicht ist es gerade diese Sicherheit, diese perfekte Ordnung, der verbissene Hang zur Leistung, was dem Glücklichsein entgegensteht. Vielleicht sind die Deutschen übersättigt, vielleicht merken sie auf einmal, daß ihre Sehnsüchte nach Wärme, Geborgenheit, Nähe, Freundlichkeit, vor allem nach uneingeschränkter, uneigennütziger Liebe nicht durch Reichtum, Wohlstand, Unterhaltung gestillt werden kann, vielleicht sollten die Deutschen eine vielseitige Abmagerungskur versuchen, um ihr Leben auf die elementaren Wünsche und Bedürfnisse zurückzuführen.

Physiognomische Skizzen

Ich habe bei den Deutschen oft den Eindruck, daß sie unter innerer Vereinsamung leiden. Denn einsam sind nicht nur die Älteren, die nach dem Ausscheiden aus dem Berufsleben kaum noch beachtet werden und denen man schon mit der Pensionierung praktisch den Totenschein ausstellt. Auch die Jüngeren fühlen sich einsam, selbst dann, wenn sie von vielen Bekannten und Freunden umgeben sind. Liegt diese Einsamkeit in der Unfähigkeit begründet, Emotionen und Gefühlen freien Lauf zu lassen? Mir fällt auf, daß man bei der inhaltlichen Beschreibung von Freundschaften – gleichgültig, ob es sich dabei um zwischen- oder gleichgeschlechtliche Freundschaften handelt – vom gegenseitigen Verstehen spricht. Wir Iraner zum Beispiel würden eher von Liebe sprechen, auch bei der Freundschaft zweier Männer oder zweier Frauen. Und da würde keiner auf den Gedanken kommen, es könnte sich um eine schwule oder lesbische Beziehung handeln.

Vielleicht gehört es tatsächlich zu den deutschen Eigenschaften, daß sie alles vorwiegend über den Kopf leisten. Gefühlsregungen, emotionale Handlungen stehen zumeist unter der Kontrolle des Verstandes. Die Deutschen schaffen und organisieren immer größere Möglichkeiten zum Konsum, zu Genuß, Vergnügen, Unterhaltung und zur Freizeitgestaltung, doch man hat das Gefühl, daß die Wahrnehmung dieser Möglichkeiten immer zuerst durch ein Sieb der Rationalität, der Vernunft gefiltert wird. Viele bauen sich ein Haus mit einem Garten dazu, sie arbeiten ständig zu jeder gebotenen Stunde darin, sie gestalten die Wohnräume und pflanzen Blumen und Bäume – richtig genießen tun sie das aber ganz selten. Die rastlose Aktivität läßt ihnen kaum Zeit zur Ruhe, zur Beschaulichkeit. Das Zeitlose, Grenzenlose hat in ihren Augen keine Bedeutung, jede Stunde hat für sie sechzig Minuten, jede Minute sechzig Sekunden. Selten wird eine Stunde zu einer Ewigkeit.

Man gewinnt den Eindruck, als müsse jeder Deutsche für jede Stunde seines Lebens Rechenschaft ablegen. Zeiten, in denen man nichts tut, werden als «vergeudet» betrachtet. Wer seine Zeit vergeudet, wird vom schlechten Gewissen geplagt. «Zeit ist Geld», sagt man. Daß dies für den Aufbau, für die Entwicklung, für Bildung und Ausbildung äußerst dienlich ist, vermag niemand zu bezweifeln: Diesem Hang zur Leistung haben die Deutschen ihren Erfolg zu verdanken. Aber ist dieser Hang, dieses rationale Organisieren des Alltags auch dem Leben, dem Gemüt dienlich?

Man läßt hier nichts «verkommen», «vergeuden», nicht nur keine Nahrungsmittel – was begrüßenswert ist –, sondern auch nicht die Zeit und die Arbeitskraft. Selbst mit der Freundlichkeit geht man sparsam um. Jede Handlung muß einem Zweck dienen, sie muß einen Sinn haben, und sie hat nur dann einen Sinn, wenn der Lohn den Preis übersteigt. Das ist ein Prinzip, und die Deutschen haben Prinzipien. Die meisten ihrer Unternehmungen sind von bestimmten Grundsätzen motiviert, zu allem und jedem ist ein ideologisches Gerüst notwendig. Dadurch entsteht eine gradlinige Streckenführung, auf der jeder einzelne seinen Zug fahren läßt. Es ist äußerst mühsam, ja oft unmöglich, die Richtung dieser Züge zu ändern, sie auf andere Gleise zu lenken. Daher leisten die Deutschen jeder tiefgreifenden Veränderung erbitterten Widerstand. Hinzu kommt, daß sie nicht besonders risikofreudig sind, sie setzen ihre Sicherheit nicht aufs Spiel, das Gewohnte, das Vertraute ist ihnen allemal lieber als das Unbekannte, Fremde. Ist einer in seinem Denken, in seiner Lebensvorstellung einmal festgelegt und in seiner gesellschaftlichen Position etabliert – und das geschieht erstaunlicherweise zumeist schon in jungen Jahren –, dann begibt er sich auf die vorgeschriebene, vorgeplante Bahn. Selten wagt einer einen Sturz ins Abenteuer. «Alles muß seine Ordnung haben», hört man hier die Leute sagen, obwohl ich vermute, daß die Deutschen in ihrem Unterbewußtsein auch das Chaotische lieben.

Die Deutschen planen gern. Sie planen ihren Alltag – ich habe selbst jüngere Schüler gesehen, die immer einen Terminkalender mit sich führen –, sie planen ihren Urlaub – meistens ein Jahr, manchmal sogar mehrere Jahre, im voraus. Dazu besorgen sie allerhand Landkarten, Stadtpläne, Bücher, Reiseführer, legen die genauen Routen fest, bis hin zu den Autobahnraststätten, an denen sie einen Imbiß einnehmen wollen. Sie planen die Freizeit, ihre Feste, legen die Abende fest, an denen sie lustig und ausgelassen sein können und wollen. Wenn sie lustig sind, gebärden sie sich zumeist besonders laut, sie reden laut, singen laut, klatschen laut, blasen in die Trompete, schlagen auf die Pauke, stampfen mit den Füßen auf den Boden. Sie sitzen aber auch still und in sich gekehrt im Konzertsaal und lauschen den traurigen Liebesliedern von Schubert. Ein Widerspruch? Ja, unzählige Widersprüche. Hier sind sie oft unerträglich grob, dort übertrieben melancholisch, traurig, depressiv. Kann man diese Verhaltensweisen als Reaktionen auf die alles überragende Ordnung deuten, als eine Flucht aus dem durchorganisierten, ökonomisierten Alltag?

Und die Widersprüche? Die sind auf die unterschiedlichen Prinzipien zurückzuführen. Jeder hat seine eigenen Prinzipien, und dies spiegelt sich in einer bewundernswerten Vielfalt wider. Die Gemeinschaft der Deutschen ist eine Gemeinschaft der Individualisten, doch das typisch Deutsche, das Gemeinsame dabei ist eben, daß jeder seine Prinzipien hat, an denen er mit Klauen und Zähnen festhält.

Die Deutschen lieben die Wahrheit. Ist dagegen etwas einzuwenden? Nein und Ja. Die Wahrheit zu suchen, sie zu lieben, ist eine Tugend. Jedes Ding, jede Erscheinung, wird einem bohrenden Zweifel unterworfen, bis der wahre Kern bloßgelegt ist. Dieser Zweifel macht die Deutschen groß. Aber die Wahrheit der Deutschen ist oft absolut, starr, unerschütterlich. Zähneknirschend hält man daran fest, da gibt es keinen Raum mehr zum Atmen, so daß man unter dem Gewicht der Wahrheit fast erstickt. Das führt zur Besserwisserei, obwohl ich zugeben muß, daß die Deutschen es oft tatsächlich besser wissen. Sie sind gründlich und eignen sich mit unerbittlichem Fleiß das Wissen an.

Die Deutschen sind genau, und diese Genauigkeit und Korrektheit wird oft bis zur Unerträglichkeit übertrieben. Diese Korrektheit führt dazu, daß man bei den Deutschen oft das Großzügige, Erhabene, Offene vermißt. Das ist keine Folge der besonderen sozialen Stellung oder beschränkter ökonomischer Möglichkeiten, es ist eine Weise des

Verhaltens, die in allen Bereichen des Lebens zum Vorschein kommt, selbst bei denen, die recht wohlhabend sind, und denen, die als Kosmopoliten gelten. Die Pose des großzügigen Weltbürgers wirkt bei den Deutschen oft wie aufgesetzt. Ist das die Folge des protestantischen, des calvinistischen Puritanismus und einer zur Tugend erklärten Askese? Oder liegt der Grund darin, daß das deutsche Bürgertum in seiner Geschichte oft zur Leisetreterei, zum Duckmäusertum, zu behutsamen, vorsichtigen Schritten gezwungen wurde und eigentlich nie den Mut aufbrachte, Widerstand zu leisten? Selbst die vierzigjährige Geschichte der Bundesrepublik konnte – so mein Eindruck – in dieser Hinsicht keine grundsätzliche Änderung herbeiführen. Das Kleinkarierte schimmert überall durch, und sei es allein durch eine Geste.

Das fällt besonders auf, sobald Deutsche sich im Ausland bewegen. Wenn hier Deutsche, die besonders wohlhabend sind oder eine besonders herausragende Position innehaben, die ihnen vermeintlich gebührende Achtung fordert, wird die Unfähigkeit zum entsprechenden Auftritt durch das Verhalten eines Herrenmenschen ersetzt. Dieselbe Pose wird dann oft auch von anderen, weniger Wohlhabenden oder Inhabern niedrigerer Positionen nachgeahmt. Das nimmt dann nicht selten kuriose Züge an. Deutsche empfängt man gern im Ausland als Gäste, nicht etwa weil sie so anpassungsfähig wären, sondern weil sie die harte Mark in der Tasche haben. Die Frage ist, ob die deutsche Mark ausreicht, um dem Besitzer die erwünschte Sicherheit zu gewähren. Ich glaube kaum.

Tatsächlich ist, objektiv betrachtet, kein Volk so sicher wie das deutsche. Dennoch strahlen die Deutschen eine ihnen eigentümliche Unsicherheit aus. Und diese innere Instabilität zwingt sie offenbar, in der Außenwelt einen Halt zu suchen. Sie klammern sich fest an die bestehende Ordnung, an gegebene Autoritäten, an den Staat, an die Parteien, an die Verbände und Vereine, und vor allem an Gesetze und Bestimmungen. Der deutsche Alltag enthält eine unendliche Fülle an Bestimmungen, Verboten und Geboten, nach denen sich der «normale» Bürger richtet, im Straßenverkehr, im Verhältnis zu den Behörden, aber auch in zwischenmenschlichen Beziehungen. Nahezu alles ist perfekt geregelt und festgelegt. Recht und Gesetz lassen kaum noch Raum für spontane menschliche Regungen. Daß dies auch so bleibt und die Gesellschaft nicht aus den Bahnen gerät, dafür sorgt die sogenannte «breite Mitte». Natürlich gibt es hierzulande viele, die sich diesem Zustand widersetzen, dagegen revoltieren, «Unruhe» stiften; sie werden aber von der Fülle verschluckt. Von dieser Mitte geht ein ungeheurer Sog aus. Sie besitzt eine erstaunliche Zähigkeit, aber auch eine bewundernswerte Flexibilität. Sie kann sich Veränderungen anpassen – wenn sie in geordneten Bahnen erfolgen –, und sie kann Erneuerungen in eine langweilige Normalität verwandeln. Damit ist sie gegen Attacken von außen gewappnet. Philosophen, Psychologen, Soziologen können diese Gesellschaft analysieren und durch ihre Analysen provozieren, Dichter und Schriftsteller ihre Wut hinausschreien und ihr Publikum beschimpfen, Feministinnen, Lesben, Schwule und Friedensinitiativen noch so laut und heftig demonstrieren, Scheiben einschlagen, Gebäude in Brand setzen – sie sind gegen die alles beherrschende Normalität machtlos. Ist eine Provokation zu heftig, so daß sie die Gemüter der schweigsamen Mehrheit zu bewegen droht, wird sie von der «Mitte» aufgesogen und im Handumdrehen in eine alltägliche, allzu gewöhnliche Nichtigkeit verwandelt.

Die bundesrepublikanische Gesellschaft gleicht einem Ozean, in dem sich kleinere Inseln der Minderheiten befinden. Zwar wird der Lauf der Wellen immer wieder für eine kurze Zeit nach rechts und links abgelenkt, aber mehr als eine kleine Abweichung können diese Inseln nicht bewirken; sie liefen sonst Gefahr, überflutet zu werden. Kein Wunder, daß die Repräsentanten der Republik, Mitglieder der Regierung und der Parteien, nicht müde werden, sich zu dieser Normalität, zu der tonangebenden, allesbeherrschenden Mitte zu bekennen. Tatsächlich gelingt es in der Bundesrepublik einem Außenseiter höchst selten, die Stufenleiter der Macht zu erklimmen und in die obersten Ränge zu gelangen. Je biederer, je normaler und langweiliger ein Politiker sich präsentiert, je harmloser er seine Vorstellungen und Zielsetzungen formuliert, je weniger er sich traut, «aus der Reihe zu tanzen», gegen den allgemeinen Strom zu schwimmen, desto größer seine Chance, die Hürden der Macht zu überwinden.

Gegen diese Biederkeit, diese Normalität der «Mitte» wenden sich die Intellektuellen. Auch viele Jugendliche versuchen diese von der «Mitte» aufgebaute Festung Deutschland zu durchbrechen: Sie verdammen sie, hassen sie, schimpfen und fluchen auf das «typisch Deutsche»; sie betonen immer wieder die Distanz zu ihr, indem sie sich anders kleiden, bewegen, ausdrücken; sie schaffen ihre eigenen Subgesellschaften, ihr eigenes Milieu. Doch was sie auch unternehmen, gänzlich trennen können sie sich von ihr nie. Gerade in der Ablehnung bleiben sie ihr verbunden. Die Affinität zu dieser langweiligen, lust- und humorlosen, biederen Normalität ist eine Last, die sie nie loswerden. Sie verfolgt sie auf Schritt und Tritt, sie gleicht ihrem eigenen Schatten. Und je größer ihr Widerstand wird, desto drückender wird die Last. Der Schädel widersetzt sich den Gefühlen, den Sinnen, der eigenen Kindheit, der Geschichte, der Familie, der Tradition, den Sitten und verinnerlichten Verhaltensnormen, aber der Kopf läßt sich eben nicht vom Rumpf trennen. Die deutsche Seele hat sich in ihrer Brust eingenistet. Die «Mitte» ist wie ein Magnetfeld, gegen das kein Deutscher gefeit ist. Man hört die Intellektuellen, die Jugendlichen immer wieder gegen Deutschtümelei, gegen das «typisch Deutsche» klagen, nicht selten hört man, daß sie sich in diesem Land fremd fühlen, so fremd wie ein Ausländer.

Als die Ausländerfeindlichkeit in Deutschland neu entflammte, riefen deutsche Demonstranten: «Ausländer, laßt uns mit diesen Deutschen nicht allein!» Ich denke, in keinem Land der Welt gibt es so viele Initiativen und Gruppen, die sich mit Ausländern solidarisieren, ihnen helfen wollen. Oft entsteht diese Hilfsbereitschaft aus dem Verlangen, der eigenen Flucht von der «Mitte» einen Sinn, ein Ziel zu verleihen, oft geht es mehr um eine psychische Hilfe für die Initiatoren als um eine Unterstützung der Ausländer. Und trotzdem gibt es zwischen deutschen und ausländischen Minderheiten einen gravierenden Unterschied: Die einen sind ein integrierter Bestandteil dieser Gesellschaft, auch ein Produkt der deutschen Geschichte, die anderen, die Ausländer, nicht.

Auch dieser nicht enden wollende Streit der Intellektuellen und Jugendlichen mit der «breiten Mitte», dieses Anziehen und Abstoßen, führt dazu, daß die Deutschen nie als Volk, als Nation in sich ruhen können. Rastlosigkeit und Hektik, Unzufriedenheit, Unsicherheit, ja oft Verzweiflung sind die Folgen.

Die Deutschen – und das gilt nun sowohl für die Randgruppen wie für die «breite Mitte» – vermitteln oft den Eindruck, als seien sie sich selbst und anderen Rechenschaft schuldig. Stets ringen sie um die Legitimation ihres Daseins, um ihre Identität. Es ist ein Kampf, der gelegentlich bis zur Selbstzerfleischung geführt wird. Und da dieser Kampf gewöhnlich nicht siegreich zu bestehen ist, begeben sie sich auf eine Flucht nach vorn, eine Flucht vor sich selbst, eine Flucht in Arbeit und Leistung. Und hier kann in der Tat Ungewöhnliches, Bewundernswertes vorgewiesen werden. Hier kommen die Tugenden der Deutschen voll zum Zug. Disziplin, Planung, Ordnung, Pünktlichkeit, Genauigkeit, Zuverlässigkeit und Fleiß, oft erkauft um den Preis der Verbissenheit, Verdrossenheit und einer inneren Enttäuschung.

Kommt man nach Deutschland, ist man geblendet von der perfekten Organisation, von der Disziplin, von der Zielstrebigkeit. Wo auf der Welt gibt es denn ein Land, in dem jede Stadt, ja beinahe jedes Dorf, eine in sich perfekt organisierte Gemeinde darstellt, die weit mehr bietet als alles, was man zur materiellen Versorgung des Lebens braucht. Auch an kulturellen und geistigen Angeboten fehlt es nicht. Doch schaut man näher hin, wirft man einen Blick hinter die Kulissen, dann stößt man auf unerfüllte Sehnsüchte, Sehnsüchte nach Wärme und Geborgenheit. Selbstverständlich sind dies auch Merkmale einer Industriegesellschaft, aber nicht nur. Hier kommt eine besondere Kälte hinzu, die historische Ursprünge hat. Es ist fatal: Was die Deutschen groß macht, macht sie klein, was sie mächtig macht, macht sie schwach, was sie reich macht, macht sie arm. Die meisten Deutschen beispielsweise sind vielseitig versichert. Es gibt hier eine allgemeine Krankenversicherung, es gibt Altersversorgung, Lebensversicherung, Hausratversicherung, Unfallversicherung und so fort, alles Errungenschaften einer jahrhundertelangen sozialen Bewegung. Aber diese Errungenschaften implizieren zugleich eine Verstaatlichung und Ökonomisierung der Menschlichkeit; sie machen die spontane Solidarität nahezu überflüssig, sie treiben die Menschen in die innere Einsamkeit. Die gesellschaftlichen Beziehungen sind per Gesetz definiert. So bestimmen Recht und Gesetz nicht nur das Verhalten zum Staat und den staatlichen Instanzen, sie sind auch für das soziale Verhalten ausschlaggebend.

Dies gepaart mit den jeweiligen Interessen der Individuen bildet die Basis der Verhaltensnormen. «Das ist mein Recht», «dazu bin ich nicht verpflichtet», «bis hierher und nicht weiter» hört man die Leute sagen. Diese Normen gelten nicht selten auch innerhalb der Familien. Hier gibt es ungeschriebene, nein, teilweise auch geschriebene Gesetze. Kommen diese Normen ins Wanken, tritt die Unsicherheit um so deutlicher zum Vorschein. Das ist vor allem der Fall zu Zeiten ökonomischer und politischer Krisen. Es ist allzu leicht verständlich, wenn in diesen Zeiten der Ruf nach verstärkter staatlicher Autorität, ja nach dem «starken Mann» laut wird.

Solche Rufe sind gewöhnlich verbunden mit der Konstruktion eines äußeren oder auch inneren Feindbildes. Anstatt über die eigene Geschichte, über das eigene Handeln zu reflektieren, die begangenen Fehler einzugestehen, werden Sündenböcke gesucht. Ohnehin zeigt die deutsche Geschichte, daß die Deutschen ihr nationales Selbstbewußtsein vor allem in Abgrenzung zu anderen Nationen, Rassen, zu Fremden oder inneren Minderheiten definieren. Mal mußten die Franzosen als Feindbild herhalten, mal die östlichen Nachbarn, mal waren es die Juden, mal die Bolschewisten.

Und wie sieht es nun nach der geglückten Einheit zweier deutscher Staaten aus? Auch jetzt wird auf eine kritische Auseinandersetzung mit der Vergangenheit verzichtet. Statt gegen das Böse, das Abnorme im eigenen Handeln, das zu aktiver Teilnahme oder auch nur passiver Hinnahme der Verbrechen und Unterdrückung geführt hat, kritisch vorzugehen, wird das Bedrohende nach außen projiziert. Das Böse, das sind jetzt die Fremden, «die unter uns leben und unsere Kultur durchrassen», das sind die Ausländer, die Flüchtlinge, die «Scheinasylanten». Das ist die Quelle der heranwachsenden Katastrophe, der bedrohenden Flut. Doch im Grunde gelten die Prügel, die auf Schwarzhaarige und Dunkelhäutige niedergehen, gelten die Brandsätze, die auf schlafende Kinder in Flüchtlingsheimen geworfen werden, der Unfähigkeit, eigene Sehnsüchte, etwa die Sehnsucht nach einer nationalen Identität zu erfüllen. Hier reichen sich die Ossis und die Wessis die Hände. «Wir sind ein Volk», «Deutschland den Deutschen», ein Wunsch, ein Traum, der durch den gemeinsamen Haß gegen Fremde erfüllt werden soll.

Peter Schneider

Ein Land zum Auswandern

Ein Dreizehnjähriger mit Übergewicht nimmt einen Zwölfjährigen in den Schwitzkasten, hält ihm ein Taschenmesser an die Kehle und zischt ihn an: «Los, sag endlich ‹Heil Hitler›, du rote Sau.» Die Mitschüler stehen neugierig oder hilflos dabei, keiner kommt dem Angegriffenen zu Hilfe, alle warten darauf, bis er die Erlösungsformel hervorstößt.

Die Schüler dieser Oberschule in einem Ostberliner Randbezirk, so erzählt mir der Vater des bedrohten Jungen, haben sich in den letzten zwölf Monaten in einen radikalen, gewaltbereiten Mob verwandelt. Er schätzt, daß mindestens 60 Prozent sich mit derartigen Sprüchen aus der rechten Rumpelkammer anfreunden. Der Direktor hebt resigniert die Arme, als der Vater sich über den Vorfall beschwert: «Was soll ich tun, es sind Kinder. Man kann sie doch nicht alle von der Schule werfen oder gleich ins Gefängnis stecken.» Er holt die Unterlagen über den dreizehnjährigen Angreifer hervor – das Profil des Jungen paßt perfekt auf das übliche Erklärungsmodell: viel allein, ein Schulversager und Sitzenbleiber; die Eltern sind überfordert, von früh bis abends mit ihrem kleinen Laden beschäftigt, der nicht gut geht. Sie haben schon öfter erwogen, den Jungen in ein Internat zu stecken, aber das ist zu teuer, und es gibt keine Plätze.

Das Ende dieser Geschichte: Es geschieht nichts, keinerlei Strafmaßnahme, nicht einmal eine deutliche Verwarnung vor den Augen der Mitschüler.

Man braucht kein Testverfahren zu bemühen, um vorauszusagen, was die kindlichen Zuschauer der Gewaltszene aus diesem Verlauf lernen: Der mit dem Messer und mit seinem Spruch ist stärker. Er hat etwas riskiert und gewonnen. Er hat eine Grenze überschritten, vielleicht nur, um an eine Grenze zu stoßen, aber da ist nirgends ein Widerstand, die Erwachsenenwelt, «die Gesellschaft» zeigt sich nicht, es gibt keine Autorität.

In der hier beschriebenen Szene kommen Ausländer nicht vor, eben deswegen erzähle ich sie.

Ich wurde gebeten, für diesen Band ein fiktives Szenario auszumalen: Wie sähe Deutschland ohne Ausländer aus. Ich bin diesem Vorschlag ein paar Seiten lang nachgegangen und habe beim Schreiben festgestellt, daß die Aufgabe eine Falle ist. Eine kräftig gemalte Horrorvision von einem «ausländerfreien» Deutschland bedient nur linke Katastrophenlust und rechtsextremistische Wunschbilder, die vermutlich nicht einmal bei den Skinheads populär sind – die Vorstellung ist zum Glück vollkommen irreal und verstärkt falsche Gewißheiten und Fronten. Vor allem aber verpaßt die Horrorvision einer Gesellschaft ohne Ausländer das Thema, wie eine simple Rückwärtsprojektion zeigt. Einmal angenommen, es hätte im Jahr 1989 in Deutschland tatsächlich keine Ausländer und Asylanten gegeben – kann sich irgendjemand im Ernst vorstellen, daß die Eruption von Gewalt, Haß und Barbarei, die das Land seit dem Mauerfall erschüttert, einfach ausgeblieben wäre? Ist es vorstellbar, daß wir, wenn kein einziger jugoslawischer Hütchenspieler, kein einziger vietnamesischer Verkäufer, kein einziger Roma oder Sinti das Auge eines durch und durch Deutschen störte, heute in einem friedlichen Land leben würden ohne Haßgesänge, Ketten und Baseballschläger schwingende Jugendliche, ohne Brandanschläge und Lynchmob? Wenn aber die Ausländer und die Asylbewerber weder die einzige Ursache noch die einzige Zielgruppe dieses Ausbruchs von Haß und Gewaltbereitschaft sind, was bedeutet dann die Fixierung der Öffentlichkeit auf «die Ausländerfrage», die dann noch einmal zur «Asylantenfrage» verkürzt wird?

Ich will hier nicht in die umgekehrte Dummheit verfallen und behaupten, das Ausländerproblem sei nur herbeigeredet. Wer hofft, die Gewalt gegen Asylbewerber und Ausländer würde mit den Asylbewerber und Ausländern verschwinden, geht in die Irre. Es sind mindestens drei Problemkreise, die in der öffentlichen Debatte heillos vermengt werden.

1. Das Ausländerproblem ist zuallererst ein Inländerproblem

Bei der schönen Empfehlung unseres Herrn, Jesus Christus, «Liebe deinen Nächsten wie dich selbst», blieb ein Fall unbedacht: Was ist, wenn ich mich selbst nicht ausstehen kann? Wenn Haß und Selbsthaß die vergleichsweise verläßlichste Basis für eine Identitätsbildung abgeben?

Das «Söldnerlied» der Gruppe «Störkraft» liest sich, als wäre es von einem unbegabten Kabarettisten verfaßt; es ist aber als Selbstdarstellung gemeint:

> Er ist ein Söldner und Faschist
> er ist ein Mörder und Sadist
> Er hat keine Freunde
> ein Menschenleben interessiert ihn nicht
> er hat keine Seele und keinen Verstand
> er hat keine Herkunft
> man hat ihn verbannt
> (zitiert nach *Der Spiegel*, Nr. 40, 1991).

Ein Freund lernte während seiner Haftzeit in der DDR einen jungen Arbeiter kennen, der sich mit einem einzigen Satz zweieinhalb Jahre Gefängnis eingebrockt hatte. Während einer FDJ-Feier zum soundsovielten Jahrestag der Oktoberrevolution hatte er in die kurze Stille zwischen den einstudierten «Lange lebe...» – und «Hoch die...»-Rufen vier vernehmliche Worte gebrüllt: «Lang lebe Kongo-Müller!» Kongo-Müller war durch den gleichnamigen Dokumentarfilm des DDR-Fernsehens über einen westdeutschen Söldner im Kongo zum Inbegriff für den westdeutschen Imperialismus geworden, Kongo-Müller war damals der sozialistische Antichrist. In den Verhören stellte sich heraus, daß der Müller-Fan den Film gar nicht gesehen hatte und über den Mann, dem er auf so gewagte Art ein langes Leben wünschte, so gut wie nichts wußte. Er wollte einfach das Schlimmste sagen, was man auf einer FDJ-Feier sagen konnte.

Vieles spricht dafür, daß die jugendlichen Hitlerfans so gut wie nichts über Hitler wissen und Ausländer nicht kennen. Es ist bekannt, daß sich ein guter Teil des gewaltbereiten Mobs in der DDR aus den Familien von ehemaligen Partei- und Stasikadern rekrutiert. Inzwischen weiß man auch, daß die ehemalige DDR die niedrigste Rate von Ausländern in Europa verzeichnete: Mit 160000 Ausländern kam ein Ausländer auf 100 Deutsche. Man darf vermuten, daß diese winzige nichtdeutsche Minderheit in der DDR als Ersatzfeind einer verkrümmten Jugendrevolte gegen die stalinistische Vätergeneration herhalten mußte. Vielleicht muß man sogar von einer autoritären und antiintellektuellen Variante der 68er Bewegung sprechen, die sich in diesem Fall, da die Väter mit der diskreditierten «linken» Position identifiziert werden, mit rechtsextremen Stammtischphilosophien profiliert. Ich glaube aber, daß solche politischen Etiketten voreilig sind und fast nichts erklären.

Die 68er Bewegung ist nach meiner Wahrnehmung in ihren Anfängen nicht «linksradikal» gewesen. Ihre emotionale Basis war ein nicht mehr zu beruhigendes Mißtrauen gegenüber den Vätern, die für den Nazifaschismus verantwortlich waren und nach «der Niederlage» in atemberaubendem Tempo zu Musterdemokraten mutierten.

Im Anfang der neuen, «rechtsradikalen» Jugendbewegung war nicht die Ideologie, sondern das blinde Umsichschlagen von wild gewordenen Waisen – «Riesenbabys» nannte sie ein Kriminalkommissar –, die versuchten, sich in der moralischen und ökonomischen Wüste nach dem Konkurs der DDR zurechtzufinden. In der Wüste fallen zuerst die dunklen Gesichter auf. Die Techniker aus dem Westen, die die Wüste hauptsächlich mit Geld und bürokratischer Besserwisserei zum Blühen bringen wollen, haben der Ratlosigkeit und dem verletzten Selbstgefühl wenig zu bieten.

Im übrigen steht fest, daß die Wortführer und Sprachgeber der «rechten Gruppen» in der DDR aus dem Westen kamen: Der Osten lieferte ein antiintellektuelles, gewaltbereites Protestpotential, der Westen die Fax- und Kopiergeräte und den ideologischen Überbau.

Erwiesenermaßen gibt es auch im Westen seit Jahren einen rassistischen Untergrund, der sich mit den hier vorgetragenen Argumenten nicht erklären läßt. Unbestreitbar scheint mir, daß er durch die Zufuhr aus dem Osten eine neue Dynamik entwickelt hat.

Es war zu erwarten, daß nach dem Zusammenbruch der DDR eine Art Urmißtrauen gegen die Vätergeneration um sich greifen würde, das dem der 68er nicht ganz unähnlich ist: Euch, die ihr bis eben noch gehorsame Stalinisten wart und jetzt die freiheitlich-demokratische Grundordnung im Mund führt – euch glauben wir kein Wort. Einer der Aktivisten aus Hoyerswerda erklärte seinen Ruf nach der «Neuen Deutschen Ordnung» so: «Nichts hat sich geändert. Wer früher Kombinatsdirektor war, ist heute Fabrikdirektor. Wer früher Abgeordneter war, ist heute Abgeordneter. Und wer früher Polizist war, ist heute auch Polizist.»

Falls irgendein Wort an meinem Erklärungsversuch stimmt, so besteht die mindeste Konsequenz darin, daß die Beobachter, Berichterstatter, Debattierer, Parteistrategen, die auf den Reizablauf «Fremdenhaß» reagieren, ihn gerade nicht als «Ausländerproblem» abhandeln sollten. Vor jeder anderen Überlegung muß der Reflex stehen, die Ausländer, die unter uns leben, gegen die fehlgeleitete und feige Wut von amoklaufenden Inländern in Schutz zu nehmen. Schon das Eingeständnis, daß man nicht weiß, wie man mit dem neuen, seit Jahrzehnten nicht mehr erlebten Ausbruch von Barbarei umgehen soll, wäre ein Fortschritt.

Genau das Gegenteil geschieht. Wenn auf jeden neuen Anschlag gegen ein Heim für Asylbewerber eine «Experten-Debatte» über das Asylrecht folgt, so ist die einzige Botschaft, die die Baseball-Schläger daraus ablesen können, diese: Sie sagen es selber. Es gibt zu viele Kanaken im Land. Aber die da oben reden nur. Wir handeln.

Man muß überhaupt von einer seltsam zahmen, gelähmten Reaktion der zivilen Gesellschaft und ihrer Institutionen sprechen. Es hat inzwischen mehr als 500 rassistische Anschläge gegeben; ich glaube nicht, daß es eine auch nur annähernd große Zahl von Strafverfahren gegen die Täter gibt. Festgenommene Steinewerfer und mit Totschlaggeräten bewaffnete Jugendliche werden nach Feststellung der Personalien wieder auf freien Fuß gesetzt. Die Medien schenken ihre Aufmerksamkeit eher den Terroristen als den zahlreichen, überall im Land entstehenden Bürgeraktionen, die die Ausländer gegen die Angriffe verteidigen. Ich behaupte, die große Mehrheit im Land ist tolerant und verabscheut die Anschläge, aber sie artikuliert sich nur zögernd, und wo sie sich äußert, wird sie von den Medien nur zögernd wahrgenommen. Gebannt starrt die Gesellschaft auf ihre rasenden Kinder, die die entsetzte Aufmerksamkeit als Identitätszuwachs verbuchen. Eine Gemeinschaft, die ihren entfesselten Kindern nicht deutlich und militant die Grenzen der Toleranz zeigt, verstärkt deren Raserei.

2. Es gibt ein «Asylantenproblem», es hat aber nichts mit dem «Ausländerproblem» zu tun

Die Debatte darüber, ob man das Asylrecht ändern soll oder nicht, trägt religiöse Züge. Die Väter des Grundgesetzes konnten nicht voraussehen, daß sich eines Tages Hunderttausende von «Wirtschaftsflüchtlingen» auf das Asylrecht berufen würden, um ihr Menschenrecht auf ein besseres Leben beziehungsweise auf das bloße physische Existenzminimum zu begründen. 1948 war es sogar kühn, sich auf den Fall vorzubereiten, daß politisch Verfolgte ausgerechnet in Deutschland Asyl suchen würden. Was den kühnen Verfassungsvätern vorzuwerfen bleibt, ist ein ganz anderes Versäumnis: Sie stellten dem noblen Asylrecht keinerlei Einwanderungsrecht zur Seite. Dabei hätte ein Blick in irgendein Telefonbuch von Berlin aus den zwanziger Jahren genügt, um jeden Lesekundigen davon zu überzeugen, daß es sich zum Beispiel bei den Berlinern um ein äußerst gemischtes, namentlich durch slawische Einwanderer – man kann auch sagen, durch slawische Einheimische – bereichertes Völkchen handelt. Im Berliner Einwohnermeldeamt waren vor der Hitlerei Hunderttausende von russischen und polnischen und natürlich auch jüdischen Namen verzeichnet. Die Talk-Shows, in denen etwa ein Herr Bochenski oder ein Herr Zablowski betont, daß Deutschland kein Einwanderungsland sei, haben etwas Rührendes. Diese Herren wollen sich offenbar ihrer Vorfahren nicht erinnern.

Das Versäumnis der Verfassungsväter hat dazu geführt, daß «Wirtschaftsflüchtlinge» keine andere Wahl haben, als das Asylrecht zu mißbrauchen. Die Folge ist, daß sie als «Scheinasylanten» geführt und gegen die 5 Prozent «echten» und «wirklich Verfolgten» ausgespielt werden. Das Ganze läuft auf einen bürokratisch legitimierten Wahnsinn hinaus. Selbstverständlich gibt es nicht nur ein Menschenrecht auf politische Freiheit, sondern auch auf physisches Überleben und sogar auf Wohlergehen. Die simple Wahrheit ist, daß die Bundesrepublik nicht alle aufnehmen kann, die diesen Anspruch anmelden. Die inbrünstige Debatte um das Asylrecht lenkt ab. Weder die Änderung noch die strikte Erhaltung des Asylparagraphen kann eine Antwort auf die Frage geben, wie die reichen Länder mit dem wachsenden Zustrom aus den armen Ländern umgehen sollen.

Mir erscheint einleuchtend, daß das Asylrecht um eine Ausführungsbestimmung ergänzt wird, die den Mißbrauch des Asylrechts verhindert. Das kann aber nur funktionieren, wenn es gleichzeitig ein Einwanderungsgesetz gibt, das das Recht der Armen auf den Zutritt zur reichen Welt grundsätzlich anerkennt und nach verträglichen, von allen gesellschaftlichen Kräften jeweils neu festzusetzenden Quoten regelt. Bei der erhitzten Debatte darüber wird leicht vergessen, daß nicht nur Deutschland, sondern auch alle anderen europäischen Nachbarn, übrigens auch die USA, Kanada, Neuseeland etc. Asyl gewähren. Allerdings garantieren diese Länder keinen einklagbaren, individuellen Anspruch auf Asyl.

Jeder weiß, daß es bald zu einer europäischen Regelung kommen wird, die das deutsche Asylrecht, so wie es ist, nicht übernehmen wird. Vor diesem Hintergrund wirkt das Ringen um das Asylrecht unglaubwürdig, vor allem wenn man bedenkt, daß das großzügige deutsche Asylrecht in der Praxis äußerst geizig gehandhabt wird. In Schweden beispielsweise kommt auf 61 Einwohner ein anerkannter Flüchtling, in Deutschland werden ca. 5 Prozent der Asylsuchenden anerkannt, was im Jahr einen Zuwachs der «Anerkannten» um ca. 5000 bis 8000 bedeutet. Und: In zehn Jahren haben die Deutschen 50000 Ausländern die Staatsbürgerschaft gewährt, eine Quote, die Frankreich in einem einzigen Jahr erreicht.

3. Es gibt ein Einwanderungsproblem, es hat aber nichts mit dem «Asylantenproblem» zu tun

Wenn man sich die Zahlen ansieht, so stellt sich heraus, daß die von Jahr zu Jahr ansteigende Quote der Asylsuchenden in keinem vernünftigen Verhältnis zu der rapide ansteigenden Furcht vor einer Überflutung durch «Asylanten» steht. Zwar ist es wahr, daß 46 Prozent aller Asylsuchenden, die nach Westeuropa kommen, an deutsche Türen pochen. Aber in absoluten Zahlen betrachtet, ist der Zustrom deutschstämmiger Einwanderer aus dem Osten ungleich größer: 200000 im Jahr 1988, etwa 350000 im Jahr 1989, weit über 400000 im Jahr 1990. Dieser Zustrom ist die Folge eines verstaubten Staatsbürgerbegriffs, der sich auf das *ius sanguinis* beruft. Dieses Recht führt im Extrem dazu, daß sich ein Pole, der nachweisen kann, daß sein Vater oder Großvater von den Nazis als «eindeutschungsfähig» eingestuft wurde (weil er mit den Nazis kollaborierte), heute mit allen Privilegien eines deutschen Staatsbürgers aufgenommen wird, während ein gleichaltriger Landsmann, dessen Vater oder Großvater im Warschauer Aufstand gegen die Nazis gefallen ist, nur den aussichtslosen Antrag auf Asyl stellen kann. Ein Verfahren, das solche Resultate zeitigt, darf man als hirnrissig bezeichnen.

Es wird angenommen, daß in den kommenden Jahren mehrere Millionen deutschstämmige Einwanderer an die Tür klopfen werden. Es wird weiter vermutet, daß zu ihnen womöglich 20 bis 30 Millionen von Flüchtlingen stoßen werden, die Elend und Hunger an die Grenzen der reichen Länder Europas treibt. Angesichts solcher Größenordnungen macht die Fixierung auf das Asylrecht einen gespenstischen Eindruck. Es scheint, als hätten die Bonner immer noch nicht begriffen, daß die Mauer weg ist. Sie gleichen Leuten, die sich angesichts eines Erdbebens den Kopf darüber zerbrechen, wie man ein gebrochenes Wasserrohr im Haus flicken kann. Noch einmal: Gefragt ist ein Einwanderungsgesetz, das eine Einwanderung grundsätzlich erlaubt und regelt. Wer das Problem leugnet – sei es durch eine «Nehmt alle!»-Politik, sei es durch «Wir sind kein Einwanderungsland»-Parolen –, befördert damit eben den Rassismus und die Pogromstimmung im Innern, die er zu vermeiden glaubt.

Eine klare Antwort auf die neuen Migrationsbewegungen ist nicht zuletzt deswegen nötig, um die Ausländer, die mit uns leben, gegen panische Inländer-Reaktionen zu schützen. Dazu gehört unabdingbar, daß sie endlich mit den Bürgerrechten ausgestattet werden. Warum ist es bisher undenkbar, daß ein Berliner Türke für das Bürgermeisteramt in Kreuzberg kandidiert? Warum muß ein hier geborener und hier lebender Türke auf seinen türkischen Paß verzichten, wenn er die deutsche Staatsbürgerschaft erwerben will? Warum muß ein Iraner, der eine Hälfte seines Lebens im Iran und die andere in Deutschland verbracht hat, entscheiden, ob er Iraner oder Deutscher ist? Frankreich, die USA und Kanada erlauben ihren ausländischen Bürgern, die ursprüngliche Staatsbürgerschaft beizubehalten.

Nicht nur die Nächstenliebe, erst recht die Selbstliebe gebietet es, die einheimischen Ausländer gegen die Angriffe selbsternannter Bewahrer des «Deutschtums» zu verteidigen. Diese Anschläge stellen das Existenzminimum einer zivilen Gesellschaft in Frage. Vor ein paar Wochen fuhr ich um die Mittagszeit mit der S-Bahn durch Hamburg. Der Wagen war mit etwa 20 verstreut sitzenden Fahrgästen besetzt, einige lasen die Zeitung, andere starrten, in unfrohe

Gedanken vertieft, vor sich hin, es lag kein Gespräch in der Luft. Aus dem Fond des Wagens erscholl ein Gegröle, in dem sich Kraftausdrücke aus der «Arsch»- und «Fotzen»-Wortgruppe mit solchen aus dem «Heil Hitler»- und «Kanaken»-Jargon mischten. Im Wagen war kein Ausländer zu entdecken; der Sinn der Veranstaltung bestand offenbar darin, die Fahrt für uns alle zur Lärmhölle zu machen. Dieses Ziel wurde erreicht, aber keiner der Belästigten regte sich, niemand nahm mit den anderen auch nur einen Blickkontakt auf. Ich sah mich um: Das Gegröle rührte von einem Skinhead-Pärchen her, beide vielleicht 17–18 Jahre alt. Wir, die Opfer des Geräuschterrors, waren in der riesigen Mehrzahl, keiner hätte sein Leben riskiert, wenn er aufgestanden wäre und protestiert hätte. Niemand konnte mehr lesen oder seinen Gedanken nachhängen, aber wir alle taten so, als könnten wir es. Ich brauchte drei Stationen, bevor ich mit halber Stimme zurückschimpfte, mit nur kurzem Erfolg. Vielleicht ging es auch nicht um den Erfolg, sondern darum, einen Unterwerfungsreflex aufzuhalten: Ich hatte mir schon einzureden begonnen, daß man bereits gegen diesen harmlosen Terror machtlos sei, daß es sich nun wirklich um nichts Wichtiges handelte, daß mich das Gegröle eigentlich gar nicht störte ...

Hans-Joachim Maaz

Das Fremde in uns

Zur Entstehung der Gewaltbereitschaft

Fremdenhaß ist kein Problem allein der Deutschen und schon gar nicht nur der Ostdeutschen. Aber in Deutschland und besonders in der ehemaligen DDR scheint mit der Ausländerfeindlichkeit zur Zeit ein umfassendes psychosoziales Geschehen auf, das zu verstehen die wichtigste Voraussetzung wäre, unser aller Beteiligtsein durchschauen und akzeptieren zu lernen. Haß und Gewalt gegen andere Menschen sind Symptome gewalttätiger Strukturen einer Gesellschaft, wie sie vor allem durch autoritäre Prinzipien hergestellt und unterhalten werden.

Ich kann darüber keine Aussage machen, ohne meine eigene latente Fremdenfeindlichkeit zu bekennen. Als einen Gerechten, der den moralischen Zeigefinger allein auf die bösen Radikalen richtet, kann ich mich nicht verstehen. Obwohl ein deutlicher Unterschied gemacht werden muß, ob jemand kriminelle Gewalt ausübt oder ob er «nur» offene Sympathie bekundet oder gar nur heimlich empfindet, ist ein Verständnis der Ursachen potentieller Gewalt auf einer tieferen Dimension erforderlich. Denn schließlich gibt es auch Gewalttäter, die sich als solche gar nicht erkennen würden, selbst wenn man ihnen erklärte, daß sie durch autoritäre Erziehung, Beratung oder Verkündigung psychischen Terror ausüben oder durch expansives Wirtschaften unfaßbare Zerstörungen verursachen. Die einen Gewalttäter werden mit Recht der sozialen Ächtung ausgesetzt und bestraft, die anderen aber gehen zu Unrecht nicht nur straffrei aus, sondern erfahren auch noch für ihr destruktives Tun soziale Anerkennung, machen Karriere und erwerben sich Reichtum.

Die Perspektive, die sich auf unser aller Beteiligtsein richtet, soll verhindern, von unserer eigenen Gewalttätigkeit – der selbst erfahrenen und auch selbst wiederausgeübten Gewalt – auf die aktuellen Täter, deren Schuld offensichtlich scheint, abzulenken. Dieser allgemeinere Blick soll und darf aber nicht unsere Energie mindern, hinsichtlich des Asylrechts einen eindeutigen politischen Willen zu formulieren, die Ausländer zuverlässig und unmißverständlich zu schützen und uns zu einer Solidargemeinschaft mit allen ausländischen Bürgern zu bekennen. Aber Gesetz, Polizei und Bekenntnis werden dem umfassenden und bedrohlichen Geschehen dennoch nicht gerecht. Damit kurieren wir letztlich doch nur hilflos an einem Symptom, das eine grundlegende Analyse erforderte.

Auch wenn wir beim Italiener oder Griechen essen gehen, uns beim Türken an Bauchtänzerinnen erfreuen, uns von südamerikanischen Klängen der Straßenmusiker in unseren Großstädten mitreißen lassen, Hilfspakete für hungernde Russen verschicken und Spenden für «Brot für die Welt» opfern, können wir uns damit noch längst nicht Fremdenfreunde nennen. Und es wäre eine verhängnisvolle Illusion, gerade darin den liberalen Fortschritt der Westbürger gegenüber den Ostbürgern festmachen zu wollen. Es wird sich noch erweisen müssen, inwieweit diese multikulturelle Toleranz aus einer Zerstreuungs- und Vergnügungssucht gespeist wird oder eine wirkliche Bereitschaft zur gleichwertigen und solidarischen Beziehung verkörpert.

Unsere Toleranzgrenzen können wir sehr schnell erkennen: Wieviel sind wir bereit, regelmäßig von unserem Gehalt abzugeben, wieweit sind wir einverstanden, daß der erreichte Lebensstandard eingefroren oder gar reduziert wird? Was würde mit uns geschehen, wenn wir auf den alltäglichen Luxus der Vielfalt, der Fülle, Bequemlichkeit, der Betäubung und Ablenkung nur ein klein wenig verzichten würden? Allein 24 Stunden Stromausfall würden vermutlich schon ausreichen, um aus unserer so geordneten Welt ein Tollhaus zu machen. Würde ich eine ausländische Familie in meine Wohnung aufnehmen? Ja, bin ich nur einen Tag in der Lage, in einer beliebigen deutschen Großstadt den mir begegnenden Armen und Obdachlosen mit einer menschlichen und finanziellen Geste zu begegnen, ohne vorbeizuhasten und so zu tun, als würde ich sie nicht wahrnehmen?

Wie viele Ausreden fallen mir sofort ein: gerade keine Zeit; ich kann doch nicht jedem helfen; was nützt schon eine Mark; vermutlich sind sie auch selber schuld und versaufen ja eh nur meine Gabe; das Elend dieser Welt ist eben nicht auszurotten; wir leben schließlich nicht mehr im Paradies. Und wenn ich dann doch vorübergehe, um meine Ohnmacht, Scham, Schuld, den Zorn und die Entrüstung nicht wahrzunehmen, dann schaue ich beflissen zur Seite und kann mich bestimmt durch ein reich dekoriertes Schaufenster oder eine vorbeieilende attraktive Frau ablenken, um die gereizte Verdrießlichkeit schnell zu vergessen. Oder ich denke einfach an die stets auch vorhandenen eigenen Sorgen und Probleme.

Unlängst saß ich in einem der idyllisch herausgeputzten süddeutschen Wohlstandsorte in einem Straßencafé. Ich wollte mir eine kleine genüßliche Pause gönnen. Noch bevor ich mich dem frischen Kaffee mit Apfelstrudel und dem voyeuristischen Vergnügen an den vorüberziehenden Eitelkeiten so richtig hingeben konnte, trat ein Roma-Mädchen an meinen Tisch und hielt mir einen dieser lästigen Bettelzettel vor die Nase. Ich reagierte barsch-abweisend und hätte am liebsten den Kellner angefaucht, er solle doch dafür Sorge tragen, daß derlei Belästigung verhindert werde. Mit meiner ersehnten Ruhe war es jedenfalls gründlich vorbei. Noch beneidete ich eine kleine Weile die lässige Nichtachtung der westdeutschen Mitgäste, die diese Konfrontation einfach und offenbar unberührt ignorieren konnten. Weder Spende noch erkennbare Erregung! Aber schließlich verschärfte auch dies nur meinen Unmut. Es hätte mich schon erleichtert, wenn wenigstens einer etwas gegeben oder doch deutlich aggressiv reagiert hätte. Da diese stellvertretende Erleichterung nicht einsetzte, mußte ich mich selbst als fremdenfeindlichen Täter und potentiellen Sympathisanten einer gewalttätigen Fremdenabwehr erkennen. Dies wahrzunehmen, verschärfte nur meine Gereiztheit.

Schließlich konnte ich mir eingestehen, daß ich mich schon vor diesem peinlichen Ereignis im Streß befunden hatte. Ich fühlte mich gehetzt von zwei Terminen, hatte mich eben mit meiner Partnerin gestritten und anschließend die Hoffnung gehabt, durch eine beschauliche und versöhnende Pause die Spannung abmildern zu können. Welche naive Hoffnung sich darin ausdrückte, verstand ich erst, als wir unseren Streit, der sich aus einem völlig banalen Anlaß entzündete, als einen Ausdruck der viel tiefer gehenden Erschütterung unserer Beziehung sehen konnten. Wir konnten uns klarmachen, daß die Möglichkeiten und Nötigungen, die sich aus dem deutschen Vereinigungsprozeß ergeben, auch unserer Partnerbeziehung Entwicklungen abverlangen, die uns ängstigen, verunsichern und auch unsere Bereitschaft und Fähigkeit überfordern. In dieser Situation war die geringe zusätzliche Störung für mich der willkommene Anlaß, mich irgendwie abzureagieren. Diesmal hatte es also ein kleines bettelndes Mädchen getroffen, das ich kaltherzig und muffelnd abblitzen ließ. Sie war eben ein konkreter und greifbarer Störenfried, sehr gut geeignet, um mich von dem viel umfassenderen aber sehr diffusen «Gegner» meines Lebens abzulenken.

Hat diese beschriebene Szene etwas mit den Ereignissen in Hoyerswerda zu tun? Ich denke, leider ja! Zur Erklärung will ich auf unsere psychotherapeutischen Fallstudien zurückgreifen. Gewalt und Haß gegen andere Menschen sind ein Hinweis darauf, daß Aggressivität aufgestaut ist, daß unbewältigte Spannungen und unerledigte Konflikte (Fremdgewordenes!) im Unbewußten des Menschen schmoren und ein äußeres Ereignis scheinbar berechtigten Anlaß bietet, sich affektiv abzureagieren. Die häufige Unverhältnismäßigkeit der feindseligen Erregung zur benennbaren Ursache weist darauf hin, daß die aktuelle Situation durch alte vergessene Affekte überlagert wird. Daß dabei selbst kleinlich-harmlose oder gar nur phantasierte Ereignisse brutal-zerstörerische Impulse auslösen können, verrät uns die existentiell bedrohliche Qualität der aufgestauten Gefühle, und das ist ein sicheres Zeichen für eine lebensgeschichtlich sehr frühe Entstehungsgeschichte. Wenn das kleine Kind ungenügende Liebe und Annahme, vielleicht sogar Ablehnung oder körperliche und seelische Gewalt erfährt – selbst die nur vorübergehende zeitliche oder räumliche Trennung der Mutter von ihrem kleinen Kind kann diese bedrohliche Erfahrung verursachen –, dann werden existentielle Ängste ausgelöst, die tief verdrängt werden müssen.

Solche Erfahrungen tragen die meisten Menschen in sich. Solange in einer Gesellschaft Kinder nicht hinreichend um ihrer selbst willen angenommen, geschätzt und bestätigt werden, sondern genötigt sind, die Erwartungen der Eltern zu erfüllen, dem Willen der Mächtigen zu folgen und an sie herangetragene Normen für notwendig und richtig zu empfinden, erfahren sie eine Entfremdung von ihren ureigensten und ganz individuellen Wünschen und Bedürfnissen. Und sie verlieren die Sicherheit und das Vertrauen, darauf zu achten, was sie in ihrem Innersten wirklich wahrnehmen, bis sie schließlich eingeschüchtert und angstvoll bemüht sind, die gesetzten Normen und Erwartungen zu erfüllen. Wenn sie schon nicht Liebe bekommen, dann wollen sie wenigstens «Gnade» erfahren. Allerdings kann diese Gnade auch durch Privilegien, reichlichen materiellen Gewinn und Karriereförderung «versüßt» werden.

Wir begegnen bei dieser Analyse also den Prinzipien autoritärer Erziehung, wie sie in Ost und West zwar unterschiedlich ausgeformt, doch in den wesentlichen Auswirkungen gleichwertig als ein Massenphänomen vorkommen. In autoritären Strukturen gibt es immer Mächtige (Eltern, Lehrer, Ärzte, Pastoren, Politiker), die vorgeben zu wissen, was richtig und was falsch sei. So werden Normen tradiert und unkritisch weitergegeben, und als allgemein üblicher Verhaltenskodex wird der abnorme und destruktive Charakter bald nicht mehr erkennbar. Auf diese Weise sind in Deutschland Disziplin und Gehorsam, Ordnung und Sauberkeit, Fleiß und Tüchtigkeit sowie tapfere Gefühlsbeherrschung zu höchsten Tugenden gelangt. Daß es sich dabei längst um die Pathologie einer Normalität handelt, wird überhaupt nicht mehr ernsthaft reflektiert. Alle Eltern, die bereits diesen Erziehungsidealen zum Opfer wurden, erfahren durch ihre zunächst spontanen und vitalen Kinder eine Bedrohung: Sie werden durch deren Lebendigkeit an die schmerzliche Einengung und Unterdrückung ihrer eigenen kraftvollen Lebensäußerungen dumpf erinnert und würden sehr schmerzliche und bittere Erkenntnisse wiederbeleben müssen, wollten sie ihren Kindern ein unverstelltes Leben gewähren. Also werden sie um jeden Preis bemüht sein, ihre Kinder so lange zu «erziehen», bis sie sicher sein können, von ihnen nicht mehr an die eigene Schmach und Demütigung erinnert zu werden.

In der DDR wurde diese Erziehung offen-gewalttätig mit den Mitteln von Strafandrohung und wirklicher Bestrafung, durch Beschämung und Ängstigung, durch Abwertung und Ausgrenzung vollzogen. Und in der Bundesrepublik wird die Anpassung an die erwarteten Normen von Leistungsbereitschaft, Stärke und Durchsetzungsfähigkeit, von Konkurrenzverhalten und Dominanzgebaren vor allem manipulativ und suggestiv durchgesetzt. Es sind die Macht des Geldes, der Reiz der ewig neuen Waren, die Verheißungen von Frische, Jugendlichkeit und Gesundheit, der Gruppenzwang, «gut drauf zu sein», die Statussymbole und Prestigezwänge, die die Menschen voneinander und von sich selbst entfremden und bei aller Individualität doch auch gleichschalten. Die dadurch erzeugte Unzufriedenheit und Spannung werden stets nach außen zu neuen Anstrengungen, Zerstreuungen und Vergnügungen abgelenkt. Die Stasi-Herrschaft hat im Osten die Beziehungen der Menschen durch Angst, Mißtrauen, Bedrohung und Denunziation vergiftet – und im Westen gibt es vergleichbare Folgen durch Konkurrieren und Rivalisieren sowie durch die Fassade der Stärke und Cleverness, die das Eingeständnis von Ängsten, Schwächen, von Grenzen und Hilflosigkeit verhindern und damit die Sehnsüchte und Chancen nach wirklichen Beziehungen unerfüllt lassen.

Wer solche Erfahrungen von gewalttätiger Unterwerfung oder manipulierender Anpassung in sich trägt, kann gar nicht anders, als mit Empörung und Zorn über die Einengung und Demütigung zu reagieren. Er wird auch Schmerzen über unerfüllte Wünsche in sich tragen und Trauer über verlorene Lebensmöglichkeiten. Und es wäre alles halb so schlimm, wenn er wenigstens diese Gefühle wahrnehmen und ausdrücken dürfte. Doch zur autoritären Erziehung auf gesetzte oder erwartete Normen hin gehört unweigerlich auch das Gefühlsverbot. Weder der Despot noch der Erfolgsmensch ertragen das Geschrei und Gejammer und den Fluch der leidenden Seelen – es könnten ja auch die eigenen Verletzungen wieder zu bluten beginnen. Also: Seid tapfer, beißt die Zähne zusammen, seid friedfertig, beherrscht euch, strengt euch an und verbreitet Hoffnung und Trost, daß alles schon gut werde. Optimismus ist die Droge der Gedemütigten.

Doch wer seinen berechtigten Zorn über Unterdrückung und Anpassung nicht leben darf, dem wird Gewalt geschehen. Er hat nur die Wahl, die aufgestaute Aggression gegen sich selbst zu richten, was uns die Depressiven, die Suizidalen, die Süchtigen, die Arbeitswütigen und die wachsende Zahl der psychosomatisch Kranken drastisch vorführen. Oder aber es werden Anlässe und Kanäle der Abreaktion gefunden, wozu sich in aller Regel sozial Schwächere und Abhängige eignen, also Kinder, Partner, Alte, Kranke und eben auch – Fremde! Und die Natur sollten wir dabei nicht vergessen, an der wir uns allesamt ungezügelt und permanent versündigen. Wir zerstören, vernichten, beuten aus, vergiften und verschmutzen, als wenn wir Amokläufer wären – und alle wissen es, und keiner kann es aufhalten.

Der Fremdenhaß ist die projektive Ausdrucksform für das Fremde in uns, das wir nicht wahrhaben durften und das wir nun auch nicht mehr ohne angstvolle Erschütterung und schmerzliche Erkenntnis wahrhaben wollen. Lieber schimpfen wir auf die «polnische Wirtschaft», um unser stilles Leiden an den eigenen Ordnungszwängen abzuwehren, lieber denunzieren wir lüstern den «geilen Neger», als unsere eigene sexuelle Frustration zu bekennen. Und natürlich sind die «fahrenden Zigeuner» eine Zumutung für die uns mühsam aufgenötigte Disziplin und Enge. Die Asylbewerber denunzieren wir am liebsten als «Wirtschaftsflüchtlinge», um gar nicht erst auf die Idee zu kommen, daß wir selbst wirtschaftlichen Erfolg längst höher bewerten als menschliche Beziehungen. Und wenn die «Ossis» als «Bananenfresser» bezeichnet werden, halten sie dann mit ihrer oralen Begierde und Warengier dem westdeutschen Konsumenten nicht nur einen Spiegel vor, der wieder etwas zum Vorschein bringt, was schon längst so elegant kultiviert war? Und ist die Aufforderung an uns, wir sollten aufhören zu jammern, die Ärmel hochkrempeln und ranklotzen, schließlich hätte man sich auch im Westen den Wohlstand hart erarbeiten müssen, nicht auch wie ein Aufschrei, in dem sich die Sehnsucht nach einem entspannteren Leben ausdrückt? Und verraten wir im Osten mit dem Schimpfwort vom arroganten «Besserwessi» nicht unsere eigene Schmach von der uns nicht erlaubten Eigenständigkeit und Durchsetzungsfähigkeit?

Wer Fremde haßt, haßt das unannehmbar Fremde in sich selbst. Er haßt seine eigenen natürlichen Wünsche und Bedürfnisse, die ihm total ausgetrieben oder geschickt verteufelt oder abgelenkt wurden. Er kämpft gegen die unvermeidlichen Schwächen und Begrenzungen, die im Zwang um Effizienz, Erfolg und Perfektion keinen Raum bekommen, er reagiert seinen berechtigten Zorn am ungeeigneten Objekt ab und benutzt Situationen und Anlässe, die ihm scheinbares Recht und Sicherheit vermitteln, um den eigenen Schmerz in Unflat zu verwandeln. Nicht die Fremden sind die Bedrohung, sondern das eigene entfremdete Leben!

Wenn sich aufgestaute Aggressivität, soziale Verunsicherung und ein geeigneter Anlaß zusammenfinden, sind die Ingredienzien der Gewalt gemischt. Im Osten Deutschlands ist dieses Gebräu reichlich angerichtet, als Folge des umfassenden repressiv-autoritären Gesellschaftssystems, das die Menschen zu zähneknirschenden, schlaffen oder an der Macht partizipierenden Untertanen nötigte. Dazu kommen die Folgen des unglücklich verlaufenden deutschen Vereinigungsprozesses, der massenhaft Werteverluste, Orientierungslosigkeit und Identitätsbrüche beschert, existentielle Krisen erzeugt und neue Demütigungen und Kränkungen bereitet, weil alles, was das Leben in der DDR bestimmte, aufgegeben und alles, was das Leben in der Bundesrepublik ausmacht, übernommen wird. Auf diese Weise bedienen sich die gegenseitigen Fehlhaltungen wechselseitig. Die östliche Untertanensucht provoziert die westliche Dominanzsucht, und die Cleverness der Westdeutschen verschärft die Gehemmtheit der Ostdeutschen. So wird auf beiden Seiten der Zorn der Entfremdung nicht abgebaut, sondern weiter verschärft, und die wachsenden Vorurteile sind die Vorboten einer Welle von Gewalt. Letztlich werden die sich so fremd gewordenen deutschen Schwestern und Brüder ihre Erkenntnisfurcht und Veränderungsangst auf die vermeintlich Schuldigen außerhalb der eigenen «Familie» abzuwälzen verstehen.

Fremdenhaß ist nur eine Variante von vielen Formen der Gewalt. Die «friedliche» Revolution, die zwar blutige Gewalt zunächst vermeiden konnte, hat aber leider auch die schon bestehende aggressive Gehemmtheit weiter fixiert und damit notwendige Schritte psychosozialer Reife (z. B. Macht ergreifen, sich eigenständig behaupten, sich abgrenzen von fremden Einflüssen, aus der Einengung und Gehemmtheit sich selbst herausentwickeln) verhindert. Statt dessen wurde von beiden Seiten die Illusion genährt, wir könnten unter Umgehung von bitteren Erkenntnissen der eigenen psychischen Einengung und schuldigen Verstrickung durch Marktwirtschaft und Demokratie gerettet werden. Indem wir vermieden haben, die eigene anstrengende und ernüchternde Schmutzarbeit zu leisten, tobt sich inzwischen die aufgestaute berechtigte, aber nicht konstruktiv bewältigte Aggressivität als Gewalt in allen Bereichen des Lebens aus. Die rapide ansteigende Kriminalitätsrate, der Verkehrscrash, das Anschwellen der radikalen Szene linker und rechter Schattierung als Formen sozialer Gewalt, Alkoholismus und Depressivität als Formen autoaggressiver Gewalt und, nicht zu vergessen, der Umstieg in einen expansiv-konkurrierenden Wirtschaftswettbewerb, sind ernst zu nehmende Indizien für das uns alle berührende Gewaltproblem.

Wir hatten gehofft, und so wurde es uns auch verheißen, daß der Umstieg von der Plan- zur Marktwirtschaft, von der Diktatur des Proletariats zur parlamentarischen Demokratie, vom Mangel und der eingemauerten Enge in die Fülle und unbegrenzte Weite, befreiendes Lebensglück bedeutet. Diese Hoffnung müssen wir begraben. Wir sind in Gefahr, von einer kollektiven Fehlhaltung in eine andere einfach nur umzusteigen. Aber die innere Entfremdung bleibt dabei unberührt, und wir ringen nur um eine andere Kompensation. Im Osten war es der Glaube an die Möglichkeit eines sozial gerechten Lebens. Und als dieser Glaube immer brüchiger wurde, hat der Terror des Sicherheitssystems die Aggressivität, die durch Entbehrung, Enttäuschung und Betrug ausgelöst wurde, unter Kontrolle gehalten. Und die Droge des Westens, der verheißene Wohlstand, greift bei uns noch nicht so umfassend, daß eine betäubende Wirkung damit zu erreichen wäre. Statt dessen droht auch die Utopie vom ständig wachsenden Lebensstandard endgültig zusammenzubrechen. Erst dann wird sich zeigen, was die westliche Demokratie wirklich wert ist. Wurzelt sie in den Seelen der Menschen und bestimmt sie auch ihr Zusammenleben? Oder ist sie halt nur die «beste aller Möglichkeiten», um das Destruktive, das mit jeder Entfremdung entsteht, zu zügeln? Aber wird in der Leistungsgesellschaft nicht das Destruktive nur zeitlich (ökologische Katastrophe!) und geographisch (Reichtum auf Kosten der wachsenden Armut im Osten und im Süden) verschoben?

Im «Strom» der Asylbewerber kommt auf uns zurück, was wir verantwortlich mit angerichtet haben. Die Fremden, die zu uns kommen, machen uns aufmerksam auf eine Illusion vom besseren Leben, auf eine Sackgasse unserer kulturellen Entwicklung. Wir sollten ihnen dankbar dafür sein, daß sie uns zur Auseinandersetzung nötigen, daß sie uns das Fremdgewordene in unseren Seelen aufzeigen und uns damit zu einem notwendigen Umdenken in unserer Lebensart und Gesellschaftskonzeption herausfordern.

Sonia Seddighi

In jenem Frühling
und in diesem Herbst

Alltag in Deutschland

Es ist der letzte Freitag im April 1985, morgens acht Uhr. Durch die leicht beschlagenen Fensterscheiben beobachte ich einen kurz andauernden Schneefall, der bald in Regen übergeht. Der Wind saust durch die entlaubten, dürren und nackt anmutenden Äste der Buche, die sich vom Straßenrand hoch bis zu unserer Wohnung im dritten Stock erhebt. Draußen scheint es kalt zu sein. Mein Mann und ich sitzen beim Frühstück. Unser sechsmonatiger Sohn liegt eingehüllt in einer Babydecke in seiner Krippe und hört aufmerksam die Melodie: «Hänschen klein, ging allein...», die aus einer Spieluhr erklingt. Die melancholische Stimmung draußen verleiht unserer warmen Küche eine Gemütlichkeit, in der wir uns recht geborgen fühlen.

Plötzlich klingelt das Telefon. Eine zitternde, von Angst und Panik erfüllte Stimme ruft hastig: «Kommt schnell, Polizisten haben unser Haus umstellt. Sie klingeln und klopfen unaufhörlich und wollen die Tür aufbrechen.» Es ist die Stimme meiner Mutter. Mein Mann eilt sofort hin. Ich rufe unseren Babysitter an; sie will sich sogleich auf den Weg machen.

Unser Sohn Zubin scheint den plötzlichen Aufbruch mitbekommen zu haben. Er wird unruhig und weint. Aus der Spieluhr erklingen ganz langsam die letzten Töne der Melodie: «Hänschen klein...»

Ich bin sehr besorgt, rufe wieder bei meiner Mutter an, es nimmt niemand ab. Was ist geschehen, frage ich mich immer wieder. Nach einer halben Stunde kommt endlich mein Mann zurück. Er sieht zornig, niedergeschlagen, deprimiert und blaß aus. «Sie sind in einem Polizeiwagen abgeführt worden», sagt er. «Wohin?» frage ich. «Vermutlich in die Abschiebehaft. Ich habe versucht, den Abtransport zu verhindern, wollte wissen, was die Polizisten mit deiner Mutter und deiner Schwester vorhaben. Aber sie gaben mir keine Antwort. Einer von ihnen sagte: ‹Schwiegersohn hin, Schwager her, es geht Sie nichts an. Hau endlich ab›, und er schlug mir mit der Faust gegen die Brust.»

Meine Mutter, damals Anfang 70, kam nun schon seit 25 Jahren fast jedes Jahr einmal zu Besuch nach Deutschland. Sie bewunderte die Deutschen und war von ihrem Land begeistert. Da ich mich auf mein Staatsexamen vorbereitete, hatte ich sie gebeten, in diesem Jahr länger in Berlin zu bleiben. So bezog sie, gemeinsam mit meiner Schwester Soraya, eine Wohnung in unmittelbarer Nähe von uns. Beide hatten ihre Pässe zur Verlängerung ihrer Aufenthaltsgenehmigung an einen Rechtsanwalt nach Hamburg geschickt. Die Erlangung dieser Genehmigung war dort erfahrungsgemäß leichter als in Berlin.

Seit vier Tagen nun war jeden morgen die Polizei bei ihnen an der Tür erschienen und hatte ihre Pässe verlangt. Das erste Mal öffnete ich dem Beamten die Tür. Als ich nach dem Grund seiner Nachforschungen fragte, begann er zu gestikulieren und gebrochen deutsch zu sprechen, wie in einer Art Kindersprache. Ich war verdutzt, bat ihn, normal zu sprechen, wie mit eigenen Landsleuten. Als er merkte, wie ich deutsch sprach, änderte er seinen Ton. Er wurde freundlich.

Ich hatte des öfteren die Erfahrung gemacht, daß es für Deutsche eine Genugtuung darstellt, wenn ein Ausländer ihre Sprache korrekt spricht. Man kann sich offenbar schwer vorstellen, daß ein Ausländer, vor allem, wenn er nicht aus einem europäischen Land stammt, diese Sprache beherrschen kann. Der Betreffende wird sogleich in die Kategorie der «Edelausländer» eingestuft und gebührend höflich behandelt.

Ich gab dem Beamten detailliert Auskunft, zeigte ihm eine Bescheinigung des Rechtsanwalts aus Hamburg, aus der hervorging, daß er die Pässe erhalten habe, und versicherte ihm, daß die Pässe in den nächsten Tagen eintreffen würden. Ich bat ihn, meine kranke Mutter nicht mehr zu belästigen. Wir würden, sobald wir die Pässe erhielten, seine Behörde benachrichtigen. Dennoch kam er in den folgenden Tagen täglich vorbei und erkundigte sich nach den Pässen.

Am vierten Tag beginnt die Operation. Morgens um sieben klingelt das Telefon. Soraya nimmt den Hörer ab. In der Leitung sind nur Funksignale zu hören. Offensichtlich will man sicher sein, daß sie und meine Mutter zu Hause sind. Unmittelbar danach wird das ganze Haus von Polizisten umstellt, selbst der Hinterhof wird überwacht. Auch zivile Beamte sind dabei, als handle es sich um die überraschende Festnahme einer Terroristengruppe.

Punkt acht Uhr wird die Wohnung gestürmt: «Aufmachen, aufmachen! Polizei!» dröhnt es aus dem Flur. Meine Mutter gerät in Panik, ruft uns an, öffnet aber die Tür, bevor mein Mann eintrifft. Sie befürchtet, die Beamten würden die Tür aufbrechen. Zwölf kräftige Männer, uniformierte und zivile, fallen in die Wohnung ein, verteilen sich in den Räumen, schließen die Fenster, durchsuchen die Schränke. Meine Mutter und Soraya stehen verängstigt im Nachthemd da, sie können kein Deutsch, nur Soraya spricht ein wenig Englisch. Die Beamten fordern beide auf mitzukommen, weigern sich hingegen, das Zimmer zu verlassen, damit die beiden sich umziehen können. Selbst auf die Toilette wollen sie sie nicht unbeaufsichtigt lassen. Wie zwei Kriminelle werden die beiden Frauen im Nachthemd in einen Polizeiwagen hineingezerrt und abgeführt. «Tomorrow in Teheran!» ruft ein Polizist ihnen nach.

Ich schäume vor Wut. Was kann ich unternehmen, frage ich mich. Mir wird empfohlen, sofort einen Anwalt einzuschalten, einen, der politisch rechts orientiert ist. Es gelingt mir, jemanden zu finden, der zumindest nicht zu den Linken gezählt wird. Ich ziehe mich vornehm an und mache mich auf den Weg zur Anwaltskanzlei. Als ich mit meinem Wagen aus der engen Parklücke herausfahre, bleiben drei Passanten stehen und beobachten den Vorgang. Sie wollen offenbar sehen, ob ich dabei den vorderen oder hinteren Wagen anstoße. Ich denke, wie schön es wäre, wenn sie dieselbe Sorge und Aufmerksamkeit, die hier beispielsweise den Autos entgegengebracht wird, auch Menschen zuteil werden ließen, etwa jenen, die auf der Straße verprügelt werden oder aus irgendeinem Grund hinfallen. In solchen Situationen gehen die Leute zumeist vorbei.

Ich denke an meine Mutter, wie wird sie sich jetzt fühlen? Sie ist krank, versteht kein Wort Deutsch, weiß nicht, wie ihr geschieht. Hoffentlich hat man sie nicht bereits abgeschoben. Aber so schnell schaffen sie das nicht, beruhige ich mich selbst. Ich erinnere mich an den

Nachmittag, an dem ich mit ihr in einem Café saß. Während wir miteinander plauderten, kam eine elegant gekleidete Dame mit einem Irish-Setter herein. Sie setzte sich an den Nebentisch, streichelte mit ihren schönen Händen liebevoll den Hund. Begeistert schaute meine Mutter ihr zu und sagte: «Ihr seid undankbar. Ihr lebt in einem Land, in dem sogar Tiere wie eigene Kinder behandelt werden.» – «Ja», sagte ich und dachte dabei an den kleinen, etwa vier- bis fünfjährigen Japaner, der in einem Park an einen Baum pinkelte und deswegen von einer Frau beschimpft wurde. Ich saß auf einer Bank, wenige Schritte von dem Jungen entfernt. «Hier ist Deutschland», sagte sie mit einem Seitenblick zu mir. Und während sie ihren Regenschirm mahnend bewegte, brüllte sie: «Weißt du nicht, daß es verboten ist, im Park zu pinkeln? Ihr müßt euch schon an unsere Gesetze halten.» Da auch ich mich angesprochen fühlte, mischte ich mich ein, forderte sie auf, einen Blick nach hinten zu werfen, wo gerade ein großer Schäferhund an einen Baum pinkelte und sein Besitzer ihm dabei vergnügt zuschaute. Die Frau fluchte und lief murrend weiter.

Gemeinsam mit dem Anwalt fahre ich zur Haftanstalt. Er bemerkt meine Wut und Aufregung und sagt scherzend: «Seien Sie froh, daß Sie in Deutschland sind, Chomeinis ‹Revolutionswächter› würden ganz anders mit Ihrer Mutter und Schwester umgehen.» – «Sie mögen recht haben», erwidere ich. «Man sagt unserem Land nach, daß es ins tiefste Mittelalter zurückgekehrt ist. In einem solchen Land gibt es kaum noch Rechte, da gelten ganz andere Maßstäbe. Doch bei Ihnen erhebt man den Anspruch, auf dem Gipfel der Zivilisation angelangt zu sein. Hier soll die Würde des Menschen unantastbar sein. Soviel ich weiß, steht dieser Satz sogar in Ihrem Grundgesetz. Sind vielleicht mit Menschen nur Deutsche gemeint? Finden Sie es nicht brutal und unwürdig, daß man eine alte, kranke Frau im Nachthemd abtransportiert, als wäre sie eine Kriminelle? Im übrigen möchte ich Ihnen sagen, daß selbst unter Chomeini alte Menschen bei uns einen besonderen Respekt genießen. Sie werden nicht, wenn sie aufgrund ihres Alters nicht mehr arbeiten können, wie ein nicht mehr zu gebrauchendes Gerät in den Müll geworfen.» – «Ach, hören Sie auf», sagte der Anwalt mit einem ernsten Ton. «Für Chomeini spielt doch das Alter keine Rolle. Diese Diktatoren sind sich doch alle gleich, ob sie nun Chomeini heißen, Pinochet oder Hitler.» – «Da irren Sie sich», antworte ich. «Nicht daß ich Chomeini in Schutz nehmen wollte. Dennoch scheint es mir nicht zulässig, jede Gewaltherrschaft mit der der Nationalsozialisten gleichzusetzen. Chomeini predigt den Islam, Hitlers Ziel bestand in der Reinhaltung der Rasse, des deutschen Bluts. Tatsächlich gibt es zwischen Chomeini und Hitler eine wichtige Gemeinsamkeit. Beide konnten Geschichte machen, indem ihre Ideen und ihr Programm von breiten Schichten der Bevölkerung mit großer Begeisterung aufgenommen wurden.»

Der Anwalt schweigt. Wir kommen an und können das Gespräch nicht fortsetzen. Es gelingt dem Anwalt, aufgrund seiner persönlichen Bekanntschaft mit dem diensthabenden Richter die Freilassung der beiden Frauen zu bewirken. Es ist vier Uhr nachmittags.

Als ich meine Mutter wiedersehe, scheint sie mir um Jahre gealtert. Sie macht den Eindruck, als sei sie zutiefst gedemütigt worden. Irgendwie schäme ich mich vor ihr, ist sie doch meinetwegen nach Deutschland gekommen.

Zu Hause angelangt, erzählt sie, was ihr widerfahren ist: «Zunächst wurden wir auf eine Polizeiwache gebracht und in zwei getrennte Zellen gesteckt. Etwa zwei Stunden später fuhr man uns in einem Polizeiwagen, dessen Fenster vergittert waren, in ein richtiges Gefängnis. Ein paar kräftige Männer standen mit großem Schlüsselbund vor einer eisernen Tür mit Gitterstäben. Zwei Polizisten, mit Pistolen bewaffnet und mit einem Gummiknüppel in der Hand, führten uns zunächst in einen Raum, in dem man unsere Personalien registrierte und uns Fingerabdrücke abnahm. Auf einer großen schwarzen Tafel standen mit weißer Kreide eine Reihe von Namen, daneben jeweils der Name irgendeiner Stadt, wie Bagdad, Beirut, Karatschi, Amman. Ein Beamter schrieb unsere Namen hinzu, daneben Teheran. In einem Nebenraum wurden wir fotografiert, dann führten zwei Wärterinnen eine Leibesvisitation durch. Schließlich führte man uns durch verschiedene Gänge mit eisernen Türen, die immer wieder auf- und hinter uns zugeschlossen wurden, in zwei voneinander getrennte Einzelzellen. Das Gefängnisgebäude schien uralt zu sein, mit hohen Mauern, ohne Fenster. Überall roch es nach Moder. Ich hatte das Gefühl, nie mehr aus diesem Gebäude herauszukommen. Alles war wie im Alptraum. Ich hätte nie gedacht, daß ich in diesem zivilisierten Europa jemals so etwas erleben würde. In der Zelle fühlte ich mich sehr einsam. An den Wänden standen hier und dort einige eingeritzte Sätze in verschiedenen Sprachen, auch in persischer Sprache. ‹Hier ist meine Flucht zu Ende, nun beginnt die Reise in den Tod›, hatte jemand geschrieben. Ich zitterte am ganzen Körper, nicht nur vor Kälte. Ich war wütend und hatte Angst. So ohnmächtig hatte ich mich noch nie in meinem Leben gefühlt. Die Vorstellung, daß mein Schicksal in der Hand dieser Männer lag, die mir gänzlich fremd waren, deren Sprache ich nicht kannte, ja deren Namen ich nicht einmal wußte, war unerträglich. Aus den anderen Zellen hörte ich Rufe und Schreie. Ich hörte auch eine Frau weinen. Es klang wie Sorayas Stimme. Ich verlor die Geduld, irgendwie mußte ich versuchen, ihr zu helfen, sie zu beruhigen. Ich schlug mehrmals mit der Faust gegen die Zellentür und rief ‹Toilette›. Die Tür wurde geöffnet, eine Wärterin begleitete mich durch einen langen Gang zur Toilette. Auf dem Gang dorthin rief ich ein paarmal Sorayas Namen. Endlich gab mir Soraya Antwort. Nein, sie war es nicht gewesen, die weinte. Als man schließlich unsere Zellentür aufschloß und uns hinausführte, war ich sicher, daß man uns zum Flughafen bringen würde.»

Es war das erste Mal, daß meine Mutter unfreiwillig die Gelegenheit bekommen hatte, einen flüchtigen Blick hinter die goldene Fassade der bundesrepublikanischen Gesellschaft zu werfen. Ihre Enttäuschung war groß. Nach kurzer Zeit reiste sie in den Iran zurück. Soraya blieb hier.

Ich selbst wußte schon, daß dieses Ereignis kein Einzelfall war, daß tatsächlich auch Menschen, die in ihrer Heimat verfolgt wurden und denen im Falle einer Rückkehr die Todesstrafe drohte, abgeschoben worden waren. Dennoch wirkte dieser Vorfall schockierend auf mich, vermutlich weil ich davon direkt betroffen war und jede Einzelheit miterlebt hatte.

Bis dahin hatte ich mich mehr oder minder ohne Probleme in der Bundesrepublik aufgehalten. Doch von nun an schien ich wie wachgerüttelt, ich wurde hellhöriger und widmete dem Alltag größere Aufmerksamkeit. Ich begann sogar, über mein vergangenes Leben in der Bundesrepublik nachzudenken. Wie ahnungslos war ich, als ich als Studentin hierherkam. Ich war neugierig, verschlang alles, was mir an Wissen, an Kulturellem und Künstlerischem angeboten wurde. Je mehr ich mich mit der Kultur und Zivilisation des Abendlandes auseinandersetzte, um so fähiger fühlte ich mich, unsere eigene Kultur zu begreifen, sie aus einer größeren Distanz zu betrachten und kritischer einzuschätzen. Meine neue Welt und die neuen Eindrücke beflügelten mich so sehr, daß ich viele Erscheinungen des Alltags nicht ernst nahm. Zum Beispiel, wenn ich bei der Zimmersuche Zeitungsannoncen wie folgende vorfand: «Zwei-Zimmer-Wohnung mit Küche und Bad, 500 DM, keine Ausländer erwünscht.» Bei Angeboten von Gelegenheitsarbeiten, wie zum Beispiel Babysitten, fand ich oft dieselbe Einschränkung. Ich lernte in meinem Fachbereich Professoren kennen, die ausländische Studentinnen und Studenten bewußt abschätzig behandelten. Einer ging sogar soweit, daß er beim Beginn der mündlichen Prüfung einem afrikanischen Medizinstudenten sagte: «Sie kommen bei mir ohnehin nicht durch. Gehen Sie und lernen Sie erst einmal richtig Deutsch.» Alle diese Erfahrungen, gelegentliche feindliche, abschätzige Blicke und Bemerkungen auf den Straßen oder auch direkte beleidigende Äußerungen, erschienen mir als Ausnahmefälle; sie störten mich schon, aber ich ignorierte sie. Ich ignorierte sie, denn auf der anderen Seite wußte ich, daß es ungewöhnlich viele Initiativen und Einrichtungen in Deutschland gab, die sich um Verfolgte und ökonomisch Benachteiligte kümmerten. An den Universitäten nahmen sich viele Studentinnen und Studenten unserer Probleme an. Ich wunderte mich, wie viele Deutsche von den politischen Zuständen unserer Länder Kenntnis hatten, wieviel hier an Informationen und Analysen über die unterdrückten Völker vorlag und wie sehr sich – vor allem junge Menschen – für diese Völker engagierten: für Südafrika, für Nicaragua, für Mosambik, für den Iran. Auch kirchliche Einrichtungen und Organisationen wie ‹Brot für die Welt› oder ‹Gesellschaft für bedrohte Völker› leisteten eine nützliche Arbeit. So etwas gab es bei uns im Iran nicht.

Allmählich ging die schöne Studienzeit zu Ende, und ich betrat die Arbeitswelt. Ich suchte eine Stelle als Assistenzärztin, aber mir wurde die Berufserlaubnis verweigert. Der Grund: Ich war keine Deutsche. Freie Stellen sollen deutschen Ärzten vorbehalten bleiben. Um dennoch das Gelernte nicht zu vergessen, versuchte ich, umsonst zu arbeiten. Aber selbst dies bedurfte eines langen Kampfes mit den zuständigen Behörden. Um normal – wie ein Deutscher – arbeiten zu können, müßte ich entweder als Asylberechtigte anerkannt werden oder einen deutschen Mann heiraten oder die deutsche Staatsangehörigkeit zu erlangen versuchen. Asylant wollte ich nicht werden, dazu fehlte mir in Anbetracht der Situation, in der sich die Flüchtlinge in diesem Land befinden, der Mut. Eine Scheinheirat hätte mich aus der fatalen Lage herausretten können, aber ich war ja bereits verheiratet. Also bemühte ich mich um einen deutschen Paß.

Aus meinem Sohn war inzwischen ein kleiner Junge geworden, ein Iraner, der das Land seiner Eltern nicht kannte. War er nun ein deutscher Iraner oder ein iranischer Deutscher? Zusammen haben wir «Backe, backe, Kuchen...», «Laterne, Laterne, Sonne, Mond und Sterne...» singen gelernt. Mit großen Erwartungen stellte er jedes Jahr seinen Stiefel vor die Tür, damit ihm der Nikolaus Nüsse und Süßigkeiten hineinlegte. Er hat unter dem Weihnachtsbaum seine Geschenke ausgepackt, er hat zu Ostern auf der Wiese und im Wald Eier gesucht.

Natürlich habe ich auch mit ihm das Noruz-Fest, das iranische Neujahrsfest, gefeiert. Doch dieses Fest, das gleichzeitig den Frühling einleitet, feiert man bei uns, genau wie Silvester, auch mit Knallen von Feuerwerkskörpern. Diesen Brauch mußten wir selbstverständlich unterschlagen, sonst hätte sicherlich gleich darauf die Polizei vor unserer Tür gestanden. Umgekehrt erinnere ich mich, daß die Europäer ihren Silvester bei uns im Iran in Saus und Braus feiern konnten. Sämtliche Lokale waren während der Silvesterzeit von Europäern besetzt.

Im Kindergarten und in der Schule wurde und wird mein Sohn auf sein späteres Leben vorbereitet. Er muß lernen, seine Interessen und seine Rechte wahrzunehmen, sich in einer Ellbogengesellschaft zurechtzufinden, seine Emotionen zu bändigen und rational zu handeln.

Allmählich lernte ich besondere Eigenarten der deutschen Erziehung kennen, Eigenarten, die nicht nur uns Morgenländern auffallen, sondern auch für nicht deutsche Europäer nicht immer ohne weiteres nachvollziehbar sind.

Im gleichen Jahr, in dem meine Mutter und Schwester in den Iran abgeschoben werden sollten, begannen in der Bundesrepublik die ersten Ausschreitungen gegenüber Flüchtlingen. Zelte von Flüchtlingen wurden verbrannt, ihre Heime überfallen. «Ausländer raus», hallte es auf den Straßen. Ich versuchte mir einzureden, daß es sich bei diesen Ausschreitungen um Randerscheinungen handelte. Daher mahnte ich meine Landsleute und auch andere Ausländer, die unvermittelt im Zusammenhang mit den Ausschreitungen von Rassismus und Faschismus sprachen, zur Vorsicht. Man kann eben nicht jeden Vorfall, der sich gegen Ausländer richtet, auf die jüngste deutsche

Geschichte zurückführen und ihn als eine allgemeine Tendenz betrachten, meinte ich. Ich fürchtete, daß der ständige Hinweis auf die deutsche Vergangenheit bei den Deutschen zu Komplexen und Verklemmungen führen könnte.

Doch es blieb nicht bei Einzelfällen. Die Parolen der Gewalttäter fielen offenbar auf fruchtbaren Boden. 1988 konnte die Partei der «Republikaner», die einen demagogischen Feldzug gegen Ausländer gestartet hatte, bei den Wahlen zum Berliner Abgeordnetenhaus unerwartet großen Erfolg erzielen.

Am Abend des Wahltags saß ich in einem Kino im Berliner Bezirk Kreuzberg, es wurde Albert Camus' «Der Fremde» gezeigt. Ich war auf den Ausgang der Wahlen sehr gespannt, spürte dieselbe Spannung auch bei den anderen. Als der Film zu Ende war und wir alle eiligst hinausströmten, rief die Kontrolleurin: «Ein Sieg für die Republikaner, 7,5 Prozent!» – «Scheiße», rief einer laut, «es ist eine Schande.» Also doch keine Randerscheinung, dachte ich.

Am selben Abend versammelten sich einige tausend Protestler auf dem Platz vor dem Schöneberger Rathaus. Das war ein beglückender Trost, der dennoch meine Befürchtungen, Rechtsradikale könnten doch noch mehr an Boden gewinnen, nicht ganz ausräumen konnte.

Allmählich bahnte sich die deutsche Einheit an. Viele waren glücklich, einige skeptisch, andere hatten Angst davor. Deutschen aus der DDR war ich ganz selten begegnet. Ich kannte also jenen Teil Deutschlands kaum. Ich fragte mich, ob die Deutschen jenseits der Mauer genauso wären wie die im Westen, ob sie Ausländern gegenüber freundlicher gesinnt seien. Ich vermutete ja, denn die DDR hatte den Antifaschismus und die Solidarität mit der Dritten Welt auf ihre Fahnen geschrieben. Natürlich fragte ich mich auch, wie die Menschen in jenem Teil Deutschlands mit der vierzigjährigen Unterdrückung umgehen würden. Beunruhigend war für mich, daß gerade viele Deutsche die bevorstehende Einheit mit großer Skepsis und Angst betrachteten. Ich erinnere mich an ein Gespräch mit einem Taxifahrer, der aus dem Osten Deutschlands stammte und wenige Monate vor dem Fall der Mauer nach Westberlin geflüchtet war. Er fragte mich, ob ich die deutsche Einheit fürchten würde. «Muß ich das?» – «Ja», sagte er. «Sie kennen die Deutschen nicht, ein Deutscher ist nicht wie ein Spanier, Italiener oder Franzose. Die Deutschen ändern sich nie. Mein früherer Geschichtslehrer hat einmal gesagt: ‹Wenn ihr irgendwo im Ausland unter vielen Häusern ein einziges entdeckt, das umzäunt ist, könnt ihr sicher sein, daß dieses einem Deutschen gehört.› Sie müssen wissen, die Deutschen kapseln sich ein; selbst wenn sie im Ausland leben, fürchten sie sich vor Fremden. Man sagt doch immer, die Menschen sind nirgends so sicher wie in Deutschland. Fast jeder Deutsche ist gegen alles mögliche versichert. Haben Sie sich schon einmal gefragt, warum Deutsche das nötig haben? Die Deutschen sind unsicher, sie sind hilflos, sie haben Ängste. Sie denken nur an sich.»

Die Worte des Taxifahrers stimmten mich nachdenklich. Ist es tatsächlich so, daß diese wohl irrationalen Ängste und Unsicherheiten durch übertriebenen Fleiß, durch Leistung, Rationalität und Vernunft kompensiert werden?

Am 9. November 1989 fiel endlich die Mauer. Ein großer Jubel brach aus. Man sah nur noch glücklich strahlende Menschen. Doch zum Erstaunen der ganzen Welt sah man Hunderte von Vietnamesen, die durch die ersten Schlupflöcher der Mauer nach Westberlin flüchteten. Und es dauerte nicht lange, bis man aus jenen Städten, in denen die ersten Rufe nach Freiheit und Demokratie laut geworden waren, das Gebrüll von rechtsradikalen Skinheads mit ihren fremdenfeindlichen Parolen vernahm. Ausländer wurden in ihren Wohnungen überfallen, auf offener Straße erstochen und erschlagen. «Kommst du mal nach Görbitz rein, muß dein Gruß ‹Heil Hitler› sein», «Deutschland den Deutschen», «Juden raus» und ähnliche Parolen standen an den Wänden geschrieben. Witze wurden in Umlauf gebracht, wie: «Was ist ein Türke in Salzsäure? Die Lösung des Problems.»

Auch im Westen wurde die Ausländerfeindlichkeit neu belebt. Die Einheit der Deutschen aus Ost und West schritt rasch voran. In Saarlouis verübten Jugendliche einen Brandanschlag auf ein Flüchtlingsheim. Dabei kam ein Flüchtling ums Leben. Dies war seit 1987 der fünfte Brandanschlag auf ein Flüchtlingsheim in dieser Stadt. Ähnliche Aktionen wurden in anderen Städten Westdeutschlands registriert. Auch jüdische Friedhöfe wurden verwüstet. Dennoch versuchte man, die um sich greifende Fremdenfeindlichkeit einigen sozial desorientierten Jugendlichen in die Schuhe zu schieben.

Seit diesen Ereignissen merkte ich selbst im Alltag, wie sich das Verhalten der Deutschen geändert hat. Es scheint, daß nicht nur im Osten, sondern auch im Westen lang Aufgestautes freigelassen wird.

Beschimpfungen auf den Straßen bilden keine Seltenheit mehr. Selbst mein inzwischen siebenjähriger Sohn bekommt die neubelebte und offen ausgetragene Feindschaft zu spüren.

Vor einiger Zeit war ich zusammen mit meinem Sohn in einem Supermarkt. Nachdem wir die erwünschten Waren in den Wagen gelegt hatten, reihten wir uns in die lange Schlange vor der Kasse ein. Ich merkte, daß ich etwas vergessen hatte, ließ meinen Sohn mit dem Wagen stehen und ging noch einmal zu einem der Regale. Als ich wieder zurückkam, sah ich, daß ein älterer Mann, der hinter meinem Sohn stand, ihn an seinem Ohr faßte und zu ihm sagte: «Na, du, hier scheint es dir ja ganz gut zu gehen. Hier bekommst du alles, was du dir wünschst. Zu Hause würdest du verhungern. Bald müßt ihr aber abhauen.» Ich war zunächst sprachlos, dann verlor ich die Beherrschung. Ich packte ihn am Kragen, hätte ihm am liebsten in die Fresse gehauen. Dazu schien er mir aber zu alt. Ich begnügte mich mit einer Drohung: «Glauben Sie ja nicht, daß alle Ausländer so geduldig reagieren wie ich. Irgendwann platzt einem der Kragen. Wagen Sie es ja nicht, noch einmal meinen Sohn anzufassen.»

Für uns Mütter ist es nicht einfach, unsere Kinder vor den sie bedrohenden Haßgefühlen abzuschirmen und sie aus der aggressiven Atmosphäre herauszuhalten. Viele Ausländer, besonders Flüchtlinge, haben Angst. Hatte ich mich geirrt, als ich in den Jahren vor der Einheit dachte, daß man uns Ausländer in der Bundesrepublik tatsächlich akzeptiert? Wurden wir nicht eher bis auf weiteres erst einmal geduldet? Kein Zweifel, die Deutschen haben sich inzwischen an Pizza, Döner Kebab, Falafel, Zaziki und an chinesisches und vietnamesisches Essen gewöhnt, diese Speisen werden als eine Bereicherung der deutschen Eßkultur genossen. Aber wie ist es mit uns? Wird unsere Anwesenheit auch als Bereicherung empfunden? Sind wir hier Fremde, Gäste, Mitbürger oder Bürger? Eine Antwort auf diese Frage habe ich von Alfred Dregger, dem langjährigen Vorsitzenden der CDU/CSU-Fraktion im Bundestag, gelesen: «Ausländer sind Gäste, nicht Bürger, und von daher auch nicht Mitbürger.» Stimmt es also, wenn man den Deutschen einen Mangel an Gastfreundschaft nachsagt? Denn wo auf der Welt werden Gäste verprügelt oder verbrannt, wenn sie länger bleiben wollen oder wenn sie Hunger haben?

Toleranz und Solidarität lassen sich nicht aufzwingen, wie überhaupt eine autoritäre Erziehung oft das Gegenteil von dem erreicht, was sie sich zum Ziel setzt. Als man bei uns im Iran nach Chomeinis Machtübernahme den Alkoholgenuß verbot, wurden alkoholische Getränke heimlich in den Kellern produziert und weit mehr als je zuvor konsumiert. Es ist zu vermuten, daß die Aufhebung dieses Verbots zum allgemeinen Besäufnis führen wird. Manche werden sich zu Tode saufen.

In der DDR war die Ausländerfeindlichkeit verboten. Doch der Haß wurde in den Kellern und Kneipen heimlich gebraut. Kein Wunder, daß er jetzt so vehement zum Vorschein kommt. Die Freundlichkeit kann man nicht erzwingen, sie muß gewollt werden, sie kann nur freiwillig entstehen, sie ist nicht Aufgabe eines autoritären Staates, sondern Aufgabe der Erziehung. Es ist meiner Ansicht nach nicht der Rassismus, sondern es sind bestimmte Grundsätze und spezifische Eigenarten der deutschen Erziehung, die die Basis für die Entstehung bestimmter Gefühle wie Fremdenhaß bilden. Woher sollen sonst jene Charaktereigenschaften stammen, die man gewöhnlich – und zugegebenermaßen oft pauschalisierend – den Deutschen zuordnet? Deutsche selbst bezeichnen oft die eigenen Landsleute als arrogant, kleinkariert, zu rational, emotionslos. Oft hört man, daß Deutsche von irrationalen Ängsten, von Hilflosigkeit und Unsicherheitsgefühlen geplagt werden. Gerade diese Charakterzüge machen die Menschen anfällig für Fremdenfeindlichkeit und Rassismus. Rassismus und Faschismus sind wie Krankheiten, die – wie man weiß – überall auf der Welt auftauchen können. Deutsche sind gegen diese Krankheiten nicht geimpft. Ihre Erziehung macht sie dagegen nicht immun. Das wissen auch deutsche Politiker. Es ist ihnen bekannt, daß Haßgefühle gegen innere und äußere Feinde bei ihren Landsleuten leicht abrufbar sind. Da genügt schon eine oberflächliche Verbindung zu ihren ökonomischen Nöten, und schon sind Feindbilder perfekt. Da werden Ängste erzeugt, die rasch in Haßgefühle münden.

Auch Steffen Reiche, Vorsitzender der SPD Brandenburg, scheint seine Pappenheimer gut zu kennen. So kann er unverfroren behaupten: «Große Flüchtlingsströme können der europäischen Kultur ein Ende setzen, sie können für Europa gefährlicher werden als die Rote Armee in der Zeit des Kalten Krieges.» Der Landesanwalt am Verwaltungsgericht Ansbach, Manfred Ritter, CSU, zeichnet ein anderes Horrorbild von Flüchtlingen: «Vergleiche mit einem Heuschreckenschwarm, der überall, wo er durchzieht, eine Wüste hinterläßt, sind keinesfalls übertrieben. Die Lösung kann daher nur lauten: konsequente Abschirmung Europas vor der Zuwanderung aus den Entwicklungsländern.»

Ich frage mich, ob man nicht statt der diskriminierenden, totalen Abschirmung andere Lösungen finden könnte, zum Beispiel ein paar Pfennige mehr für Bananen, Kiwis, Kaffee und dergleichen, die die Deutschen billig aus der Dritten Welt importieren. Vielleicht könnte es auch in einem Land, in dem die Polizei sofort zur Stelle ist, wenn man länger als üblich vor einem Zigarettenautomaten stehenbleibt, gelingen, illegale Waffenlieferungen in die Länder der Dritten Welt zu unterbinden. Deutsche Fachleute sollten ebenfalls davon abgehalten werden, in anderen Ländern, wie zum Beispiel im Irak, Experimente mit chemischen Waffen durchzuführen. Dann würden sicher viele Menschen gerne in ihrer Heimat bleiben und nicht die erzwungene Flucht antreten.

Es sind nicht nur ökonomische Probleme, über die Politiker klagen. Horst Niggemeier, SPD-Abgeordneter im Deutschen Bundestag, meint: «Viele Asylanten kommen aus Kultur- und Zivilisationskreisen, die uns völlig fremd sind. Die haben auch ein anderes Verhältnis zum Eigentum, als es die meisten der deutschen Eltern ihren Kindern beibringen.» Wohlgesprochen! Es ist in der Tat ein Problem der Erziehung. Die Frage ist nur, welcher Erziehung. Der der Ausländer oder der der Deutschen.

Daß solche Schreckensbilder bei den Adressaten in Ost- und Westdeutschland gleichermaßen ihre Wirkung zeigen, verdeutlicht die Tatsache, daß die Anfälligkeit für Fremdenfeindlichkeit bei den Deutschen tief verwurzelt ist, mit dem Unterschied, daß diese Tendenz im Westen durch das enge Zusammenleben mit Ausländern, durch häufige Reisen ins Ausland und durch nähere Berührung mit anderen Kulturen relativiert worden ist. Im Ausland lernt man die Deutschen anders kennen. Nicht nur, weil sie in Urlaubsstimmung sind, sondern weil sie dort eher die Möglichkeit finden, ihre Sehnsüchte, zumindest vorübergehend und oberflächlich, zu erfüllen. Kommen Deutsche aus dem Urlaub zurück, wirkt die fremde Kultur eine Zeitlang nach. Sie trauen sich, in griechischen Kneipen zu tanzen, sie kochen italienisch, hören arabische Musik. Dennoch hält die Angst vor Fremden, vor dem Unbekannten an, sie wird selten beseitigt. Nicht daß einzelne dieses Verhalten nicht ablegen wollten, es ist eher die Gesellschaft, die sich gegen fremde Einflüsse zu sperren scheint.

Es sind also nicht, wie behauptet wird, eine Handvoll jugendlicher Hitzköpfe, die ihre aus wirtschaftlicher Not und aus Mangel an Perspektive entstandene Wut und Aggression bei Fremden abladen. Es ist die Angst vor «Überfremdung», vor «Vermischung der deutschen Kultur mit anderen Kulturen», ja vielleicht auch die Angst vor einer Vermischung der Rassen, die nicht nur Jugendliche auf den Plan ruft.

Professor Eibl-Eibesfeldt, Humanethologe, spricht deutlich aus, was viele zu vertuschen versuchen: «Sie können mit allen Völkern zusammenleben, wenn diese Völker nur ihre eigenen Territorien haben. Ist es vernünftig, wenn man sein eigenes Aussterben betreibt? Das heißt die genetische Veränderung der Mitteleuropäer?» Diesen Professor kann man – zumindest in Anbetracht seiner vollen, buschigen, krausen Haare – wohl kaum zu den Skinheads zählen. Es ist auch nicht anzunehmen, daß er obdachlos ist oder daß Ausländer ihm seine Wohnung oder seinen Arbeitsplatz streitig machen.

Betrachtet man die eigentliche Basis der Fremdenfeindlichkeit, so müßte man zwangsläufig zu dem Ergebnis kommen, daß die Ausländerfeindlichkeit in erster Linie ein Problem ist, das eher den Deutschen selbst als den Ausländern Kopfschmerzen bereiten sollte. Denn gesetzt den Fall, die Ausländer würden tatsächlich die Bundesrepublik verlassen, wäre das eigentliche Problem längst nicht gelöst. Im Grunde müßten Deutsche, die das Problem und dessen tiefere Hintergründe sehen, froh sein, daß Ausländer durch ihre Anwesenheit nicht nur die Schwierigkeiten, die Deutsche mit sich selbst haben, aktualisieren, sondern dagegen auch Widerstand leisten. Bei einer Demonstration am 9. November 1991 in Berlin, die sich gegen Ausländerfeindlichkeit und Rassismus richtete, habe ich beobachtet, daß etwa die Hälfte der Teilnehmer Ausländer waren.

Selbstverständlich möchte ich damit nicht sagen, daß Ausländer sich aus dieser wichtigen Auseinandersetzung heraushalten sollten. Im Gegenteil, allen Ausländern, die hier etabliert sind und wie manche Deutsche schon ihre Hütten im Ausland aufgebaut haben, um im Falle einer Gefahr sich rechtzeitig aus dem Staub machen zu können, trifft derselbe Vorwurf, den man Deutschen machen kann, die sich in dieser Situation passiv verhalten.

Neulich mahnte die Klassenlehrerin meines Sohnes uns Eltern

beim Elternabend zur Vorsicht: «Fremde Männer schleichen sich manchmal um die Schule herum und sprechen kleine Mädchen vor allem an der Bushaltestelle an. Es wäre ratsam, wenn die Kinder ihre Monatskarte in den Anorak stecken würden, damit man sie nicht vertrauenserweckend mit ihrem Namen anspricht.» Ich habe aber auch andere Sorgen um meinen Sohn. Seine Monatskarte, seinen Namen kann ich verstecken, wie verstecke ich aber seine dunklen Augen, seine schwarzen Haare?

Irene Runge

Jüterbog im November

Wer sind die Feinde, wo sind sie?

Von Deutschen und Ausländern soll hier die Rede sein. Schon eine
derartige Themenstellung ist wahnwitzig. Sie bedient ein Klischee, tut
so, als gäbe es *die Deutschen* und *die Ausländer*, und unterstellt, da
seien zwei homogene Menschenmassen in unbekannt geheimnisvoller
Weise miteinander verbunden, doch einander aufs äußerste fern geblieben. Daß die hier vorausgesetzte Ferne tief verinnerlicht ist, wird
erst bei genauerem Betrachten offenbar. In der wirklichen Welt indes
lebt es sich recht oder auch schlecht, jedenfalls Wand an Wand. Mit
demselben «schnoddrigen» Hinweis auf die Realität läßt sich behaupten, daß es *die* nicht gibt, dafür aber viele, viele andere, auch *Ossis*
und *Wessis* beispielsweise, dazu fünfmal neues Außen-Land BRD,
Neuland sogar für jene, die heimisch geblieben sind, anders neu für
die, die das nahe Fremde mit neuen Augen sehen, begehren und besitzen wollen.

Berlin ist anders: Verdoppelt und geteilt, anonym, öffentlich, gewandt – und letztlich in seiner vulgären Alltäglichkeit auch gleichgül-
tiger, wenn es um die Vielfalt unter Fremden geht, die in den breiten
Ritzen der Stadt ihr Unterkommen gefunden haben. Dies zeichnet
wohl alle großen Städte aus. Man wird sich also zu wundern haben,
warum in der Kleinstadt die Ausgrenzung der Fremden so viel heftiger, soviel brutaler ist als dort, wo die Dichte auffällig und die Widersprüche intensiver sind.

Eine vehemente Ausländerfeindlichkeit, so will der Schein uns weismachen, hat Deutschland *befallen*, und im grellen Licht blendet eine zweite Vergangenheit jene erste aus, in der die Verachtung der Minoritäten zur Staatspolitik wurde und gleichzeitig die Ausrottung fremder Völker, systematisch, Mensch um Mensch, zum geheimzuhaltenden Alltag geworden war. Das war nicht Fremdenhaß im üblichen Sinne, Rassismus, wie wir ihn verachten und hilflos seine Wucherungen vernehmen, das war die Einmaligkeit des politisch legitimierten Massenmordes, dessen Konsequenzen längst nicht zu Ende gedacht sind.

Der allerorten vorhandene Fremdenhaß kennt keine Geographie, nur die Methoden sind manchmal geographisch verschieden, mit denen er sich durchsetzen will. In Deutschland scheint die Ausländerfeindlichkeit andere Züge anzunehmen als anderswo. Die Brutalität im Osten fällt ebenso ins Auge wie der Organisiertheitsgrad westlich der Elbe. Beides zusammen ergibt eine Schlagkraft, die sich mit Fäusten, Messern, Brandsätzen, Drohanrufen, Drohbriefen, Publikationen und wohlgesetzter Rede ins allgemeine Bewußtsein manövriert hat. «Ausländer raus» ist der populistische Ruf, der bessere Zeiten verspricht.

Bei fremdenfeindlichen Aktionen, bei rechtsextremem Terror auf deutsch wird außerhalb der deutschen Grenzen sofort mißtrauisch nachgefragt, wohin die brutale Feindseligkeit führen wird, wenn der Mob weiterhin fast ungehindert Ausländerwohnheime und Asylunterkünfte stürmt, wenn Asiaten und Afrikaner nachts die Straßen meiden und tagsüber die Angst vor der Drohung nicht verlieren, wenn Autos polnischer Touristen überfallen und das «Ausländer raus» unübersehbar auf die Häuserwände gesprayt ist. Grell machen sich Schlagzeilen in xenophobischer Nachrede breit, und für die Politiker mußte erst die multiethnische Opferstatistik international auffällig werden, damit national in noch immer unangemessener Weise darauf eingegangen wird.

In trauter deutscher Einmütigkeit läßt sich gemütlich am heimischen Bildschirm vor dem grusligen Bild der in manchen Talk-Shows ganz nebenher antizipierten Millionen Zuwanderer bibbern, die gen Deutschland flüchten könnten, fremde Scharen, auch als heimtückische Mongolen oder grobschlächtige Russen vorstellbar, die, soviel zur Phobie, vor allem die reiche deutsche Nachkriegsernte zu plündern drohen. Peinigende Phantasien malen aus, wie Schwarzafrikaner und Asiaten sich im Bunde mit «Zigeunern» einer rein deutschen Zukunft in den Weg stellen. Wie soll auf derlei mit pädagogischen Mitteln eingegangen werden, wenn die tiefe analytische Bedeutung dieser Phobie nicht gewußt wird? Da wird getan, als wäre es ein unbarmherziges Gesetz der Natur, in das der (deutsche) Mensch einzugreifen habe, um Deutschland seine allerletzte Unschuld zu bewahren.

Das Ausland, auch das gehört in diese Art von Denken, verschwört sich, dringt mit Hilfe seiner Flüchtlinge ins Inland ein. Europa bleibt fern, und ein Kanzler ruft nach der ganzen Wahrheit, die er mittlerweile europäisches Asylgesetz nennt. Schützt uns vor uns selbst! Auch solche Rede wird die jähe Feindseligkeit wider jegliche Vernunft nicht mildern, denn ihr liegt anderes zugrunde.

Das Problem der deutschen Xenophoben sind die Probleme der Deutschen selbst, nicht die Sorge im Rest der Welt, der gemeinhin Aus-Land ist. Und so ist es wahrlich kein Wunder, daß jenseits der deutschen Grenzen die Frage lauter wird, was die deutsche Einheit außer der rechten Szene noch so hervorbringen wird. Das allgemeine Unbehagen wächst. Eine vergleichbare Tendenz in diese Richtung, selbst wenn sie verharmlost wird, ist derzeit auch in anderen westeuropäischen Staaten zu erkennen.

Der Sog in die Wohlstandsländer ist von grenzüberschreitender Bedeutung. Die Absicht, diesen Zustrom zu begrenzen, ist in allen Industriestaaten von strukturell ähnlichen Reaktionen begleitet. Das beschreibt eher eine Entwicklung, als daß es sie erklärt. Dennoch, man muß die Ängste derer ernst nehmen, die sich massiv bedroht fühlen, auch wenn diese Bedrohung nur in ihren Phantasien existiert, denn weil es so ist, wird auf ihr mit aller Irrationalität beharrt. Auch Phantasien schaffen sich ihre eigene Welt, in der die Sprache der Vernunft nicht verstanden werden kann.

Deutscher Herbst

In den deutschen Ländern läßt sich nur schwer übersehen, daß die Nachsicht mit der radikalen Rechten vom Gesinnungskampf gegen ein aufgebauschtes Links, das unter dem Stichwort «Altlast DDR» firmiert, profitiert. Der Mangel an demokratischer Schule leitet di-

126

rekt in eine unverhohlene Brutalität über, die im Haß gegen jeden, der uneingepaßt erscheint, ihren Ausdruck findet. Gegen diese öffentliche Gewalt ist öffentliche Gegenwehr angesagt. Doch die bleibt systematisch, nicht aber zufällig und nicht nur vereinzelt auf der Strecke. Es ist aufschlußreich, mit welchen Argumenten das öffentliche Versagen in der BRD schöngeredet oder totgeschwiegen wird, während immer wieder Hunderte deutscher Wandalen der Polizei ein Gemetzel anbieten und sich die extreme Rechte auf dem Weg in die europäischen Parlamente befindet, sofern sie nicht schon lange dort zu finden ist.

Über Monate ließ sich das häßliche Deutschland östlich der Elbe geographisch orten. Westlich davon schien ein Völkerfriede zur Vollendung geraten, bis sich der Staub wieder legte und aufs neue sichtbar wurde, daß der größere Teil der Angriffe auf Ausländer auf dem Territorium der Vormals-BRD zu verzeichnen ist. Deren Altlast wiegt, was Rechtsradikalismus und Ausländerhaß angeht, nicht weniger schwer, nur weil es anders dem Zeitgeist passender erscheint. Man wird zur Kenntnis zu nehmen haben, daß der Umgang mit den Nichtdeutschen in Deutschland ein gesamtdeutsches, wenngleich regional differenziertes, und zwischen Groß- und Kleinstadt vielleicht sogar ein unvergleichliches Gepräge hat.

Das neue Unglück, von dem sich mancher im Osten unverschuldet getroffen wähnt, ist deutlich auf der Suche nach seinen Urhebern. Die schnellste Antwort ist immer die beliebteste. Jeder Mensch möchte das Gefühl spüren, seine eigene Lage zu durchschauen. «Ausländer raus», das heißt im Klartext: Demokratie ade, aber dieser Zusammenhang ist allzu vermittelt. «Ausländer raus» bedeutet auf Erfahrungsebene derer, die das meinen, soviel wie: Wohnungen her und Arbeitsplätze, keine Alltagskriminalität, Geborgenheit, Ordnung, die den eigenen Platz definiert, ein klares Freund-, ein klares Feindbild. Das gewollte Ende ohne Ausländer geht, wenn man es weiterdenkt, einem Anfang voran, an dessen Abschluß ich nicht denken will. Die Gefahr ist längst nicht erkannt, die der Demokratie droht, wenn der Pluralismus des Denkens und die Vielfalt des Lebens denunziert werden und ausgrenzbar sind.

Trotz der eher unbegreiflichen, weil gegenrationalen Wut, die zur Gewalt einer Minderheit gegen die Angehörigen anderer Minderheiten geworden ist: Im Osten lebt es sich noch immer so gut wie «ausländerfrei», und wenn von den Asylbewerbern abgesehen wird, ist die Möglichkeit, im Alltag ausländische Nachbarn und Kollegen, Freunde und Passanten zu haben, faktisch nicht gegeben. Das Ausland, was seine Menschen angeht, ist draußen geblieben, gerufen wird nach dem Kapital. Es soll in grenzenloser Bestimmung fließen, um das deutsche Wohlgefühl zu steigern. Wer unter diesen Umständen ein Ausländer ist und welche Funktion ihm zugewiesen wird, bemißt sich an der allgemeinen Atmosphäre vor Ort.

Die Probleme des Umgangs zwischen den Menschen selbst scheinen wie immer im Detail zu liegen. Was denn eigentlich jenes «Deutsche» ist, was so vehement *geschützt* werden muß, reduziert sich auf Eigentum und Vormacht. Dem Nationalismus, der nicht nur süd- und östlich der deutschen Grenzen Siege feiert, entspricht ein heimliches Nationalgefühl, doch das Bekenntnis bleibt aus. Das Thema «Heimat» bleibt dem rechten Mißbrauch zur beliebigen Verwendung offen.

In Deutschland bleiben Fremde lange Zeit, vielleicht auf immer fremd. Die vorherrschende Kultur ist selbst zweigeteilt. Das leichter erscheinende Prinzip eines «Leben und leben lassen» hat es schwer, sich durchzusetzen. Anpassung an die Normen, daraus leitet sich ab, was alltäglich für «normal» gehalten wird, und dies konstituiert ein normatives Recht auf Zugehörigkeit zur Mehrheit. Wer nicht dazu paßt, sich nicht einfügen kann oder will, stört die tradierte Gewißheit des Selbstverständlichen. In jeder Kultur wissen selbst die Außenseiter, was von ihnen erwartet wird, und so mauern sie sich Wände gegen den Rückfall in die eigene Vergangenheit, der sie entkommen wollen.

Das Geheimprotokoll jenes Treffens vom März 1990, auf dem Frau Thatcher britische Meinungen zu Deutschland wissen wollte, summiert, was mindestens in dieser Runde im Sinne seines nationalen Charakters für «deutsch» gehalten worden ist: Mangelnde Sensibilität der Deutschen den Gefühlen anderer gegenüber (am deutlichsten in ihrem Verhalten in der Grenzfrage gegenüber Polen), Selbstbezogenheit, ein starker Hang zum Selbstmitleid, das Verlangen, geliebt zu werden, Angst, Aggressivität, Überheblichkeit, Rücksichtslosigkeit, Selbstgefälligkeit, Minderwertigkeitskomplex, Sentimentalität. Dieser Einschätzung folgte der diplomatische Eklat, und erstaunlich beharrlich wurde in den deutschen Medien vermieden, dem Gehalt der Message ausführlicher nachzusinnen.

Ein Tabu, so scheint es, wurde mit dieser Mitteilung gebrochen. Die hysterischen Reaktionen auf das diskutable Ergebnis verhinderten die Nachfrage, wie mit der Realität oder Phantasie der anderen (auch Briten sind Ausländer) gelebt werden kann. Keine zwei Jahre später liest sich das, was aus dem Unbehagen diktiert und in peinlicher Manier weggeschwiegen werden sollte, ganz aktuell: «Schon jetzt ist eine Art von Siegestaumel im deutschen Denken spürbar, die für alle anderen ungemütlich sei. (...) Wir können nicht annehmen, daß ein vereintes Deutschland sich so reibungslos in Westeuropa einfügen wird wie die BRD. Es wird die Neigung wachsen, das Konzept ‹Mitteleuropa› wiederzubeleben, in dem Deutschland die Rolle des Maklers zwischen Ost und West zufällt.» Und so weiter und so fort. Verwiesen wurde damals auch auf «die Neigung der Deutschen, Dinge zu übertreiben. (...) Zum anderen ihre Neigung, ihre Fähigkeiten und die eigene Stärke zu überschätzen». Von Ausländerhatz war damals noch nicht die Rede. Merkwürdig, wo sich all das längst angedeutet hatte. Es bleibt zu fragen, warum ausgerechnet diese Seite ausgespart oder vielleicht auch nur unveröffentlicht geblieben ist?

Mitteleuropa, Deutschland den Deutschen, Ausländer raus. Im Osten Deutschlands ist der Ton wenig fein und nur selten um bürgerliche Respektabilität bemüht. Man muß die Lebenswirklichkeit derer ernst nehmen, für die der Ausländerhaß als schnellste Lösung des eigenen Dilemmas erscheint. Demokratie heißt denen, die das Recht auf ethnische Selbstbestimmung ausmerzen wollen, im Zweifelsfall: Alles ist erlaubt, sofern es dem eigenen nationalautoritären Weltbild entspricht. Und die Polizei hat zur Entschuldigung fürs Versagen in Permanenz die Erklärung bereit, es mangele an Personal und schnellen Autos, um der Brutalität gegen Minderheiten im Augenblick des Geschehens zu begegnen. Hier wird, wenn auch nur scheinbar, aber dennoch unmißverständlich staatlich das legitimiert, was eindeutig einen Straftatbestand erfüllt: Gewalt gegen Dritte.

Das Feindbild Links, dieser Eindruck wächst, verstellt den Blick auf die reale Bedrohung der Demokratie von rechts. Rechts außen werden Argumente gewetzt, aus denen scheinlogisch folgt, daß Deutschland unterwandert und geschwächt wird und daß Gegengewalt erforderlich ist. Hier verknüpft man einfach Erfahrungen mit Ursachen, die nicht ursächlich zusammengehören. Das dient einer politischen Demagogie, die sich parlamentarisch einzurichten gedenkt.

Deutschland soll jenes Land sein, dessen Bewohner am wenigsten stolz auf ihre Heimat sind. «Heimweh ist Liebe», schreibt Freud in seinem Aufsatz über «Das Unheimliche». Ist vielleicht der Haß in Umkehrung des Gedankens eine Folge des Fernwehs oder gar der eingewöhnten Heimatlosigkeit? Stolz sind viele Deutsche, wenn überhaupt, auf Goethe und Schiller, den deutschen Wald und die Seen, nicht auf die Geschichte und deren Protagonisten. Wie auch? Wer sich mit dem antifaschistischen Deutschland identifiziert, muß sich gegen die Erfahrung der Mehrheit stellen. Nur die ganz Jungen wähnen sich Jahrhunderte von den letzten 60 Jahren entfernt. Sie suchen ihre Wurzeln in einer Vergangenheit, die sie sich unter Auslassung von Auschwitz oder unter Verfälschung der Wahrheit zurechtinterpretieren: Ausländer raus, die Juden sind unser Unglück. Jeder Jude ist ein Türke, jeder Kommunist ein Jude. Deutschland den Deutschen. Europa ist weiß.

Der Mangel an nationaler Identität wird zunehmend durch Zynismus oder Sehnsucht ersetzt. Wer keine Heimat hat, beansprucht die ganze Welt und läßt nicht zu, daß andere sich positiv zur Nation, zu ihrer Herkunft bekennen. In welchem Verhältnis steht deutscher Selbsthaß zu den deutschnationalen Stereotypen? Muß man nicht geradezu unpünktlich, unsauber, unordentlich und unzuverlässig, kurzum un-deutsch erscheinen, um nicht der anderen Seite zugerechnet zu werden?

In den USA protestiert man mit der Staatsflagge in der Hand gegen Rassismus, Unrecht und politische Intrigen. Solange sich Deutsche ihrer nationalen deutschen Identität verweigern, sich ihr nicht in aller Widersprüchlichkeit stellen, werden Ausländer und die Normabweichler es weiterhin schwer in diesem Lande haben. Hinzu kommt, doch das betrifft eher den Osten als den Westen, daß sich Leben nicht üben, sondern nur leben läßt. Natürlich ist die Lebensweise in allen deutschen Landen verschieden, nicht nur sozial, auch regional, dennoch wird niemand leugnen, daß es sich um deutsche, nicht aber um italienische, chinesische oder russische Traditionen und Gewohnheiten handelt, die Kindern geradewegs «in die Wiege» gelegt werden. Worauf beruht die Gewißheit, nicht Angehöriger eines anderen Volkes zu sein? Selbst dann, wenn die Zugehörigkeit zum eigenen aufs energischste bestritten wird, bleibt der Mensch in der Regel dem verhaftet, in das er hineingeboren worden ist.

Sprache ist ein, aber nicht das einzige Indiz, daß der Mensch auch an einen Sprach-Raum gebunden ist. Sprache aber ist er- und verlernbar. Das Verhältnis zwischen In- und Ausländern ist von Vermutungen nicht frei und von Klischees durchsetzt. Stereotype lassen auf vertrauenerweckende Art Ordnung schaffen. Das Raster der Vor-Urteile steht jedem offen. Es versteht sich von selbst, ist selbst-verständlich, nichts muß bewiesen werden. Fremdheit schließt an den Bereich des quasi «Selbstverständlichen» an, Dazugehörigkeit ist das, was wir fühlen, ohne es genau bezeichnen zu können. Ein subtiles Unterfangen. Wer ist wessen Ausländer?

Polen liegt näher bei Deutschland als Australien. Australier als Ausländer sind ohne Relevanz für das xenophobische Gefühl. Weißhäutig sind auch die Polen. Es ist anzunehmen, daß Australier selten den Wunsch haben, in Deutschland zu leben. Die historische Polenfeindseligkeit – warum eigentlich? – findet immer aufs neue ihren Nährboden. Wie ist es gelungen, eine deutsch-französische Freundschaft an die Stelle der traditionellen Vorbehalte so zu installieren, daß sich nur noch die sehr Alten erinnern, daß Frankreich einst «Erbfeind» genannt worden ist?

Ausländerfeindlichkeit ist Fremdenfurcht. Sie resultiert einerseits aus jener anthropologischen Konstante, die den Fremden immer in seine eigenen Schranken verweist; sie hat historische Dimensionen, nationale Geschichte, individuelle psychologische Determinanten, soziale Quellen und einen politischen Nutzen. Die Ausländer, wie der xenophobische Sammelbegriff den nichtdeutschen Rest der Welt summiert, sind, wenn sie als bedrohlich abgewehrt werden, Flüchtlinge, die in Massen kommen. Sie sind arm und bedürftig, existentiell abhängig von einer Chance, die ihnen Deutschland nicht bieten will. Solche Ausländer sehen aus xenophobischer Sicht wie Ausländer aus, sprechen wie Ausländer, kleiden sich wie Ausländer, riechen wie Ausländer.

Sobald das Tabu gebrochen und der «Ausländer» seinen Namen, seine Biographie, seine Persönlichkeit hat, sind nur noch die anderen gemeint, die als Abstraktion zum Feindbild taugen. «Ausländer raus», das meint in der Regel nicht den wohlsituierten Nachbarn, Kollegen, Kommilitonen und Geschäftspartner, den Künstler und Politiker. Wie also reproduziert sich der Haß auf einige hunderttausend Kinder, Männer und Frauen, die von irgendwoher kommen und bereit sind, sich in einem der reichsten Länder der Welt zu verdingen? Haß kommt aus dem Bauch. Wie aber kommt er dort hinein? Man wird doch mit diesem Verhalten nicht geboren, sondern erwirbt es durchs Zusehen und Mitmachen, ein ganzes Leben lang, in dem es keine Varianten zu geben scheint.

Die Ursachen liegen immer noch tiefer für diese gemeine Hatz, diese widerliche Selbstgefälligkeit, diesen blasierten Schwachsinn, gegen den sich kein offizielles Deutschland öffentlich eindeutig zur Wehr setzt. Als ginge es nicht auch darum, Lehren aus einer Geschichte zu ziehen, in der aus Haß, Gleichgültigkeit und Gegenrationalität klare politische Programme profitierten, die bis zur Machtübergabe an Hitler führten.

Man muß die Folgen aller Forderungen mitdenken. Sammellager für die Ankommenden? Auf englisch ist die Übersetzung problematisch: Camps, in denen gesammelt – oder konzentriert werden soll? Zum Zwecke der schnellen Verfahren, um die Sache ordentlich zu bereinigen, um Übergriffe einzuschränken? Was, wenn die hier Versammelten sich unbefugt ins Umland begeben? Wird man Zäune ziehen, Hundehalter anfordern? Und wie soll die spätere Abschiebung aussehen? Deportation? Busse, Züge, Fußmärsche? Wer wird dann wen vor wem zu schützen haben?

Der irrationale öffentliche Umgang mit dem Thema sollte aufmerken lassen. Statt dessen dominiert bildreich der Bericht über die radikalen Jugendlichen, die sich eingebildet haben, das Unabänderliche vernichten zu können: «Ausländer raus», wenn nötig mit Gewalt und um jeden Preis.

Ausländer sind nicht immer Flüchtlinge, aus diesen werden nicht immer Asylanten, und diese kommen nicht nur dem Scheine nach, Männer, Frauen, Kinder, alte Leute ohne Hab und Gut. Die Fluchtmotive müssen denunziert werden, Not ist kein hinreichender Grund, Hunger auch nicht. Das Elend ist nicht zu ertragen, die Zeugen müssen verdrängt werden, damit es nicht übermächtig zum Mitleid kommt? Nein, auch dieses Mitleid könnte die Not der armen Welt nicht mehr lindern, aber vielleicht menschlichere Formen des Umgangs provozieren. Kein Ort zwischen Münster und Hoyerswerda ist groß genug, ganz Deutschland ist es nicht, um die Elenden dieser

Welt auf Zeit oder Dauer aufzufangen. Die Einsicht ist erschreckend. Darum wird es eindeutigere Grenzen geben, und wiederum deshalb wird der Einwanderungssog zur inneren Politik werden müssen, unabhängig vom Asylrecht und den europäischen Entscheidungen.

Wen trifft die Schuld wofür?

Jüterbog ist eine kleine öde Stadt, etwas mehr als eine Autostunde von Berlin entfernt. Man fährt auch durch eine Art Vorort, «Altes Lager» steht am Ortsschild, hier sieht es rechts und links der Straße ein wenig wie in Mittelrußland aus. Hier wohnen vor allem sowjetische Soldaten und Offiziere, manche hinter, andere vor dem Zaun. Auf der Dorfstraße stehen Frauen mit Kopftuch und schwatzen, das volle Netz in der Hand, während dickverpackte Kinder unbeweglich danebenstehen. Nur wenige Autominuten weiter beginnt Jüterbog. Am Straßenrand parken glänzende neue Autos, und in den Geschäften liegen Bananen en masse neben der lila Schokolade. Die Menschen auf der Straße aber sehen aus wie eh und je. Es sind ja keine neuen Bewohner hinzugekommen.

In der früheren Stadt- und Kreisbibliothek, vielleicht heißt sie noch immer so, warten an die 60 Schüler auf mich. Die Bibliotheksregale sind bereinigt, aber, so sagt die Chefin irgendwie entschuldigend, «nur von Dubletten». Die Bibliothek befindet sich in der eigens dafür hergerichteten Kirche, wodurch diese, als säkularisiert-sakrales Bauwerk liebevoll rekonstruiert, den staatstragenden antiklerikalen, aufklärerischen Impetus materialisiert hat. «Kunst ist Waffe.» Im kleinen Vortragssaal sitzen die 15- und 16jährigen und hoffen, daß die letzten zwei Schulstunden schnell vorübergehen. In bin Gast der Geschwister-Scholl-Schule – der Name wird bleiben, meinen die Lehrer, mit denen ich spreche; sicher ist nichts. Diese Schüler sind neuerdings rassistisch und rechtsradikal, sagen sie, und ihre pädagogische Verzweiflung ist nicht zu überhören.

Zwei neunte Klassen: Das sind sie, aus sieben Schulen im September zueinander umgeschult. Alles wird besser. Die besseren Schüler aber gehen aufs Gymnasium, der Rest bleibt unter sich und mißtraut den Lehrern. Hauptschule: Die soziale Ausgrenzung setzt frühzeitig ein. Und wieder einmal ist Anpassung gefragt, aber niemand weiß so recht, an wen und wie. Die männlichen Schüler schlagen zu, wenn ihnen das Unbehagen unerträglich wird. Sie haben keine Worte für ihre Lage.

Zwei Schüler kommen zu spät. Jetzt müssen sie in der ersten Reihe sitzen. Rädelsführer? Sonst kämen sie anders in den Raum. Jetzt verbünde ich mich mit ihnen, und so stiften sie hin und wieder brüllend für mich Ruhe. Zwei Schüler im Moped-Outfit verlassen lärmend den Raum. «Zahnarzt», sagt entschuldigend die Lehrerin. Auch diese zwei gehören zum härteren Kern. «Teile und herrsche.»

Ich höre mich fragen, wie wir die nächsten zwei Stunden miteinander verbringen wollen: Entweder die Schüler sagen, warum sie rechtsradikal geworden sind, oder ich berichte, was man allerorten für die Ursachen ihres Weltbildes hält. Ich treffe zum erstenmal auf Rechtsradikale, auf Rassisten, sage ich. Die zweite Variante gilt. Also summiere ich: Warum hat die Rechte unter Jugendlichen wie ihnen mehr Zulauf als die Linke oder als Liberale? Was bedeutet Kameradschaft? Was tun, wenn man männlich ist, schlechte Leistungen und keine guten Familienverhältnisse hat? Ich spreche über Orientierungslosigkeit, Schwäche, Geborgenheit aus dieser Sicht. Ich kann mir vorstellen, wie gräßlich es in einem Kaff wie Jüterbog, in einem Sog aus allgemeiner Lüge und Spießigkeit zugeht. Ich biete an: Unwissenheit und keine Erfahrung. Frust auf der ganzen Linie, Gewalt als Methode, um Konflikte zu lösen. Sie hören mir teilweise aufmerksam zu. Ich muß an ihre höchstpersönlichen Erfahrungen anknüpfen...

Wer sind ihre Ausländer? Die Deutschen, teile ich am Rande mit, sind ein sonderbares Volk, das Mauern braucht. Später spreche ich von Feigheit und Hinterlist, weil ich befürchte, daß ihnen das Wort Opportunismus wenig sagen wird. Im übrigen war ich nicht von der Einheit begeistert. Das weckt Interesse, und ich erkläre mich genauer.

Ich stelle mich auch vor: Geboren in amerikanischem Exil, Jüdin. Biographie DDR. Lachen irgendwo. Was ist daran komisch? Nein, nichts. Aber einer hat etwas gesagt? Nein. Also doch feige? «Er hat gesagt», kolportiert die erste Reihe, «man müsse alle Juden erschlagen.» Jetzt ist es leise, und die Lehrer wollen das Gesagte ungehört machen. «Sollen wir nun reden oder nicht?» schreit ein Schüler zurück, und ich bestehe darauf, daß geredet wird. «Du als Professor...», brüllt mich ein anderer an, und ich sage, daß ich kein Professor bin.

134

Das Du ist die größte Unverschämtheit, deren sie sich bewußt sind. Sie haben das Tabu gebrochen, und nichts ist passiert.

Wie aber reagiert man auf den Satz von den Juden? Die Schüler warten gespannt, ich muß entscheiden, Sekunden, Lärm, ich frage nach, noch bevor ich weiß, warum. Ich verlasse nicht den Raum, ich rufe nicht die Polizei, ich verfalle nicht in einen hysterischen Heulkrampf. Am liebsten würde ich dem, der es gesagt hat, in die Fresse hauen. Ich weiß aber nicht einmal, wie man das macht. Warum willst du mich erschießen? Natürlich meint er nicht mich, murmelt mit rotem Kopf der Provokateur und sieht an mir vorbei. Er meint die «Roten». Alle Juden sind Kommunisten, Honecker ist ein Jude. Daß Honecker kein Jude ist, nimmt er mürrisch zur Kenntnis, aber Honecker ist schuld, der muß weg, der muß her. Und dann? Er zuckt mit der Schulter.

Woher nimmt so einer sein Urteil und dann diese kalte Unverfrorenheit, mit der er anderen ans Leben will? Ich verlange logische Gründe für den Satz über die Juden, keine Gefühle, er soll beweisen, nicht nachreden. Er soll mir sagen, was er wirklich sagen will. Ausländer raus. Welche Ausländer? Alle Ausländer. Und alles Ausländische? Auch die Produkte, die Fernseher und Filme, die Musik und die Jeans? Die Kommunisten sind an allem Unglück schuld.

Juden, Kommunisten, Ausländer. Sollen sie aus der Welt oder nur aus Jüterbog verschwinden? Zwischenruf: Man habe das anders gemeint, es gehe nur um Ausländer, die sich als Scheinasylanten einschleichen. Alle Ausländer sind Scheinasylanten. Was ist ein Scheinasylant? Was das Fernsehen dazu sagt. Jemand, der sich bei uns bereichern und nicht arbeiten will. Jemand, der uns die Arbeit wegnehmen will und das Zuhause.

Vorschlag von mir: Reden wir geordneter.

1. Asyl für die, die es aufgrund der Verfolgung beanspruchen dürfen. Einverstanden? Kein Einspruch.

2. Mißbrauch. Wie geht man gegen Mißbrauch vor? Totschlagen. Der Hinweis, daß diese Aufforderung einen Straftatbestand darstellt, verwirrt oder belustigt. «Jetzt ist Demokratie, da darf man sagen, was man denkt. Und ich denke so.» Wenn Totschlagen gesagt wird, ist es eine Aufforderung zu entsprechendem Handeln. Deutschland hat eine Rechtsordnung, ist ein zivilisiertes Land. Man schützt die einen vor den anderen, beispielsweise vor Menschen wie ihnen, die andere

erschlagen wollen. Das können sie so nicht verstehen. Weil sie es nicht verstehen wollen? Ausländer raus. Gibt es Ausländer in Jüterbog? Ja, Russen. Nein, früher keine, und jetzt plötzlich hat man ein Asylheim eingerichtet. Jetzt wird in der Stadt geklaut. Die Deutschen klauen auch, sage ich. Das wollen sie nicht gelten lassen.

Zwei Stunden in einem Leben. Die Schüler bieten mir gut gelaunt ihre No-future-Version an. Am Rande sitzen die Lehrer, und ich weiß, wie peinlich ihnen die Szene ist. Ich könne ja denken, sie hätten hier versagt.

Der Verdacht verdichtet sich. Mit diesen hier muß schon lange keiner diese unakzeptablen Sätze zu Ende gedacht haben. Was treibt die Jugendlichen an? Alle Juden sind Kommunisten, alle Kommunisten sind Ausländer. Es kann aber auch sein, daß alle Juden Ausländer und alle Ausländer Kommunisten sind. Gleichwie, die Schuld fürs Unbehagen der Mütter und Väter, der Jungen und Mädchen, der Nachbarn und Bekannten ist ganz unbestimmt weit außen zu suchen. Wer ist der innere Feind, gegen den sie sich so vehement zur Wehr setzen?

Nein, seine Eltern hätten nur gearbeitet im früheren Leben. Nichts sonst. Keine Geschichte. Keine Biographie. Die geifernde Mädchenstimme ganz hinten gehört zur Tochter des ehemaligen Stasi-Offiziers, sagt später irgend jemand. Beliebige Gesichter werden in altneue Feindbilder eingepaßt. Hauptsache, man wird nicht selbst erwischt. Rot ist die Farbe der Wut. Manche tragen Pullover oder Jakken im FDJ-Blau. Sie wundern sich, weil ich übers Blau der FDJ rede und sie an Vergangenheit erinnere. Die Gegenwart ist ihnen unvertraut, unheimlich, sie liefert die Projektionsfläche für das eigene Phantasieren wider die Angst vor dem eigenen, dem vorhersehbaren Versagen.

Was Juden sind, weiß niemand. Sagen Sie's mal, flüstert es von irgendwo, das soll doch irgend etwas mit Religion zu tun haben.

Als die Mauer fiel, waren diese Kinder 12 und 13 Jahre alt. Als das russische Wort Glasnost sich zögerlich in die ostdeutsche Sprache einschlich, sind sie etwa zehn Jahre alt gewesen. Jahrgang 1975 vielleicht. Die Geschichte der Juden hat in einem sehr frühen Mittelalter stattgefunden, damals, als selbst die Großeltern noch unschuldiger als die kleinen Kinder waren. Es gab nie einen Grund, daran zu zweifeln. Ihre Eltern hatten sich in der vorgewendeten Epoche in Sachen Fernweh eingerichtet: Nadine, Sandro, Pierre, Mandy. Deutsche Namen nicht. Man ging schon damals mit der Mode.

Gorbatschow ist ein Kommunist und Ausländer. So hatten sie die Sache noch nicht betrachtet. Würden sie ihm Asyl gewähren? Das finden die, die ich frage, komisch. Sie meinen, der könne kommen. Schließlich: Er ist der Mann der Einheit. Scheiß Einheit. Den Kanzler in Bonn schätzen sie so wenig wie den früheren Schuldirektor. Aber jetzt sollen sie mit ausländischen Kindern lernen, darum gleich wieder: Ausländer raus, denn die Ausländerkinder klauen. Woher die Kinder und warum sie gekommen sind, wollen sie nicht wissen. Das Tabu darf nicht berührt werden. Dann verliert es seine Kraft.

«Meine Mutter hat Angst. Sie arbeitet jetzt in einer Videothek, und manchmal stehen da abends 15 Russen im Laden.» Vor 15 deutschen Männern kann man die gleiche Angst haben, sage ich. Das leuchtet ihm ein.

Die Schüler schlagen den Sack und meinen den Esel. «Ich gehe zum Bund», sagt trotzig der junge Antisemit, der nicht weiß, was Juden sind, und niemals mit einem Ausländer reden wird, denn: Ausländer raus, die wollen doch nur unsere Wohnungen, unsere Arbeit und unser Geld. Und unsere Mädchen? Wird er rot bei dieser Frage?

Das fernere Weltbild ist, von Jüterbog aus besehen, für manch einen mehr als trostlos. Nicht einmal eine Schwimmhalle hat diese Stadt, und das Geld, um sich die wildesten Träume zu verwirklichen, ist immer noch knapp. Was ist eine Perspektive? Alle Ausländer raus, dann wird es wieder besser werden. Glaubt ihr das wirklich? Na ja, etwas besser vielleicht.

Sie haben von einem «Neger» gehört, der eine Wohnung haben soll. Jetzt schieben sie sogar die Politiker vor ihre Wut und meinen, die sehen das ähnlich. Wo das Ausland liegt, können sie nicht genauer sagen. Das Inland jedenfalls endet irgendwo bei Jüterbog.

Die Deutschen sind selber schuld daran, sagt einer. Wenn alle Deutschen alle Arbeit machen würden, dann gibt es keine für die Ausländer, dann reisen die auch wieder ab. Daß meine Rente nur gesichert ist, wenn im Jahr 2000 sehr viele Ausländer in Deutschland arbeiten werden, übersteigt eindeutig ihren Horizont. Eine Million Fremde, das ist eine unvorstellbare Größe, die nicht mal ihren Protest hervorruft. Sie schreien, sie johlen über das, was der jeweils andere sagt, sie hören auch zu. «Ausländer raus», es geht um deutschen

137

Fleiß, sie reden wie die Greise: Wir haben nicht genug, um auch noch mit Fremden teilen zu können. Ich drohe bei dieser Gelegenheit an, daß Jüterbog ihretwegen kein ausländisches Kapital, also keine neuen Arbeitsplätze bekommen und die deutsche Küche sie auf ewig begleiten wird. Einer bekennt sich zu Kebab, obgleich das türkisch ist, und wird mißmutig von seinem Kameraden angestarrt.

Irgend jemand muß doch schließlich verantwortlich sein für das Unbehagen, das sie unvorbereitet in ihrem national-pubertären Rausch erreicht hat, irgendwer soll zahlen für diese Unsicherheit, die ihnen unheimlich ist, für den Familienzwist, der neue Inhalte bekommen hat. Wenn Papa nicht wäre, dann würde der kraftsporttrainierte Jugendliche, der es vorhin mit den Juden hatte, sich auch eine Glatze scheren. Seine Kumpel sind die Skins, und die räumen, sagt er stolz, bei den Kanaken auf oder ab. Will da einer die Ausländer schlagen, weil er dem schlagenden Vater nicht Paroli bieten kann?

Das Weltbild dieser Schüler ist auf hohe Mauern ausgerichtet. Ihr Feind heißt Verantwortung, Demokratie. Und die hat in Jüterbog Konsequenzen, die in der Gestalt asylsuchender Fremder sichtbar werden.

Stichworte reizen bis aufs Blut: Ausländer, Asyl, Stasi, SED, Rote Socken, Juden, Kanaken, Ausländer. Aus.

Der europäische Schutzwall –
Grenzen der Toleranz

Andrea Böhm

Festung Europa

Von einer «Festung Europa» hatte ihr in Beirut niemand etwas erzählt. Aber man hatte ihr geraten, im Flugzeug Paß und das Rückflugticket zu zerreißen und die Toilette hinunterzuspülen. Umm Mohamed befolgte den Rat. Die deutschen Polizisten, die sie auf dem Flughafen Schönefeld sofort wieder in die nächste Maschine nach Beirut setzen wollten, gaben klein bei und ließen die 40jährige Palästinenserin mit ihren vier Töchtern passieren. Das war im Sommer 1990. Heute käme Umm Mohamed über den Transitraum nicht hinaus, der Fluggesellschaft würde ein Bußgeld drohen – vielleicht hätte sie die Frau und die vier Mädchen mit ihren Koffern in Beirut gar nicht erst an Bord genommen.

Umm Mohamed hatte gute Gründe, ihre Heimat zu verlassen. Keine politischen, wie sie selbst sagt. Im libanesischen Bürgerkrieg sechsmal ausgebombt, den einzigen Sohn im Alter von 14 Jahren aus Angst vor den Milizen nach Deutschland geschickt, die Töchter mehrmals im Kugelhagel der verfeindeten Truppen gesucht, «und bei jeder Autobombe bin ich losgerannt, um zu sehen, ob es irgend jemanden aus meiner Familie getroffen hat. Ich bin kaputt von diesem Krieg.» In Deutschland wird sie nun «geduldet» – eine juristische Formulierung, die nichts weiter besagt, als daß die Behörden die Abschiebung von Umm Mohamed und ihren vier Töchtern vorerst ausgesetzt haben. Ein Damoklesschwert, das auf Dauer zu einer immensen psychischen Belastung wird. Anspruch auf politisches Asyl hat die Palästinenserin nicht, denn eine individuelle Verfolgung kann sie nicht nachweisen. Was ihr passierte, passierte im Libanon Tausenden.

Umm Mohamed gehört zu jener Gruppe von Flüchtlingen in Westeuropa, die nichts weiter geltend machen können, als daß sie sich und ihre Kinder in Sicherheit bringen wollte. Die Abschiebung ist ihr so gut wie sicher.

In Frankreich würde ihr vermutlich ein ähnliches Schicksal blühen, seit sich die französische Regierung in einem Erlaß vom 23. Juli 1991 zum Ziel gesetzt hat, alle abgewiesenen Asylsuchenden im nächsten Frühjahr abzuschieben – hunderttausend Menschen. In England wäre Umm Mohamed schon an einem der gutbewachten Londoner Flughäfen vom Bodenpersonal abgefangen worden. In Dänemark säße sie jetzt zusammen mit Landsleuten im Keller einer Kopenhagener Kirche, versteckt und bewacht von Mitgliedern dänischer Flüchtlingsorganisationen. Vor zwei Jahren hätte die Palästinenserin hier noch Asyl oder einen vorläufigen Aufenthaltsstatus erhalten. Jetzt teilen auch die dänischen Behörden Ausweisungsbescheide aus. Und in Italien wäre Umm Mohamed legal gar nicht ins Land gekommen, weil sie als Nicht-EG-Bürgerin weder ein Visum hat noch die Definition eines politischen Flüchtlings erfüllt.

Mag es bei der europäischen Einigung im politischen wie im wirtschaftlichen Bereich an allen Ecken und Enden hapern, bei der öffentlichen Begründung für die neue Politik des Fußtritts gegenüber Flüchtlingen und Migranten unterscheidet man sich von Dänemark bis Italien nur in der Wortwahl. Dahinter steckt immer wieder dieselbe Message: Das europäische Haus droht aus dem Süden und Osten gestürmt zu werden.

In der Rhetorik des dänischen Außenministers Uffe Ellmann-Jensen gehört Umm Mohamed zu jenen Hunderttausenden von Fremden, die Europas «weichen Unterleib bedrohen». In Großbritannien ging Margaret Thatcher bereits in ihrem ersten Wahlkampf mit dem Versprechen ins Rennen, etwas gegen die «Überflutung» durch Asylsuchende, vor allem aber durch Zuwanderer aus den Commonwealth-Ländern zu tun. In Österreich sammelt die «Freiheitliche Partei Österreichs» unter Vorsitz Jörg Haiders fleißig Stimmen mit einem explizit ausländerfeindlichen Programm und wehmütigen Reminiszenzen an die Zeit der Nationalsozialisten in Deutschland.

Das Schengener Abkommen

In Norwegen kam die Fortschrittspartei bei den Wahlen 1989 auf über 13 Prozent – mit den altbekannten Zutaten für ein rechtspopulistisches Programm: weniger Steuern und weniger Ausländer. In Italien wiederum sind die norditalienischen «Ligen», chauvinistische Regionalverbände, bei den letzten Kommunal- und Provinzwahlen im Mai 1990 zum Teil mit über 20 Prozent in die Regionalparlamente eingezogen. Sie repräsentieren nicht nur rassistische Tendenzen gegen die «Extracommunitari», die meist illegal im Land lebenden Ausländer, sondern einen norditalienischen Chauvinismus gegen die eigenen Landsleute aus dem Süden. Beliebte Wahlkampfparole: «Aus dem Norden kommt das Geld, aus dem Süden die Mafia.»

In Frankreich hat der Chef der rechtsradikalen «Front Nationale», Jean Marie Le Pen, inzwischen über 2000 Gemeinderatsposten mit Parteimitgliedern besetzt. Die «Lepenisierung» der französischen Politik ist inzwischen so weit fortgeschritten, daß Exstaatspräsident Valery Giscard d'Estaing kürzlich vor einer drohenden «Invasion» durch Flüchtlinge und Migranten warnte. Gaullistenführer Jacques Chirac bedauerte in einer öffentlichen Rede jene seiner *weißen* französischen Landsleute, die mit Einwanderern Tür an Tür leben müßten: Wegen des Geruchs und der Lärmbelästigung. Eine Momentaufnahme Westeuropas Ende 1991.

Dabei wurden die Grundsteine zur «Festung Europa» zu einem Zeitpunkt gelegt, als man noch wie selbstverständlich einen Teil des Schutzwalls für gegeben ansah: die Mauer zwischen Ost und West. Im Juni 1985 hatte die EG-Kommission gerade ihr «Weißbuch zur Vollendung des Binnenmarktes» vorgelegt – ein voluminöses Werk darüber, was es alles zu regeln gibt, wenn zwölf Nationalstaaten die Binnengrenzen aufheben wollen. Die nationalen Normgrößen für Tomaten zu «harmonisieren» dürfte dabei noch einfacher sein, als die viel beschworene Harmonisierung der Asylpolitik herbeizuführen. Während Europaparlamentarier noch das Weißbuch studierten, hatten sich ebenfalls im Juni 1985 im luxemburgischen Schengen die Niederlande, Belgien, Gastgeber Luxemburg, Frankreich und Deutschland an einen Tisch gesetzt und ein zwischenstaatliches Abkommen zum schrittweisen Abbau der Grenzkontrollen zwischen den fünf Ländern schon zum 1.1.1990 unterzeichnet. Um die «technischen»

Voraussetzungen zu schaffen, wurden Arbeitsgruppen gegründet – unter anderem eine, die sich fortan mit dem Thema Asyl beschäftigte. Mit fünfen läßt sich leichter verhandeln als mit zwölfen, zumal die Schengen-Gruppe von europäischen Kontrollinstanzen und -gremien völlig unbehelligt blieb. Schon bald zeigte sich, daß hier die Avantgarde des gemeinsamen Europas am Werk war und vor allem im Asyl- und Einwanderungsbereich die Vorgaben für Gesamteuropa formulierte – und zwar hinter verschlossenen Türen.

Das Ergebnis der Schengener Arbeitsgruppen sollte ursprünglich schon am 15. 12. 1989 unterzeichnet werden, doch hatte sich an der Außengrenze des Mitgliedslandes BRD Unvorhergesehenes ereignet: Die Mauer war aufgegangen. Plötzlich stand man vor der Frage, ob auch die damals noch real existierenden DDR-Bürger von der Freizügigkeit im grenzenlosen Schengen-Territorium profitieren sollten. Ein halbes Jahr später waren Spekulationen über ein mögliches Weiterbestehen der DDR längst ausgeräumt. Mit der bevorstehenden Vereinigung wurde die Außengrenze der Schengen-Staaten an die Oder-Neiße verlegt. Am 19. Juni 1990 wurde das Abkommen in Schengen unterzeichnet – vier Tage zuvor hatten die für Einwanderungsfragen zuständigen Minister der EG in Dublin bereits die EG-Asylkonvention unterschrieben, deren Text klar die Handschrift der Schengen-Staaten trägt.

Fluggesellschaften als Asylbehörde

Auf den ersten Blick regelt die Asyl-Konvention nichts weiter als die Zuständigkeit der Mitgliedsländer für die Bearbeitung von Asylanträgen. Es gilt das «one-chance-only»-Prinzip: jeder Flüchtling soll nur ein Asylverfahren durchlaufen können – und zwar in dem EG-Land, in das er zuerst eingereist ist. Zuständig ist, wer dem Flüchtling entweder ein Visum oder eine Aufenthaltserlaubnis erteilt hat oder, was in der Praxis häufiger vorkommt, wer den Asylsuchenden illegal hat einreisen lassen. Damit sind die Behörden des Einreiselandes verpflichtet, das Asylersuchen des Flüchtlings zu prüfen und ihn letztendlich aufzunehmen oder abzuschieben. Die legale Einreise ist für Flüchtlinge ohnehin längst ein Ding der Unmöglichkeit: Bereits zu Beginn der achtziger Jahre begannen westeuropäische Nationen, für bestimmte Länder die Visumspflicht einzuführen – die Bundesrepublik erstmals 1980, «um den Zustrom von Asylbewerbern zu kanalisieren», wie der damals zuständige Staatssekretär Andreas von Schoeler erklärte. Damit war plötzlich Flüchtlingen aus Sri Lanka, Äthiopien und Afghanistan die legale Einreise versperrt. Denn wer aus politischen Gründen oder aus einem Bürgerkrieg heraus fliehen muß, hat selten Gelegenheit, sich vorher bei der deutschen Botschaft um ein Visum anzustellen. Ihm bleibt nur die Suche nach gefälschten Papieren, nach Schleichwegen und nach Schleppern. Um auch diesen Fluchtweg zu versperren, verpflichtet das Schengener Abkommen seine Unterzeichner nicht nur zur einheitlichen Visumspflicht, sondern auch die Transportunternehmen zur Kontrolle der Reisepapiere. Fluggesellschaften zum Beispiel müssen demnach ihre Passagieren nicht nur nach dem Ticket, sondern auch nach gültigen und vollständigen Reisedokumenten befragen. Entpuppen sich in Frankfurt am Main, Amsterdam-Schiphol oder London-Heathrow Fluggäste doch als Asylsuchende mit gefälschten Papieren, so ist die Fluggesellschaft verpflichtet, diese Person wieder zurückzubringen. Zudem riskiert die Firma empfindliche Geldbußen. Diese Sanktionspraxis ist auf nationalstaatlicher Ebene längst üblich.

Die Liste der «sichtvermerkspflichtigen» Länder haben die Mitgliedsländer des Schengener Abkommens – inzwischen sind auch Italien, Spanien und Portugal beigetreten – auf über 90 verlängert. Damit die Behörden in Italien schnell feststellen können, ob ein Flüchtling an der italienischen Grenze nicht schon einmal in Frankreich oder den Niederlanden um Asyl nachgesucht hat, soll in Straßburg das Schengen-Informationssystem (SIS) zur Speicherung personenbezogener Daten von Asylsuchenden, aber auch «allgemeiner Informationen» zum Beispiel über die Asylrechtsprechung eingerichtet werden.

Daß auf diesem Wege eine «Harmonisierung» der Asylpolitik erreicht werden soll, daran melden Flüchtlingsorganisationen, amnesty international und, etwas zögerlich, auch der UNHCR* Zweifel an. Zwar haben europäische Politiker, wie zum Beispiel der irische Vorsitzende der Ad-hoc-Gruppe Einwanderung der EG, Cathal Crowley,

---

* UN-High Commissioner for Refugees (Amt des UN-Hochkommissars für Flüchtlinge).

versichert, man werde schon dafür Sorge tragen, daß Visumszwang und Bußgelder gegen Fluggesellschaften politisch Verfolgte nicht daran hindern werden, in Europa Schutz zu suchen. Doch wie will Cathal Crowley verhindern, was zum Beispiel im April 1990 auf einem britischen Flughafen passierte: Angehörige der Fluggesellschaft sperrten auf eigene Faust drei Tamilen, die um Asyl bitten wollten, für mehrere Stunden ein, bevor sie sie mit der nächsten Maschine zurück nach Colombo schickten. Das Bodenpersonal hatte entdeckt, daß die drei keine gültigen Reisepapiere vorweisen konnten, und wollten ihrem Arbeitgeber das drohende Bußgeld ersparen – zu diesem Zeitpunkt 1000 Pfund pro Person. Inzwischen sind die Summen wieder erhöht worden. Amnesty international kann längst dokumentieren, daß dies kein Einzelfall war.

Die Verteidigung der Festung

Fluggesellschaften haben wiederholt dagegen protestiert, auf diese Weise zu einem vorgelagerten Kontrollorgan der Einwanderungsbehörde degradiert zu werden. Doch die staatliche Drohung mit Geldstrafen leitet moralische Bedenken schnell in pragmatische Überlegungen um: Die Lufthansa hat sich schon vor Jahren der Mitarbeit des Bundesgrenzschutzes versichert. BGS-Beamte kontrollieren in Lufthansa-Uniform auf den Flughäfen in Lagos oder Khartum die Papiere der Passagiere – und ersparen dem bundesdeutschen Flugunternehmen so einiges an Kosten.

Auf diese Weise wird bereits im Vorfeld außer Kraft gesetzt, wozu sich alle Unterzeichnerstaaten des Schengener Abkommens wie auch der EG-Asylkonvention verpflichtet haben: Die Genfer Flüchtlingskonvention (GFK) wie auch Artikel 14 der «Allgemeinen Erklärung der Menschenrechte». Letztere garantiert das Recht, in einem anderen Land um Asyl zu bitten, die GFK verpflichtet ein Aufnahmeland, Flüchtlingen bestimmte Rechte zu gewähren, die sich *auf* seinem Territorium befinden. Zum Beispiel darf kein Flüchtling in ein Land abgeschoben werden, in dem sein Leben oder seine Freiheit wegen seiner Rasse, seiner Religion, Staatsangehörigkeit, seiner Zugehörigkeit zu einer bestimmten sozialen Gruppe oder wegen seiner politischen Überzeugung bedroht ist. Bloß nützt das den Flüchtlingen nichts mehr, wenn sie gar nicht mehr an die Grenze, geschweige denn auf das Territorium der GFK-Unterzeichner kommen.

Weder Visumszwang noch Bußgelder noch Datennetze reichen aus, um die avisierte Festung Europa wirklich undurchdringlich zu machen. Statt dessen beleben sie die Konjunktur für mehrere Berufsgruppen: Paßfälscher, Schlepper und Grenzsoldaten. Eine der zukünftigen Aufgaben der feind- und orientierungslosen westeuropäischen Armeen ist bereits jetzt die Sicherung der Grenzen gegen illegale Einwanderer. Der Bundesgrenzschutz bewacht nun nicht mehr die deutsch-deutsche Grenze, sondern die deutsch-polnische; das österreichische Bundesheer patrouilliert auf der Suche nach Illegalen durch die Waldgebiete in der Grenzregion zwischen der Alpenrepublik und Ungarn; die Schweizer Armee knüpft an traurige Traditionen aus den Zeiten vor 1945 an und übt Manöver zur Abwehr von illegalen Grenzgängern; und in Spanien ist bereits eine neue Grenzpolizei im Aufbau: die «Guardia Civil del Mar». Ihre Gegner: Flüchtlinge und Migranten aus dem Maghreb und Schwarzafrika.

In dem BBC-Film «Der Marsch» war es noch eine Vision: Eine schwerbewaffnete europäische Armee empfängt an der Küste von Gibraltar Tausende von afrikanischen Flüchtlingen, die sich auf den Weg nach Europa gemacht hatten. In der italienischen Hafenstadt Bari war es im Sommer 1991 Realität. Kein filmästhetisch aufbereitetes Elend war da zu sehen, sondern der häßliche Überlebenskampf von 20000 Albanern, die die italienische Polizei und Militär in ein Fußballstadion gepfercht hatten, bis sie schließlich fast alle unter militärischem Begleitschutz wieder in die Heimat abgeschoben wurden. Die italienische Einwanderungsministerin wußte zu ihrer Verteidigung und der ihrer mitverantwortlichen Kabinettskollegen nicht viel mehr vorzubringen als die Feststellung: «Im Unterschied zu anderen Ländern lassen wir nicht schießen...»

Visumszwang für Kolumbus

In Ruhe und aus der Distanz betrachtet, bietet Europa Anfang der neunziger Jahre ein paradoxes Bild. Da bereitet sich der alte Kontinent auf das Kolumbus-Jahr 1992 vor, weil man den Mann feiern will, der die Heimsuchung anderer Kontinente durch die Europäer eingeleitet hat. Den Völkern dieser Kontinente allerdings ist nicht nach festlicher Stimmung zumute. Manche wünschen sich heute, ihre Vorfahren hätten 1492 der Expedition in Diensten der spanischen Krone wegen fehlender Visa die Einreise verweigern können.

Gleichzeitig gebärden sich die Nachfahren der Entdecker und Kolonialherren wie neurotische Hausmeister, die jeden vor die Tür setzen, dessen Gesicht nicht zur Durchschnittsphysiognomie der Hauptmieter paßt. Ein Karikaturist der britischen Zeitung «The Guardian» porträtierte Europa im November 1991 als übergewichtiges, larmoyant dreinblickendes Krokodil, das beim Anblick dreier mit Koffern beladener Mäuse an seiner Tür hysterisch auf einen Stuhl gesprungen ist und «Überschwemmung!» schreit.

Überflüssig zu sagen, daß die vielzitierte «Invasion» der Flüchtlinge und Migranten keine ist – vergleicht man die Flüchtlingszahlen in Aufnahmeländern der Dritten Welt mit denen Europas. Zwar ist in allen westeuropäischen Ländern die Zahl der Asylantragsteller gestiegen, unter denen sich zunehmend mehr Migranten befinden. In der Bundesrepublik stieg die Zahl von 120000 im Jahre 1989 auf fast 200000 im Jahr 1990; in Großbritannien von 15500 auf 25000; in den Niederlanden von 14000 auf knapp 17600. Frankreichs «Amt zum Schutz der Flüchtlinge und Heimatlosen» verzeichnete zwischen 1988 und 1989 einen Anstieg der Asylsuchenden von 34000 auf über 60000. Doch im Vergleich zu den 15 Millionen Flüchtlingen auf der ganzen Welt nimmt sich die Zahl derer, die es bis nach Europa schaffen, lächerlich gering aus.

Doch der Hinweis auf dieses Mißverhältnis mag noch so berechtigt sein, er hilft in den öffentlichen Diskussionen nicht weiter, weil er am Kern des Problems vorbeigeht: Europa befindet sich in einem Identitätskonflikt, seit das Korsett des Ost-West-Konflikts keinen Halt mehr verleiht. Mit dem Zerfall des Ostblocks ist im buchstäblichen Sinne alles in Bewegung geraten – auch die Menschen. Aus den ehemals eingesperrten Bürgern der osteuropäischen Länder sind potentielle Entdecker, Wanderer und Migranten geworden, die den Seßhaften im Westen Europas eine besondere Form von Angst einjagen, wie der britische Publizist Martin Woollacott meint.

Nun existierten rechtsextreme, rassistische Gruppen und Parteien wie die französische «Front National» oder die britische «National Front» lange bevor den etablierten westeuropäischen Politikern und ihrer Wahlklientel der Ost-West-Konflikt samt dazugehörigen Feindbildern abhanden kam. Woollacott führt dies vor allem in Großbritannien, aber auch in anderen europäischen Ländern auf die Folgen von zehn Jahren neokonservativer Politik zurück. «Die Politik der Deregulierung, die Abkehr vom Prinzip des Wohlfahrtsstaates hat Verliererklassen und Verliererregionen geschaffen, in denen rechtsradikale Programmatik schnell angenommen wird, die sich ja immer auch auf die Fremden konzentriert.» Machtfaktor im Sinne einer Regierungsbeteiligung sind diese Parteien bislang nicht, doch sie haben das politische und ideologische Koordinatensystem ein gewaltiges Stück nach rechts verschoben. Diese politische Klimavergiftung wirkt nun, vor dem Hintergrund der Entwicklung in Osteuropa, noch konzentrierter.

Die Rechtsradikalisierung Europas

Würde man für die Jahre 1990/1991 eine internationale Presseschau zum Thema rassistische Gewalt zusammenstellen, Westeuropa wäre mit der Ausnahme Islands komplett vertreten: In der Schweiz und in der Bundesrepublik Deutschland werfen Jugendliche Bomben und Brandsätze in Flüchtlingsunterkünfte, töten und verletzen in mehreren Fällen Bewohner und kündigen – so geschehen in einer Sendung des Deutschen Fernsehens – unvermummt und unverblümt weitere Überfälle an; in Luxemburg halten Rechtsradikale Ausländer auf der Straße an, durchsuchen sie und lassen sich die Ausweise zeigen; in Großbritannien haben Skinheads und Hooligans «Paki-Bashing» zum Volkssport erklärt: das Verprügeln von Pakistanern und anderen Mitbürgern. Während des Golfkrieges wurden in englischen Städten die Häuser von Moslems angezündet und Brandanschläge auf mehrere Moscheen verübt; in Italien terrorisierten Schlägerbanden die «Extracommunitari», die Einwanderer aus Afrika, dem Maghreb und Asien. Zudem hat sich ein inländischer Rassismus des Nordens gegen den Süden breitgemacht. In Frankreich schließlich kommt es in den Schlafgettos um Paris immer wieder zu Zusammenstößen zwischen der Polizei und jugendlichen «Beurs», den Immigranten der zweiten und dritten Generation. Auch die norwegische Polizei verzeichnet Brandanschläge auf Flüchtlingswohnheime und Geschäfte von Immigranten; in Finnland, das 1986 einen einzigen Asylsuchenden, 1989 immerhin schon vier anerkannt hatte, erregte die Aufnahme einiger hundert vietnamesischer Kontingentflüchtlinge öffentliches Ärgernis und Interesse für die ausländerfeindliche «Landschaftspartei» im Reichstag. «Gebt den Vietnamesen lieber Geld, dann wenden sie ihre Nasen wieder Richtung Ferner Osten», erklärte einer der Abgeordneten.

Gefühle gegenüber Fremden sind im Prinzip immer zwiespältig. Diese Erkenntnis aus der Psychologie – ein wenig angereichert mit sozialen Ursachen wie Wohnungsnot, Jugendarbeitslosigkeit, Zukunfts- und Modernisierungsängsten – ziehen Politiker, Polizisten, Pädagogen oder Talkmaster immer wieder heran, um zu erklären, warum Jugendliche Brandbomben in Flüchtlingsheime schmeißen. Der Schweizer Psychoanalytiker Paul Parin widerspricht da vehement. Ob und warum zwiespältige Gefühle gegenüber Fremden in Haß umschlagen, ist keine Frage der Psychologie, sondern der politischen Kultur und der politischen Tradition. Das Bedürfnis, Politik mit Feindbildern zu machen, hält Parin in der Geschichte Europas für sehr viel ausgeprägter als in anderen Regionen. Was die politische Kultur der Gegenwart betrifft, so ist Parin überzeugt, daß sich jugendliche Angreifer auf Flüchtlingswohnheime an den Vorgaben von Politikern, Staat und Medien orientieren. «Diese Brandstifter haben nach etwas gehandelt, was sie von den Behörden, von den Parteien in einer wenig getarnten Form lesen, hören, ‹riechen› können: Diese Ausländer sollten nicht dasein, am besten gäbe es sie nicht, aber wenn sie kommen, muß man schauen, daß man sie möglichst an der Grenze abhält. Bei uns in der Schweiz wird ja sogar das Militär darauf trainiert, sie abzuhalten.»

Die Lebenslüge von der Überlegenheit

Wie man quasi aus dem Stand neue Feindbilder produziert, das haben während des Golfkriegs die Regierungen und Behörden Großbritanniens und der Bundesrepublik gezeigt: Auf Veranlassung des Bundesinnenministers durchsuchten Polizeibeamte kurz nach Beginn des Golfkriegs in mehreren Bundesländern die Wohnungen von arabischen Immigranten – die meisten waren irakische Staatsbürger oder Palästinenser. Vor allem in Berlin wurde mehreren Betroffenen ein sogenannter «Maulkorberlaß» ausgehändigt, der ihnen auf unbestimmte Dauer jegliche politische Betätigung, jede Teilnahme an Demonstrationen verbot und ihnen gleichzeitig auferlegte, sich mehrmals in der Woche bei der Polizei zu melden. Betroffen waren auch religiöse Würdenträger moslemischer Gemeinden. Das Feindbild war nicht nur der Kriegsgegner Saddam Hussein, sondern auch der Islam.

In keiner Wohnung fand die Polizei irgendwelche Beweismittel, die eine strafrechtliche Verfolgung der Betroffenen gerechtfertigt hätte. Mit Ende des Golfkrieges wurden die Maulkörbe wieder entfernt, als hätte es sich um einen schlechten Scherz gehandelt. Doch in der arabischen Community hatte man das Ziel der Aktion durchaus verstanden: nämlich seine Meinung über Saddam Hussein tunlichst nur in den eigenen vier Wänden zu äußern. Den Deutschen gab man zu verstehen, daß das Feindbild Saddam Hussein nicht nur in Bagdad, sondern möglicherweise auch in der Berliner U-Bahn sitzt.

Bereits vom zweiten Tage der «Operation Desert Storm» an verweigerten britische Behörden irakischen Immigranten ausschließlich aufgrund ihrer Herkunft jede Verlängerung ihres Aufenthaltsstatus und setzte ihnen Ausreisefristen. Aus «Gründen der nationalen Sicherheit» wurden über sechzig von ihnen interniert. Denjenigen Briten, die in diesen Wochen in Sheffield, Yorkshire, London oder Bradford Schulbusse moslemischer Kinder mit Steinen bewarfen, die Autos von Moscheebesuchern anzündeten oder mit antiislamischen Sprüchen beschmierten, muß diese Politik wie eine Bestätigung ihres eigenen Handelns erschienen sein. Besonnene Stimmen waren kaum noch zu hören.

Abgesehen davon, daß Rassismus, daß Feindbilder politisch zweckmäßig sein können, bleibt die Frage nach den Gründen und Hintergründen der Xenophobie, der Platzangst der Europäer und ihrer Angst vor den Fremden, die immer mehr in offenen Haß umschlägt. Es ist die Angst der Besitzenden vor den Besitzlosen, glaubt Paul Parin. Doch noch ist das reiche Europa weit entfernt davon, seinen Reichtum mit irgend jemandem zu teilen, geschweige denn teilen zu müssen. Die Berliner Psychologin Birgit Rommelspacher differenziert da in einem entscheidenden Punkt: Nicht die Angst, sich einschränken und teilen zu müssen, forciert Rassismus und die Ablehnung alles Fremden, sondern die Angst, Besitz und Macht nicht mehr ungehindert ausdehnen zu können. Die grundlegenden Merkmale, so die Psychologin, «unserer Dominanzkultur sind gefährdet».

Diese basiert auf unserer ökonomischen Überlegenheit, «die uns glauben macht, wir seien auch kulturell, politisch und sonstwie überlegen.» Just in diesem Moment der Krise mit einer wachsenden Zahl von Fremden konfrontiert zu werden, macht die Sache nicht einfacher. «Flüchtlinge und Immigranten», sagt Birgit Rommelspacher, «erschüttern unser Selbstverständnis, daß unsere Lebensweise, unsere familiären Bindungen, unsere Religion die einzig wahre ist. Da kommt plötzlich jemand, der mir vorzeigt, welche ungelebten Lebensmöglichkeiten ich habe, mir also demonstriert, daß es ein begrenztes und borniertes Umfeld ist, in dem ich aufwachse. Das wirkt bedrohlich.» Und diese Bedrohung ist keineswegs das Problem arbeitsloser Jugendlicher oder von Zukunftsangst geplagter Arbeiter, sondern der europäischen Gesellschaften mit all ihren Schichten und Gruppen.

Zu guter Letzt decken die Flüchtlinge auch eine Lebenslüge der Europäer auf: Die Lüge, ein Kontinent hilfsbereiter, humaner und christlicher Gesellschaften und Staaten zu sein.

Der antirassistische Protest

Ein Gipfeltreffen der antirassistischen Gruppen in Europa hat es bisher nicht gegeben, und die Aussichten auf eine europäische Koordination dieser Art sind schlecht. Auf Ebene des Europaparlaments wurde zwar vor zwei Jahren ein Untersuchungsausschuß zu Rassismus und Fremdenfeindlichkeit eingerichtet. Dieser veröffentlichte 1990 über 70 Empfehlungen, die an Mitgliedsstaaten, Ministerrat, EG-Kommission und das Europäische Parlament gerichtet waren. Der Ausschuß forderte ein System zur Überwachung von Fremdenfeindlichkeit, Rassismus und Antisemitismus, mehr Mittel aus den Struktur- und Sozialfonds für regionale Entwicklung von Kommunen mit hohem Ausländeranteil, die Gewährung des kommunalen Wahlrechts für *alle* Ausländer in jedem Mitgliedsstaat der EG – und schließlich wollte das Europäische Parlament sich selbst ein wenig stärken: indem es zum Beispiel vor dem Europäischen Gerichtshof Klage gegen Verträge wie das Schengener Abkommen erheben kann. Den Empfehlungen droht nun das gleiche Schicksal wie einem ähnlichen Forderungskatalog, den die Europaparlamentarier schon einmal 1984 aufgestellt hatten: Einziges Ergebnis war eine gemeinsame Erklärung von Ministerrat, EG-Kommission und Parlament, in der sich die europäischen Institutionen und die einzelnen Mitgliedsstaaten verpflichteten, alle rassistischen und antisemitischen Äußerungen und Gewaltakte zu bekämpfen. Darüber hinaus passierte nichts.

In den einzelnen europäischen Ländern tun sich antirassistische Gruppen, Flüchtlings- und Bürgerrechtsorganisationen schwer, nationale politikfähige Bündnisse auf die Beine zu stellen. Zu unterschiedlich ist die politische Motivation und die Wahl der Aktionsformen. In Großbritannien zum Beispiel ist als einzige landesweit operierende antirassistische Organisation die «Anti-Fascist Action» (AFA) übriggeblieben. Sie rekrutiert ihre Mitglieder aus Kreisen, in denen vor allem Rechtsradikale und Rassisten Erfolg haben: unter Jugendlichen der weißen Unterschicht. Was die AFA für viele attraktiv macht, ist jedoch der Umstand, daß sie dieselben Methoden anwendet. Mit Naziemblemen und Uniformen als «falsche Faschos» getarnt, prügeln sie auf rechtsradikalen Demonstrationen und Veranstaltungen auf die Teilnehmer ein. Flüchtlingsorganisationen wie der Beratungsdienst für Immigranten (UKIAS) geraten wie auch in Frankreich und Deutschland angesichts der Verschärfungen von Einwanderungs- und Asylbestimmungen zunehmend in die Defensive. Den Mitarbeitern von UKIAS drohte die britische Regierung die Kürzung öffentlicher Gelder an, sollte sie gegen die jüngsten Verschärfungen protestieren.

Auf lokaler Ebene gibt es zahlreiche Projekte, die Opfer rassistischer Überfälle unterstützen, Flüchtlinge beraten oder Öffentlichkeitsarbeit leisten – oft auch in Zusammenarbeit mit lokalen Vertretern des linken Flügels der Labour Party. Auf nationaler Ebene hält sich die Partei bedeckt. Gegen die angekündigten Verschärfungen des Asylrechts legte man keinerlei Protest ein.

Lauthals gegen Rassismus und für eine humane Flüchtlings- und Einwanderungspolitik einzutreten ist in Europa für etablierte Politiker mittlerweile so unpopulär wie in den USA öffentliches Engagement gegen die Todesstrafe: Stimmenverluste sind ihnen so gut wie sicher.

Die Ausnahme von der Regel sind die Niederlande, wo ein gesellschaftlicher Konsens gegen Rassismus und Diskriminierung besteht, den auch die etablierten Parteien mittragen. Die Einführung des kommunalen Wahlrechts wurde dort von den Christdemokraten ebenso mitgetragen wie von den linken Parteien. Lobbyorganisationen wie das «Zentrum für Ausländer» werden unter anderem mit staatlichen Mitteln finanziert und leisten, professionell ausgestattet, Lobbyarbeit für Immigranten – angefangen von Arbeitsmarktstudien über Kulturprojekte bis zur Wahlkampfberatung für ausländische Kandidaten. Mit moralischem Pflichtgefühl, sagt Gijs von der Fuhr, Pressesprecher des Amsterdamer «Zentrums für Ausländer», habe diese Politik nichts zu tun. Eher schon mit «dem typisch holländischen Denken, daß es uns letztlich billiger kommt, Geld in Antidiskriminierungspolitik zu stecken, als später die Folgen sozialer Konflikte ausbaden zu müssen».

In Frankreich ist das gesellschaftliche Bündnis zwischen einer einstmals breiten antirassistischen Bewegung und den etablierten politischen Parteien letztlich der «LePenisierung» der Politik zum Opfer gefallen. Herrschte zu Zeiten der großangelegten Kampagne von «SOS Racisme» unter dem Schlagwort «Ne touche pas mon pote» («Mach meinen Kumpel nicht an») noch ein Konsens von der antirassistischen Bewegung bis zur bürgerlichen Rechten, so ist diese Übereinkunft inzwischen aufgekündigt. Die bürgerliche Rechte, beklagt Harlem D'esir, Präsident von «SOS Racisme», hat den Diskurs von Le Pen übernommen. Auch der Bruch mit den Sozialisten zeichnete sich ab, als «SOS Racisme» in der sogenannten «Kopftuch-Affäre» (zwei arabische Schülerinnen wollten das Recht durchsetzen, in der Schule gemäß religiösen Vorschriften ein Kopftuch zu tragen, was über Wochen die ganze Nation beschäftigte) im Gegensatz zur Regierung für mehr Toleranz gegenüber moslemischen Schülerinnen plädierte. Die Spaltung mit den französischen Intellektuellen vollzog sich schließlich während des Golfkriegs, als es vielen Philosophen, Schriftstellern und Publizisten – nicht nur in Frankreich – zu mühsam wurde, zwischen allen Stühlen zu sitzen. «SOS Racisme» hatte zu einer Demonstration gegen den Krieg mit aufgerufen, woraufhin prominente weiße Gründungsmitglieder austraten.

Einen gesellschaftlichen Diskurs über die neue Frage der Migration, über die Perspektiven Europas als Einwanderungsregion, über eine neue erweiterte Definition des Flüchtlingsbegriffs gibt es nirgendwo. Es kann ihn bei der politisch-psychologischen Konstellation auch kaum geben – am allerwenigsten in Deutschland, das nach wie vor einem völkischen Selbstverständnis verhaftet ist. Für die Immigrationspolitik hat dies zur Folge, daß sie auf die Abwehr neuer Zuwanderer reduziert wird, während die politische Auseinandersetzung mit denen, «die schon da sind», unter den Tisch gekehrt wird. Die zweite und dritte Einwanderergeneration in den europäischen Ländern bleibt damit auf unabsehbare Zeit ohne Perspektive auf politische und soziale Gleichberechtigung. Die Konsequenzen dieses Kniefalls vor der europäischen Rechten kann man heute schon beobachten: bei den Aufständen in den britischen Gettos, in den Pariser Schlafstädten, in Berliner Stadtvierteln.

Die neue europäische Arbeitsteilung

Für ein paar Tage im Oktober 1991 probten Minister aus 28 Ländern die «Festung Europa» im Berliner Reichstag. Eingeladen hatte das Bonner Innenministerium, gekommen waren Polizei-, Justiz- und Einwanderungsminister aus den EG-Ländern, dem ehemaligen Ostblock und Albanien, beschlossen wurde ein umfassender Katalog von Polizeimaßnahmen – angefangen von einheitlichen Strafgesetzen gegen Schlepper über Visumsrestriktionen bis zur gegenseitigen Unterstützung, um die Grenzen zu sichern. Wieder drohte Feindliches aus dem Osten – dieses Mal nicht mehr in Gestalt der Roten Armee, sondern in Gestalt von Migranten, deren Zahl je nach apokalyptischer Neigung auf zwei bis 25 Millionen geschätzt wird.

Unter den Politikern Westeuropas, vor allem denen, die für Einwanderung zuständig sind, hört man den Begriff «Festung Europa» nicht gern. Man spricht lieber vom europäischen Haus. Zimmerwünsche haben auch die mittelosteuropäischen Staaten Polen, Ungarn und die ČSFR angemeldet, doch für sie ist der Einzug ins europäische Haus mit der Aufgabe des Türstehers und Rausschmeißers verbunden. Der erste, Polen, wurde bereits verbindlich angeheuert. Am 29. März 1991 unterzeichnete die polnische Regierung eine Vereinbarung mit den damals noch sechs Mitgliedsstaaten des Schengener Abkommens, Warschau übernimmt damit faktisch die Rolle eines vorgelagerten Bundesgrenzschutzbeamten, denn das ehemalige Ostblockland hat sich verpflichtet, all jene Personen wieder aufzunehmen, die über Polen illegal in das Territorium eines der Schengener Staaten eingereist sind. Ähnlich wie bei den Beratungen zum Schengener Zusatzabkommen und der EG-Asylkonvention fand dieser Vertragsabschluß faktisch unter Ausschluß der Öffentlichkeit statt.

Lediglich in den Niederlanden brachte das «Standing Committee of Experts on Immigration, Refugee and Criminal Law» das Abkommen mit Polen an die Öffentlichkeit. Die holländischen Juristen verglichen die Rolle Polens mit der einer Fluggesellschaft, die gemäß dem Schengener Abkommen mit Sanktionen belegt wird, wenn sie Flüchtlinge oder Migranten ohne gültige Einreisepapiere transportiert. Während letztere in einem solchen Fall mit einer Geldbuße belegt wird, wird die Unachtsamkeit polnischer Grenzer damit bestraft, daß Warschau die aus den Schengen-Staaten zurückgeschobenen Flüchtlinge wieder aufnehmen *muß* – was keine Regierung gerne tut. Aus Sicht der Minister und Ministerialbürokraten mag diese Strategie äußerst effektiv erscheinen. Flüchtlingsorganisationen wie das «Standing Committee» sehen darin eine Verletzung internationaler Abkommen zum Schutz von Flüchtlingen.

Ein kurdischer Flüchtling zum Beispiel, der die Schengener Mauer überwindet, sich via Deutschland nach Frankreich durchschlägt und dort Asyl beantragt, könnte von den französischen Behörden in Zukunft zwar in die Bundesrepublik zurückgeschoben werden – dem Land, in dem er erstmals Schengener Territorium betreten hat. Dort hätte er jedoch ein *Anrecht* auf die Überprüfung seines Flüchtlingsstatus. Ist er jedoch über Polen in das Schengen-Territorium illegal eingereist, wird er dorthin zurückgeschickt und findet sich plötzlich auf einer polnischen Grenzstation wieder. Polen aber hat sich nie verpflichtet, Flüchtlingen rechtliches Gehör zu schenken. Zum Zeitpunkt des Abkommens mit den Schengen-Staaten hatte die polnische Regierung noch nicht einmal die Genfer Flüchtlingskonvention unterzeichnet. Sie kann den Kurden ohne weiteres abschieben.

Was Polens Regierung motiviert hat, sich zur Pufferzone Westeuropas gegen Flüchtlinge und Migranten aus der Sowjetunion und Rumänien, aber auch gegen «Transitflüchtlinge» aus der Türkei, dem Iran oder dem Libanon machen zu lassen, liegt auf der Hand. Zum einen haben die Polen im Gegenzug die Visumsfreiheit erhalten, zum anderen die Aussicht auf westliches Know-how und Hilfe gegen eben jene Migranten aus der Sowjetunion.

Eintrittskarten für die Besten

Konzepte, die über die polizeiliche Kooperation zur Grenzsicherung hinausgehen, haben dagegen Seltenheitswert und kaum Aussicht, auf europäischer Ebene überhaupt nur diskutiert zu werden. In einem übergreifenden Asyl- und Einwanderungskonzept einer interministeriellen Arbeitsgruppe der schwedischen Regierung wird zum Beispiel eine bessere Koordination von Flüchtlings-, Migrations-, Entwicklungs- und Außenpolitik gefordert. In dem Papier wird völlig entgegen dem westeuropäischen Tenor gefordert, die Möglichkeit zur Aufnahme von Flüchtlingen zu erweitern und vor allem über eine Erweiterung des Flüchtlingsbegriffs nachzudenken. Zu einer integrierten Politik zählte die Arbeitsgruppe folgende Punkte: Eine Außenpolitik, die sich vor allem an der Einhaltung der Menschenrechte orientiert; eine großzügige, langfristig orientierte Entwicklungspolitik, mit deren Hilfe jedoch auch kurzfristig Flüchtlinge in armen Ländern unterstützt werden sollen; eine großzügige Asylpolitik und eine Erhöhung der Quote zur Aufnahme von Flüchtlingen; eine «wohlabgewogene» Rückwanderungspolitik, die denjenigen, die können und möchten, die Heimkehr und schnelle Wiedereingliederung in die Heimat ermöglichen; eine großzügige Gesetzgebung und Praxis bei der Familienzusammenführung von Flüchtlingen in Schweden. Generell schlägt die Arbeitsgruppe eine Einwanderungsquote vor, in deren Rahmen die Aufnahme von Flüchtlingen jedoch Priorität hat.

Fakt ist jedoch: Auch in Schweden wird der Zuzug von Immigranten immer rigider gehandhabt, haben vor allem Flüchtlinge, die «spontan» an der schwedischen Grenze auftauchen, kaum noch eine Chance, eingelassen zu werden.

Den progressiven Vorreiter in Sachen Flüchtlings- und Migrationspolitik will in diesen Zeiten in Westeuropa niemand spielen. Es gilt das Diktat des kleinsten gemeinsamen Nenners: So wenige Flüchtlinge im eigenen Land wie irgend möglich. Statt der vielgepredigten «Harmonisierung» des Asylverfahrens hat ein nationalstaatlicher Wettbewerb um die höchsten Einreisehürden, das schnellste Anhörungsverfahren und die effektivste Abschiebepolitik begonnen.

Zu den wenigen, die der Abschottungsmanie offenbar nicht verfallen sind, zählen die Demographen und Statistiker. Als sich im Sommer 1991 zum Beispiel in Frankreich die Politiker in ausländerfeindlichen Parolen schier überboten und die sozialistische Regierung die Ausweisung von 100 000 sich illegal aufhaltenden Ausländern ankündigte, da meldete sich plötzlich das staatliche Statistikamt INSEE zu Wort. INSEE prognostizierte den Franzosen den Niedergang der «Grande Nation» – oder zumindest ihres Wohlstands –, wenn zwischen dem Jahr 2000 und 2009 nicht mindestens 142 000 Immigranten ins Land geholt würden, um der bis dahin überalterten Bevölkerung unter die Arme zu greifen. Ähnliche Perspektiven skizzierten die Autoren einer Studie der OECD für die westeuropäischen Länder. Daß dies kein Widerspruch zur herrschenden Ausgrenzungspolitik sein muß, erläuterten die Wissenschaftler von INSEE: In den sechziger und frühen siebziger Jahren habe man noch einen Bedarf an unqualifizierten Arbeitskräften aus dem Ausland gehabt. Für den Sprung ins dritte Jahrtausend werden jedoch ausgebildete Einwanderer gebraucht. Diese Art der «kontrollierten Einwanderung» läßt sich nach Auffassung von INSEE nur durch ein «Auswahlsystem, basierend auf Quoten» verwirklichen. Der reiche Westen – so ist abzusehen – behält sich vor, die Besten auf *legalem* Wege einzulassen. Die Auswanderung von Ärzten, Ingenieuren und Naturwissenschaftlern aus Osteuropa hat bereits eingesetzt. Sollte man sich auf nationaler oder EG-Ebene tatsächlich auf Quoten entsprechend den eigenen Arbeitsmarktbedürfnissen einlassen, dann wird der «Brain Drain» aus dem Osten noch weiter forciert.

Die neuen Sklaven Europas

Wie illusorisch die Vorstellung der undurchlässigen Grenze ist, zeigt das Beispiel der USA und ihrer Landgrenze zu Mexiko. Jede Hochrüstung der Grenzpolizei mit Hubschraubern, Nachtsichtgeräten und neuen Stahlzäunen erhöht zwar das Risiko für die Flüchtlinge und Migranten, aber auch die Preise und Profitaussichten für die Schlepper. Bis zu 4000 Dollar zahlen Rumänen, Bulgaren oder rumänische Roma, um über die Oder-Neiße-Grenze geschleust zu werden. Migranten und Flüchtlinge aus der Volksrepublik China, die einen immer größer werdenden Teil der illegalen Einwanderer in die USA ausmachen, müssen bis zu 50 000 Dollar an international kooperierende Schlepperringe der «Triaden», der chinesischen Geheimgesellschaften, entrichten, um nach abenteuerlichen Umwegen oft über den ganzen Globus nach Chinatown in New York City, Los Angeles oder San Francisco geschmuggelt zu werden. Wer über diese Summe nicht verfügt – und das sind die meisten –, muß sich verpflichten, seine Schulden über mehrere Jahre in den Textilfabriken, Wäschereien und weniger legalen Branchen der Triaden abzuarbeiten. Solche Formen der Einwanderung gab es schon einmal in der Geschichte der Vereinigten Staaten: zu Zeiten der Sklaverei und der «indentured servants». Das waren arme weiße Europäer, die ihr Leben in der Neuen Welt als Leibeigene weißer Farmer und Geschäftsleute begannen. Im Gegensatz zu den Schwarzen hatten sie immerhin das Privileg, den Weg in die Freiheit abarbeiten zu können – für die Frauen bedeutete dies häufig nicht nur Zwangsarbeit, sondern auch, der sexuellen Willkür ihrer Besitzer ausgeliefert zu sein.

Die Strukturen für eine neue Form von Leibeigenschaft und Abhängigkeit haben auch die westeuropäischen Staaten durch ihre Ausgrenzungs- und Abschottungspolitik längst geschaffen. Nach dem neuen Ausländergesetz Italiens zum Beispiel haben das Recht zur legalen Einreise und zum legalen Aufenthalt nur EG-Bürger. Wer aus einem Land außerhalb der EG stammt, muß ein Visum haben und eine legale Arbeit. Das sind hohe Hürden für die «Extracommunitari» aus dem Maghreb und Schwarzafrika – zu hohe Hürden. Auf bis zu einer Million Menschen wird die Zahl der Illegalen geschätzt, die sich für Hungerlöhne als Straßenhändler, als Erntearbeiter, als Prostituierte durchschlagen. Eine ähnliche Perspektive bietet sich den «Deboutes», den abgewiesenen Asylsuchenden in Frankreich. Rund 100000 Menschen, darunter zum Beispiel 15000 Kurden, sollen nur dann bleiben dürfen, wenn sie vor dem 1. Januar 1989 nach Frankreich eingereist sind, ihr erster Antrag mindestens zwei Jahre auf dem Aktenberg der Asylbehörde liegengeblieben ist und sie einen gültigen Arbeitsvertrag vorweisen können. Die meisten können dies eben nicht. Ihnen bleibt nur eine Chance: wie die «Extracommunitari» in der Illegalität und in die Schwarzarbeit unterzutauchen.

Eine politische Lobby, die sich dieser Menschen annehmen, sich für ihre rechtliche Absicherung und menschenwürdige Behandlung einsetzen würde, gibt es nicht. Jenes Minimum an Solidarität mit den Armen und Entwurzelten, sagt Frankreichs bekanntester Soziologe Pierre Bourdieu, das der Nationalstaat garantieren soll, zerbricht, «wenn die Beherrschten die Gestalt des Ausländers annehmen». Der Eskalation des Rassismus und der Gettoisierung kann er vorerst nur eine Utopie entgegensetzen, in deren Dimension gleichzeitig Hoffnungslosigkeit mitschwingt. «Die Immigranten stellen die Dritte Welt im Herzen unserer Gesellschaft dar. Jene Dritte Welt, die wir in den reichen Ländern so leicht vergessen, wie der Bourgeois des 19. Jahrhunderts seine Armen vergaß oder wie die ‹Eliten› der Dritten Welt ihre Slums vergessen. Genauso, wie der Wohlfahrtsstaat notwendig wurde, als die Herrschenden um des inneren Friedens willen den Beherrschten, die sich immer besser organisierten und Forderungen stellten, ein Mindestmaß an Sicherheit zugestehen mußten, genauso wird uns die Immigration zwingen, den nationalstaatlichen Rahmen zu überwinden und einen wirklichen Weltstaat zu gründen – die alte Utopie der Aufklärer.»

Andreas Zumach

Menschen auf der Flucht

Über die weltweite Migrationsbewegung

Ende 1991 registrierte das UNO-Hochkommissariat für Flüchtlinge (UNHCR) in Genf über 15 Millionen Flüchtlinge weltweit. Dazu kommen zwei Millionen Palästinenser, die als Flüchtlinge in Folge der Nahostkrisen 1948 und 1967 vom UNO-Hilfswerk für palästinensische Flüchtlinge (UNWRA) betreut werden. Weltweit gibt es nach Angaben des UNHCR darüber hinaus zwölf Millionen Menschen, die innerhalb des Heimatlandes aus ihren angestammten Wohngebieten vertrieben wurden – wie etwa die Kurden im Irak nach Ende des Golfkrieges. Für diese Vertriebenen ist bislang allerdings weder das UNHCR noch eine andere UNO-Organisation offiziell zuständig. Denn sie fallen nicht unter die in der UNHCR-Satzung und in der Genfer Flüchtlingskonvention niedergelegten Definition, wonach ein Flüchtling «eine Person ist, die sich außerhalb des Landes ihrer Staatsangehörigkeit befindet, weil sie berechtigte Furcht vor Verfolgung aus Gründen ihrer Rasse, Religion, Nationalität oder politischen Überzeugung hat oder hatte».

Die meisten der 1951 an der Einrichtung des UNHCR und an der Erarbeitung der Flüchtlingskonvention beteiligten Regierungen unterschätzten damals die weltweite Eskalation des Problems. Anlaß für die grenzüberschreitende Hilfe der internationalen Völkergemeinschaft waren die durch Nazidiktatur und den Zweiten Weltkrieg ausgelösten Flüchtlingsströme innerhalb Europas sowie von Europa nach Übersee. Entsprechend galt die Konvention nach dem Willen ihrer Schöpfer zunächst nur für Personen, die vor dem 1. Januar 1951 ihr Heimatland in Europa hatten verlassen müssen. Es herrschte die Annahme vor, das Flüchtlingsproblem könne schnell überwunden werden. Entsprechend wurde das UNHCR zunächst nur für drei Jahre eingerichtet und mit einem äußerst kargen Budget ausgestattet. «Ich fand im Genfer Palast der Nationen lediglich drei leere Räume vor und mußte buchstäblich bei Null anfangen», erinnert sich der erste Flüchtlingskommissar, van Heuven Goedhart aus den Niederlanden, an seinen Amtsantritt.

Angesichts neuer Flüchtlingsbewegungen in Europa – etwa nach der Niederschlagung des Ungarnaufstandes 1956 durch die Sowjetunion –, aber auch in anderen Kontinenten wurde das UNHCR-Mandat in der Folge jeweils im Fünfjahresrhythmus verlängert. Erst 1967 wurden durch ein Zusatzprotokoll auch die zeitlichen und geographischen Beschränkungen der Konvention abgeschafft.

Heute arbeiten rund 2000 Menschen in der Genfer UNHCR-Zentrale sowie in Außenbüros in 90 Ländern. Ihre Hauptaufgabe: der Schutz der Flüchtlinge vor unmittelbarer Bedrohung von Leben, Sicherheit und Freiheit sowie die Suche nach dauerhaften Lösungen. Eine solche Lösung könnte in der (freiwilligen) Rückkehr in ihr Heimatland bestehen, wenn sich die Bedingungen dort verbessert haben, oder aber in der Ansiedlung und Integration in ihrem Erstasylland bzw., falls sie dort auf Dauer nicht bleiben können, in einem Drittland.

Doch die Genfer Flüchtlingsbehörde ist immer weniger in der Lage, durch rechtzeitiges und ausreichendes Eingreifen diese Aufgaben auch zu erfüllen. Denn die Ausstattung des UNHCR mit Geld und Personal blieb hinter der dramatischen Entwicklung der Flüchtlingszahlen in den letzten 20 Jahren zurück. Heute operiert der wesentlich durch freiwillige Regierungsbeiträge finanzierte UNHCR mit einem auf dem Stand von 1980 eingefrorenen Budget. Eine schwere Haushaltskrise erzwang in den letzten zwei Jahren darüber hinaus die Schließung einiger für die Betreuung von Flüchtlingen wichtigen Auslandsbüros und die Verringerung der Mitarbeiterzahl.

Der Anstieg von Flüchtlingen auf derzeit über 15 Millionen Menschen erfolgte parallel zur fortschreitenden wirtschaftlichen Ausbeutung der in den sechziger Jahren in die formale Unabhängigkeit entlassenen ehemaligen Kolonien der Westeuropäer in Afrika, Asien und Lateinamerika – mit den Folgen: Unterentwicklung, Hunger, Diktaturen und Bürgerkriege. 1970 gab es weltweit noch weniger als 2,5 Millionen Flüchtlinge. Bis 1980 wuchs ihre Zahl auf 8,2 Millionen.

In der öffentlichen Debatte in Westeuropa wird zumeist der Eindruck erweckt, als befände sich der Großteil dieser Menschen bereits in den zum Westen gezählten reichen Industrienationen oder stünde unmittelbar vor deren Tür. Dieser Eindruck ist völlig unrealistisch. 1991 lebten rund 1,5 Millionen anerkannte Flüchtlinge in den USA und Kanada sowie 850000 im Westeuropa der zwölf EG- und sieben EFTA-Staaten. Weitere 110000 fanden Aufnahme in Australien und Neuseeland, ganze 8500 in Japan. Insgesamt sind das nur knapp 16,5 Prozent der Weltflüchtlingsbevölkerung. Die anderen 84,5 Prozent leben in Afrika, Asien und Lateinamerika – zumeist in Aufnahmeländern, deren eigene Bevölkerungen unter schweren Naturkatastrophen, Hunger und Unterentwicklung leiden.

Der Kontinent mit den meisten Flüchtlingsbewegungen, dem schlimmsten Elend für die geflohenen Menschen, der größten Flüchtlingsdichte in einzelnen Ländern und zugleich der größten Solidarität und Toleranz untereinander ist Afrika. Hier lebt mit 4,7 Millionen ein knappes Drittel der Weltflüchtlingsbevölkerung – davon über 2,2 Millionen Menschen allein in den vier Ländern des sogenannten Horns von Afrika im Nordosten des Kontinents: Sudan, Äthiopien, Somalia und Dschibuti. In keiner anderen Region der Welt wurden die Menschen in den letzten Jahren so häufig und so schwerwiegend zu Opfern von Dürren, Flutkatastrophen, Verfolgung, Krieg und Bürgerkrieg.

Mit einer Eigenbevölkerung von 4,8 Millionen Menschen beherbergt der Sudan heute über 800000 Flüchtlinge aus dem östlichen Nachbarland Äthiopien. Dies ist ein Flüchtlingsanteil von 17,6 Prozent – der mit Abstand höchste in der Welt. Zum Vergleich: In der Bundesrepublik Deutschland (ohne die fünf neuen Bundesländer) entsprechen die bis Ende 1991 anerkannten 152000 Flüchtlinge etwa 0,25 Prozent der einheimischen Bevölkerung, die beim Bundesinnenministerium registrierten 330000 Asylbewerber rund 0,55 Prozent.

Während die meisten äthiopischen Flüchtlinge schon seit vielen Jahren im Sudan leben, hat sich die Zahl der Flüchtlinge in Äthiopien allein in den letzten vier Jahren versiebenfacht. Seit 1987 stieg die Zahl der Flüchtlinge aus dem Sudan von 100000 auf über 375000 an. Fast ebenso viele Menschen flohen in den letzten zwei Jahren aus Somalia ins westliche Nachbarland Äthiopien. Seit dem Krieg zwischen den beiden Staaten, 1978/79, kamen wiederum rund 600 000 Äthiopier nach Somalia. Das kleine Dschibuti beherbergt heute 30 000 Somalier und 1500 Äthiopier.

Nur ein verschwindend geringer Bruchteil der Flüchtlinge aus dem Horn von Afrika gelangt überhaupt nach Westeuropa. An die Türen der Bundesrepublik Deutschland etwa klopften in den letzten zehn Jahren fast ausschließlich äthiopische Asylbewerber: 1981 waren es 601, 1989 wurden 1077 gezählt.

Bürgerkriege, Naturkatastophen, Hunger sowie die jahrelange Destabilisierung durch Südafrika sind die Ursachen für die ebenfalls äußerst angespannte Flüchtlingssituation im Osten und Südosten Afrikas. Das kleine Malawi hat mit 650 000 den zweitgrößten Flüchtlingsanteil im Verhältnis zur eigenen Bevölkerung (8,5 Prozent). In den fünf ostafrikanischen Nachbarländern Uganda, Tansania, Ruanda, Burundi und Kenia leben noch einmal 710 000 Flüchtlinge, im zentralafrikanischen Zaire 340 000. In den sogenannten Frontstaaten zu Südafrika – Zimbabwe, Sambia, Angola und Botswana – sowie in den innerhalb Südafrikas gelegenen Kleinstaaten – Swaziland und Lesotho – hielten sich Ende 1991 noch rund 380 000 Flüchtlinge auf. Die Rückkehr der Flüchtlinge in das inzwischen unabhängige Namibia seit 1990 und auch die im September 1991 geschlossene Vereinbarung zwischen dem UNHCR und der Regierung in Pretoria über die straffreie Rückkehr von 40 000 politischen Exilanten nach Südafrika bedeuten nur eine unwesentliche Entschärfung des Flüchtlingsproblems in dieser Region Afrikas. Die Folgen des Bürgerkrieges in Angola sowie der jahrelangen systematischen Destabilisierung Angolas und Mosambiks durch das Apartheidregime – Hauptursache der Flüchtlingsströme aus diesen Ländern – sind noch längst nicht überwunden.

Obwohl die Flüchtlingszahlen in Afrika so viel höher sind als in Westeuropa und obwohl die Beherbergung von Flüchtlingen für alle afrikanischen Aufnahmeländer und ihre einheimischen Bevölkerungen mit ungleich größeren Belastungen verbunden sind, gibt es dort bislang kaum ausländerfeindliche Tendenzen oder gar gewalttätige Übergriffe gegen Flüchtlinge. In den Berichten der afrikanischen UNHCR-Büros an die Genfer Zentrale ist zumeist die Rede von «großer Gastfreundschaft» und «offenen Türen».

Ähnliches gilt auch für Asien. Hier leben mit 6,75 Millionen Menschen rund 45 Prozent der Weltflüchtlingsbevölkerung. Allerdings liegen die Ursachen zum Teil anders und ist die Situation insgesamt weniger kompliziert als in Afrika. Denn die Flüchtlingsbewegungen in Asien sind im wesentlichen die direkte und indirekte Folge der von den beiden (Ex-)Großmächten UdSSR und USA auf diesem Kontinent geführten und geschürten Kriege in Afghanistan und Indochina. Infolge der sowjetischen Afghanistan-Invasion im Dezember 1979 und des über achtjährigen Krieges flohen 3,3 Millionen Menschen nach Pakistan. Der südliche Nachbarstaat Afghanistan ist damit das Land mit den bei weitem meisten Flüchtlingen in der Welt. An zweiter Stelle rangiert der Iran, in den 2,8 Millionen Afghaner flohen. Kein anderer Krieg oder Konflikt seit dem Zweiten Weltkrieg produzierte so viele Flüchtlinge. Trotz des im März 1988 zwischen Washington, Moskau, Kabul und Islamabad in Genf besiegelten offiziellen Kriegsendes und des nachfolgenden Abzuges der Roten Armee kehrten bis Ende 1991 nur einige zehntausend Afghanen in ihr Heimatland zurück.

Die vom UNHCR und anderen UNO-Organisationen im Herbst 1988 mit großem Aufwand gestartete «Operation Salam» zur Rückführung und Wiederansiedlung der Flüchtlinge erwies sich als gigantischer Fehlschlag. Dafür gibt es zwei wesentliche Gründe: Am Genfer Abkommen vom März 1988 war lediglich die Regierung in Kabul, nicht aber die afghanische Opposition mit ihren zahlreichen Fraktionen beteiligt. Außerdem verständigten sich die USA und die UdSSR am Rande des Abkommens auf die Fortsetzung der Waffenlieferungen an ihre jeweiligen Bündnispartner in dem Konflikt. Das garantierte die Weiterführung bewaffneter Auseinandersetzungen in Afghanistan bis heute. Eine Befriedung des Konflikts ist die entscheidende Voraussetzung für die Rückkehr der Ende 1991 immer noch 5,9 Millionen afghanischen Flüchtlinge in Pakistan und im Iran.

Weit besser stehen derzeit die Chancen für eine Lösung des seit dem Vietnamkrieg bestehenden Flüchtlingsproblems in Indochina. Rund zwei Millionen Menschen flohen seit 1975 aus Vietnam, Kambodscha und Laos. Fast drei Viertel von ihnen fanden dauerhaften Aufenthalt in anderen Ländern: viele in den USA, ein kleinerer Teil in Südostasien, in Australien und Neuseeland, wenige in Westeuropa. Noch rund 500 000 Menschen leben seit vielen Jahren in Flüchtlingslagern in Südostasien, oft unter schwierigen und gefährlichen Umständen. Zu einigen dieser Lager – zum Beispiel in Thailand – hatten die Delegierten des UNHCR zumindest bis zum Herbst 1991 keinen oder nur unzureichenden Zugang.

Mit der Rückführung der rund 150000 vietnamesischen «boat people» aus Lagern in Thailand und Hongkong in ihre Heimat wurde 1991 begonnen. Auch ein UNHCR-Programm zur Heimkehr von Flüchtlingen aus Laos ist angelaufen. Entsprechend der Charta des UNHCR gilt für diese Rückkehrprogramme offiziell das Prinzip der «Freiwilligkeit». In der Praxis wurde dieses Prinzip jedoch zumindest im Fall der vietnamesischen «boat people» nicht immer durchgehalten. So stellten UNHCR-Mitarbeiter «boat people» in Flüchtlingslagern zum Teil vor die Alternative, innerhalb kurzer Frist freiwillig nach Vietnam zurückzukehren oder aber zu einem späteren Zeitpunkt deportiert zu werden.

Die 1991 vereinbarte politische Lösung des Kambodscha-Konflikts mit von der UNO überwachten Wahlen und einer Entwaffnung der bisherigen Bürgerkriegsparteien eröffnet die Chance für eine baldige Heimkehr der 350000 kambodschanischen Insassen der Flüchtlingslager, die einst vor dem Pol-Pot-Regime der Roten Khmer ins Ausland geflohen waren.

Das außerhalb des industrialisierten Nordens vergleichsweise geringste Flüchtlingsproblem existiert in Mittel- und Südamerika. Infolge der verschiedenen Kriege, Bürgerkriege und Interventionen der USA wurden in der Region zwischen Mexiko und Panama allein in den letzten zehn Jahren rund zwei Millionen Menschen entwurzelt und aus ihrer Heimat vertrieben. Ähnlich wie in Afrika fanden sie überwiegend solidarische Aufnahme in Nachbarstaaten. 1991 gab es in Mittelamerika rund 1,2 Millionen Flüchtlinge – vorwiegend in Mexiko (340000), Costa Rica (278000), Honduras (237000) und Guatemala (223000), sowie in Belize, El Salvador, Nicaragua, Kuba, der Dominikanischen Republik und Panama. Ein weitaus kleinerer Teil (21000) suchte und fand Zuflucht in Südamerika.

Flüchtlinge aus Mittelamerika erhielten auch Asyl in den USA – allerdings nach politischen Auswahlkriterien, die selbst innerhalb der Organisation amerikanischer Staaten (OAS) heftig kritisiert werden und zumindest UNHCR-intern als Verletzung der von Washington unterzeichneten Genfer Flüchtlingskonvention bezeichnet werden. So nahmen die USA etwa in der Ära von Präsident Reagan zwischen

1980 und 1988 711 303 Flüchtlinge auf – mit Ausnahme von 33 979 kamen sie sämtlich aus kommunistischen Staaten Osteuropas und Asiens sowie aus Kuba und Nicaragua. Asylbewerber, die vor den von Washington unterstützten Rechtsdiktaturen in El Salvador, Guatemala sowie (seinerzeit noch) Haiti flohen, wurden zu 97 Prozent abgelehnt.

Ein großer und bislang in keiner anderen Weltregion wiederholter Fortschritt war die von der UNO unterstützte «Internationale Konferenz zur Situation mittelamerikanischer Flüchtlinge» (CIREFCA) im Mai 1989 in Guatemala City. Die Teilnehmer – Mexiko, El Salvador, Nicaragua, Guatemala, Costa Rica, Honduras und Belize – trafen regionale, länderübergreifende Vereinbarungen über den Schutz von Flüchtlingen, ihre Unterstützung im Aufnahmeland sowie über ihre freiwillige Rückkehr und die Wiederansiedlung in ihren Heimatländern. Seit Mai 1989 sowie infolge der politischen Entwicklungen in ihren Heimatländern kehrten rund 20 000 Nicaraguaner und Salvadorianer freiwillig nach Hause zurück. Eine Reihe von Flüchtlingslagern in der Region konnte geschlossen werden, weil die Regierungen der Aufnahmeländer den Flüchtlingen nicht nur ein Bleiberecht, sondern auch partielle Bürgerrechte gewährten. Das mit Abstand größte Aufnahmeland Mexiko verabschiedete Gesetze zur formalen Anerkennung und rechtlichen Besserstellung von Flüchtlingen.

Die Situation in Europa und der Bundesrepublik Deutschland

Von den Ende 1991 rund 850 000 anerkannten Flüchtlingen im Westeuropa der zwölf EG- und sieben EFTA-Staaten leben 152 000 in der Bundesrepublik Deutschland, das sind 0,25 Prozent im Verhältnis zur einheimischen Bevölkerung (ohne die fünf neuen Bundesländer). Die Bundesrepublik liegt damit bei den absoluten Zahlen an zweiter Stelle hinter Frankreich (179 300 = 0,32 Prozent der einheimischen Bevölkerung) und vor Großbritannien (100 000 = 0,18 Prozent). An vierter Stelle folgt Schweden. Die von Stockholm anerkannten 130 000 Flüchtlinge machen den mit Abstand größten Anteil an der einheimischen Bevölkerung aus (1,56 Prozent). In Belgien, den Niederlanden, Dänemark und der Schweiz leben jeweils rund 30 000 anerkannte Flüchtlinge, in Norwegen und Österreich je rund 19000. Weit abgeschlagen folgt das neben der Bundesrepublik, Frankreich und Großbritannien vierte große westeuropäische Land Italien (12000), vor Spanien (8300), Griechenland (7500), Finnland (2000), Portugal (1000) und Luxemburg (680).

Ungarn ist bislang das einzige Land in Osteuropa, dessen Flüchtlingsbevölkerung vom UNHCR statistisch erfaßt wird. Ende 1990 gab es in Ungarn rund 27000 Flüchtlinge, fast ausschließlich aus Staaten des ehemaligen Warschauer Pakts. Im Laufe des Jahres 1991 flohen Tausende von Jugoslawen vor dem Bürgerkrieg in ihr Nachbarland.

Der Bürgerkrieg zwischen Serben und Kroaten führte 1991 auch in vielen westeuropäischen Ländern zu einem erheblichen Anstieg der Flüchtlinge und Asylbewerber aus Jugoslawien. Bereits bis zum 1. November stellten sie in der Bundesrepublik Deutschland mit 52290 über 27 Prozent der in den ersten zehn Monaten des Jahres 1991 beim Bundesamt für Flüchtlinge registrierten 203321 Bewerber – weit vor Rumänen (33819), Türken (19225) und Bulgaren (9932). Doch galt der jugoslawische Bürgerkrieg den bundesdeutschen Behörden nur in den wenigsten Fällen als ausreichender Asylgrund. Von den bis zum 1. November bearbeiteten Anträgen wurden ganze 427 positiv beschieden. 16322 jugoslawische Asylbewerber wurden abgelehnt, 3374 Fälle «sonstwie erledigt».

Auch die zumeist mit politischer Verfolgung begründeten Asylanträge türkischer Flüchtlinge – darunter viele Kurden – hatten wenig Chancen in Deutschland. Und dies trotz der Bombardements kurdischer Gebiete durch die türkische Luftwaffe, und obwohl amnesty international und andere Menschenrechtsorganisationen ebenso wie der Europarat 1991 Ankara erneut wegen politischer Verfolgung sowie wegen Folter und Mord in Polizeigewahrsam scharf kritisierten. 14853 der bis zum 1. November entschiedenen 17449 Asylanträge türkischer Bürger wurden abschlägig beschieden.

Wenig aussichtsreich waren auch Asylanträge verfolgter Tamilen aus Sri Lanka sowie von Vietnamesen. Sie wurden bis zum 1. November zu 74 bzw. gar zu 95,4 Prozent abgelehnt.

Bei den zehn führenden Herkunftsländern, aus denen bis zum 1. November 1991 152223 der seit dem 1. Januar in der Bundesrepublik registrierten 203321 Asylbewerber kamen, lag die Ablehnungsquote im Durchschnitt bei 76,8 Prozent.

In den meisten Fällen erfolgte die Ablehnung, weil nach Ansicht der bundesdeutschen Behörden keine objektiv nachgewiesene individuelle Verfolgung des Antragstellers in seinem Heimatland vorlag. Ähnlich verfahren auch die Behörden der anderen westeuropäischen Staaten. Grundlage dieser Entscheidungen ist eine äußerst restriktive, ja verfälschende Interpretation der in der Genfer Konvention und in der UNHCR-Satzung niedergelegten Flüchtlingsdefinition. In dieser Definition wird nicht der Tatsachenbeweis bereits erfolgter individueller Verfolgung zur Voraussetzung für den Flüchtlingsstatus gemacht, sondern dort ist von «berechtigter Furcht vor Verfolgung» die Rede. Diese «berechtigte Furcht» kann durchaus ausgelöst worden sein durch die Verfolgung bestimmter Volksgruppen, Rassen, Religionen oder politischer Organisationen, denen der Asylbewerber angehört, ohne daß er selber bereits direkt davon betroffen sein mußte. Doch die Asyl- und Flüchtlingsbehörden in Westeuropa gehen inzwischen durchweg von einem individualisierten Flüchtlingsbegriff aus und erkennen diese subjektive Furcht nicht an.

Die bundesdeutschen Behörden verfahren besonders restriktiv. Das zeigt zum Beispiel die Tatsache, daß in der BRD 1991 (bis zum 1. November) nur drei Prozent der asylsuchenden Tamilen aus Sri Lanka, die in ihrer Heimat nachweislich als Bevölkerungsgruppe verfolgt werden, anerkannt wurden. In Frankreich lag die Anerkennungsquote im selben Zeitraum bei 60 Prozent. Ein führender Mitarbeiter des UNHCR kommentierte das Verhalten der westeuropäischen Regierungen und Behörden im November 1991 so: «Zwar beruft sich jeder gerne auf die Genfer Konvention. Doch zugleich sagen sie mit ihrer Ablehnung subjektiver Gründe, daß der in der Konvention definierte Flüchtling gar nicht mehr existiert.»

Diese restriktive Auslegung der Flüchtlingsdefinition steht im Widerspruch zur Entstehungsgeschichte von Flüchtlingskonvention und UNHCR vor vierzig Jahren. Der damalige Erfahrungshintergrund war die Massenflucht vor der Nazidiktatur und vor dem von den Deutschen begonnenen Zweiten Weltkrieg. Zunächst wurde die Flüchtlingsdefinition auch in Westeuropa noch sehr viel großzügiger ausgelegt. Obwohl die Konvention bis zu ihrer Erweiterung durch ein Zusatzrotokoll im Jahre 1967 nur solche Personen als Flüchtlinge definierte, die ihr Heimatland in Europa vor dem 1.1.1951 verlassen hatten, wurden Tausende von Ungarn, die ihre Heimat nach Niederschlagung des Aufstandes 1956 verlassen mußten, pauschal als Flüchtlinge anerkannt, auch ohne daß sie individuelle Verfolgung nachzuweisen hatten. In der Bundesrepublik galt eine ähnliche Praxis für Flüchtlinge aus kommunistischen Staaten Osteuropas noch bis vor wenigen Jahren. Nach einem von 1966 bis 1987 gültigen Erlaß durften Flüchtlinge aus Osteuropa, selbst wenn ihr Asylantrag rechtskräftig abgelehnt worden war, grundsätzlich nicht abgeschoben werden. Viele Ostflüchtlinge erhielten in der Bundesrepublik auch ohne Asylantrag ein Bleiberecht.

Soziales Elend, Hunger, Krieg, Bürgerkrieg oder verheerende Naturkatastrophen gelten in der Bundesrepublik und den anderen westeuropäischen Staaten durchweg nicht als ausreichender Asylgrund. Abgesehen davon, daß diese Umstände in sich selber bereits eine gravierende Bedrohung für Leben und körperliche Unversehrtheit der Menschen in den betroffenen Regionen darstellen, gehen sie zumeist einher mit der Verfolgung einzelner oder von ethnischen, politischen oder religiösen Gruppen und Organisationen. Doch Asylbewerber, die entsprechende Gründe angeben, gelten in Westeuropa zumeist als «Wirtschaftsflüchtlinge» und werden abgelehnt. In anderen Regionen der Erde ist diese Klassifizierung unbekannt. In einer eigenen Flüchtlingskonvention, die über diejenige von 1951 hinausgeht, hat die Organisation Afrikanischer Staaten (OAU) Bürgerkrieg, Hunger und die Verfolgung und Unterdrückung von Volksgruppen ausdrücklich als Flucht- und Asylgründe festgelegt. Die mittelamerikanischen Staaten trafen auf der CIREFCA-Konferenz im Mai 1989 eine ähnliche Vereinbarung.

Anmerkung

Die Zahlen stammen sämtlich vom UNHCR. Der UNHCR wiederum erhält seine Informationen fast ausschließlich durch nationale Regierungen und Behörden. Nur in wenigen Fällen (z. B. in Flüchtlingslagern in Asien) führen UNHCR-Mitarbeiter eigene Erhebungen und Bestandsaufnahmen durch.

Victor Pfaff

Die Scheindebatte

Vom scheinheiligen Streit um das Asylrecht

Vom scheinheiligen Umgang mit der Anerkennungsquote

Zitieren wir anfangs einen ehrenwerten Mann, Zimmermann, damals Bundesinnenminister (*Die Welt*, 4.1.1988): «Die Anerkennungsquote ist unter 10% gesunken. D. h., über 90% sind Wirtschaftsflüchtlinge, die keine politisch Verfolgten sind und die wir auch nicht verkraften können.» Das ist nur eine einzige Stimme aus dem tausendfältigen Chor der einfältig Selbstgerechten. Der Herr wird ihnen nicht vergeben, denn gerade sie, die verantwortlichen Politiker, darunter viele von der SPD, wissen es besser. Die zitierte Argumentationslinie ist das entscheidende Kampfmittel *gegen* die Beibehaltung des Grundrechtes auf Asyl (Artikel 16 Absatz 2 Satz 2 Grundgesetz) und für die Aufhetzung der Öffentlichkeit gegen Flüchtlinge.

Zunächst ist der Umkehrschluß – 10 Prozent anerkannt, *also* 90 Prozent Wirtschaftsflüchtlinge – falsch. Unter Verantwortung des Bundesinnenministers veröffentlicht das ihm unterstehende Bundesamt für die Anerkennung ausländischer Flüchtlinge – kurz: Bundesamt – monatlich eine Statistik (vgl. S. 192). Daraus ergibt sich, daß über Asylanträge nicht nur mit Anerkennung oder Ablehnung entschieden wird, sondern auch durch *Verfahrenseinstellung*. Zu Verfahrenseinstellungen kommt es hauptsächlich deshalb, weil Asylanträge zurückgenommen werden. Gründe hierfür können sein: Rückkehr in das Heimatland, Weiterwanderung in einen Drittstaat oder Erteilung eines Aufenthaltstitels, der vom Asylverfahren unabhängig ist. Diejenigen, die untertauchen, pflegen ihre Anträge nicht zurückzunehmen. Das Bundesamt entscheidet in diesen Fällen ohne Anhörung fast immer ablehnend.

Am Beispiel der jüngsten Bundesamtsstatistik läßt sich erkennen: Im Zeitraum Januar bis Oktober 1991 wurde über 7,5 Prozent aller Asylanträge mit Anerkennung und über 75,8 Prozent mit Ablehnung entschieden. Über 16,7 Prozent wurde gar nicht entschieden; diese Verfahren erledigten sich anderweitig. Man kann also insoweit keine Aussage treffen, ob anerkannt oder abgelehnt worden wäre. Berechnet man die Anerkennungsquote für den als Beispiel genommenen Zeitraum ohne Berücksichtigung der «sonstigen Erledigungen», dann ergibt sich ein Anteil von 9,8 Prozent.

Damit aber nicht genug. Besserwisser wissen: Die Statistik des Bundesamtes enthält die Zahlen nur, wie sie sich zum Zeitpunkt der Entscheidungen des Bundesamtes ergeben. Bekanntlich nehmen viele abgelehnte Asylantragsteller gerichtlichen Schutz in Anspruch. In zahlreichen Fällen ist das Bundesamt aufgrund rechtskräftiger Gerichtsurteile zur Anerkennung eines Flüchtlings als politisch Verfolgter verpflichtet. Im September 1990 hatte Bundesinnenminister Schäuble der Öffentlichkeit den Bericht einer interministeriellen Arbeitsgruppe «Flüchtlingskonzeption» vorgestellt. Dort heißt es: «Die Anerkennungsquote der Gerichte wird statistisch nicht erfaßt. Nach Schätzungen verdoppelt sich dadurch die Zahl der Anerkennungen. Allerdings vermindert sich die Zahl wieder (geringfügig) durch Gerichtsurteile, die der Bundesbeauftragte für Asylangelegenheiten erstreitet.» Nehmen wir hierfür die erstinstanzlichen baden-württembergischen Gerichtsentscheidungen als Beispiel: 1989 waren 11,62 Prozent, 1990 waren 15,90 Prozent aller Asylklagen bei diesen Gerichten erfolgreich. Da man die Verwaltungsgerichte Baden-Württembergs nicht als überdurchschnittlich liberal bezeichnen kann, kommt man zu dem Ergebnis, daß sich die Anerkennungsquote aufgrund gerichtlicher Entscheidungen mehr als verdoppelt. Die Erfolgsrate des Bundesbeauftragten kann also vernachlässigt werden. Für den Zeitraum Januar bis Oktober 1991 muß also von einer Anerkennungsquote von insgesamt 20 Prozent ausgegangen werden.

Noch zu Zeiten, als Bundesinnenminister Zimmermann der *Welt* seine Weisheit mitteilte, praktizierte die Bundesrepublik Deutschland keine «familieneinheitliche» Anerkennung. Beispiel: Ein politisch Verfolgter aus dem Iran flüchtete mit Ehefrau und zwei minderjährigen Kindern hierher. Er wurde anerkannt, die Ehefrau und die Kinder aber wurden abgelehnt. In der Statistik kamen – in der Sprache des Herrn Zimmermann – auf einen politisch Verfolgten drei «Wirtschaftsflüchtlinge», «die wir nicht verkraften», obwohl doch diese Angehörigen nach dem geltenden nationalen und internationalen Recht selbstverständlich ein Bleiberecht erhalten. Welche Verachtung gegenüber Flüchtlingen und ihrem Leid spricht aus solchem Munde.

Die Rechtslage hat sich mit dem Ausländergesetz vom 9.7.1990, insoweit in Kraft seit dem 15.10.1990, geändert: Die Bundesrepublik Deutschland ist zu ihrer eigenen Praxis aus den siebziger Jahren und zur internationalen Praxis zurückgekehrt und gewährt nun den Ehegatten und minderjährigen Kindern eines als asylberechtigt anerkannten Flüchtlings dessen Rechtsstellung. Sie erhalten ebenfalls den internationalen Reiseausweis, eine unbefristete Aufenthaltserlaubnis und eine unbeschränkte Arbeitserlaubnis.

Das Problem der falschen Propaganda mit der Asylanerkennungsquote und den angeblichen Wirtschaftsflüchtlingen ist damit aber noch nicht erschöpft. Es gibt Flüchtlinge, die zwar nicht als politisch Verfolgte nach Artikel 16 Absatz 2 Satz 2 GG, aber als Flüchtlinge im Sinne des Artikels I A Nr. 2 Genfer Flüchtlingskonvention vom 28.7.1951 anerkannt werden, weil im Falle der Abschiebung ihr Leben oder ihre Freiheit bedroht sind (vgl. §51 Ausländergesetz und §33 Genfer Flüchtlingskonvention). Nach Definition des Asylverfahrensgesetzes sind diese Antragsteller *abgelehnt*. Sie erscheinen in der Statistik unter «abgelehnt» und in der öffentlichen Debatte als Wirtschaftsflüchtlinge. Man muß sie aber selbstverständlich denen hinzuzählen, die wegen der begründeten Gefahr politischer Verfolgung hier Schutz gefunden und einen Flüchtlingsstatus erhalten haben. Wie groß die Zahl der Zuletztgenannten ist, wissen wir nicht. Das Bundesamt erfaßt sie statistisch noch nicht.

Sind nun die 80 Prozent, die nicht als politische Flüchtlinge anerkannt werden, «Wirtschaftsflüchtlinge» oder, wie sie weiland Franz Josef Strauß bezeichnet hat, «Asylschnorrer», Menschen, die «wir(?) nicht verkraften können»? Schauen wir die Zahlen an, mit denen jüngst Politiker auszogen, das Volk das Fürchten lehren zu wollen. 203000 Asylantragsteller in zehn Monaten des Jahres 1991. So viele wie noch nie! Aber warum wird in den Montags- bis Sonntagsreden von offizieller Seite, in den Talk-Shows, Pro-und-Contra-Sendungen verschwiegen, daß darunter 52000 Menschen aus Jugoslawien sind? Ganz überwiegend Kroaten, auch Kosowo-Albaner, Serben, die nicht am Vernichtungsfeldzug teilnehmen wollen. Sie haben kaum Aussicht auf Anerkennung als politisch Verfolgte, weil sie «nur» Bürgerkriegsflüchtlinge seien. Aber abgeschoben werden Kroaten jedenfalls nicht. Wohin auch sollten sie abgeschoben werden? Vielleicht nach Ungarn, wo man genauso viele kroatische Flüchtlinge aufgenommen hat? Rechnen wir die Kroaten also mit gutem Gewissen aus der Zahl der Abgelehnten heraus, dann verändert sich die Anerkennungsquote drastisch.

Unter den «Wirtschaftsflüchtlingen» finden sich weiterhin solche, die aus humanitären oder völkerrechtlichen Gründen nicht abgeschoben werden. Afghanen etwa und einige andere Nationalitäten und ethnische oder religiöse Minderheiten.

Ein besonderes Wort verdienen die kurdischen Flüchtlinge aus der Türkei, für die es bundeseinheitlich bis Oktober 1991 ebenfalls einen Abschiebungsstopp gab. Seit Jahren «liefert» uns die Türkei einen beträchtlichen Anteil der Asylantragsteller; die meisten sind Kurden. Die türkischen Staatsorgane foltern und mißachten die religiösen wie die ethnischen Grundrechte und Grundfreiheiten. Die Fülle des Materials zum Beweis dieser Behauptung ist bereits erdrückend (vgl. aus neuerer Zeit etwa die Dokumentation in der *Frankfurter Rundschau* vom 3. März 1990, S. 12). Es gibt historische Wahrheiten, die nicht ständig neu bewiesen werden müssen. Die Menschheit ist zum Beispiel nicht verpflichtet, den nationalsozialistischen Massenmord am jüdischen Volk neu zu beweisen, wenn einzelne ihn noch heute bestreiten. Genausowenig müssen die menschen- und völkerrechtlichen Untaten der türkischen Staatsorgane, begangen am kurdischen Volk, ständig neu bewiesen werden, auch wenn in der Bundesrepublik Deutschland einzelne, einzelne Ämter, einzelne Gerichte sie leugnen oder doch nicht zur Kenntnis nehmen wollen. Es ist eine historische Tatsache, daß bis auf den heutigen Tag türkische Staatsorgane viele Menschen unsäglich foltern, ja ganze Dörfer vernichten, nur weil diese Menschen sich friedlich zu ihrem kurdischen Volkstum bekennen. Schon die Veröffentlichung von Vorschlägen zur Aussöhnung des türkischen und kurdischen Volksteils führte zu Verhaftungen (*FAZ* vom 15. März 1990, S. 8). Die türkische Republik hat ihr völkerrechtswidriges Verhalten gesetzlich verankert und vor der Welt offengelegt: «Die Muttersprache der türkischen Staatsbürger ist Türkisch» (Gesetz Nr. 2932 vom 19. Oktober 1983, inzwischen aufgehoben).

Die Türkei ist Mitglied des Europarates. Der Schutz der Menschenrechte im Bereich des Europarates erfolgt auf der Grundlage der Europäischen Menschenrechtskonvention vom 4. November 1950, in Kraft seit dem 3. September 1953. Heute sind alle Europaratstaaten an die Konvention gebunden, also auch die Türkei. Die Europäische Menschenrechtskonvention verbietet Folter und unmenschliche Behandlung (Artikel 3). Die Konvention gewährt nicht nur den Individuen unmittelbar Rechte und Verfahrensrechte, sondern sie räumt den Mitgliedsstaaten das Recht ein, die Menschenrechtskommission mit jeder angeblichen Verletzung der Bestimmungen der Konvention durch einen anderen Staat zu befassen. Die Bundesrepublik Deutschland leistete in der Vergangenheit jedoch keinen Beitrag, das menschenrechtswidrige und völkerrechtswidrige Verhalten ihres türkischen Vertragspartners zu beenden. Als am 1. Juli 1982 einige Europaratstaaten Beschwerde gegen die Türkei wegen der Nichtbeachtung der Konventionsrechte durch die dortige Militärregierung erhoben, hat sich die Bundesrepublik Deutschland dieser Beschwerde nicht angeschlossen. Beschwerdeführer waren Frankreich, Norwegen, Dänemark, Schweden und die Niederlande.

Wenn die Bundesrepublik Deutschland wirklich ein Interesse daran hat, die Zahl der Flüchtlinge durch Behebung der Fluchtursachen zu verringern, dann mag sie endlich, gemeinsam mit anderen Staaten des Europarates, dafür eintreten, daß die türkische Regierung die Menschenrechte achtet. Statt dessen mißachtet die Bundesrepublik Deutschland ihrerseits jene Menschen, die vor diesem Terror flüchteten. Die aktiven Kämpfer wurden häufig genug als Terroristen gebrandmarkt, ihre Asylanträge abgelehnt; die passiven Opfer werden als Wirtschaftsflüchtlinge, die es abzuwehren gilt, bezeichnet und behandelt. Dies geschieht zumeist auf der Grundlage der Auskünfte des Auswärtigen Amtes, die sich wie türkische Regierungsbulletins lesen. Zwei Beispiele: Auskunft des Auswärtigen Amtes vom 8. Juli 1981 an das Verwaltungsgericht Oldenburg: «Es gibt in der Türkei keine gezielte staatliche Verfolgung der Kurden. Der Staat läßt auch nicht zu, daß Kurden von Dritten verfolgt werden.» Auskunft des Auswärtigen Amtes vom 30. 9. 1981: «Dem Auswärtigen

Amt ist bekannt, daß in Publikationen außerhalb der Türkei behauptet worden ist, daß Folterungen in der Türkei an der Tagesordnung seien. Das Auswärtige Amt hat keine Hinweise auf die Richtigkeit dieser Behauptungen.»

Nachdem General Evren in einem *Spiegel*-Interview eingeräumt hatte, daß in der Türkei gefoltert werde, und nachdem der türkische Staatsminister Öztrak zugestanden hatte, daß die Zahl der Folterungen in der Türkei höher sei als in manchen anderen Ländern, daß aber die türkische Regierung allen Vorwürfen von Folter rücksichtslos nachgehe, änderte das Auswärtige Amt seine Auskünfte und paßte sie der türkischen Sprachregelung an: In der Türkei käme es vereinzelt zu Folterungen, sie seien aber dem Staat nicht zurechenbar, da die türkische Regierung Folterer zur Rechenschaft ziehe. Auch das war unwahr, wie jeder, der sich auch nur flüchtig mit der Situation in der Türkei befaßte, wissen konnte.

Tatsache ist, daß seitens des Bundesinnenministeriums und des Bundesaußenministeriums der Versuch unternommen worden war, den NATO-Partner Türkei reinzuwaschen. Als 1979 das Bundesamt 130 türkische Asylantragsteller anerkannt hatte, erhob der Bundesbeauftragte für Asylangelegenheiten, der der Weisung des Bundesinnenministers untersteht, in allen 130 Fällen Klage gegen die Bundesrepublik Deutschland mit dem Ziel, die Anerkennung nicht bestandskräftig werden zu lassen. Man sieht, die Sache hatte System.

Und an noch eines sei erinnert: Nachdem Bundespräsident von Weizsäcker Mitte der achtziger Jahre zu einem Staatsbesuch in der Türkei war, dort die Kurdenfrage ansprach und sich dadurch den Zorn der türkischen Regierung zuzog, wurde er nach seiner Rückkehr von führenden Vertretern der CDU/CSU-Bundestagsfraktion gerüffelt. Die Bundesregierung wollte lediglich, wenn überhaupt, mit den Mitteln der «stillen Diplomatie» auf den Partner Türkei einwirken. Der Ausdruck «stille Diplomatie» stammt aus der oben bereits erwähnten «Flüchtlingskonzeption» vom September 1990 der interministeriellen Arbeitsgruppe, die unter Leitung des Bundesinnenministers arbeitete. Was aber hat die «stille Diplomatie» in bezug auf die Kurdenfrage in der Türkei in den letzten zehn Jahren erreicht?

Wenn in Bonn, in München und anderswo von Wirtschaftsflüchtlingen die Rede ist, dann denken wir zum Beispiel an das Schicksal der kurdischen Flüchtlinge, die größtenteils ihr Land verlassen haben, weil sie mußten. Daß für diese Menschen wenigstens vorübergehend ein Abschiebungsstopp angeordnet worden war, hängt damit zusammen, daß der Wahrheit durch die Justiz eine Gasse geschlagen wurde: Das Verwaltungsgericht Stade hat mit Urteil vom 21.2.1991 auf der Grundlage der Rechtsprechung des Bundesverfassungsgerichtes ausführlich begründet, daß die nichtassimilierten Kurden in den angestammten kurdischen Siedlungsgebieten im Osten der Türkei einer asylrechtlich relevanten Gruppenverfolgung in Form der unmittelbar staatlichen Verfolgung unterliegen. Andere Gerichte, wie der Hessische Verwaltungsgerichtshof, haben sich einer ausführlichen Untersuchung derselben Frage angenommen.

Es sei auch nicht verschwiegen, daß sich neuerdings Außenminister Genscher international dafür einsetzt, daß die völkerrechtliche Intervention wegen schwerwiegender Verletzung der Menschenrechte durch einen anderen Staat nicht als ein Verstoß gegen das völkerrechtliche Prinzip der Nichteinmischung in die inneren Angelegenheiten eines solchen Staates angesehen wird.

Dieselben kritischen Ausführungen, dier hier zum Umgang mit Flüchtlingen aus der Türkei gemacht worden sind, könnten auch zum Thema Sinti und Roma, vor allem aus Rumänien, gemacht werden. Auch sie werden nahezu alle vom Bundesamt abgelehnt, obwohl sie doch, jedenfalls in Rumänien, der rassischen Verfolgung, wenigstens aber der erniedrigenden Behandlung im Sinne der Europäischen Menschenrechtskonvention ausgesetzt sind. Es ist das Verdienst der Evangelischen Kirche in Deutschland, daß sie sich in einer jüngst vorgestellten Studie des Schicksals dieser Minderheit angenommen und sich zu ihrer denunziatorischen Praxis während des Nationalsozialismus bekannt hat (*FAZ* vom 30.11.1991).

Die Asyldebatte krankt jedoch nicht nur daran, daß mit offensichtlich falschen Zahlen hantiert wird, sondern auch daran, daß sie abstrakt, unter Absehung von Schicksalen, bestimmten Fluchtgründen, bestimmten Herkunftsländern oder -gebieten geführt wird. Erinnern wir an einen Leitkommentar des Mitherausgebers der *FAZ*, Johann Georg Reißmüller, der in der Ausgabe vom 5.9.1985 auf Seite 1 («Diese Last wird zu schwer») die deutsche Natur dem ausländischen Flüchtling überordnete: «Wie soll die jetzt schon überstrapazierte Natur fertig werden mit den unvermeidlichen Folgen der Ansiedlung von immer mehr Asylbewerbern. (...) Für weitere Massenzuwanderung, vor allem aus anderen Kulturkreisen, reichen die Reserven der Natur und Ökonomie nicht, reicht auch nicht die psychische Hinnahmebereitschaft der Bevölkerung, die ihre Heimat nicht verlieren will.»

Wer Menschen als Umweltbelastung bezeichnet, braucht sich nicht zu wundern, wenn andere Menschen, Neonazis darunter, zu Steinen und Molotowcocktails greifen. Der frühere hessische Landesvorsitzende der NPD äußerte sich, nachdem er im Mai 1989 zum ehrenamtlichen Stadtrat im Frankfurter Magistrat gewählt worden war, gedanken- und fast wortgleich zur Flüchtlingsproblematik wie Reißmüller: «Unsere Umwelt ist schon jetzt verschmutzt genug» (*FAZ* vom 26. 5. 1989, Seite 38), und wenige Tage später: «Die Zuwanderung von Ausländern muß aus Gründen des Umweltschutzes gestoppt werden» (*FAZ* vom 30. 5. 1989, Seite 39).

1991 wurden mehr als 300 Brandanschläge auf Flüchtlingsunterkünfte verübt – zum Schutze unserer Natur und zum Schutze vor Überfremdung. Friedrich Carl Fromme, verantwortlicher Innenressortleiter der *FAZ*, soeben mit dem Großen Verdienstkreuz geehrt und von Engholm wegen seines «abgewogenen Urteils in Verfassungsfragen» gelobt (*FAZ* vom 30. 11. 1991), trachtet uns weiterhin vor Überfremdung zu schützen: «Das Publikum sieht die nationale Identität, die niemand in Europa bestreitet, die nichts mit ‹Rechtsradikalismus› zu tun hat, bedroht durch diejenigen, die unter Mißbrauch des Asylrechts einreisen, das nur politisch Verfolgten zusteht, und hier über einen langen Rechtsweg ernährt werden» (*FAZ* vom 29. 11. 1991, Seite 1).

Eine weitere Lüge: «Politisch Verfolgte nehmen wir auf – nur den Asylmißbrauch bekämpfen wir»

So lautet seit über zehn Jahren regierungsamtlich und parlamentarisch die hundertfach der Öffentlichkeit verkündete Losung. Auch der neue Bundesinnenminister Seiters hat seine Antrittsrede mit dieser Schablone garniert: «Politisch Verfolgte müssen weiterhin(!) in Deutschland Zuflucht finden, doch muß der Asylmißbrauch effektiver bekämpft werden.» Von Kampf zu sprechen ist richtig. Aber ist für den Rest der Aussage der schwere Vorwurf der Lüge gerechtfertigt?

177

Im Frühjahr 1980 hatte die Bundesregierung – damals wohlgemerkt die sozialliberale unter Helmut I. – Maßnahmen gegen den Zugang politisch Verfolgter ergriffen. Sie führte (mit Zustimmung des Bundesrates) den Visumzwang für die Staatsangehörigen jener Länder ein, aus denen die meisten Flüchtlinge kamen, darunter Iran, Äthiopien (Eritrea), Afghanistan. Bleiben wir beim Beispiel Afghanistan: Im ganzen Jahr 1979 hatten 498 afghanische Staatsangehörige in der Bundesrepublik Deutschland um Asyl nachgesucht. Darunter waren nicht wenige, die bereits längere Zeit hier lebten und nun nicht zurückkonnten. Vom Dezember 1979 an unterstützte die UdSSR ihr terroristisches Satellitensystem in Kabul mit brutaler Waffengewalt. Folter, Hinrichtungen, Deportation, Verfolgungen aller Art hatten die Herrschaft der Satrapen Taraki und Amin und ihres Geheimdienstes Khad nicht sichern können. Sofort reagierte die Bundesrepublik mit Einführung eines Visumzwanges, um zu verhindern, daß afghanische Flüchtlinge (über Pakistan) hierher gelangten. Die entsprechende Verordnung war wie folgt begründet: Die Einführung der Sichtvermerkspflicht solle «ein geordnetes Einreiseverfahren sicherstellen und den in jüngster Zeit hervorgetretenen Schwierigkeiten durch Einreisen in verdeckter Absicht der Arbeitsaufnahme begegnen, ohne jedoch die Möglichkeit der Einreisegewährung aus humanitären Gründen auszuschließen» (Bundesratsdrucksache 146/80).

Preisfrage: Wer kennt einen Afghanen, der in verdeckter Absicht der Arbeitsaufnahme eingereist ist? Sind denn die 3,5 Millionen Afghanen, die nach Pakistan flohen, und die 1,5 Millionen, die sich in den Iran retteten, dorthin auch in verdeckter Absicht der Arbeitsaufnahme geflüchtet?

Zweierlei zeigt diese wahrhaft infame Argumentation: Erstens hat die Flucht politisch Verfolgter in die Bundesrepublik Deutschland nach Auffassung des BMI und des Bundesrates ausschließlich im Rahmen eines «geordneten Einreiseverfahrens» stattzufinden. Darunter ist eine Einreise nach vorheriger Prüfung und Billigung des Aufenthaltszwecks durch die Botschaft und die Ausländerbehörde, die dem Antrag zustimmen muß, zu verstehen. Ein Visum zum Zwecke der Asylantragstellung in der Bundesrepublik Deutschland von einer in einem Drittstaat gelegenen Auslandsvertretung zu erhalten ist aber auch dann regelmäßig völlig aussichtslos, wenn die Flucht in diesem Drittstaat noch nicht unterbrochen ist. Zweitens klärt die Begründung der Bundesratsdrucksache darüber auf, daß selbst die afghanischen Flüchtlinge als «Scheinasylanten» angesehen werden, denen es in Wirklichkeit nicht um Schutz vor politischer Verfolgung, sondern um Arbeitsaufnahme gehe.

Das Dokument ist aber nicht eine einmalige Entgleisung, die man nachsehen könnte. Im Bericht vom 12.6.1981 der Bund-Länder-Arbeitsgruppe «Asylwesen», tätig aufgrund eines Beschlusses der Regierungschefs von Bund und Ländern, wurde festgestellt: «Die Möglichkeit der sichtvermerksfreien Einreise erleichtert den Mißbrauch des Asylverfahrens. Aus diesem Grund ist gegenüber einer Reihe von Staaten, deren Angehörige in größerer Zahl aussichtslose Asylverfahren betrieben haben, die allgemeine Sichtvermerkspflicht eingeführt worden.» Unter den acht Herkunftsländern wird Afghanistan genannt. Als «Lösungsmöglichkeit» wurden in dem Bericht Luftverkehrskontrolle und Transitvisumpflicht aufgeführt. Erneut werden afghanische Flüchtlinge ausschließlich unter dem Gesichtspunkt «illegale Einreise» behandelt: «Um illegale Einreisen zu unterbinden, hat der Bundesverkehrsminister auf Bitte des Bundesinnenministers am 25. Juni 1980 eine Auflage zur Betriebsgenehmigung der Luftverkehrsgesellschaften erlassen, nach der sichtvermerkspflichtige Ausländer im Bundesgebiet nur dann abgesetzt werden dürfen, wenn sie im Besitz der erforderlichen Grenzübertrittsdokumente sind.» Als typisches Beispiel wird in dem Dokument die Flugroute Karatschi–Frankfurt–Istanbul genannt, welche die afghanischen Flüchtlinge nutzten. Im September 1981 wurde dann die Transitvisumpflicht für afghanische Staatsangehörige eingeführt, um die Zuflucht zu unterbinden. Der Drucksache beigegeben war eine Übersicht über die Zahl der Asylbewerber bei der Grenzschutzstelle Flughafen Frankfurt am Main im Jahr 1981 (Januar bis Juni). Daraus ergibt sich, daß im angegebenen Zeitraum von insgesamt 1535 Asylsuchenden 1467 aus Afghanistan kamen und nur 68 aus anderen Ländern. Von diesen afghanischen Flüchtlingen kamen ohne Sichtvermerk aus Drittstaaten 1416. Die Bundesratsdrucksache behandelt das Schicksal der politisch Verfolgten aus Afghanistan unter anderem unter Kostengesichtspunkten: «Einem gewissen, derzeit abzuschätzenden Mehraufwand für die Bearbeitung von zu erwartenden Durchreisesichtvermerksanträgen bei bestimmten deutschen Auslandsvertretungen stehen Mehreinnahmen an Gebühren für die Erteilung solcher Sichtvermerke gegenüber. Außerdem werden Länder und Gemeinden durch den (beschränkten) Rückgang von afghanischen Asylbewerbern kostenmäßig entlastet.» *Was kostet das Grundrecht auf Asyl?*

Obwohl nach Einführung des Transitvisumzwangs für afghanische Staatsangehörige die Zahl afghanischer Asylantragsteller drastisch gesunken war, wurde der Abwehrdruck verschärft. Am 10. Mai 1982 antwortete Staatssekretär Dr. Fröhlich auf folgende Frage des Bundestagsabgeordneten Gerlach (CDU/CSU): «Trifft es zu, daß die Zahl der über den Flughafen Frankfurt einreisenden Scheinasylanten – insbesondere aus Pakistan – nach wie vor im Steigen begriffen ist, und wie erklärt die Bundesregierung diese Entwicklung im Hinblick auf die von ihr zur Unterbindung dieses Mißstandes eingeführte Visumpflicht?» (Bundestagsdrucksache 9/1657). Der Staatssekretär führte aus: «Nahezu alle auf diesem Weg in die Bundesrepublik eingereisten Ausländer sind afghanische Staatsangehörige, die aus Pakistan kommend einreisen. (...) Seit Anfang dieses Jahres wird beobachtet, daß fast alle über Pakistan einreisenden afghanischen Staatsangehörigen gefälschte Pässe, gefälschte deutsche Sichtvermerke und sogar gefälschte Bestätigungsschreiben der örtlichen deutschen Auslandsvertretungen über die Echtheit ihrer Papiere besitzen. (...) Die Visumspflicht wird auf diese Weise umgangen. Wie ich Ihnen auf Ihre schriftliche Frage vom April des Jahres mitgeteilt habe, wird derzeit neben anderen Maßnahmen an einem fälschungssicheren Sichtvermerksvordruck gearbeitet, der baldmöglichst eingeführt werden soll.»

Der gnadenlose Kampf der Bundesregierung gegen die angeblichen Scheinasylanten war ein Kampf gegen politisch Verfolgte. Warum ist diese Aussage gerechtfertigt? Afghanische Flüchtlinge wurden damals und in den folgenden Jahren vom Bundesamt zu 60–70 Prozent als asylberechtigt anerkannt (dies ohne Berücksichtigung der Anerkennungen aufgrund gerichtlicher Entscheidungen).

Was am Beispiel der Afghanen dargelegt wurde, gilt auch für iranische Flüchtlinge. Gegen sie wurde 1980 der Visumzwang eingeführt – zu einem Zeitpunkt, als der Westen, darunter zahlreiche deutsche Firmen und Konzerne, den Aggressor Saddam Hussein aufrüstete. Im Oktober 1986 wurde für iranische Flüchtlinge – mit leidenschaftlicher Unterstützung von Teilen der SPD, voran Egon Bahr, das Berliner Loch geschlossen. Wird Honecker sich je vor einem deutschen

Gericht zu verantworten haben, könnte er das zu seiner Verteidigung vortragen! Anschließend wurde auch noch der Transitvisumzwang gegen politisch Verfolgte aus Iran eingeführt (Dezember 1986). Damals wurden diejenigen iranischen Flüchtlinge, die es gegen Zahlung horrender Fluchthilfegelder gleichwohl schafften, in die Bundesrepublik Deutschland zu flüchten, allein vom Bundesamt schon zu über 42 Prozent anerkannt; rechnet man die Anerkennungen aufgrund gerichtlicher Entscheidungen, die bei iranischen Flüchtlingen überdurchschnittlich hoch sind, hinzu, erhöht sich die Quote auf 70–80 Prozent. Noch im Jahr 1991 (bis Oktober) wurden iranische Flüchtlinge vom Bundesamt originär zu 46,7 Prozent anerkannt. Wie kann da jemand behaupten, «politisch Verfolgte müssen Zuflucht finden», «weiterhin»?

Es handelt sich bei diesen Feststellungen nicht einfach um Historie. Vorschläge zur Änderung des Artikels 16 Grundgesetz zielen darauf ab, endlich verfassungsgemäß realisieren zu können, was bisher mit anderen Maßnahmen, gesetzlichen und administrativen, nicht gelungen ist. Im Januar 1987 wies der Bundesinnenminister, damals Zimmermann, den Bundesgrenzschutz an, Flüchtlinge, die auf dem Flughafen Frankfurt am Main ankommen, trotz Asylbegehrens zurückzuweisen, wenn sie auf der Flucht einen Staat passiert hatten, in dem sie nach Meinung des BMI hätten bleiben können. Betroffen waren erneut vor allem Afghanen und Eritreer. Nachdem die Rechtsprechung diese Praxis für verfassungswidrig erklärt hatte, wies das BMI die weisungsunabhängigen(!) Einzelentscheider beim Bundesamt an, in derartigen Fällen seine, des BMI, Auffassung zu vertreten und gegebenenfalls auch von der Möglichkeit einer unbegründeten Entscheidung Gebrauch zu machen (Erlaß vom 10. 7. 1987 an das Bundesamt, VII 3 125415-2/1).

Dies war einer der Gründe, warum in einigen Länderbereichen die Anerkennungsquote vorübergehend rapide sank (Afghanistan 1985: 76 Prozent Anerkennungen; 1987 noch 17,9 Prozent. Äthiopien 1984: 87 Prozent Anerkennungen; 1987 noch 4,5 Prozent). Man sieht, die Anerkennungsquote ist *manipulierbar* – unabhängig von einer Änderung der Verhältnisse im Herkunftsland. Auch die Gesamtanerkennungsquote sank in jenen Jahren wegen solcher und anderer Winkelzüge (von 1985: 30 Prozent auf 1987: 9,4 Prozent) und erlaubte den

Politikern, verstärkt «Asylmißbrauch» zu behaupten und von «Wirtschaftsflüchtlingen» zu sprechen.

Die kürzlich von Schäuble vorgeschlagene Änderung des Artikels 16 Grundgesetz (s. u.) soll es endlich erlauben, *alle* Flüchtlinge – gleich, ob politisch verfolgt oder nicht – an der Grenze abzuweisen oder nach Grenzüberschreitung sofort aus Deutschland zu entfernen, sofern sie einen «sicheren» Drittstaat durchqueren mußten. Gerade die politisch Verfolgten sind in aller Regel darauf angewiesen, den Verfolgerstaat zunächst illegal über die gründe Grenze zu verlassen.

«Politisch Verfolgte müssen auch in Zukunft Zuflucht finden» – was bleibt von diesem heuchlerischen Versprechen übrig?

Schäubles Vorschlag der Änderung des Asylgrundrechtes

Schäuble hat im Herbst 1991 einen Vorschlag zur Änderung des Asylgrundrechtes vorgelegt. An die Stelle des bisherigen Artikels 16 Absatz 2 Satz 2 GG (Politisch Verfolgte genießen Asylrecht) soll als Absatz 3 des Artikels 16 folgendes treten: «Politisch Verfolgte genießen Asylrecht. Asylrecht genießt nicht, wer aus einem Staat einreist, in dem er nicht der Gefahr ausgesetzt ist, politisch verfolgt oder in einen Staat abgeschoben zu werden, in dem ihm politische Verfolgung droht; das Nähere regelt ein Bundesgesetz. Dieses Gesetz kann bestimmen, daß Asylbewerber aus Staaten, auf die die Voraussetzungen des Satzes 2 zutreffen, an der Grenze zurückgewiesen werden können oder ihr Aufenthalt im Geltungsbereich des Grundgesetzes unverzüglich beendet werden kann.»

Auch Schäuble hat seinen Vorschlag damit begründet, Ziel der Reform müsse es sein, politisch Verfolgten, die unseres Schutzes bedürften, weiterhin Zuflucht zu gewähren. Er hat aber hinzugefügt, diejenigen seien vom Asylverfahren auszuschließen, die überhaupt nicht oder nicht mehr aktuell gefährdet seien. Zwei Gruppen von Flüchtlingen seien zu unterscheiden. Zum einen diejenigen, die aus einem Land kommen, in dem nach allgemeiner Überzeugung eine politische Verfolgung nicht (mehr) stattfinde. Dazu sei eine Liste «verfolgungsfreier Herkunftsländer» – möglichst auf europäischer Ebene – festzulegen und anzuwenden. Die Liste muß aufgrund eines Bundesgesetzes erstellt werden. Da sich aber die Lage in den Herkunftsländern rasch ändert, das Bundesgesetz aber nicht alle paar Monate fortgeschrieben werden kann, ist die Lösung gesetzestechnisch nur so vorstellbar, daß das Bundesgesetz etwa folgende Vorschrift enthält: «Der Bundesminister des Innern wird ermächtigt, im Benehmen mit dem Bundesminister des Auswärtigen eine Liste derjenigen Länder zu erstellen, deren Staatsangehörige vom Asylverfahren ausgeschlossen sind.» Vielleicht bedarf die Liste noch der Zustimmung irgendeiner Kommission, in der unter anderen ein Bischof und Cohn-Bendit sitzen.

Ich habe deshalb oben die Manöver der Ministerialbürokratie relativ ausführlich dargestellt, um sagen zu können: Die Vergangenheit hat gezeigt, daß sogar schon solche Länder auf Abwehrlisten (Visa-, Transitvisa-Listen) gesetzt wurden, deren Staatsangehörige im Falle eines Asylantrags überwiegend als politisch Verfolgte anerkannt worden sind. Woher sollen wir für die Zukunft das Vertrauen nehmen, daß auf eine solche Liste nur verfolgungsfreie Staaten genommen werden?

Unbedingt sollten auf die Liste Finnland, Frankreich und die Schweiz. Je eine Person aus diesen Ländern hat 1991 (bis Oktober) einen Asylantrag gestellt. Die Liste läßt sich erweitern: Griechenland fünf Antragsteller, Litauen und Lettland je zwei. Daß Polen unbedingt auf die Liste muß, darüber sind sich die Parteien einig. Aber: Das Bundesamt hat im Zeitraum Januar bis Oktober 1991 21 Polen als asylberechtigt anerkannt. Was tun?

Nun gut, nehmen wir Nigeria. In den ersten zehn Monaten 1991 gab es über 6500 nigerianische «Zugänge», und null Anerkennungen in diesem Zeitraum. 1990 wurde eine nigerianische Person anerkannt. Also setzen wir Nigeria auf die Liste, den einen lassen wir über die Klinge springen, Asylrecht hin, Asylrecht her. Aber was geschieht zum Beispiel mit Sudan? 240 «Zugänge», 9 Anerkennungen; Anerkennungsquote in den ersten zehn Monaten 1991: 5,8 Prozent (ohne sonstige Erledigungen: 9,8 Prozent). Ein Vorschlag zur Güte: Führen wir eine Fünfprozentklausel ein; sie hat sich beim Wahlrecht bewährt. Wenn ein Staat nicht in der Lage ist, so zu verfolgen, daß wenigsten 5 Prozent anerkannt werden, hat er es verdient, auf die Liste gesetzt zu werden. Apropos Fünfprozentklausel: Orientieren wir uns dabei an den Anerkennungen mit oder ohne Gerichtsanerkennungen? Wie berücksichtigen wir die «sonstigen Erledigungen»?

Zurück zu Nigeria: amnesty international belegt in seinem Jahresbericht '91, daß es in Nigeria massenhaft Fälle von politischer Verfolgung, und zwar gewaltloser Menschen, gibt. Andere Menschenrechtsorganisationen bestätigen dies. Offensichtlich existiert über dem Mittelmeer eine Scheideanstalt, die bewirkt, daß nur Nichtverfolgte aus Nigeria in unser Land kommen.

Wenden wir uns der zweiten Gruppe zu, die Schäuble verfassungsrechtlich behandeln will. Es sind die mutmaßlich oder eventuell politisch Verfolgten. Sie sollen Schäubles Vorschlag zufolge vom Asylverfahren ausgeschlossen werden, wenn sie einen «sicheren Drittstaat» passiert haben, wo sie Schutz hätten finden können (nicht: gefunden haben). Sie könnten nicht nur an der Grenze zurückgewiesen werden, sondern es könnte, wenn sie unkontrolliert eingereist sind, ihr Aufenthalt ohne Asylverfahren unverzüglich beendet werden. Übrig für ein Asylverfahren blieben also nur diejenigen politischen Flüchtlinge, die entweder direkt aus dem Verfolgerstaat oder aus einem Staat hierher *fliegen* können, in dem die Gefahr bestand, auch dort verfolgt oder von dort in den Herkunftsstaat zurückgeschickt zu werden. Wegen der Sanktionsdrohungen gegenüber Fluggesellschaften (hohe Bußgelder, Rücktransportverpflichtungen, unter Umständen Entzug der Landerechte) hätten dann nur diejenigen eine Chance, die für zigtausend D-Mark gut gefälschte Papiere oder Visa kaufen können. Entsinnen wir uns der Eritreerin, die 1987 von Asmara nach Khartum, dann nach Kairo flüchtete und anschließend versuchte, in einem europäischen Land Asyl zu finden. Eine ganze Woche lang war sie zwischen Kairo, Kopenhagen, Frankfurt, Kairo usw. unterwegs, bis sich ein Grenzschutzbediensteter am Flughafen Frankfurt am Main ihrer erbarmte und sie zur Stellung eines Asylantrages, der übrigens positiv beschieden wurde, einreisen ließ. «Refugees in orbit» nennt man diese Menschen, die es, wenn es nach Schäuble geht, künftig noch häufiger geben wird. Bereits heute weiß der Hohe Flüchtlingskommissar der Vereinten Nationen über sie ein trauriges Lied zu singen.

Unter den Tisch gekehrt wäre auch die Sorge, einen Menschen vielleicht deshalb hierlassen zu müssen, weil er zwar nicht als politisch verfolgt anerkannt wird, ihm aber im Falle seiner Rückkehr in den Herkunftsstaat die Todesstrafe, Folter oder erniedrigende Behandlung im Sinne der Europäischen Menschenrechtskonvention droht.

Das Bundesverfassungsgericht hat oft genug darauf hingewiesen, daß das Asylgrundrecht nichts anderes als eine Ausgestaltung des Artikels 1 Absatz 1 Grundgesetz ist: «Die Würde des Menschen ist unantastbar.» Schäubles Vorschlag bedeutet also nicht nur den Versuch der Kaltstellung des Asylgrundrechtes, sondern würde auch die Gefahr des Eingriffs in Artikel 1 Grundgesetz mit sich bringen. Davor hätte das Bundesverfassungsgericht uns zu bewahren. Die Thematik ist den Verfassungshütern nicht neu. Mit Beschluß vom 8. Februar 1983 (BVerfGE 31, 131, 143) entschied das Gericht: «Ebenso wie es selbst der Sicherung des allgemeinen Persönlichkeitsrechts dient, ist auch das Verfahrensrecht für einen effektiven Grundrechtsschutz von Bedeutung; es muß deshalb den Geboten eines solchen Schutzes entsprechen. Erfüllt das vom Gesetzgeber geschaffene Verfahrensrecht seine Aufgabe nicht oder setzt es der Rechtsausübung so hohe Hindernisse entgegen, daß die Gefahr einer Entwertung der materiellen Grundrechtsposition entsteht, dann ist es mit dem Grundrecht, dessen Schutz es bewirken soll, unvereinbar.»

Dies sind die Bedenken gegen ein derart verändertes «heiliges Asylrecht» (Helmut Kohl): Der Empfang eines politisch Verfolgten in diesem Lande hätte schier den Seltenheitswert der unbefleckten Empfängnis unserer Heiligen Jungfrau.

Schäubles Vorschlag zur Ergänzung des Artikels 24 Grundgesetz

Artikel 24 Grundgesetz regelt die Übertragung von Hoheitsrechten auf zwischenstaatliche Einrichtungen und die Einordnung der Bundesrepublik Deutschland in ein System kollektiver Sicherheit zur Wahrung des Friedens. Schäuble möchte die Bestimmung so ergänzen: «Artikel 16 Absatz 3 steht völkerrechtlichen Verträgen nicht entgegen, die Fragen des Asylrechts und des Asylverfahrensrechts mit dem Ziel einer Harmonisierung zwischen Mitgliedstaaten der Europäischen Gemeinschaft zum Gegenstand haben. Dies gilt auch, soweit in den Verträgen eine gegenseitige Anerkennung von Asylentscheidungen vorgesehen ist.»

Damit sollen die im Schengener und Dubliner Abkommen getroffenen Vereinbarungen (Vertragspartner sind bisher die Benelux-

Staaten, Frankreich und die Bundesrepublik Deutschland) auf eine verfassungsrechtlich einwandfreie Grundlage gestellt werden, nämlich die gegenseitige Anerkennung von Asylentscheidungen, der Ausschluß vom Asylverfahren nach einem bereits in einem Vertragsstaat durchgeführten Verfahren und der dazu notwendige Datenaustausch. Auch hier gibt es aber Bedenken, denn das Bundesverfassungsgericht hat bisher daran festgehalten, daß bei der Übertragung von Hoheitsrechten auf einen anderen Souverän der Grundrechtsstandard im Kern gewahrt bleiben müsse. Wie aber soll das kontrolliert werden, wenn der Flüchtling keine Gelegenheit mehr bekommt, in der Bundesrepublik Deutschland einen Asylantrag zu stellen, nachdem er zum Beispiel in Holland abgelehnt wurde? Auf welchem Tatsachenniveau einigen sich die Staaten, die bis jetzt teilweise sehr unterschiedliche Anerkennungsquoten hatten (Frankreich bei Tamilen bis vor kurzem noch 31 Prozent, Bundesrepublik Deutschland 7 Prozent). Wie soll das Problem gelöst werden, daß die Bundesrepublik Deutschland ein Asylgrundrecht hat, alle anderen Vertragsstaaten aber auf der Grundlage der Genfer Flüchtlingskonvention entscheiden? Bekanntlich sind beide Normen(-Systeme) nicht deckungsgleich. Soll Frankreich darüber entscheiden, ob ein Flüchtling die Voraussetzungen des Artikels 16 Grundgesetz erfüllt, obwohl es diese Norm in Frankreich gar nicht gibt? Das ist der Unterschied zwischen einem Flüchtling und der Margarine: Beim Margarine-Import beziehen sich die EG-Staaten auf die gleiche Rechtsnorm.

Neben den materiellrechtlichen gibt es durchgreifende verfahrensrechtliche Bedenken gegen diesen Teil des Schäuble-Vorschlags. Frankreich etwa kennt bis heute keine justizförmige Überprüfung seiner verwaltungsbehördlichen Asylentscheidungen. Dagegen ist in der Bundesrepublik Deutschland auch dem Ausländer der sogenannte Rechtsweg eröffnet: Artikel 19 Absatz 4 Grundgesetz – das formelle Hauptgrundrecht unserer Verfassung, wie es das Bundesverfassungsgericht genannt hat – gewährleistet die gerichtliche Überprüfung, wenn sich jemand durch die öffentliche Gewalt in seinen Rechten verletzt glaubt. Deutschland hätte demnach etwa Frankreich zu nötigen, den Asylantragstellern den Zugang zur Justiz zu ermöglichen: Oh, là, là! Les boches ante portas!

Ein Dauerbrenner: Verfahrensbeschleunigung

Niemand wünscht sie sich mehr als die politisch Verfolgten. Gesetzgeber und Verwaltung haben in den vergangenen zehn Jahren kaum noch zählbare Maßnahmen ergriffen, um sie zu erreichen. Fast vergeblich. Bei vielen dieser Würfe kam ein Bumerang zurück. So etwa führte die Vorprüfung durch die sachlich und personell hierfür gar nicht ausgestatteten Ausländerbehörden zu einer enormen Verfahrensverzögerung. Wer heute schriftlich ein Asylgesuch an die in Hessen allein zuständige Ausländerbehörde richtet, wartet mehr als zwei Monate, bis er zur ausländerbehördlichen Anhörung geladen wird. Gleiches gilt für die Erfindung, die Asylablehnungsbescheide des Bundesamtes dem Flüchtling über die Ausländerbehörde zuzustellen. Es dauert Wochen, häufig Monate, ja nicht selten bis zu einem Jahr, bis die Bescheide den Empfänger erreichen und dieser prüfen kann, ob er Klage erhebt. In Anbetracht dessen war es lächerlich, die Frist für die Einlegung eines Rechtsmittels auf vorläufigen Abschiebungsschutz im Falle der Entscheidung als offensichtlich unbegründet auf eine Woche zu verkürzen. Auch die Verteilungs- und Zuweisungsverfahren, die eine Folge der Gemeinschaftsunterkunft als Regelunterkunft sind, verschleppen die Verfahren und verhindern zügige Anhörung durch die entscheidende Instanz: das Bundesamt. Sodann: Die fortwährenden Rechtsänderungen führen zu ungezählten Rechtsproblemen, die die Justiz nicht übers Knie brechen kann und will. Jetzt werden weitere, angeblich der Beschleunigung dienende Vorschläge gemacht. Beschränkung des Rechtsweges auf eine Instanz; Entscheidung durch den sogenannten Einzelrichter ist obligatorisch; weitere Verkürzung der Rechtsmittelfristen; Einführung von Ausschlußfristen für die Asylantragstellung. Zu Recht protestieren vor allem Richter hiergegen (vgl. etwa die Stellungnahme der Fachgruppe Asyl- und Ausländerrecht in der Neuen Richtervereinigung vom 18. September 1991). Da Einzelheiten erst mit Vorlage des neuen Asylverfahrensgesetzes im Winter 1991/92 bekannt werden, seien hier nur zwei Hinweise gegeben.

Ist künftig ein Rechtsmittel gegen die erstinstanzliche Gerichtsentscheidung ausgeschlossen, fehlt es zwangsläufig an der Möglichkeit der Rechtsvereinheitlichung im Bundesgebiet. Bisher war diese einigermaßen gewährleistet; Berufungen und Revisionen sind derzeit in gesetzlich normierten Ausnahmefällen zugelassen. Die Entscheidungspraxis der erstinstanzlichen Gerichte ist oft sehr unterschiedlich. Dies liegt zum einen an der Kompliziertheit der Materie, zum anderen auch an der Sichtweise der Richter. Schon heute kann es einen großen Unterschied machen, ob zum Beispiel über die Asylklage eines Iraners die 4. Kammer des Verwaltungsgerichtes Wiesbaden oder die 23. Kammer des Verwaltungsgerichtes Berlin zu entscheiden hat. Solange die Bundesrepublik Deutschland ein föderales System hat, muß sie auf dem Gebiet des Bundesrechtes die Möglichkeit der Rechtsvereinheitlichung durch Bundesgerichte zulassen.

Die Einführung einer Ausschlußfrist, nach deren Ablauf ein Asylantrag nicht mehr gestellt werden darf, ist ganz unsinnig. Lassen wir das Wort vom heiligen Asylrecht beiseite. Was heilig ist, ist allenfalls auf der Grundlage des kanonischen Rechtes justitiabel. Das Asylrecht ist Menschenrecht. Menschenrechte sind unverzichtbar, unantastbar, unverletztlich, wie unsere Verfassung sich ausdrückt. Also sind sie zu Lebzeiten ihres Trägers auch unverwirkbar. Wem nützt es, wenn ein Asylantrag nicht mehr gestellt werden darf, die Behörden und Gerichte sich dann aber mit einem Antrag auf Schutz der Menschenwürde zu plagen haben?

Die Alternative

Die Vorschläge zur Lösung des Problems sind, rechtlich gesehen, eher konservativ.

1. Das Asylrecht verteidigen

Artikel 16 Absatz 2 Satz 2 Grundgesetz ist so zu belassen, wie derzeit verankert. Dem Vorsitzenden der Deutschen Bischofskonferenz und den Liberalen ist zuzustimmen: Politisch Verfolgte, die nicht in einem anderen Staat Sicherheit vor Verfolgung gefunden haben, bedürfen uneingeschränkt unseres Schutzes. Man muß nicht mit der Judenverfolgung während des Nationalsozialismus argumentieren. Es genügt, die unvorstellbar grausamen Erlebnisse zur Kenntnis zu nehmen, von denen heute Männer und Frauen etwa aus dem Iran oder der Türkei berichten. Diese Menschen auf einen Drittstaat zu verweisen, obwohl sie nach Deutschland fliehen wollen, ist Verachtung.

Das Grundrecht ist so zu handhaben, wie vom Bundesverfassungsgericht in seiner grundlegenden Entscheidung vom 4. Februar 1959 verbindlich für Behörden und Gerichte ausgelegt: «Das Asylrecht wurde allgemein (im Parlamentarischen Rat) als das Recht bezeichnet, ‹das dem Ausländer gewährt wird, der in seinem eigenen Land nicht mehr leben kann, weil er durch das politische System seiner Freiheit, seines Lebens oder seiner Güter beraubt wird›. (...) Schon diese Erwägungen legen es nahe, den Begriff des politisch Verfolgten nicht eng auszulegen. Eine weite Auslegung des Artikels 16 Absatz 2 Satz 2 GG entspricht nicht nur dem Geist, in dem er konzipiert worden ist, sondern auch der Situation, für die er gemünzt war. Sie ist gekennzeichnet durch tiefgreifende gesellschaftspolitische und weltanschauliche Gegensätze zwischen Staaten, die wesensverschiedene innere Strukturen entwickelt haben. In einer Reihe von Staaten wird zur Durchsetzung und Sicherung politischer und gesellschaftlicher Umwälzungen die Staatsgewalt in einer Weise eingesetzt, die den Grundsätzen freiheitlicher Demokratie widerspricht. Das Grundrecht des Artikel 16 Absatz 2 Satz 2 GG sollte auch dieser Notlage Rechnung tragen; dem muß seine Auslegung entsprechen.»

Die großzügige Auslegung und Anwendung des Asylgrundrechtes verringert die Belastung der Justiz und verringert die Zahl der sogenannten De-facto-Flüchtlinge.

Das Asylgrundrecht in seiner gegenwärtigen Fassung ist auch gegen gutgemeinte, im Ergebnis aber schädliche Erweiterungsvorschläge der «Linken» zu verteidigen. Der Vorschlag etwa, «geschlechtsspezifische» Verfolgung in die Verfassung zu schreiben, ist unnötig. Der Begriff der politischen Verfolgung, wie er in Artikel 16 GG enthalten ist, umfaßt auch diesen Aspekt (vgl. etwa die Entscheidung des Bundesverwaltungsgerichtes vom 15.3.1988 zur Verfolgung Homosexueller durch die Islamische Republik Iran). Jede Ausfächerung des Begriffs der politischen Verfolgung im Grundgesetztext schränkt die Vorschrift ein, weil die Phantasie der Verfassungsjuristen allemal kleiner ist als die Phantasie der menschenverachtenden Verfolger.

Die Ausweitung des Asylgrundrechtes auf den Tatbestand der Flucht aus Gründen eines Krieges, einer Katastrophe oder einer Hungersnot muß unweigerlich dazu führen, die Position jener zu stärken, die es abschaffen wollen. Man darf nicht übersehen: Das Asylgrundrecht ist als Individualgrundrecht ausgeprägt, das heißt, der einzelne kann die Gewährung notfalls vor Gericht erstreiten, wenn der Tatbestand der politischen Verfolgung erfüllt ist. Als solches Recht ist das Asylgrundrecht für die anderen Fluchttatbestände nicht geeignet. Das Rechtssystem der Bundesrepublik Deutschland stellt für diese Menschen andere Instrumentarien zur Verfügung, etwa das Gesetz über Maßnahmen für im Rahmen humanitärer Hilfsaktionen aufgenommene Flüchtlinge (Kontingentflüchtlingsgesetz) vom 22.7.1980. Danach können Flüchtlinge ohne Einzelfallprüfung aus verschiedenen humanitären Gründen aufgenommen werden. Hier ist, wie der Gesetzesname schon sagt, eine Kontingent- oder Quotenregelung angebracht. Daß dieses Gesetz kaum gehandhabt wird, ist bedauerlich. Fehlt dieser Gesellschaft aber die Kraft durchzusetzen, daß Artikel 16 Absatz 2 Satz 2 GG in seiner jetzigen Form erhalten bleibt und großzügig praktiziert wird, wo soll sie die Kraft hernehmen, ihn über die politisch Verfolgten hinaus auszuweiten?

2. Die Verfahrensbeschleunigung

Das Asylverfahren ist ausschließlich in die Hände des Bundes zu legen. Das Verfahren wird enorm verkürzt, wenn Asylanträge, wie es übrigens bis 1982 der Fall war, beim Bundesamt gestellt werden. Das Bundesamt hat nicht nur über die Frage der politischen Verfolgung, sondern auch über alle sonstigen Gesichtspunkte des menschenrechtlichen Schutzes zu entscheiden. Die entsprechenden Normen sind Bundesrecht oder Völkerrecht. Die Entscheidung ist, wenn nicht Ausnahmesituationen vorliegen, am Tage der Anhörung zu treffen. Es ist nicht einzusehen, daß nach der Anhörung, wie jetzt, Wochen oder Monate vergehen, bis eine Entscheidung getroffen wird. Außerdem ist dann der persönliche Eindruck, auf den es angeblich so sehr ankommt, verflogen, überlagert durch weitere Anhörungen. Die Zustellung hat binnen zwei Wochen zu erfolgen, und zwar vom Bundesamt an den Antragsteller.

Der Verkürzung des Verfahrens, nämlich der Entlastung der Justiz, würde folgendes dienen: Der Flüchtling muß sich auf die Anhörung gut vorbereiten können. Wird ihm diese Gelegenheit nicht gegeben, wird das Verfahren unnötigerweise auf die Justizebene verlagert. Die Zeit, die zu Beginn des Verfahrens «gespart» wird, wird im gerichtlichen Verfahren um ein Vielfaches «ausgegeben». Die beim Bundesamt anhörenden Personen müssen sehr viel besser als bisher

Gelegenheit erhalten, sich mit der Situation in jenen Ländern, für die sie zuständig sind, vertraut zu machen. Die Erfahrung lehrt: Profunde Kenntnis hinsichtlich des Herkunftslandes eines Flüchtlings erlaubt nach relativ kurzer Zeit die Unterscheidung zu treffen, ob es sich um einen politisch Verfolgten bzw. Bona-fide-Flüchtling handelt oder um einen Märchenerzähler.

Und weiter: Die anhörende Person darf versteckte oder offensichtliche Widersprüche nicht stehenlassen, sondern muß sie vorhalten und Gelegenheit zur Klärung geben. Leider ist das häufig nicht der Fall, gleich aus welchem Motiv. Es ist nicht einzusehen, warum die Gerichte diese Aufklärung Jahre später nachholen sollen. Solche Widersprüche gibt es bislang nicht nur innerhalb des Vortrags vor dem Bundesamt, sondern häufig zwischen den flüchtig aufgenommenen vorläufigen Asylantragsbegründungen gegenüber der Ausländerbehörde einerseits und den Erklärungen gegenüber dem Bundesamt andererseits. Auch ist nicht einzusehen, daß erst die Gerichte einen Kläger fragen, ob er diese oder jene Behauptung durch Beweismittel stützen könne (was dann oft möglich ist). Das kann schon beim Bundesamt geschehen, wird aber von nicht wenigen, keinesfalls allen oder auch nur den meisten, Einzelentscheidern vernachlässigt.

Zum Schluß noch dies: Das anzustrebende Ziel, das Asylverfahren auf in der Regel maximal sechs Monate zu verkürzen, inklusive einer ersten verwaltungsgerichtlichen Instanz, erfordert unbedingt eine Bereinigung der jetzt bei der Justiz anhängigen Verfahren. Die meisten Gerichte schieben Berge von Akten vor sich her. Werden diese Verfahren nicht durch eine sehr großzügige «Altfallregelung» beendet, ist für künftige Bemühungen um Verfahrensbeschleunigung nicht nur jede Liebesmüh verschwendet. Die nächste Verfahrensverzögerung wäre programmiert.

Auszug aus der Geschäftsstatistik des Bundesamtes für 1991
– Angaben in Personen –

Stand: 31.10.1991

lfd. Nr.	Stärkste Herkunftsländer	Zugang insgesamt Pers.	= %	Entscheidungen insgesamt Pers.	= %	Entscheidungen – davon anerkannt Pers.	= %	abgelehnt Pers.	= %	sonstwie erledigt Pers.	= %
	Alle Herkunftsländer	203.321	100 %	134.723	100 %	10.032	7,5 %	102.122	75,8 %	22.569	16,7 %
1	Jugoslawien	52.290	27,2 %	20.123	100 %	427	2,1 %	16.322	81,1 %	3.374	16,8 %
2	Rumänien	33.819	16,6 %	28.301	”	99	0,4 %	22.026	77,8 %	6.176	21,8 %
3	Türkei	19.225	9,7 %	17.448	”	1.416	8,1 %	14.853	85,1 %	1.179	6,8 %
4	Bulgarien	9.932	4,9 %	2.444	”	11	0,5 %	1.113	45,5 %	1.320	54,0 %
5	Iran	7.727	3,8 %	6.302	”	2.942	46,7 %	2.486	39,4 %	874	13,9 %
6	Nigeria	6.513	3,2 %	5.692	”	0	0,0 %	5.117	89,9 %	575	10,1 %
7	Afghanistan	6.423	3,2 %	3.090	”	1.318	42,6 %	1.433	46,4 %	339	11,0 %
8	Vietnam	6.421	3,1 %	6.129	”	28	0,4 %	5.845	95,4 %	256	4,2 %
9	Sowjetunion	5.020	2,5 %	1.387	”	113	8,1 %	675	48,7 %	599	43,2 %
10	Sri Lanka	4.853	2,4 %	2.856	”	99	3,5 %	2.114	74,0 %	643	22,5 %
	Summe 1–10	152.223	74,9 %	92.772	100 %	6.453	6,9 %	71.984	76,8 %	15.335	16,3 %

Ralf Neubauer

Fremdenhaß als Konjunkturbremse

«Ohne Ausländer ginge hier nichts mehr»

Sanjay Dalmia, Chef des gleichnamigen Konzerns mit Sitz in Neu-Delhi, überbrachte «die Grüße des indischen Volkes» mitsamt einer freudigen Botschaft. Sein Unternehmen steigt bei der thüringischen *Faser AG* in Schwarza ein, garantiert rund 1200 Arbeitsplätze und investiert in den kommenden drei Jahren insgesamt 150 Millionen Mark in die Modernisierung des Betriebes nahe der ehemaligen deutsch-deutschen Grenze. Ein Grund zur Freude war die Nachricht tatsächlich, galt doch die *Faser AG* noch wenige Wochen zuvor als hoffnungsloser Fall. Alle westdeutschen und europäischen Investoren, die das Werk besichtigt hatten, winkten nach kurzer Bedenkzeit ab. Sie waren gar nicht einmal so sehr vom desolaten Zustand der Produktionsanlagen schockiert. Vor allem die Krise in der EG-Chemiefaserindustrie ließ sie vor einem Engagement zurückschrecken. Der Markt zeichnet sich durch erhebliche Überkapazitäten aus; entsprechend rasant ist der Preisverfall. Da macht es wenig Sinn, viel Geld in zusätzliche Fabriken zu investieren. Gunter Schmidt, Vorstandschef des Exkombinats, gab die Hoffnung dennoch nie auf: «Manchmal kommt über Nacht ein Glücksfall», erklärte er unverdrossen. Die Realität sollte ihm recht geben. «In Rekordzeit» brachte es die von der Treuhandanstalt beauftragte Schweizer Investmentbank *Translink* fertig, doch noch einen Kaufinteressenten aus dem Zylinder zu zaubern. Nach nur vierwöchiger Brautschau hatten die professionellen Unternehmenshändler *Dalmia* fest an der Angel.

Für den Mischkonzern aus Asien, der Molkereiprodukte, Zigaretten, Papier, Textilien und Dynamit herstellt sowie Zeitungen und Fernsehstationen betreibt, macht das Engagement in Schwarza sehr wohl Sinn. Die Inder wollen von Thüringen aus den europäischen Binnenmarkt erobern, und für Sanjay Dalmia ist Deutschland nicht nur ein «freundliches Land», sondern auch noch das «Herz Europas», dem er unbedingt «näher kommen» wollte. Daran, daß er im nicht unbedingt ausländerfreundlichen deutschen Osten scheitern könnte, verschwendet Dalmia offenbar keinen Gedanken. Der Sanierungsexperte hat bereits in Ungarn und in der Türkei marode Textilbetriebe aufgekauft und auf Vordermann gebracht.

Laut Treuhandpräsident Birgit Breuel ist der «Glücksfall» *Dalmia* mitnichten ein Einzelfall. Ihr Haus hatte Mitte 1991 etwa 100 Investmentbanken damit beauftragt, mehr als 130 ostdeutsche Unternehmen oder Firmengruppen international auszuschreiben. Diese Strategie zeigt nunmehr erste Erfolge: «Der Trend zur Internationalisierung setzt sich fort», erklärt Breuel. Immerhin gingen 176 von den insgesamt 1250 der ehemals volkseigenen Betriebe (VEB), die die Berliner Treuhandzentrale bis Ende September 1991 privatisiert hat, an ausländische Investoren. Auf sie kann die Breuel-Behörde nicht verzichten. Viele westdeutsche Firmen hätten noch immer den «verhängnisvollen» Standpunkt, sie könnten den ostdeutschen Markt vollständig aus ihrer heimischen Produktion bedienen, klagt etwa Treuhand-Vize Hero Brahms. Bei ausländischen Firmen, insbesondere solchen aus Übersee, sieht das etwas anders aus. Für sie bedeutet der Kauf eines ehemals volkseigenen Betriebes nicht selten den Einstieg in den deutschen und damit europäischen Markt. Wie das Beispiel des indischen *Dalmia*-Konzerns zeigt, können so selbst weitgehend konkursreife Firmen noch einen neuen, unternehmerisch aktiven Eigentümer finden; Tausende von Arbeitsplätzen können dadurch gerettet werden.

Ausländische Investoren wirken aber nicht nur am Wiederaufbau der ostdeutschen Wirtschaft mit, indem sie sich in Treuhandunternehmen einkaufen. Sie ziehen östlich der Elbe auch völlig neue Produktionsstätten hoch oder gründen auf «grüner Wiese» Dienstleistungs- und Handelsfirmen. Nach Angaben von Faruk Sen, Volkswirtschaftsprofessor und Leiter des Zentrums für Türkeistudien in Essen, haben bereits etwa 11 000 der insgesamt 33 000 türkischen Unternehmer, die in der Alt-Bundesrepublik ansässig sind, ihre Fühler in die ehemalige DDR ausgestreckt. Und darunter sind keinesfalls nur Kebab-Verkäufer oder fahrende Gemüsehändler.

Aber auch viele Unternehmen, die in der Türkei ihren Firmensitz haben, liebäugeln mit einer Investition in Ostdeutschland. Schon perfekt ist das Engagement des *RAKS*-Konzerns in Brehna im Kreis Bitterfeld. Die Türken wollen dort künftig Magnetbänder herstellen. Der Betrieb, der mit einem Kostenaufwand von 240 Millionen Mark völlig neu errichtet wird, soll dereinst etwa 540 Ostdeutschen Lohn und Brot geben. Für die Menschen in dem wirtschaftlichen und sozialen Notstandsgebiet Bitterfeld ist das Projekt einer der wenigen Lichtblicke. In den drei großen Exkombinaten der Region werden mittelfristig zumindest drei Viertel der ehemals 107000 Arbeitsplätze überflüssig. Angesichts eines solchen Kahlschlages ist dort also jeder Investor ebenso händeringend willkommen wie im thüringischen Schwarza.

Ob die Beispiele *Dalmia* und *RAKS* Schule machen und nun zahlreiche andere Geschäftsleute aus vergleichsweise exotischen Ländern die Ex-DDR entdecken werden, ist indessen mehr als zweifelhaft. Zwar berichten Unternehmensberater und Treuhand unisono über ein unvermindert hohes Interesse ausländischer Investoren am Standort Ostdeutschland. Der wachsende Fremdenhaß, der sich immer häufiger in Gewaltaktionen entlädt, schreckt aber auch immer mehr Geschäftsleute ab: «Vielen Türken schlägt auch von den Behörden unverhohlene Ausländerfeindlichkeit entgegen», weiß etwa Andreas Goldberg vom Zentrum für Türkeistudien zu berichten. Und: «Das ist natürlich nicht gerade ein Anreiz, um Millionensummen zu investieren.» Vor allem die auffallend geringe Neigung der kapitalkräftigen japanischen Konzerne, sich im deutschen Osten zu engagieren, gibt zu denken. Ins Bild paßt da ein Aufruf des Außenministeriums in Tokio. Japanische Touristen sollten bei Reisen nach Mittel- und Osteuropa keine Bluejeans oder Polohemden tragen, um nicht Ziel ausländerfeindlicher Angriffe zu werden, appellierte das Ministerium kürzlich. In der Tschechoslowakei sei es bereits zu Überfällen gekommen. Der Rat gelte aber auch für die neuen deutschen Bundesländer. Dort könnten japanische Reisende in allzu legerer Kleidung leicht mit vietnamesischen Gastarbeitern verwechselt werden.

Kein Wunder, daß man in Kreisen der deutschen Wirtschaft und besonnener Politiker krampfhaft bemüht ist, die Diskussion zu versachlichen. Die Sorgen sind um so größer, als die neue Gewaltwelle gegen Ausländer mit großer Wucht auch den Westen des «einig Vaterlandes» überrollt. Dabei hat gerade die Alt-Bundesrepublik wie kaum ein anderes Land der Welt von ausländischen Arbeitskräften, Investoren und Kunden profitiert. Sprüche wie «Ausländer raus» seien nicht nur menschenverachtend, sondern zeugten auch «von wirtschafts- und sozialpolitischer Ahnungslosigkeit», erklärte etwa Bundesarbeitsminister Norbert Blüm im vergangenen Oktober, als sich die ersten Anwerbeverträge mit der Türkei zum dreißigsten Mal jährten. Ganze Branchen und Wirtschaftszweige, so Blüm, würden lahmgelegt, wenn die ausländischen Arbeitnehmer das Land verließen. Ins gleiche Horn stieß Klaus Peter Stihl, der Präsident des Deutschen Industrie- und Handelstages. Deutschland profitiere «enorm» von den ausländischen Mitbürgern. Über deren Beitrag zur deutschen Wirtschaftsleistung wolle man künftig stärker informieren.

Das ist auch dringend nötig, halten sich doch in der westdeutschen Bevölkerung hartnäckig die altbekannten und längst widerlegten Vorurteile. An den Stammtischen wird wie eh und je argumentiert: Die Ausländer nehmen uns die Arbeit weg, sie plündern unsere Rentenkassen aus, und sie halten sich an unserer Kranken- und Arbeitslosenversicherung gütlich. Wie wissenschaftliche und statistische Untersuchungen belegen, ist genau das Gegenteil der Fall. So hat zum Beispiel das Rheinisch-Westfälische Institut für Wirtschaftsforschung (RWI) in Essen die Folgen der jüngsten Zuwanderungswelle für die westdeutsche Volkswirtschaft analysiert und dabei höchst bemerkenswerte Ergebnisse zutage gefördert, die die *Wirtschaftswoche* vorab veröffentlicht hat. Laut RWI haben von den rund 3,5 Millionen Menschen (1,2 Millionen deutschstämmige Aussiedler, 900 000 Ostdeutsche und 1,4 Millionen Ausländer), die seit 1988 in die Alt-Bundesrepublik gekommen sind, bereits etwa eine Million einen Arbeitsplatz gefunden. Was noch erstaunlicher ist: Den Zugezogenen ist es zu verdanken, daß diesen Jobs rund 1 020 000 zusätzliche Stellen für Einheimische gegenüberstehen. Im Klartext: Die Zuwanderer haben die Arbeitslosigkeit in Westdeutschland per saldo nicht verschärft, sondern vermindert.

Nicht umsonst spricht Hans-Peter Klös vom Institut der deutschen Wirtschaft (IW) in Köln angesichts des gewaltigen Bevölkerungszuwachses innerhalb kürzester Frist von einem «Konjunkturprogramm ganz eigener Art». Das RWI unterlegt diese Einschätzung mit konkreten Zahlen. Danach ist das westdeutsche Bruttosozialprodukt 1991 dank der neuen Mitbürger um 3,5 Prozent größer, als es ohne sie wäre – immerhin ein Zubrot von rund 90 Milliarden Mark. Und den Zugewinn haben alle drei Gruppen von Zuwanderern bewirkt. Sie kaufen heimische Waren und veranlassen damit Unternehmen zu höherer Produktion und Investition. Dieser «Nachfrageeffekt» der neuen Bürger ist um so größer, als sie im Gegensatz zu den Alteingesessenen einen enormen Nachholbedarf haben. Sie sind mit leeren Händen nach Westdeutschland gekommen und legen jetzt fast ihr gesamtes Einkommen in neuen Autos, Möbeln und Hausgeräten an.

Auch laut IW-Forscher Hans-Peter Klös hat der «westdeutsche Arbeitsmarkt den massiven Zuwanderungsdruck bislang erstaunlich gut verkraftet». Er hat ebenso wie das RWI «keine überzeugenden Belege» dafür gefunden, daß Umsiedler, Übersiedler oder Ausländer den Einheimischen die Arbeit wegnehmen. «Vielmehr scheint», so Klös, «das zusätzliche Erwerbspersonenangebot vergleichsweise gut zum Kräftebedarf am Arbeitsmarkt zu passen». Hinter dieser Feststellung verbergen sich bekannte Zusammenhänge. Zwar könnten die rund 1,6 Millionen westdeutschen Arbeitslosen die etwa 1,8 Millionen ausländischen Beschäftigten rein rechnerisch fast ersetzen. Doch stehen die meisten arbeitslosen Alt-Bundesbürger gar nicht für jene Jobs zur Verfügung, die die Ausländer machen. Ob nun Türken, Griechen, Jugoslawen oder Spanier – sie alle sind vorwiegend in Branchen beschäftigt, die schwerste körperliche Arbeit erfordern oder in denen Nacht- und Schichtarbeit üblich ist. Wie unverzichtbar Ausländer mittlerweile in vielen Wirtschaftszweigen sind, zeigt ein Blick in die Statistik. In Gießereien stellen sie jeden vierten Beschäftigten, im Hotel- und Gaststättengewerbe jeden fünften und im Bergbau jeden sechsten. «Dafür findet man nur wenige deutsche Arbeitnehmer», sagt Karl Pröbsting, Präsident des Landesarbeitsamtes in Düsseldorf. Mehr als ein Viertel aller westdeutschen Arbeitslosen bleibt wegen gesundheitlicher Probleme ohne Job, viele sind allein auf eine bequeme Teilzeitbeschäftigung aus, und ein arbeitsloser Akademiker ist kaum willens oder in der Lage, an einem Hochofen den Wohlstand der Volkswirtschaft zu mehren.

Wie wenig die Verdrängungstheorie zutrifft, zeigt auch ein anderes

Phänomen. Stehen in den Krisenbranchen des Westens Entlassungen an, so müssen aller Erfahrung nach ausländische Beschäftigte zuerst dran glauben. Sie erfüllen damit auf dem Arbeitsmarkt eine Puffer- und Ergänzungsfunktion, und seit der deutschen Vereinigung ist ihre Position noch schwächer geworden. Westdeutsche Unternehmen stellen seit dem Fall der Mauer nämlich bevorzugt ostdeutsche Arbeitskräfte ein – vor allem in Westberlin. Dort ist unter den rund 130 000 türkischen Einwanderern die Arbeitslosigkeit deutlich gestiegen. Jeder siebte geht bereits stempeln. Vor der Wende war es nur jeder neunte.

Als billige Lückenbüßer auf von Deutschen ungeliebten Stellen müssen Ausländer auch in der Saisonarbeit herhalten. Wie die Deutsche Presseagentur (dpa) kürzlich berichtete, kommt im unterfränkischen Unterpleichfeld (Landkreis Würzburg) kein Krautbauer mehr ohne polnische Hilfskräfte aus. Fast die gesamte Ernte an Weiß-, Rot- und Chinakohl, Wirsing und Sellerie wird mittlerweile von ihnen eingebracht. Anders ist der Anbau der arbeitsintensiven Sonderkulturen nicht mehr zu bewältigen. Die polnischen Saisonhelfer opfern ihren gesamten Jahresurlaub, obwohl sie nur acht bis zehn Mark in der Stunde verdienen. Der Job ist für sie dennoch äußerst lukrativ: Im Fränkischen verdienen sie annähernd soviel wie daheim in einem ganzen Jahr. Für die Landwirte sind die Polen mangels deutscher Arbeitskräfte längst zur Existenzfrage geworden. Dabei wären die Bauern noch vor zwei Jahren wegen illegaler Beschäftigung von Ausländern rechtlich belangt worden. Erst seit Herbst 1990, nachdem der Bayerische Bauernverband zuvor alle Hebel in Bewegung gesetzt hatte, erhalten arbeitswillige Polen ein «Arbeitsvisum», wenn sie die Einladung eines Winzers oder Landwirts vorlegen können. Inzwischen ist die Saisonarbeit von Ausländern bundeseinheitlich geregelt. Seit Januar 1991 können Polen, Ungarn oder Jugoslawen pro Jahr eine Arbeitserlaubnis von bis zu drei Monaten erhalten. Deutsche Firmen machten von dieser Möglichkeit bereits lebhaft Gebrauch. Sie reichten bei der Bundesanstalt für Arbeit bis Ende August 87 800 Einstellungszusagen oder Arbeitsverträge ein. Vor allem Arbeitgeber aus dem Hotel- und Gaststättengewerbe, der Metallbe- und Metallverarbeitung, dem Bau- und Schaustellergewerbe sowie der Land- und Forstwirtschaft bedienten sich aus dem willkommenen Reservoir ausländischer Saisonkräfte.

Der hohe Bedarf an Zeitkräften darf indes nicht darüber hinwegtäuschen, daß Ausländer, die sich im Besitz einer dauerhaften Arbeitserlaubnis befinden, auf dem westdeutschen Arbeitsmarkt zunehmend unter Druck geraten. Ihre «spezifische» Arbeitslosenquote liegt mittlerweile bei 10,5 Prozent und ist damit fast doppelt so hoch wie die Gesamtquote, was – wie gesagt – nicht zuletzt der wachsenden Konkurrenz von Aussiedlern und Ostdeutschen zuzuschreiben ist. Eine Möglichkeit, sich diesem Wettbewerb zu entziehen, ist der Sprung in die Selbständigkeit. Nach einer Erhebung des Essener Zentrums für Türkeistudien gibt es in der Alt-Bundesrepublik derzeit rund 140000 Ausländer, die ihre Karriere einst als sogenannte Gastarbeiter begannen und die inzwischen zu Unternehmern avanciert sind. Sie beschäftigen schätzungsweise eine halbe Million Mitarbeiter, darunter auch viele Deutsche. Am unternehmungsfreudigsten sind die rund 1,8 Millionen in Deutschland beheimateten Türken. Die rund 33000 Selbständigen, die sich aus ihrem Kreis rekrutieren, machen einen Jahresumsatz von immerhin 25 Milliarden Mark und geben etwa 100000 Beschäftigten Lohn und Brot.

Indes würde man der herausragenden Bedeutung der Ausländer für die deutsche Volkswirtschaft nicht annähernd gerecht, engte man die Betrachtung allzusehr auf die von ihnen direkt oder indirekt geschaffenen Arbeitsplätze ein. Die bereits zitierte RWI-Untersuchung kommt etwa zu dem Schluß, daß nicht zuletzt die Staats- und Sozialkassen von der größten Zuwanderungswelle seit der Nachkriegszeit erheblich profitieren. Danach zahlen die 3,5 Millionen Menschen, die seit 1988 in die alten Bundesländer gekommen sind, allein 1991 rund 29 Milliarden Mark an Steuern und Sozialabgaben. Und dies ist nur ihr direkter Beitrag zu den öffentlichen Töpfen. Hinzu rechnen die RWI-Forscher noch einen indirekten Beitrag von 25 Milliarden Mark. Er wird zwar formal von den Alteingesessenen geleistet, muß aber ebenfalls den Zuwanderern zugeschrieben werden. Ein Grund: Weil die neuen Mitbürger zumeist schlechter dotierte Jobs übernehmen, können ihre etablierten deutschen Kollegen in besser bezahlte Leitungsfunktionen aufrücken und berappen demzufolge auch höhere Steuern und Sozialabgaben. Aus Facharbeitern werden Vorarbeiter oder Meister, die Lageristin macht als Chefsekretärin Karriere. Auf insgesamt 57 Milliarden Mark veranschlagt das RWI die indirekten und direkten Beiträge der Zuwanderer zu den Staats- und Sozialkassen. Die Ausgaben für Sozialhilfe, Kleidergeld oder Sprachkurs, die die Neubürger verursachen, belaufen sich dagegen lediglich auf 16 Milliarden Mark. Bleibt summa summarum ein Gewinn für Fiskus und Sozialversicherer von 41 Milliarden Mark.

Hinter den brandaktuellen Berechnungen des RWI verbergen sich wiederum längst bekannte Zusammenhänge. Die deutschen Renten-kassen wären zum Beispiel schon vor Jahren in große Not geraten, hätten sich nicht massenweise Arbeitskräfte aus ganze Europa in die Bundesrepublik locken lassen. Allein die Einwanderer aus der Türkei zahlten zwischen 1961 und 1988 etwa 36 Milliarden Mark in die Ren-tenversicherung ein. Bisher floß das Geld aber fast ausschließlich deutschen Ruheständlern zu, da bis Anfang der neunziger Jahre kaum ein Ausländer das Pensionsalter erreicht hatte. Und in Zukunft werden die Rentenversicherer mehr denn je auf ausländische Bei-tragszahler angewiesen sein. Glaubt man den Demographen, dann wird die Zahl der Deutschen in den nächsten 40 Jahren von 74 auf 60 Millionen Menschen sinken. Das kann aber nicht ohne Folgen blei-ben. Nach Angaben des Verbandes der Rentenversicherungträger (VDR) kommen heute noch drei 20- bis 60jährige auf einen Älteren. Doch bereits im Jahr 2040 wird ein Berufstätiger einen Pensionisten alimentieren müssen, sofern nicht laufend junge Zuwanderer das Blut der von Vergreisung bedrohten Deutschen auffrischen. Die Ren-tenbeiträge der aktiven Bevölkerung könnten, so befürchtet der VDR, auf 40 Prozent der Arbeitseinkommen steigen. Der Sozialstaat wäre mithin ernsthaft in Gefahr. Statt den Zuzug zu begrenzen, müßte sich die Bundesregierung angesichts dieser Perspektiven viel eher darüber Gedanken machen, wie sie auf lange Sicht die Zufuhr von Ausländern in ausreichender Zahl sichern kann. Nicht auszu-schließen ist, daß es bereits in einer Reihe von Jahren zu einem erbit-terten Wettbewerb der EG-Staaten um qualifizierte Arbeitskräfte kommen wird.

Jene Politiker, die hinter vorgehaltener Hand noch immer für groß-angelegte Rückführungsaktionen von Ausländern in deren Heimat-länder plädieren, müssen geradezu verblendet sein. Die Folgen lassen sich leicht ausmalen und gleichen einem Horrorszenario. Ganze Be-triebe, die maßgeblich von ausländischen Arbeitern am Laufen gehal-ten werden, müßten ihre Produktion einstellen. In Gaststätten und Hotels gäbe es ohne Ausländer fast nur noch Selbstbedienung. In manchem Krankenhaus bräche der Pflegedienst endgültig zusammen, die Versorgung der Patienten wäre nicht mehr gewährleistet. Auf den Äckern würde der Kohl verfaulen, den bisher ausländische Saisonarbeiter abgeerntet haben. Der plötzliche Arbeitskräftemangel würde aber nicht nur zu Engpässen in einzelnen Branchen und Unternehmen führen. Aufgrund gestörter Zulieferketten der hochgradig arbeitsteiligen Ökonomie käme es aller Wahrscheinlichkeit nach zu einem Abschwung der gesamten Wirtschaft.

Aus all den genannten Gründen sollte man sich vor der nur auf den ersten Blick plausiblen Rechnung hüten, die abgeschobenen Ausländer könnten leicht aus dem Reservoir der ostdeutschen Arbeitslosen ersetzt werden. Diese Rechnung kann nicht aufgehen.

Heiner Geißler

Deutschland – ein Einwanderungsland

«Michel Kandella wurde vom Europäischen Parlament zum obersten Befehlshaber der konföderativen Streitkräfte von Europa ernannt. Kandella kam als Kind zairischer Einwanderer 1991 in die Bundesrepublik Deutschland. Nach dem Abitur absolvierte er die berühmte Militärakademie in Brüssel und wurde mit 35 Jahren jüngster Kommandeur einer multinationalen Brigade in Lissabon. Danach ging Kandella als Leiter der Führungsakademie nach Warschau und wurde nun in das höchste europäische Militäramt berufen» (*FAZ* vom 15. Juli 2041).

Eine Fiktion? Bislang ja. Vor 40 Jahren wäre es aber auch noch unvorstellbar gewesen, daß ein in Jamaika geborener Schwarzer wie Colin Powell zum amerikanischen Generalstabschef ernannt wird.

500 Millionen Menschen sind nach Schätzungen des Internationalen Roten Kreuzes weltweit auf der Flucht, weil sie aufgrund ökologischer, politischer und ökonomischer Umstände in ihrer angestammten Heimat keine Lebensperspektive mehr haben.* Dies entspricht immerhin einem Zehntel der Weltbevölkerung. Der schon fast vergessene Krieg um Kuwait löste eine weitere Bevölkerungswanderung aus. Millionen von Arbeitsimmigranten verloren nicht nur ihre Arbeit, sondern auch ihre gesamte Habe. Daneben machte der Krieg eine gigantische Zahl von irakischen Kurden und Schiiten heimatlos. Nach Aussage der Flüchtlingshochkommissarin der Vereinten Natio-

---

* Darunter gibt es – laut amnesty international und anderer Organisationen – 15 Millionen Menschen, die gemäß Genfer Flüchtlingskonvention als Politische Flüchtlinge bezeichnet werden.

nen, der Japanerin Sadako Ogata, hat der Golfkrieg *pro Tag* einen Mitteleinsatz gefordert, der dem *Jahres*budget des UNHCR entspricht. Die begonnene Völkerwanderung, deren Zeitzeugen wir sind, wird eine problematische Ära einläuten, in der die Kluft zwischen den Besitzenden und den Habenichtsen unserer Welt ein ständiges Konfliktpotential darstellt. Aller Voraussicht nach wird das kommende Jahrzehnt riesige neue Migrationsströme mit sich bringen, da viele Länder der Dritten Welt aufgrund politischer Konflikte, brachliegender Volkswirtschaften und massiver Umweltzerstörungen den Menschen keine Heimat mehr sein können.

Die aktuelle Diskussion um die Regelung des Asylrechts verdeckt diese Probleme. Seine Regelung bedeutete nicht schon die Lösung dieser Frage, wäre allerdings die Voraussetzung für vernünftige Lösungsstrategien. Erst anschließend kann man im europäischen Rahmen eine nach ökonomischen und sozialen Kriterien gesteuerte Einwanderungspolitik, etwa über Kontingente wie beispielsweise in den USA, realisieren. Deutschland ist längst wie Amerika, nur unter ungünstigeren Bedingungen, ein Einwanderungsland geworden. Der entscheidende Unterschied besteht darin, daß die Amerikaner ein Konzept haben und wir nicht. Denn während sich die Einwanderung bei uns noch willkürlich und zufällig vollzieht, wird sie in Amerika durch gesetzliche Vorschriften geordnet und begrenzt. Ohne Ergänzung des Grundrechts und ohne eine europäische Lösung werden wir nur schwer in der Lage sein, das eigentliche Problem anzugehen, nämlich der schon begonnenen Völkerwanderung adäquat zu begegnen. Selbst wenn wir 20 Millionen der Armutsflüchtlinge in Deutschland aufnähmen, wäre das Problem noch längst nicht gelöst. Die Antwort kann nur lauten: Öffnung der Märkte, Beseitigung der Handelshemmnisse, Abbau der Verschuldung, Umlenkung der Rüstungsmilliarden in Hilfe zur Selbsthilfe der Länder der Dritten Welt.

Die angesprochenen Probleme werden in Zukunft eher noch komplexer, als sie es ohnehin schon sind. Sie erfordern entsprechend differenzierte Antworten und keinen Schlag mit dem Holzhammer. Bislang werden die Lösungen noch durch Dummheit, Beschränktheit und mangelnden Mut behindert. Schon 1780 schrieb Edmund Burke: «Unwissenheit ist Ohnmacht. Geistige Engstirnigkeit ist Ohnmacht. Furchtsamkeit ist Ohnmacht. Sie macht alle anderen Qualitäten, die noch vorhanden sind, ohnmächtig und wertlos.»

Ein großer Wirklichkeitsverlust nährt den Glauben, die Deutschen würden irgendwann einmal wieder unter sich sein. Natürlich kann man sagen, daß die Ökonomie und das Sozialsystem der Bundesrepublik Deutschland ausreichend Flexibilität hätten, um im Jahre 2015 sowohl mit 70 wie mit 90 Millionen Einwohnern, sowohl mit vier wie mit acht Millionen Ausländern zu funktionieren. Richtig ist, daß die absolute Bevölkerungszahl nicht das Entscheidende ist. Flexible Lebensarbeitszeit bis 75 und flexible Rentenbeiträge bis zu 40 Prozent des Einkommens sind gleichwohl illusionär. Wirtschaftlich und sozial entscheidend ist ein halbwegs harmonischer Altersaufbau der Bevölkerung. Und hier ist die Entwicklung ohne Zuwanderung für Deutschland schockierend. Während heute auf 100 Beitragszahler 36 über Sechzigjährige kommen, werden es im Jahre 2030 mehr als doppelt so viele, nämlich 74 sein. Um diese Relation im Jahre 2030 um nur zwei Prozentpunkte zu senken, bräuchte man eine jährliche Zuwanderung von 40000 Ausländern. Rein rechnerisch könnte also die Zuwanderung von 290000 beziehungsweise 330000 Menschen wie in den Jahren 1988 und 1989 gerade ausreichen, um einen großen Teil der demographischen Probleme der Rentenversicherung zu beheben.

Eine so große Zahl von Zuwanderern ist aber wohl auf Dauer unrealistisch. Und richtig ist auch, daß Produktivitätsfortschritt, eine Steigerung der Frauenerwerbsquote und möglicherweise auch höhere Beitragssätze zum Beispiel die Probleme in der Rentenversicherung zusätzlich abfedern können. Doch wird die Steigerung der Frauenerwerbsquote nur begrenzten Wert haben, da eine Verstärkung der Doppel- und Dreifachbelastung der Frauen durch Berufstätigkeit, Kindererziehung und Pflegetätigkeit wahrscheinlich dafür sorgen wird, daß noch weniger Kinder auf die Welt kommen. Der Produktivitätsfortschritt dagegen, vor allem die fortschreitende Rationalisierung, wird sicher eine wesentliche Hilfe bedeuten, er wird aber dort auf seine Grenzen stoßen, wo eine weitere Computerisierung nicht mehr möglich ist – und das sind gerade die Arbeitsplätze, die in Zukunft vermehrt benötigt werden, nämlich bei den Sozial-, Pflege- und Kulturberufen, das heißt im Dienstleistungsbereich.

Der eigentliche multikulturelle Schub wird innerhalb Europas einsetzen. Die deutschen Unternehmen werden im europäischen Binnenmarkt in erheblich größerem Maße als bisher gezwungen sein, in anderen Ländern der Gemeinschaft mit deutschen Mitarbeiterinnen und Mitarbeitern Produktionsstätten und Vertriebsorganisationen aufzubauen. Wer im «EG-Ausland» wirtschaftlich erfolgreich sein will, muß die Sprache und die Kultur, den Lebensstil und die Mentalität dieser Länder kennen, und zwar nicht nur Frankreichs, sondern auch Griechenlands, der Türkei, Polens und Schwedens (auch die Türkei wird wenigstens in einer besonderen Weise mit der EG assoziiert sein). Das gilt nicht nur für Manager und Techniker, auch Facharbeiter und Angestellte werden europäisch denken und arbeiten müssen. Nicht nur zwischen Studenten, sondern auch zwischen Arbeitnehmern wird es zu unzähligen menschlichen Begegnungen kommen.

Umberto Eco hat einmal eine konkrete Vision für einen Teilbereich der europäischen Einigung entworfen. Er schrieb über das europäische Studentenaustauschprogramm Erasmus: «Dieses Projekt wird bewirken, daß jeder Student der europäischen Gemeinschaft ein Jahr im Ausland verbringt. Bei dieser Wanderung von Tausenden von Studenten wird es zu Zehntausenden von Mischehen kommen. Innerhalb von 30 Jahren ist die europäische Elite europäisch im echten Sinne des Wortes.» Und Wolf Jobst Siedler charakterisierte die europäische Entwicklung kürzlich so: «Fiat baut seinen neuen ‹europäischen› Kleinwagen, den neuen Chinquento, in Warschau, nicht mehr in Turin. Volkswagen lenkt seine größte europäische Investition in die Tschechoslowakei. Renault plant ein neues Automobilwerk an der Wolga, und Peugeot verhandelt mehr oder weniger im Verschwiegenen über ein Werk in Moskau.»

Wer die Freizügigkeit in Europa und damit auch den Zuzug von Ausländern aus Europa verhindern will, muß klar sagen, daß er im Grunde gegen Europa ist und statt dessen die Wiederherstellung nationalstaatlicher Abgrenzungen fordert. Eine solche Einstellung aber befördert ein Antiimmigrations- und Fremdenabwehrdenken. Die Zahl der hier lebenden Ausländer wird sich allein durch die Geburtenrate von jetzt 5,4 auf 8,9 Millionen in den nächsten 40 Jahren erhöhen, während die deutsche Bevölkerung von 74 Millionen auf 60 Millionen schrumpfen wird. Wer diese demographische Entwicklung nicht zur Kenntnis nimmt oder die daraus entstehenden Probleme ohne Zuwanderung zu lösen trachtet, muß den Deutschen sagen, daß sie dann ihre Lebensarbeitszeit nicht auf 65, sondern auf 70 Jahre und die Beitragssätze für die Renten von jetzt 18 Prozent auf 40 Prozent erhöhen müssen.

Die begrenzte oder kontrollierte Zuwanderung liegt in unserem nationalen Interesse. Natürlich muß sie sich an der jeweiligen demographischen Entwicklung und der Arbeitskräftenachfrage ausrichten. Es ist infolgedessen eine bewußte Übertreibung, wenn die Behauptung aufgestellt wird, die multikulturelle Gesellschaft würde sofort dazu führen, daß die Zahl der hier lebenden Ausländer auf 10 Millionen hochschnellt. Das Ganze vollzieht sich in einem Zuwanderungsprozeß, der bis zum Jahre 2020/2030 anhält. Das Gegenargument, Deutschland sei zu dicht besiedelt, ist schon deswegen nicht richtig, weil die deutsche Bevölkerung ja nicht wächst, sondern schrumpft.

Der für die deutsche und darüber hinaus europäische Zukunft notwendige Regenerationsprozeß wird hoffentlich nicht von einer neuen «Volk ohne Raum»-Ideologie zunichte gemacht. Amerika erlebt die Konzentration der Einwanderer ja nicht in Utah oder im Mittleren Westen, sondern in den Ballungszentren des Ostens und des Westens der Vereinigten Staaten. Die Kanadier überlegen inzwischen, ob sie den Begriff «multikulturelle Gesellschaft» in die Verfassung aufnehmen sollen, während bei uns nicht wenige so tun, als handele es sich bei dieser Vorstellung oder Vision um das Läuten der Totenglocken für die deutsche Nation. Hätte der Gedanke der multikulturellen Gesellschaft Pate gestanden bei der Gründung der Vereinigten Staaten von Amerika, wäre es wohl weder zum millionenfachen Indianermord gekommen noch hätte es Sezessionskriege und die Sklaverei gegeben.

Im übrigen habe ich das ökonomische Argument auch immer als Hilfsargument für diejenigen verstanden, die moralisch schwerhörig waren und sind: Wer die moralischen Kategorien nicht begreift, sollte wenigstens die ökonomischen kapieren. Die 5,4 Millionen bei uns lebenden Ausländer erwirtschaften einen Anteil am Bruttosozialprodukt von über 100 Milliarden DM. In diesem Jahr werden sie über 30 Milliarden DM in die Steuer- und Sozialkassen einzahlen. Sie sind Konsumenten, kaufen Waren, forcieren Produktion und Investitionen. Es gibt in Deutschland zur Zeit etwa 34 000 türkische Unternehmer, die über 100 000 Arbeitsplätze (ohne mithelfende Familienangehörige) zur Verfügung stellen. Allein der Solidaritätsbeitrag für die deutsche Einheit wird von den Türken mit circa 450 Millionen Mark mitfinanziert.

Bleiben – siehe Burke – Engstirnigkeit und Furcht. Manche Deutsche erklären, daß sie es unerträglich finden, mit Menschen anderer Hautfarbe, anderer Herkunft und anderer Religion zusammenleben zu müssen. Ich hoffe, daß demgegenüber für die meisten der Gedanke unerträglich ist, daß unser Land eine Drei-Klassen-Gesellschaft sein soll, ein modernes Sparta mit Spartiaten, Periöken und Heloten.

Natürlich haben diejenigen recht, die sagen, daß ethnische oder religiöse Konflikte wie beispielsweise in Indien, im Baskenland, in Nordirland, in Berg-Karabach keine Spezialität von Diktaturen oder postkommunistischen Systemen sind. Aber etwas ist allen diesen Gewalttätigkeiten gemeinsam: Sie haben ihre Ursache darin, daß die eine Gruppe, meistens die Mehrheitsgruppe, die andere diskriminiert und ihr gleiche Rechte vorenthält.

Die Besinnung auf das Nationale in Kroatien, Slowenien, Lettland, Litauen, Estland, um nur einige wenige Beispiele zu nennen, ist allerdings keine Renaissance des Nationalen oder gar des Nationalstaates, sondern nichts anderes als ein Instrument, um von der zentralistischen Abhängigkeit oder Unterdrückung loszukommen. Ich finde doch meine persönliche Identifikation nicht allein als Deutscher, sondern genauso, wenn nicht sogar mehr, als Demokrat, als Christ und als Europäer. An die Stelle der völkisch-nationalen Identität tritt in der multikulturellen Gesellschaft der Zukunft als Selbstverständnis unseres Staates der gemeinschaftsstiftende Charakter der Grund- und Freiheitsrechte, also der Verfassungspatriotismus, wie ihn Dolf Sternberger einmal genannt hat, der Stolz der Bürger auf ihre freiheitliche Ordnung und die damit verbundenen politischen Erfolge. Der wirtschaftliche Wohlstand in Deutschland und seine starke Stellung in Europa und in der Welt sind doch nicht das Ergebnis des deutschen Nationalcharakters, sondern das Resultat einer Verfassung, in der die freie Entfaltung der Persönlichkeit und der Sozialstaatsgedanke der sozialen Marktwirtschaft eine allen anderen politischen Ordnungen überlegene Symbiose eingegangen sind. Das Deutschtum kann es nicht gewesen sein, das den Deutschen ihre Erfolge gebracht hat, sonst hätten die Deutschen in der früheren DDR nicht ihre sozialistische Katastrophe erleben müssen.

Multikulturelle Gesellschaft bedeutet also, daß wir als Deutsche, ohne daß wir deswegen unsere nationale Identität verlieren, mit Menschen anderer Hautfarbe, anderer Herkunft, anderer Muttersprache in Toleranz zusammenleben, ohne ihnen ihre kulturelle Identität nehmen zu wollen, ohne sie assimilieren oder gar germanisieren zu wollen. Allerdings müssen diejenigen, die von außen zu uns kommen und auf Dauer bei uns bleiben wollen, die grundlegenden Menschenrechte, also die Verfassungsgrundsätze unserer Republik, etwa die Gleichberechtigung der Frau, die Glaubens- und Gewissensfreiheit, achten – auch in ihren eigenen Familien –, und sie müssen die deutsche Sprache beherrschen, weil sonst eine arbeitsteilige Wirtschaft nicht möglich ist.

Nun wäre es falsch, den Rechtsradikalen, den Völkischen und den Nationalisten vorzuwerfen, sie wollten alles assimilieren, germanisieren und alles Fremde einschmelzen. Ihr Ziel ist vielmehr die Quarantäne. Sie wollen nicht integrieren, sondern ausgrenzen, separieren und diskriminieren. Sie treffen sich im Ergebnis mit jenen falschen Multikulturellen, die behaupten, jede Kultur, auch die islamische, sei unantastbar. Die Menschen anderer Kulturen, so sagen sie, müßten vor der Überheblichkeit des Universalitätsanspruches der europäischen Menschenrechtsordnung geschützt werden. Aber die richtig verstandene multikulturelle Gesellschaft wird das Erbe der Aufklärung nicht verraten dürfen. Wer gesteinigt und hingerichtet werden soll, wer gefoltert und diskriminiert wird, kann ohne längere Deduktionen – kulturelle Identität hin, nationale Identität her – leicht begreifen, welche unmittelbaren Vorzüge der Universalitätsanspruch der Menschenrechte offeriert. Frauendiskriminierung, traditionelle Blutfehden, ethnisch motivierte Gewaltandrohung, Klitorisbeschneidung und fundamentalistisch begründete Killerkommandos haben mit Kultur, auch der aufgeklärten Kultur des Islam, nichts zu tun und infolgedessen auch keinen Platz in einer multikulturellen Gesellschaft. Religions- und Kulturimperialismus stoßen in der multikulturellen Gesellschaft an die immanenten Schranken der modernen Verfassung. Diskriminierung von Frauen, Terror und Blutfehden bleiben Verletzungen der Menschenrechte, gleichgültig ob sie im Namen Allahs oder der Weltrevolution praktiziert werden.

Natürlich können die besonderen Probleme mit der islamischen Kultur nicht geleugnet werden. Aber um so notwendiger ist der Dialog sowohl im Inland als auch mit der arabischen Welt. Als Europäer sind wir Deutsche inzwischen wieder Nachbarn der arabischen Welt geworden, unsere Grenzen liegen nicht bei Konstanz oder Flensburg, sondern bei Athen und Palermo, und das Mittelmeer ist zu einem arabisch-europäischen Binnenmeer geworden. Bei 1,6 Millionen Türken ist der Islam auch keine «Gastreligion» mehr, sondern eine Religion in Deutschland. 60 Prozent Ausländeranteil in deutschen Schulklassen? Die Erfahrung beweist, daß der Schulalltag mit dieser Situation besser fertig wird als mancher aus der politischen Klasse in Bonn. Natürlich bereitet die Übernahme westlicher Lebensformen durch bei uns lebende Muslime gewisse Probleme. Eine ehrliche Bestandsaufnahme zeigt jedoch, daß Koedukation in der Schule, daß das Nichtbeachten der islamischen Speisevorschriften im Schullandheim, zum Beispiel des Schweinefleischverbots, die für islamisches Empfinden unanständig freie Kleidung für Mädchen, das Nacktduschen der Jungen nach der Sportstunde, die Vorstellung vom vorehelichen Geschlechtsverkehr und das Ideal von der Braut als Jungfrau auch vom normalen Deutschen ähnlich beurteilt wird oder zumindest noch vor 30 Jahren so beurteilt worden ist wie vom muslimischen Mitbürger. Wenn Muslime in Deutschland Front machen gegen die Ausstrahlung amerikanischer Serien im Fernsehen, in denen kaputte Ehen, bedenkliche kapitalistische Geschäftspraktiken und Moralvorstellungen verherrlicht werden, dann befinden sie sich in bester Gesellschaft mit einer Vielzahl von Rundfunk- und Fernsehräten der öffentlich-rechtlichen deutschen TV-Anstalten.

Multikulturelle Gesellschaft setzt nicht mehr, aber auch nicht weniger voraus als eine effektive Erziehung zum Dialog und zum gegenseitigen Verstehen. Eben nicht nur zwischen den Kirchen über das Mittelmeer hin- und herrüber, sondern zwischen Deutschen und Türken, zwischen Christen und Muslimen. Dies allerdings fordert eine Erweiterung der Ausbildung von Lehrern, Priestern, Kindergärtnern und Sozialarbeitern sowie die Bereitschaft, Andersdenkenden und Angehörigen anderer Religionen eine Chance zur Verwirklichung ihrer religiösen Identität einzuräumen. Im übrigen sind die Künste, aber auch Essen und Trinken, Wissenschaft und Forschung, Mode, Fußball, Tennis und die Popmusik längst multikultureller Alltag für die Deutschen geworden.

Wenn also die Frage nicht mehr darin besteht, ob wir mit Ausländern, sondern wie wir mit ihnen zusammenleben wollen, dann ist es die Aufgabe der Politik, dieses «Wie» menschenwürdig und gleichzeitig effizient zu organisieren. Die Antwort darauf ist die multikulturelle Gesellschaft. Die Gegenantwort wäre die nationalstaatlich organisierte Drei-Klassen-Gesellschaft.

Die Existenz deutscher Vorfahren als Voraussetzung für die deutsche Staatsbürgerschaft ist allerdings in einem Land, in dem schon 1988 57 Prozent der 1,4 Millionen Türken zehn und mehr Jahre ihres Lebens verbracht haben, eine inhumane und ökonomisch unhaltbare Rechtsgrundlage. Die Ausländer, die in Deutschland geboren wurden oder als Kleinkinder nach Deutschland kamen, müssen somit, wie Roland Tichy schreibt, vielfach in einer dauernden Identitätskrise leben. «Sie leben nicht wie ihre Eltern mit dem Traum, eines Tages zurückzukehren», schreibt der *Stern* und zitiert den türkischen Berliner Musa: «Wenn ich in die Türkei fahre, kriege ich Magenschmerzen, schon vom Essen. In meinem Paß steht Türke, aber ich bin Berliner.»

Das blinde Antiimmigrationsdenken der deutschen Ausländerbehörden führt darüber hinaus dazu, daß der Braininflow und das Begabungsreservoir der in Deutschland lebenden Ausländer ausgetrocknet und kaum genutzt wird. Der vietnamesische Chemiker, der polnische Lebensmitteltechniker, der tschechische Bauleiter, der iranische Installateur oder der arabische Logistikspezialist werden zu Scheinasylanten degradiert, die für die deutschen Arbeitsämter allenfalls als Müllmänner und Saisonarbeiter in Frage kommen. In den Vereinigten Staaten dagegen sind 40 Prozent der Wissenschaftler in den Labors und den Think-Tanks Ausländer, und von den 120 amerikanischen Nobelpreisträgern der Naturwissenschaften und der Medizin in den vergangenen 25 Jahren waren 36 nicht in den USA geboren.

Was ist besser: Übersteigerung der nationalen Identität oder aber Öffnung zur weltbürgerlichen Republik wie in den Vereinigten Staaten – mit dem deutschen Juden Henry Kissinger, dem Polen Zbigniew Brzezinski, dem Griechen Michael Dukatis, dem schwarzen Generalstabschef Colin Powell, um nur wenige Beispiele zu nennen.

Wenn wir uns richtig auf die Zukunft einstellen wollen, muß sich unser Volk auf eine weitere Einwanderung vorbereiten und darf keine Angst vor dem Fremden kultivieren. Elie Wiesel gab diesem Erfordernis folgende Wendung: «Ich will ihm deutlich machen, daß er auf meine menschliche Anteilnahme vertrauen kann. Wenn er entwurzelt ist – von seiner Familie, seiner Lebenswelt, der Kultur seines Volkes, seines Landes abgeschnitten –, dann hat er Anspruch auf mich, gerade weil er keine Rechte hat. Ich verkörpere seine Hoffnung. Ihm diese Hoffnung nicht zu nehmen ist meine menschliche Pflicht.»

Von deutscher
Gastlichkeit

Dokumentation

Pressemitteilung von Liselotte Funcke anläßlich ihres Rücktritts als Ausländerbeauftragte der Bundesregierung

Bonn, den 19. Juni 1991

Die Beauftragte der Bundesregierung für die Integration der ausländischen Arbeitnehmer und ihrer Familienangehörigen, Liselotte Funcke, gibt in einem Schreiben vom 17. Juni 1991 an Bundeskanzler Dr. Helmut Kohl ihren Auftrag zum 15. Juli 1991 nach mehr als zehnjähriger Tätigkeit zurück. In dem Brief heißt es u.a.:

«Ich gebe mein Amt nicht zuletzt auch darum zurück, damit Anlaß besteht, die Integrations- und Migrationspolitik sowie die Gestaltung, Ausstattung und Abstützung des Amtes neu zu überdenken und den gegebenen Aufgaben entsprechend zeitgemäß anzupassen. Ohne Verbesserungen und Ergänzungen kann die gestellte Aufgabe nicht erfüllt werden. Es ist vielmehr zu befürchten, daß die zunehmende Beunruhigung in der deutschen und die Enttäuschungen in der ausländischen Bevölkerung zu Entwicklungen führen, die immer schwerer beherrschbar werden. Die wachsende Fremdenfeindlichkeit in den fünf neuen Bundesländern ist ein Alarmsignal.»

«Ich habe mich bemüht, die mir gestellte Aufgabe einer besseren Integration von über vier Millionen ausländischen Mitbürgern zu erfüllen. Doch waren die Möglichkeiten begrenzt. So standen mir in der ganzen Zeit für die fachliche Arbeit nur vier Beamte des höheren Dienstes und kein Sachbearbeiter zur Verfügung. Und für die zusätzlichen Aufgaben in den neuen Bundesländern wurde mir trotz aller Bemühungen nicht eine einzige Planstelle bewilligt.»

«Besonders erschwert wird die Arbeit meines Amtes durch die mangelnde Unterstützung seitens der Bundesregierung und der politischen Parteien. In dem Bemühen um die Integration der ausländischen Bevölkerung und in der Abwehr von Ausländerfeindlichkeit fühlen sich die Ausländerbeauftragten von Bund, Ländern und Gemeinden mit all denen, die haupt- oder nebenamtlich in Verbänden und Initiativen für ein friedliches Zusammenleben in der Gesellschaft arbeiten, von offizieller Seite weithin allein gelassen.

Die ausländische Arbeitnehmerbevölkerung sieht sich einer wachsenden Abwehr in der deutschen Bevölkerung und sogar tätlichen Angriffen ausgesetzt, ohne daß von politischer Seite ihre Anwesenheit begründet und ihre erwiesenen Leistungen gewertet werden. Ermutigungen zur Integration sind kaum erkennbar, ebensowenig wirksame Maßnahmen und ausreichender Schutz gegen fremdenfeindliche Jugendbanden.

Die deutsche Bevölkerung ist zunehmend verunsichert angesichts einer ständigen ungeregelten Zuwanderung, für deren Bewältigung sie kein politisches Konzept erkennen kann. Die sich daraus ergebenden Ängste schlagen sich – wie aus meinem Briefeingang hervorgeht – nicht selten in mehr oder weniger heftigen Beschuldigungen gegen die Ausländer nieder und belasten damit die Stimmung auf beiden Seiten. Die Gefahr einer Eskalation ist nicht von der Hand zu weisen.»

«Ich habe Ihnen in meinem Bericht Vorschläge zur wirksameren Befassung mit diesen Fragen vorgelegt. In den vergleichbaren Nachbarländern wurden Kommissionen, Regierungsstellen und Beratungsgremien berufen, die sich mit stärkeren Kompetenzen und besseren Einflußmöglichkeiten mit den international und national anstehenden Fragen der Integration und Migration befassen und durch die Einbeziehung von politischen und gesellschaftlichen Kräften mit größerer Autorität die Meinungsbildung in der Bevölkerung beeinflussen können. Im Vergleich dazu ist mein Amt völlig unzulänglich konzipiert. Eine Ausländerbeauftragte der Regierung, die kaum Kontakt zur Regierung und ihren Entscheidungen hat, kann trotz aller Bemühungen die Erwartungen nicht erfüllen, die von der deutschen und ausländischen Bevölkerung und von Gesprächspartnern im Ausland mit Recht an ein solches Amt gestellt werden...»

Die im Bericht der Ausländerbeauftragen enthaltenen Vorschläge lauten:

Aus meiner Erfahrung und aufgrund von Gesprächen mit Vertretern westlicher Nachbarstaaten halte ich die Einrichtung einer *Stelle für Migration und Integration innerhalb der Bundesregierung* für erforderlich. Sie sollte – ähnlich wie das Umweltministerium – eine Querschnittsaufgabe übernehmen und sich aller politischen Fragen annehmen, die sich aus der Zuwanderung und Integration von Fremden ergeben. Das heißt, diese Stelle müßte für alle Zuwanderer zuständig sein: für ausländische Arbeitnehmer und ihre Familienangehörigen, für Asylsuchende und Flüchtlinge, für ausländische Studenten, für deutsch-verheiratete Ausländer und nicht zuletzt für die Aussiedler aus Osteuropa, soweit für sie Intergrationshilfen erforderlich sind.

Eine solche Stelle innerhalb der Regierung hätte die Möglichkeit, sich dort einzuschalten, wo Ausländer zwar nicht speziell angesprochen, aber auch mitbetroffen sind. Sie würde an interministeriellen Beratungen beteiligt sein und wäre im Kabinett vertreten. Ein Bevölkerungsanteil von fünf Millionen Menschen aus unterschiedlichen Regionen mit unterschiedlichen Rechten, Voraussetzungen und Schicksalen rechtfertigt nicht nur, sondern erfordert aufgrund meiner Erfahrungen in Ost- und Westdeutschland ein solches Amt.

Daneben ist eine *Ständige Kommission für Migration und Integration* erforderlich. Sie soll helfen, die politischen und gesellschaftlichen Voraussetzungen für ein spannungsfreies Zusammenleben von einheimischer und zugewanderter Bevölkerung zu gestalten und Anlaufstelle für die Betroffenen sein. Aufgabe dieser Kommission wäre es: konkrete Aktionen und Initiativen zur Integration anzuregen und zu unterstützen, Fremdenfeindlichkeit entgegenzuwirken, der Bundesregierung Vorschläge zur Ausländerpolitik vorzulegen, die einheimische Bevölkerung über die Bedeutung und die Leistungen der ausländischen Bevölkerung zu informieren, Dokumentation und

Forschung zu unterstützen, grundlegende Konzeptionen für die Migrations- und Integrationspolitik zu formulieren und die Ausländerbeschäftigung offensiv zu vertreten.

Die Kommission sollte sich aus 25 bis 30 Personen zusammensetzen, bestehend aus:
- den Staatssekretären der beteiligten Ministerien, Vertretern:
- der Fraktionen im Deutschen Bundestag,
- des Bundesrates,
- der kommunalen Spitzenverbände,
- der zugwanderten Bevölkerung,
- der Gewerkschaften,
- der christlichen Kirchen, des Judentums und des Islam,
- der Wissenschaft und Forschung,
- der Verbände (insbesondere der Wohlfahrtsverbände),
- des Deutschen Frauenrates,
- der Medien und der Kultur.

Organisatorisch sollte die Kommission von einem Arbeitsstab betreut werden. Ihr/e Präsident/in müßte einen protokollarischen Rang haben, der der Bedeutung der Aufgabe entspricht. Eine ähnliche Einrichtung gibt es in der Schweiz mit ihrer Eidgenössischen Kommission für Ausländerprobleme, die seit 20 Jahren erfolgreiche Arbeit leistet. Sie hat entscheidend bewirkt, daß alle Referenden gegen die liberale Ausländerpolitik der Regierung erfolglos blieben. Auch in Frankreich und in den Niederlanden gibt es ähnliche Gremien.

Liselotte Funcke dankt

«Mit dem heutigen Tage scheide ich nach über zehn Jahren aus dem Amt der Ausländerbeauftragten. Es war mein Bemühen, die Anliegen und berechtigten Interessen der ausländischen Bevölkerung auf der politischen Ebene zur Sprache zu bringen und Vorschläge zu machen, wie sie mit den wohlverstandenen, langfristigen Interessen der deutschen einheimischen Bevölkerung in Einklang gebracht werden könnten.

In der Arbeit habe ich viel an Kenntnissen gewonnen und Opferbereitschaft, Menschlichkeit und Engagement erlebt. Die Zahl der Menschen, die sich in Organisationen und Initiativen um ein friedliches Miteinander der In- und Ausländer bemühen, ist nicht zu übersehen. Ihre Arbeit wird jedoch viel zu wenig anerkannt und gewürdigt.

Der Friede in der Welt hängt nicht zuletzt davon ab, wie fremde Minderheiten von den Mehrheitsgesellschaften behandelt werden. Die Weltwirtschaft ist ineinander verflochten und arbeitsteilig. Sie erfordert Arbeitsmigration. Offenheit, Toleranz und ein gleichberechtigtes Miteinander sind daher unverzichtbar.

Ich danke herzlich allen, die sich für die Ausländerarbeit und Ausländerpolitik einsetzen: im Raum der Kirchen, in den Gewerkschaften, Wohlfahrtsverbänden, Organisationen, Ausländerbeiräten und Initiativen. Ihre Arbeit hat mir viel geholfen und ihr Engagement war ermutigend. Ebenso herzlich danke ich den Ausländerbeauftragten der Länder und Gemeinden für die gute Zusammenarbeit und wünsche ihnen wachsende Resonanz bei der Bewältigung ihrer mühevollen, aber doch so notwendigen Aufgabe. Mögen sie mehr und mehr Erfolg haben.»

Barbara John

Ein Nichteinwanderungsland
mit Einwanderern

Zur Geschichte der deutschen Ausländerpolitik

Deutschland ist, ebenso wie die übrigen Staaten Westeuropas, ein
politisch stabiles und sozial sicheres Land. Wer in seiner Heimat solche Zustände vermißt oder wem gar ausreichende Lebensgrundlagen
fehlen, der wünscht sich, in einem Land wie Deutschland zu leben.
Ein Land, in dem Menschen geachtet werden, in dem sie wirtschaftlich frei agieren und für sich und ihre Kinder eine Zukunft aufbauen
können. Und zwar nicht nur Deutsche. Sechs Prozent der heutigen
Wohnbevölkerung sind Nichtdeutsche. Ihr Anteil stieg innerhalb kurzer Zeit, und zwar seit 1960, von etwa 680000 (1,2 Prozent) auf circa
4 Millionen im Jahr 1973 (6,4 Prozent). In anderen Ländern mit höhe-
rem Ausländeranteil, beispielsweise in der Schweiz (1973 circa 18
Prozent), in Luxemburg (1973 circa 26 Prozent) oder in Belgien (1973
circa 10 Prozent), hat sich diese Entwicklung über einen viel längeren
Zeitraum hin erstreckt. Dabei ergab sich für diese Länder eine bessere Chance, die neue gesellschaftliche Situation auch als politische
Gestaltungsaufgabe zu verstehen.

   In Deutschland heißen die Nichtdeutschen in der Regel noch Ausländer. In den meisten anderen westeuropäischen Ländern sind viele
Arbeitsmigranten und Asylsuchende längst Staatsbürger geworden.
Dabei lebt weit mehr als die Hälfte der ausländischen Zuwanderer
schon länger als zehn Jahre bei uns oder ist bereits hier geboren. Das
hindert uns aber nicht daran, von Ausländern zu sprechen, eben der

zweiten, dritten und bald auch der vierten und fünften Generation. Ihre Angelegenheiten regelt ein eigenes Ausländergesetz. Sie müssen sich bei Ausländerbehörden melden, um eine Aufenthaltserlaubnis zu beantragen, und bei den Arbeitsämtern, um eine Arbeitserlaubnis zu bekommen. Kamen die Arbeitsmigranten in den sechziger und siebziger Jahren fast ausschließlich aus dem Süden Europas, so hat sich seit Beginn der achtziger Jahre das Wanderungsgebiet erweitert, tief hinein in die Kriegs-, Krisen- und Elendsgebiete des Nahen Ostens, Südostasiens und Afrikas. Seit dem Ende der kommunistischen Zwangsherrschaft erstreckt es sich heute darüber hinaus in alle freien osteuropäischen Länder.

Eine Ende der Zuwanderung ist nicht in Sicht. Im Gegenteil: Die Flüchtlingsbewegungen in die europäischen Länder verstärken sich.

Ausländerpolitik als Wirtschaftspolitik

Was aber macht ein Land, das über keine geeigneten Konzepte verfügt, um mit den Schwierigkeiten von Zuwanderung und ihren Folgeproblemen umzugehen? Ein Land, das erklärtermaßen Nichteinwanderungsland sein will und doch fast weltweit die meisten Zuwanderer pro Jahr aufnimmt? Ein Land, das bis in die fünfziger Jahre hinein ein klassisches Auswanderungsland war – die Ex-DDR war es bis in die jüngste Gegenwart? Ein Land also, das so gut wie keine Traditionen für die Aufnahme von Fremden hat und zuwenig Institutionen für den Umgang mit Menschen anderer Nationalität, Sprache und Religion?

Sind nicht vor diesem Hintergrund Abwehrreaktionen einerseits sowie eine unrealistische Aufnahmepolitik andererseits vorgezeichnet? Ängste vor Überfremdung, angestrengtes und kleinkariertes Zählen jedes Ausländers, der die deutsche Grenze überschreitet, aber auch das Unvermögen, sich über Zuwanderungsbegrenzungen zu verständigen. Deutschland ist also ein Land mit fünf Millionen Ausländern, aber ohne eine grundlegende und konsensfähige Ausländer-, Integrations- und Zuwanderungspolitik. Wer aber keine Vorstellungen über politische und gesellschaftliche Entwicklungen hat, der wird auf jedes unvorhergesehene Ereignis eher panisch reagieren. Wer keine solche Vorstellungen hat, kann auch nicht abschätzen, welche

220

che sozialen und politischen Folgekosten Integration und Zuwanderung nach sich ziehen und wie er sich zwischen der Skylla der «Ausländer raus»-Rufe und der Charybdis der «Ausländer rein»-Antworten so behaupten könnte, daß statt kurzatmiger Maßnahmepolitik eine stetige beharrliche Integrationspolitik entstünde, die darüber hinaus auf breite Akzeptanz träfe.

Solange in Deutschland die zuwandernden Ausländer wirtschaftlich Fuß fassen konnten, regelte sich vieles von selbst. Die Wirtschafts- und Industriestruktur übte starke Integrations- und Eingliederungszwänge aus. Nun aber drängen über die Asylzuwanderung jährlich Hunderttausende nach Deutschland. Ohne nationalen Konsens und ohne politisches Konzept bahnt sich hier eine kritische Situation an. Es wäre also höchste Zeit, politische Entscheidungen zu treffen und gestalterisch einzugreifen. Aus den Fehlern wie aus den Erfolgen der zurückliegenden 40 Jahre ist dabei viel zu lernen.

Eigentlich fing es gar nicht so schlecht an, jedenfalls nicht in der Bundesrepublik: Der Aufbau und die Festigung der sozialen Demokratie in Deutschland wurde begleitet von einer Öffnung nach Europa. Die Deutschen wurden die zuversichtlichsten und die engagiertesten Europäer. Deutschland wurde nicht zuletzt Aufnahmeland von Millionen von ausländischen Arbeitnehmern. Insgesamt kamen zwischen 1955 und 1973 fast 14 Millionen ausländische Arbeiter in die Bundesrepublik. Die meisten gingen allerdings später auf eigenen Wunsch wieder in ihre Heimatländer zurück. Denn an Auswanderung hatten sie eigentlich nicht gedacht. Es war der Wunsch nach einem höheren Lebensstandard, der viele von ihnen als Wanderarbeitnehmer in die nördlichen Industriestaaten zog. Um sich diesen Wunsch erfüllen zu können, genügten in der Regel einige Jahre als Industriearbeiter in Dortmund, Stuttgart oder Berlin. Das deutsche «Gastarbeiterkonzept» mit zeitlich befristeten Arbeitsverträgen funktionierte so im großen und ganzen ohne weitere Steuerung. Erst als im Herbst 1973 die bevorstehende Ölkrise ihre Schatten vorauswarf, kam es zu einem Anwerbestopp.

Die zahlenmäßige Steuerung der Zuwanderung trug in der gesamten Anwerbezeit eine rein wirtschaftspolitische Handschrift. Innen- und außenpolitische Probleme gab es zunächst nicht. Denn die wirtschaftlichen Vorteile waren für beide Seiten, die Deutschen und ihre ausländischen Zuwanderer, offensichtlich. Die ausländischen Arbeitnehmer erhielten gleichen Lohn für gleiche Arbeit. Aufnahme und Unterkunft wurden geregelt von der Bundesanstalt für Arbeit in Zusammenarbeit mit den jeweiligen Arbeitgebern.

Als 1965 das neue Ausländergesetz in Kraft trat, spielten Fragen der Familienzusammenführung oder der Dauer des Aufenthalts so gut wie keine Rolle. Dies änderte sich erst, als den Betrieben, die Ausländer beschäftigten, plötzlich klar wurde, daß ein Auslaufen der befristeten Arbeitsverträge die Produktion ganzer Industriezweige gefährden würde.

Wie in anderen Ländern auch, beispielsweise in der Schweiz oder in Frankreich, mußte das Gastarbeiterkonzept scheitern, weil es einer hochindustrialisierten Industrielandschaft unangemessen war. Wer bereits mehrere Jahre eingearbeitet war, der konnte nicht beliebig ersetzt werden. Die wirtschaftlichen Zwänge selbst hatten das Gastarbeiterkonzept in ein Einwanderungskonzept verwandelt. Natürlich spielte auch die lange Eingewöhnungszeit auf seiten der Arbeitnehmer eine Rolle. Fünf Jahre nach dem Anwerbestopp wuchs nun die Erkenntnis, daß ein längerfristiger Aufenthalt der Zuwanderer nicht mehr zu vermeiden war und daß Regelungen für die Eingliederung der Familien getroffen werden mußten. Im Februar 1977 erstellte die «Bund-Länder-Kommission zur Fortentwicklung einer umfassenden Konzeption der Ausländerbeschäftigungspolitik» einen Grundsatzkatalog, der dann von den Ministerpräsidenten der Länder und von der Arbeits- und Innenministerkonferenz der Länder gebilligt wurde. Grundgedanke dieser Konzeption war immer noch die Integration auf Zeit; denn Deutschland war kein Einwanderungsland, auch wenn eine Rückkehr der Arbeitsmigranten immer unwahrscheinlicher wurde.

So blieben die politischen Entscheidungen hinter den gesellschaftspolitischen Aufgaben, die durch die Arbeitsmigration entstanden waren, zurück. Bereits ein Jahr später gab es erste Anzeichen dafür, daß die aufenthaltsrechtliche Hängepartie der Arbeitsmigranten erkannt worden war. Man versuchte, entsprechende Maßnahmen einzuleiten. Mit neuen Verwaltungsvorschriften zum Ausländergesetz von 1965 wurde die Möglichkeit geschaffen, nach fünf Jahren Aufenthalt eine unbefristete Aufenthaltsgenehmigung und nach achtjährigem Aufenthalt ein Bleiberecht zu erlangen. Zwei Jahre später wurde mit den «Leitlinien zur Weiterentwicklung der Ausländerpolitik» ein Grundsatzkonzept für die Eingliederung der ausländischen Arbeitnehmer und ihrer Familien verabschiedet. Die Maßnahmen galten insbesondere der schulischen und beruflichen Eingliederung der zweiten Ausländergeneration. Dieses Grundsatzkonzept wurde 1982 ergänzt durch Maßnahmen zur Begrenzung weiterer Zuwanderung, insbesondere bei der Familienzusammenführung. Beschlossen wurden außerdem Maßnahmen, die eine Rückkehrbereitschaft stärken sollten. Mit dem Rückkehrhilfegesetz von 1983 wurde der Versuch unternommen, Arbeitsmigranten durch finanzielle Anreize – freie Rückzahlung der Arbeitnehmerbeiträge zur Rentenversicherung und Kapitalisierung von Anrechten auf Arbeitslosenunterstützung – zur Rückkehr in ihr jeweiliges Heimatland zu veranlassen. Rund 300 000 Personen machten davon Gebrauch; das waren nicht einmal zehn Prozent aller Anspruchsberechtigten. Auch wenn viele Familien weiterhin einen Rückkehrwunsch hegten, ging die Entwicklung praktisch zunehmend in Richtung «Daueraufenthalt». Integration oder Rückkehr war eine Scheinalternative geworden. Politisch gefragt waren von nun an schnelle und wirksame Wege zur rechtlichen Gleichstellung der auf Dauer in der Bundesrepublik lebenden Ausländer. Viele setzten deshalb ihre Hoffnung auf ein lange angekündigtes neues Ausländergesetz. Im Januar 1991 trat es in Kraft.

Von ahnungslosen, manchmal böswilligen Kritikern wird es polemisch als «Ausländer raus»-Gesetz abqualifiziert. Diese Polemik macht es den uneingeschränkten Befürwortern leicht, auf die vielen rechtlichen Verbesserungen hinzuweisen. Das Gesetz verbessert tatsächlich in vielerlei Hinsicht die rechtlichen Grundlagen für den Aufenthalt; dies gilt insbesondere für einige Regelungen zur Familienzusammenführung der zweiten Ausländergeneration. Dennoch hätte der Anspruch des Gesetzgebers noch viel höher liegen sollen. Es wäre nötig gewesen, einen endgültigen Schlußstrich unter die Zuwanderungspolitik der sechziger und siebziger Jahre zu ziehen, und zwar in dem Sinne, daß der ausländischen Wohnbevölkerung und ihren nachzugsberechtigten Familienangehörigen mit einem Minimum an Bürokratie ein Optimum an Rechtssicherheit hätte gewährt werden müssen. Es wäre erst recht nötig gewesen, daß die hier aufgewachsenen und geborenen Kinder ausländischer Eltern so schnell wie möglich die volle rechtliche Gleichstellung über die Einbürgerung würden erlangen können.

Auch das neue Ausländergesetz ist also letztlich eine verpaßte Chance für den Gesetzgeber, jenen Zuwanderern eine sichere Perspektive zu geben, die sich längst in Deutschland niedergelassen hatten. Es hätte vertrauensbildend gewirkt, wenn der Familiennachzug für die zweite Generation nicht mehr an unnötige Wartezeiten gekoppelt wäre, wenn die Nichtdeutschen denselben eingeschränkten Datenschutzbestimmungen unterlägen wie die Deutschen. Die rechtlichen Einschränkungen, die nun doch wieder festgeschrieben wurden, bevormunden einen Teil der eigenen Wohnbevölkerung. Es ist den Ausländern zwar möglich, alle Hürden zu überwinden. Aber wozu die Hürden, wenn das Ziel ohne die Hindernisse schneller und besser hätte erreicht werden können. Werden am Ende zwar alle Rechte gewährt, so fühlen sich die Statusausländer dennoch nicht ernst genommen mit ihren Sorgen und Nöten. Ist es nicht unklug, der eigenen Wohnbevölkerung einen Grund zur Unzufriedenheit zu liefern?

Asylpolitik ist kein Ersatz für Flüchtlingspolitik

Einundvierzig Jahre nach der Aufnahmegarantie für politisch Verfolgte ins Grundgesetz sind die Deutschen mit ihrer Aufnahmepolitik für Asylbewerber in eine Sackgasse geraten. Ständig steigende Zuwanderungszahlen, geringe Anerkennungsquoten, jahrelange Entscheidungsabläufe, Verbleib auch der abgelehnten Asylbewerber in Deutschland nach jahrelangen Verfahren kennzeichnen die Situation. Bei anhaltend starker, voraussichtlich noch zunehmender Asylzuwanderung droht bei den deutschen Wählern ein totaler politischer Vertrauensverlust. Auf der anderen Seite verschärft sich die ausweglose Lage von Hunderttausenden De-facto-Flüchtlingen, die trotz Ablehnung ihres Asylantrages in Deutschland eine Chance suchen.

Solange sich die deutsche Asylpolitik fast allein darin erschöpft, mit gigantischem, administrativem und juristischem Aufwand die richtigen (politisch Verfolgten) von den «falschen» Flüchtlingen zu trennen, und zwar ausschließlich erst nach ihrer Einreise in Deutschland, wird sich die Krise weiter zuspitzen. Mehr und mehr Auswanderungswillige aus Osteuropa und aus Ländern der Dritten Welt werden nach einer Möglichkeit suchen, Aufnahme in Westeuropa zu finden. Mit unserem Aufnahmeverfahren scheint sich diese Chance zu bieten. Wie soll jemand in Colombo oder in Addis Abeba, in Lagos oder in Bukarest mit den Feinheiten des deutschen Asylrechts vertraut sein? Natürlich kann gar kein Zweifel darin bestehen, daß viele Antragsteller herkommen, weil sie darin eine Chance sehen, ihre oft wirtschaftlich bedrückenden Lebensumstände zu verbessern. Um so größer die Enttäuschung, wenn die Bewerber dann feststellen, worauf sie sich einlassen müssen, nämlich auf jahrelange Untätigkeit, auf ein kaum durchschaubares kompliziertes Verfahren, schließlich auf die Ausweisung. Warum hat man uns überhaupt erst aufgenommen, so fragen viele am Ende der langen Prozedur. Nicht wenige Politiker schieben den Flüchtlingen den «Schwarzen Peter» zu, so als hätten die Zuwanderer die Verantwortung für Asylgesetze und -verfahren in Deutschland. Aber keine Situation rechtfertigt es, die Flüchtlinge zu diffamieren und ihnen Asylmißbrauch vorzuwerfen. Die Mißbrauchsdebatte lenkt nur in unserer Gesellschaft vorhandene Aggressionen auf eine ohnehin schwache Gruppe. Verantwortlich für das Asylrecht sind allein die Deutschen, die hier politisch handeln können.

Mit immer neuen, gleichwohl wirkungslosen Maßnahmen (zum Beispiel das Einrichten großer Sammelunterkünfte, die Beschränkungen der räumlichen Bewegungsfreiheit, die Ausgabe von Gutscheinen) versuchten die Behörden, die «falschen» Flüchtlinge abzuschrecken. Vergeblich, wie die Erfahrungen der vergangenen Jahre zeigten, in denen die Zugangszahlen immer weiter stiegen.

Auf Biegen und Brechen soll künftig auf die Abschiebung von abgelehnten Bewerbern gesetzt werden. Die Abschiebebilder aus Bari könnten damit auch zur deutschen Alltagswirklichkeit werden. Massenabschiebungen sind aber das Gegenteil von verantwortlicher Flüchtlingspolitik. Sie entwerten die Flüchtlinge und erziehen möglicherweise Millionen von Zuschauern zu selbstgefälliger Überheblichkeit statt zu Mitgefühl.

Was ist zu tun? Wirksamer als bisher muß die Inanspruchnahme des Asylverfahrens auf jene beschränkt werden, auf die es tatsächlich gemünzt ist. Das ließe sich unter anderem dadurch erreichen, daß Anträge auf politisches Asyl bereits im Ausland in den deutschen Botschaften gestellt werden könnten. Im Bundesamt könnte dann durch eine Vorprüfung die Erlaubnis zur Einreise erteilt werden, um hier ein Asylverfahren durchzuführen. Diese Regelung kann heute für diejenigen Länder gelten, in denen es nach allgemeiner Auffassung keine unmittelbare Bedrohung für Leib und Leben gibt. Das ist in vielen Ländern Osteuropas der Fall.

Menschenrechtsbeauftragte, die im Rahmen von UNO- beziehungsweise KSZE-Vereinbarungen an den Botschaften tätig sind, könnten die politische Situation vor Ort bewerten. Menschenrechtsfragen sind schließlich kein Privathobby, sondern immer Angelegenheit der Völkergemeinschaft. Einmischung ist also Verpflichtung und nicht Völkerrechtsbruch.

In Zusammenarbeit mit dem Flüchtlingskommissariat der Vereinten Nationen könnten zukünftig auch mehr Kontingentflüchtlinge aufgenommen werden. Ein derart zügiges Aufnahmeverfahren kam etwa zehntausend Vietnamesen Anfang der achtziger Jahre zugute. Heute gelangen allenfalls jüdische Zuwanderer aus der Sowjetunion auf diese Weise nach Deutschland. Die Aufnahme von Kontingentflüchtlingen in begrenzter Zahl hätte viele Vorteile:

● sie eröffnet der Bundesregierung endlich wieder Handlungsspielräume, etwa bei der Auswahl der aufzunehmenden Flüchtlinge;

● sie mindert den Druck auf das Asylverfahren;

● sie garantiert eine zügige Integration der aufzunehmenden Flüchtlinge, die sofort eine Aufenthalts- und Arbeitserlaubnis erhalten könnten;

● sie erspart teure und langwierige Asylverfahren.

Gerade jetzt erleben wir, wie durch die unflexible Aufnahmepolitik erneut eine große Gruppe von Flüchtlingen ins Asylverfahren gezwungen wird. Es handelt sich um die Kriegsflüchtlinge aus Jugoslawien. Aber auch für sie gilt in der Regel: entweder Asyl oder – im günstigsten Fall – eine vorübergehende Aussetzung der Abschiebung. Da wird das durchorganisierte Asylverfahren in der Regel vorgezogen. Dabei könnte mit einem Notprogramm – möglichst auf europäischer Ebene – besser geholfen werden. Minimalstandard für ein solches Notprogramm wäre:

1. Aufnahme und Unterbringung in Notunterkünften;
2. medizinische Grundversorgung in akuten Fällen;
3. Schulbesuch;
4. zeitlich begrenzte Arbeitserlaubnis.

Das Notprogramm könnte das Asylverfahren ersetzen. Asylanträge sollten dann erst angenommen werden, wenn das Programm ausläuft und wenn der Flüchtling bei Rückkehr befürchten muß, politisch verfolgt zu werden. Mit diesem Programm könnten die Notlagen der Flüchtlinge gemildert und das Asylverfahren entlastet werden.

Die Aufnahme von Flüchtlingen hat einen hohen Stellenwert bei uns. Muß aber nicht unser Aufnahmekonzept überdacht und ergänzt werden? Jeder muß sich im klaren darüber sein, daß uns nur wenige Notleidende überhaupt erreichen können. Flüchtlingspolitik, die sich damit begnügt, in Einzelfällen – auch wenn es zahlreiche sind – Schutz zu bieten, kann nur Fluchtfolgen mildern, aber nicht Fluchtursachen beseitigen. Aber darauf kommt es an. Erzwungene Wanderungen sind immer ein Problem. In erster Linie natürlich für die Flüchtlinge, aber auch für die Aufnahmegesellschaft, die für Wohnungen und Arbeitsplätze zu sorgen hat.

Wirksame Flüchtlingsvermeidungspolitik ist der Ansatz, den es auszubauen gilt. Der Bericht aus dem Bundesinnenministerium vom Sommer 1991 ist ein erster, noch sehr unzureichender Schritt dazu.

Dabei sind die Voraussetzungen für diese neue Flüchtlingspolitik heute viel günstiger denn je. Die internationale Völkergemeinschaft hat sich zur Kooperation sowohl bei der Armutsbekämpfung als auch bei Menschenrechtsverletzungen entschlossen. Es bestehen erste Erfahrungen darin, Schutzzonen in Krisengebieten mit Hilfe internationaler Organisationen einzurichten und durch internationales Krisenmanagement zu schützen, wie es im Irak bereits geschehen ist.

Migrationsvermeidungspolitik fordert von Deutschland mehr globale Verantwortung, mehr internationale Kooperation und viel mehr Mitteleinsatz, als wir mit der Aufnahme von politisch Verfolgten zu leisten bereit sind.

Die Debatte der letzten Monate fixierte sich allzusehr auf den Artikel 16 des Grundgesetzes. Aber eine Asylgarantie aus dem Jahre 1949 ist wohl noch lange keine umfassende Flüchtlingspolitik, die auch den Fluchtursachen wirksam zu Leibe rückt.

Klare Konzepte stehen bislang aus

Nach Öffnung der Mauer machten viele Deutsche überraschende Entdeckungen. Nicht zuletzt mußten wir mitansehen, daß auch Bürger der Ex-DDR, unter ihnen viele Jugendliche, aus ihrer Ablehnung gegenüber Ausländern keinen Hehl machten. Da hieß es sinngemäß immer wieder: «Was wollen die Ausländer eigentlich noch hier? Jetzt kommen wir Deutschen. Wir haben Vorrang.» Damit hatten viele in den alten Bundesländern nicht gerechnet. Sie waren allenfalls daran gewöhnt, sich selbst Vorwürfe wegen einer immer wieder aufflammenden punktuellen Ausländerfeindlichkeit zu machen – besonders nach der Berlin-Wahl im Januar 1989, als die rechtsradikale Partei der «falschen Republikaner» auf Anhieb 7,5 Prozent der Stimmen errang.

Das alte DDR-Regime hingegen hatte sich immer damit gebrüstet, Fremdenfeindlichkeit ausgerottet zu haben. Die Stimmabgabe für die REPs schien den kommunistischen Machthabern eine ganz natürliche Entwicklung in einem nichtsozialistischen pluralistischen Land zu sein, auf die sie hämisch mit dem Finger zeigten. Heute indes wissen wir: Die offiziellen Bekenntnisse, etwa zur internationalen Solidarität oder zur unverbrüchlichen Völkerfreundschaft, waren nicht einmal das Papier wert, auf das sie gedruckt wurden. Durch sie wurde die Bevölkerung nicht dazu motiviert, eine tolerante Haltung gegenüber ausländischen Zuwanderern einzunehmen. Es war eine ebenso bequeme wie unwirksame Politik, Denk- und Meinungsverbote zu verhängen und strikt zu kontrollieren – gerade wenn es um das Zusammenleben mit Menschen aus anderen Kulturen geht. Dies erzeugte eher eine dumpfe Neigung und Gegnerschaft als offene Diskussionen, auch wenn hier und da schrille Töne zu hören waren. Verdrängung läßt Ressentiments wachsen, während die freie Diskussion, in der auch Vorbehalte geäußert werden, zur Nachdenklichkeit und zur Korrektur der Einstellung zwingt.

In der DDR kam noch etwas anderes hinzu: Die Staatsführung hat, von den Parolen einmal abgesehen, kein gutes Beispiel gegeben im Umgang mit ihren ausländischen Minderheiten. So waren die etwa 90000 im Rotationsverfahren beschäftigten Werkarbeitnehmer (davon 60000 Vietnamesen) von der deutschen Bevölkerung völlig isoliert und in ihrer Freizügigkeit und ihren sozialen Beziehungen eingeschränkt. Sie mußten, abgedrängt an den Rand der Gesellschaft, in Wohnheimen leben. Diese öffentliche Demonstration im Umgang mit ausländischen Minderheiten hat nicht gerade positive Einstellungen verstärkt. Deutsche, die Ausländer heiraten wollten, brauchten sogar eine staatliche Genehmigung.

Die Deutschen haben in den letzten Jahren viel Zeit damit verbracht, ihre Gesellschaft mit Bekenntnissen zu überhäufen: Wir sind multikulturell, wir sind ein Einwanderungsland, wir wollen Integration unter Beibehaltung der eigenen Identität und Kultur und so fort. Entsprechend formelhaft war die Reaktion der Ängstlichen und Kleinmütigen, die sich überfordert fühlten: Wir sind kein Einwanderungsland, wir wollen keine multikulturelle Gesellschaft sein, wir wollen unter uns bleiben. Wer sich nur an Wunschvorstellungen orientiert, der wird die realen Zustände meist unerträglich finden. Entsprechende Anklagen werden tagtäglich erhoben, und zwar von denen, die die bunte Gesellschaft ganz ablehnen, aber auch von denen, die sich solche Gesellschaften als Paradies vorstellen.

Wie wäre es statt dessen, dazu überzugehen, das Mögliche zu tun, statt das Unmögliche zu fordern. Zum Möglichen gehört ein grundsätzliches Ja zu einer begrenzten Zuwanderung: das entspricht den Werten und Ansprüchen unserer Verfassungsgrundsätze und berücksichtigt auch die Interessen der hiesigen Wohnbevölkerung. Eine «begrenzte» Zuwanderung schließt die Festlegung darüber ein, wie viele aufgenommen werden können und unter welchen Bedingungen ihre Aufnahme am schnellstens zur Eingliederung führt. Mit anderen Worten: Wir brauchen Institutionen und Entscheidungsgremien, die sich professionell mit diesen komplexen Fragen befassen. Derzeit überlassen die Deutschen die Diskussionen darüber eher den Stammtischen. Es existiert nicht einmal ein parlamentarischer Ausschuß des Bundestages zu Migrations- und Integrationsfragen, geschweige denn ressortübergreifende Gremien unter Beteiligung der Länderregierungen.

Die Deutschen haben allen Grund, sich mit Zuversicht und Optimismus den Herausforderungen weiterer Zuwanderung zu stellen. Das Zusammenleben mit Minderheiten aus anderen Sprachen, Kulturen und Nationen ist in den letzten 30 Jahren stetig besser geworden. Diese gemeinsame Leistung von Deutschen und ausländischen Zuwanderern ist das feste Fundament, von dem aus Fremdenfeindlichkeit entschieden bekämpft und gegenseitiges Mißtrauen abgebaut werden kann.

Wenn nur die Deutschen den Mut zu einer klaren Entscheidung aufbrächten. Viele Probleme wären dann leichter lösbar. Den Ängsten vor einer unkontrollierbaren Massenzuwanderung könnte begründet entgegengetreten werden. Viele Zuwanderer hätten von vornherein die Chance, wirtschaftlich auf eigenen Füßen zu stehen.

Berechenbare und klare Konzepte und Verfahren für Zuwanderung und Integration stehen noch immer ganz oben auf der politischen Tagesordnung. Heute allerdings dringlicher denn je.

Anetta Kahane

Angst vor den Fremden

Folge einer Unmündigkeit

In der DDR hatte ich mich stets darüber gewundert, wie es möglich sein konnte, unter lauter fremdenfeindlichen Menschen zu leben, ohne daß mir meine Versuche, darüber zu sprechen, mehr einbrachten als bestenfalls verblüfftes Kopfschütteln. Es ist tatsächlich schwer zu beschreiben, wie kleinlich und ängstlich die Menschen in der DDR über 40 Jahre lang waren und wie sie über ihre Gruppennormen gewacht haben. Das Erstaunliche und für viele Menschen heute Unbegreifliche ist, daß dieselben Gruppennormen von allen Menschen befolgt wurden, ganz unabhängig davon, ob sie politisch oder ideologisch für oder gegen den Staat eingestellt waren. Ich sage dies deshalb, weil natürlich die Angst vor dem Fremden bei der Angst vor dem eigenen Fremdsein beginnt: fremd sein, vereinzelt sein, allein sein, sich mit einer Gruppe im Konflikt befinden. Fremd sein, das bedeutet, der Notwendigkeit gegenüberzustehen, sich selbständig, einzeln und in Unkenntnis der Verhältnisse zu orientieren und einzurichten. Doch wie sah die Sozialisation der DDR-Bürger im allgemeinen aus? War sie darauf gezielt, mit solchen Anforderungen, mit Konflikten oder mit Individualität überhaupt fertig zu werden?

Vor einiger Zeit sah ich spätabends im Fernsehen einen sehr beeindruckenden Film. Er hieß: «Die zwölf Geschworenen». Die zwölf Geschworenen sollen über einen Jungen richten, dessen Schuld, seinen Vater umgebracht zu haben, innerhalb des Gerichtsverfahrens scheinbar zweifelsfrei nachgewiesen wurde.

Die Geschworenen waren sich einig, daß ihre Beratung kurz und eindeutig ausfallen würde. Nur einer hatte einen «berechtigten Zweifel». In zwei dramatischen Stunden wurden alle Argumente des Verfahrens auseinandergenommen, emotionale Ursachen von Vorurteilen der einzelnen Geschworenen aufgedeckt, soziale Hintergründe des Lebens des betroffenen Jungen beleuchtet. Und am Ende lautete der einhellige Urteilsspruch: «nicht schuldig». Ein wunderbarer amerikanischer Film mit einem natürlich stark idealisierten Bild über die Chancen der Aufklärung, des Gewissens und der Demokratie in dieser Gesellschaft.

Als ich in der siebten Klasse war, wurde in der Schule der Film «Thälmann – Sohn seiner Klasse» gezeigt. Ehrlich gesagt, kann ich mich kaum an den Inhalt dieses Films erinnern. Ich weiß nur, daß Thälmann als Sohn seiner Klasse der Repräsentant, das Sprachrohr einer großen Gruppe war und in dieser Eigenschaft geradezu den Körper dieser Gruppe darstellen sollte, ein Körper aus Millionen Menschen, der sich, wenn seine einzelnen Teile auseinanderlaufen, augenblicklich in ein Nichts auflöst. Gemeinsam sind wir stark, weltweit, internationalistisch, universal, und wenn jemand zweifelt, dann glaubt er nicht, und wer zweifelt und nicht glaubt, der zerstört den Körper. Ich habe als 13jährige, nur dumpf zwar, aber dennoch deutlich, die bedrohliche Sendung dieses Filmes gespürt. Und ich war irritiert, wie tief dieser Schreck noch heute saß, als ich «Die zwölf Geschworenen» sah und erfuhr, daß meine Altersgenossen im Westen mit 13 Jahren diesen Film in der Schule zu sehen bekamen.

Gewiß ist der Prozeß der Demokratisierung der Bundesrepublik nach dem Krieg mühevoll gewesen und nicht eben immer erfolgreich, oft wenig konsequent vollzogen worden. Dennoch gab es die großen gesellschaftlichen Auseinandersetzungen, es gab Generationskonflikte, es gab die Ablösung der Söhne und Töchter und die Auseinandersetzung mit dem Nationalsozialismus. Es gab 1968 und den langen Weg durch die Instanzen.

Die Gesellschaft hat schnell und in Anbetracht des kurzen Zeitraums außerordentlich gut gelernt; sie hat sich beispielsweise darauf einrichten können, mit Einwanderern zu leben. Die Normalität eines millionenfachen Alltags des Zusammenlebens darf weder mißachtet noch unterschätzt werden.

Bei aller Fragwürdigkeit von Symbolen, bin ich im Grunde froh, daß die Fremdenfeindlichkeit im Osten diesen Namen bekommen hat: Hoyerswerda. Viele Ostdeutsche nicken, wenn sie diesen Namen hören, und kommentieren nur: «Ja, ja, wir haben unsere Franziska Linkerhand gelesen.» Für alle, die es noch nicht wissen – Hoyerswerda ist eine mittlere Industriestadt in Sachsen, mitten im Tagebaugebiet, ökologisch zerstört, finstere Neubaueinöde, eine Stadt ohne Lebensqualität.

Ich finde das Synonym deshalb so zutreffend, weil es genau meinem Gefühl entsprach. Kein Intellektueller, kein Schwuler oder Schwarzer, auch kein sonstiger Sonderling wäre zu DDR-Zeiten freiwillig nach Hoyerswerda gegangen. In Städten wie Hoyerswerda war die Desintegration, die Entwurzelung der Menschen, das Fehlen jeglicher gewachsener Identität immer deutlich zu spüren. Meine Furcht vor den Bewohnern solcher Städte, Orte oder Stadtteile war die Furcht vor der Mischung aus jener Desintegration traditioneller deutscher Werte einerseits und den undemokratischen staatlichen Strukturen andererseits.

Es gab in der DDR einen seltsamen Widerspruch. Einerseits wurde das Nationale völlig negiert und durch die Teilung Deutschlands desavouiert (als Wort kam Deutsch so wenig wie möglich vor), andererseits entstand eine Gesellschaft, die wenig individualisiert war und deren Wertkriterien sich vor allem auf Ruhe, Ordnung, Sicherheit, Sauberkeit und Disziplin richteten. Selbst in der Ablehnung des Staates wurde dieser Grundkonsens nicht verletzt. Wer Ruhe, Ordnung, Sicherheit, Sauberkeit und Disziplin als Normen in Frage stellte, wurde ausgegrenzt. Die Spießigkeit und Brutalität, mit der dies oft jenseits staatlicher Unterdrückung geschah, war schon erstaunlich.

Alle Gruppen, selbst die Oppositionellen, hatten selbstverständlich ihre Normen. Und im Umgang mit solchen Normen, die gegen Veränderung resistent schienen, unterschieden sich die DDR-Bürger wohl kaum von ihren westdeutschen Nachbarn – mit der einen Ausnahme, daß sie offenbar noch sehr viel rigider an ihnen festhielten, auf sie fixiert waren.

Im Grunde war die DDR aber eine sehr deutsche Gesellschaft. In ihr lebten sowohl die christlichen Gleichheitsvorstellungen, Bilder von Gut und Böse, als auch alle deutschen Traditionen undemokratischen Verhaltens. Im Sozialismus verkam der visionäre Gleichheitsgedanke zur Gleichmacherei und ist so mit den unverdauten Resten

nationalsozialistischer Totalität eine unglückliche Symbiose eingegangen. Man war in der DDR nicht eigentlich für den Staat, aber auch
nicht richtig dagegen – der Sozialismus hatte sein Gutes, konnte aber
auch beschimpft werden.

Man war unzufrieden mit dem Sozialismus, mit der Partei, mit allem
möglichen, aber stets so wie mit einem vollen Mülleimer, den niemand
wegräumen mochte. Wenn ich schon etwas tun soll, dann müssen die
anderen auch Einsatz zeigen, sonst lasse ich es nämlich. Mangelnder
Widerstand wurde mit konformistischem Gruppendruck begründet.

Die DDR war also auch eine zutiefst infantile Gesellschaft, eine
Gesellschaft aus Menschen mit starken Gruppennormen, in die Trotz
und Widerborstigkeit durchaus hineinpaßten. In meiner Erinnerung
verhielten sich diese Gruppen oft wie jenes trotzige Kind, das besag-
ten Mülleimer schon aus dem Grunde nicht runterbringen wollte, weil
Mami oder Papi es bestimmt hatten. Und nun, da sie plötzlich erwach-
sen sein sollen, scheint es oft, als würde sich der Müll allemal stapeln,
weil sie noch immer nicht verstanden haben, daß es der eigene Dreck
ist, um den sie sich sorgen müssen. Ich sage das deshalb, weil es oft
kaum vorstellbar ist, wie infantilisiert die Menschen in der DDR gelebt haben. Die Folge heute: Was kann politische Bildung gegen derart verkrustete Gruppennormen ausrichten? Es ist kaum zu schaffen,
in einer Veranstaltung über Fremdenfeindlichkeit mit Argumenten
durchzudringen. Also darüber aufzuklären, daß es Hunger in der
Dritten Welt gibt – obwohl auch Honecker dies immer behauptet hat!
Nicht das Wissen ist das Problem.

Politische, humanistische und antifaschistische Bildung vermögen
nur recht wenig zu erreichen, solange sie nicht emanzipatorisch wirksam werden. Das ist natürlich dann möglich, wenn so «schlichte»
Dinge wie Souveränität, Selbstbestimmung, Eigenverantwortlichkeit
und Emanzipation als Werte verinnerlicht sind, und das heißt letztlich, die Individualisierung des Menschen vollzogen ist. Zuweilen
schaue ich etwas ironisch auf diesen hohen Anspruch, selbstironisch
allemal, denn auch ich bin Teil dieser infantilen Gesellschaft. Doch
dann sehe ich, daß selbst die langsame Arbeit an der Emanzipation
von Jugendlichen, deren Eltern, deren Kontext, deren Lehrern eine
wunderbare und sehr dankbare Aufgabe ist. Besonders dann, wenn
in einem konkreten Projekt spürbar wird, welche Kraft auch in der
Infantilität, in dem Trotz, in der Widerborstigkeit steckt. Unsere

Strategien gegen Fremdenfeindlichkeit sollten sich daher im Osten Deutschlands an diesen besonderen Bedingungen orientieren.

Die Errichtung von Barrieren gegen Fremdenfeindlichkeit muß deshalb im Osten vor allem die Menschen und die Initiativen stützen und schützen, die sich jetzt erst zu entwickeln beginnen und wie zarte Pflanzen wachsen. Ebenso wichtig ist es, den ethik- und meinungsbildenden Beruf, wie eben die des Lehrers oder Journalisten, zu neuem Selbstbewußtsein zu verhelfen. Bevor die Jugendlichen von ihrer Fremdenfeindlichkeit ablassen, ist es eben notwendig, die ansässigen Lehrer, Sozialarbeiter, Journalisten zu ermutigen und zu befähigen, eine selbständige Haltung zu entwickeln.

Eine neue, souveräne und für Fremde offene Haltung entsteht nicht von allein, und sie entsteht nicht nur durch Strukturen, sondern eben durch Menschen, die eigene Erfahrungen machen können. Seit dem Frühjahr 1991 gibt es einen Arbeitskreis gegen Fremdenfeindlichkeit, der auf Initiative von Frau Berger (Ausländerbeauftragte Land Brandenburg) und Frau Funcke (ehemalige Ausländerbeauftragte des Bundes) gegründet wurde. In ihm arbeiten engagierte Ausländerbeauftragte der neuen Länder mit Vertretern von Verbänden und Gewerkschaften, um vor Ort Projekte gegen Fremdenfeindlichkeit und die entsprechenden Initiativen zu fördern.

Der Arbeitskreis gegen Fremdenfeindlichkeit in den neuen Ländern, die Ausländerbeauftragten, auf denen noch immer die Hauptlast der Ausländerarbeit liegt, und die regionalen Arbeitsstellen für Ausländerfragen fordern aus diesem Grund an erster Stelle, die Demokratisierung des Lernens und der Öffentlichkeit voranzutreiben. Das bedeutet, alle politischen Institutionen darin einzuschließen. So wie der Ministerpräsident klar gegen fremdenfeindliche Übergriffe Stellung nehmen muß, so soll die Schule ein erfahrungsbezogenes und lebensnahes Lernen ermöglichen, das nicht an der Schulhofmauer haltmacht. Barrieren gegen Fremdenfeindlichkeit im Osten zu schaffen, heißt also, in möglichst ganzheitlicher Form eine Demokratisierung des Lebens in der Gemeinde und in der Erziehung zu erreichen und durch Politik eine klare Haltung zu zeigen. Diese Haltung muß auf dem Grundsatz beruhen: Die Würde des Menschen, und zwar jedes Menschen, ist tatsächlich unantastbar. Und wer gegen diese Regel verstößt, wird bestraft. Egal was ihr denkt oder fühlt, hier geht es nicht darum, einen Konflikt zu verdecken, euer Handeln ist schlichtweg verboten.

Ich will nicht leugnen, daß soziale Spannungen ihren Teil zur Fremdenfeindlichkeit beitragen, aber ich will es an dieser Stelle auch nicht unterlassen zu sagen, daß dies weder die einzige noch die größte Quelle von Fremdenangst im Osten ist. Wir haben in unserer projektbezogenen Arbeit bereits jetzt die Erfahrung gemacht, daß individualisierende Instrumente wie die Kunst und die Begegnung zum Teil außerordentlich kraftvoll und positiv aufgegriffen wurden. Kunst und Kultur ohne Ideologie sind im Osten tatsächlich etwas sehr Neues und Befreiendes.

Hinter der Furcht vor dem Fremden verbirgt die ehemals eingemauerte ehemalige DDR-Bevölkerung auch ein gutes Stück Sehnsucht nach Offenheit, Kultur und natürlich auch nach Ferne. Wenn solche Sehnsüchte einst in Ansätzen befriedigt würden, und zwar innerhalb der gewohnten Umgebung, kann darüber sehr viel Verständnis und Kommunikation hergestellt werden.

Ein anderer erfolgreicher Ansatz sind Begegnungen zwischen In- und Ausländern unter starker Berücksichtigung sozialer Interaktion. Das mag im Westen nicht allzu neu sein, im Osten aber, ich erinnere an die infantile Gesellschaft, war es geradezu «gesetzmäßig», daß die Anliegen der Bürger in ihrer Alltäglichkeit *nicht* ernstgenommen wurden. Bedürfnisse, Wünsche, Kummer und Sorgen waren allesamt eine Art Provokation für den Vater Staat. Daher wurde ständig versucht, über diese Art des Alltags einen verleugnenden Sprung zu machen. Wenn wir nun heute bei Begegnungen zwischen In- und Ausländern über die gemeinsamen Sorgen der Eltern von Jugendlichen reden, etwa in bezug auf ihre Gewalttätigkeit, und dabei wirklich bei einem zerrissenen Schal anfangen, so kann dies zu einem weit größeren Aha-Erlebnis führen, als die beste politische Bildungsarbeit über die Integration von Türken in Deutschland.

Oft stehen wir vor Schulen, in die uns Lehrer gerufen haben, weil das aggressive Klima so unerträglich geworden ist, daß ein normaler Unterricht kaum möglich scheint. Wir versuchen dann, in Gesprächen mit den Betroffenen, das heißt mit den Lehrern, Eltern und den Schülern, eine Art «Gewaltdeseskalation» zu erreichen. Meist können wir in dem gewaltigen Sumpf aus Problemen in den verschiedenen Stadtteilen nur ein wenig das Wasser drumherum abgraben helfen, damit zuletzt niemand mehr versinken muß. Die Situation in fast allen Ostberliner Stadtteilen, aber besonders in den Neubaugebieten, scheint geradezu nach einem Handbuch «Die zehn sichersten Wege zu fremdenfeindlicher Gewalttätigkeit von Jugendlichen» gestaltet zu sein. Die Schulen wurden aufgelöst, Lehrer und Schüler auseinandergerissen, Jugendclubs in der Umgebung zugemacht, die gewohnte Jugendinfrastruktur zerstört, eine neue noch nicht aufgebaut; Lehrer und Eltern stehen unter massivem beruflichen und existentiellen Druck und werden permanent zu Bürgern zweiter Klasse degradiert. Perspektivlosigkeit greift um sich, die bekannten Orientierungsbilder brechen zusammen, und die Politik verbreitet derweil eine hysterische und ausländerfeindliche Asylantendiskussion.

Wenn wir nun in eine solche Schule gehen, in der sich das Ergebnis dieser Irritationen durch Gewalttätigkeit bemerkbar gemacht hat, so tritt man uns mit präzisen Erwartungen und der Hoffnung auf sofort wirksame Rezepte entgegen. In den Gesprächen muß dann versucht werden, vor allen Dingen mit den Lehrern, die Problemstrukturen erkennbar zu machen und den feinen roten Faden zu finden, mit dessen Hilfe sie die eigenen Möglichkeiten entdecken, ihre Probleme zu lösen. Das heißt, daß sie sortieren lernen, welches politische, welches kommunale und welches schulische Probleme sind, und wie und mit wem sie beginnen können, diese in die Hand zu nehmen. Meist ist es so, daß alle Probleme unzulässig miteinander verquickt werden, daß aber die eine Ohnmacht mit einer anderen begründet wird.

Eine ganz schöpferische Eigenart der «kindlichen» Sicht auf die Dinge ist das, was im Westen so gern «ganzheitlich» oder «ressortübergreifend» genannt wird. Gerade bei Fragen von Jugendgruppengewalt und Fremdenfeindlichkeit ist dieser natürliche Ansatz unbedingt zu begrüßen. Das gilt sowohl für die Ämter der Ausländerbeauftragten als auch für die Arbeit und die Projekte gegen Fremdenfeindlichkeit. Infantilität ist ein wichtiger Aspekt hinsichtlich der Fremdenfeindlichkeit in Deutschland. Gewiß nicht der einzige.

Die Folgeerscheinungen von Hoyerswerda im Westen zeigen, daß auch dort zumindest die Gefahr besteht, daß die Gesellschaft in das alte, noch immer bekannte Muster der Infantilität zurückfällt. In der derzeitigen internationalen und sozialen Lage scheint dies recht verführerisch zu sein.

Die Haut einer vierzigjährigen Demokratie in Deutschland ist noch sehr dünn. Man sollte sich also nicht allzusehr auf sie verlassen, sondern stets bemüht sein, sie haltbarer und widerstandsfähiger zu machen. Noch ist diese Haut durchlässiger, als wir glauben.

Bascha Mika

«Man muß auch den Menschen hinter der Akte sehen»

Ein Flüchtlingslager in Eisenhüttenstadt

«Ich forderte nicht viel und war gefaßt, noch weniger zu finden. Demütig kam ich, wie der heimatlose blinde Ödipus zum Tore von Athen, wo ihn der Götterhain empfing, und schöne Seelen ihm begegneten – Wie anders ging es mir!» (Hölderlin: Hyperion)

Frage: Warum sind Sie in die Bundesrepublik gekommen? Was ist Ihnen zugestoßen? Antwort: Mir selbst ist nichts zugestoßen. Ich habe den Libanon wegen des Bürgerkriegs verlassen. Frage: Aber der Bürgerkrieg ist doch beendet. Antwort: Zwanzig Tage vor meiner Abreise war eine Explosion in der Nähe meines Hauses. Meine Kinder leben in ständiger Angst. Frage: Warum sind Sie wegen des Krieges nicht früher ausgereist? Antwort: Es war nicht genug Geld da für alle. Mein Mann ist vor eineinhalb Jahren nach Deutschland gekommen. Jetzt hat mir seine Familie das Geld für die Ausreise gegeben. (Anhörung beim Bundesamt)

4500 Dollar hat Asmahan an ein Reisebüro in Beirut bezahlt. Für fünf Visa. Von Beirut nach Bukarest, von Bukarest nach Berlin-Schönefeld. Die Visa halten der Grenzkontrolle nicht stand. Anhörung auf dem Flughafen. Die Libanesin beantragt Asyl. Sie will zu ihrem Mann

238

nach Otterndorf in Niedersachsen. Doch das geht nicht ohne gültiges Visum. Ein Auto bringt sie und die vier Kinder zur ZAst Eisenhüttenstadt: Zentrale Anlaufstelle für Asylantragsteller in Brandenburg.

Auf vier mal vier Metern leben sie nun; drei Betten, zwei Matratzen, ein Schrank, ein Kindernachttopf und ein Stapel Geschirr. Vier mal vier Meter für eine Frau und vier kleine Kinder. Lebensraum – seit zwei Monaten.

Früher gehörte diese Kaserne der Bereitschaftspolizei. Jetzt ist sie ein Sammellager, an dem kein Asylbewerber in Brandenburg vorbeikommt. Wo der Weg die Hauptstraße verläßt, wo seiner Teerdecke die obere Haut fehlt, wo ausgeweidete Autos vor sich hin rosten, beginnt für die Flüchtlinge Deutschland. Ein Zaun, auf Betonpfosten gestützt, eine weiß-rote Schranke, dahinter dreistöckige Häuser, die sich um einen Innenhof sammeln.

«Viele kommen hierher mit großen Illusionen.» Heimleiterin Langisch blickt von ihrem Bürofenster auf den ehemaligen Kasernenhof, den gestutzte Büsche und schwächliches Gras kaum schöner machen. «Wenn wir den Menschen die Unterkünfte zeigen, sind viele erschrocken über die kargen Zimmer.»

Asmahan kommt mitten in der Nacht; die Beamten vom Flughafen übergeben sie der Wache am Tor der ZAst. Sie und die Kinder werden fotografiert, ihre Personalien aufgenommen. Jemand führt sie über den Hof in Haus 7, Parterre, die letzte Tür links. Hier ist ihr neues Zuhause. Man bringt ihnen Bettwäsche, Handtücher, etwas zu essen.

Von tobenden Kindern auf dem Flur wird sie am nächsten Morgen geweckt. Ein Ball fliegt durch den Gang, eine Meute kleiner Jungen jagt hinterher. Auf dem Flur der langgestreckten Gebäude leben rund 90 Menschen, betreut von jeweils zwei Angestellten der PeWoBe. «Peters Wohnheim und Betreuer GmbH» ist eine Privatfirma; die bringt die Flüchtlinge unter und versorgt sie. Das Geld kommt vom Land Brandenburg.

Die meisten Betreuer – 15 sind auf den Etagen – sprechen eine Fremdsprache und ein paar Brocken von diversen anderen. «Eine gewisse soziale Betreuung ist da», versichert Heidemarie Langisch. Und ihre Kollegin Neumann von der Ausländerbehörde sinniert: «Wo soll er sich sonst auch hinwenden, der Ausländer? Er braucht doch so was wie eine Vertrauensperson.»

Im ersten Stock von Haus 7 arbeitet der Palästinenser Nedal Isam.

Er zeigt Asmahan, wo sie Frühstück bekommt und wo sie sich dann melden muß: im Haus gegenüber bei der Ausländerbehörde und der Rezeption des Heimes. Ihre Kinder kann sie in einem der zwei Kindergartenzimmer lassen.

Eisenhüttenstadt gilt als Modell; hier sind alle Asylinstanzen beisammen: die Zentrale Ausländerbehörde des Landes Brandenburg, eine Außenstelle des Nürnberger Bundesamtes für die Anerkennung ausländischer Flüchtlinge sowie ein Wohnheim. So, wünscht sich Bonn, könnte es in allen Bundesländern aussehen. Die bürokratischen Wege würden verkürzt, das Asylverfahren gestrafft. Dafür müsse man allerdings Sammellager hinnehmen.

«Es geht nicht darum, wie fühlt sich der Asylbewerber, sondern wie kriegen wir das Verfahren schnellstens durch», bemerkt Tanja Neumann lapidar. Die Flüchtlinge bleiben in der ZAst, bis sie die Anhörung beim Bundesamt hinter sich haben. Meist nach drei oder vier Wochen. Dann werden sie auf Übergangsheime in Brandenburg verteilt und müssen den Ausgang des Verfahrens abwarten.

Die Kälte der Verwaltung

Auf dem Innenhof der alten Polizeikaserne stehen Gruppen von Männern, gestikulieren, rauchen, reden. Einige Köpfe werden aus den Fenstern der ockerfarbenen Häuser gebeugt, die Augen gierig auf alles gerichtet, was eine Abwechslung bietet. Auch das sind fast alles Männer. Vor dem Büro der Zentralen Anlaufstelle schlängelt sich die Reihe der Wartenden bis nach draußen. Ab und zu hört man drinnen eine deutsche Stimme brüllen.

An die 150 Flüchtlinge kommen pro Woche nach Eisenhüttenstadt. Die meisten aus Rumänien, aus Nigeria, Bulgarien, Jugoslawien, dem Libanon. 41 Nationen und einige Staatenlose treffen hier aufeinander.

Im Häuschen an der Eingangspforte sitzen Männer vom Wachschutz. Graue Hosen, graue Jacken, um den Hals einen Schlips mit dem rot eingestickten Namen ihrer Firma: B.O.S.S. Der Sicherheitsdienst kontrolliert das Gelände und den Eingang zur ZAst. Tagsüber mit sechs, nachts mit elf Leuten. «Wenn jemand nicht gerade über den Zaun steigt, kommt er hier nicht rein», prahlt einer mit rosigem Gesicht und fixiert drei Romafrauen mit einem Babybündel auf dem Arm, die passieren wollen.

Die beiden älteren Frauen, halb versunken in ihren tausend Rökken, schieben eine Plastikkarte mit eingeschweißtem Bild durch die Magnetsperre. Die Heiminsassen dürfen jederzeit raus und rein, aber nur mit diesem Ausweis. Wer die Sperre passiert, wird registriert. Die junge Frau mit dem Bündel drückt sich außen an dem Gitter vorbei. Der Wachmann schießt aus seinem Häuschen. «He, Ausweis zeigen.» Sie dreht den Kopf, grinst ihn an, geht weiter. Er flitzt hinter ihr her, packt sie bei der Schulter. «Ohne Ausweis kommst du hier nicht rein.» Ihr Mund zwischen dem Kopftuch lächelt breiter, ihre Hand greift irgendwo in den Kleiderberg und wedelt anschließend mit der Plastikidentität.

«Bei einzelnen überwiegt zwar der Eindruck, wir hätten hier eine Hauspolizei. Aber die meisten fühlen sich doch sicherer durch die Wachleute», meint die Heimleiterin der PeWoBe, der der Wachschutz unterstellt ist. B.O.S.S. ist eine Westberliner Firma; aber die Männer kommen alle aus dem Osten und haben einschlägige «Erfahrung» mit ähnlichen Objekten.

Asmahan ist am Kopf der Schlange angekommen. Im Büro der Anlaufstelle arbeiten fünf Frauen auf winzigem Raum hinter einem halbhohen Tresen. Vor ihnen drückt sich ein stämmiger Rumäne in einen Winkel. Er steht leicht geduckt, hebt zögernd die Augen und schiebt gelbe Blätter auf die Theke: die Begründung zu seinem Asylantrag, geschrieben mit Bleistift auf einem Plastiktisch im Zimmer gegenüber. «Drei Seiten», stöhnt die Angestellte hinter dem Tresen und verzieht säuerlich das Gesicht. Sie nimmt dem Mann den Paß ab und gibt ihm eine Bescheinigung mit Foto. Auf der Vorderseite steht seine Aufenthaltserlaubnis für Eisenhüttenstadt, auf der Rückseite werden nach und nach seine Termine im Asylverfahren eingetragen: für die erkennungsdienstliche Behandlung, die Anhörungen vor Ausländerbehörde und Bundesamt, das Datum der Verteilung. «Ordnung muß sein!» konstatiert Tanja Neumann stellvertretend für die ganze Ausländerbehörde. «Sonst diktieren die Ausländer uns, was sie wollen.»

Nach Paragraph 8 Asylverfahrensgesetz muß jeder Asylsuchende über seine Rechte belehrt werden. Das tut die Angestellte im Büro der ZAst, indem sie dem Rumänen ein engbeschriebenes Blatt aushändigt. Er schaut sie unterwürfig an. «Signatura», ergänzt sie, drückt ihm einen Stift in die Hand und zeigt, wo er quittieren muß. Damit auch das seine Ordnung hat.

Auf deutsch und rumänisch gibt es diese Belehrung. «Bei den anderen Sprachen muß es ihnen eben ein Dolmetscher aus dem Deutschen übersetzen», sagt die Frau hinter dem Tresen. Doch Dolmetscher hat diese Behörde viel zuwenig. Oft müssen die Betreuer aus den Häusern geholt werden und einspringen.

620 Menschen warten im November in Eisenhüttenstadt auf ihren Transfer ein kleineres Heim. Die ZAst existiert seit Anfang des Jahres und kann 800 Personen aufnehmen. Im Sommer waren aber plötzlich 1200 da. Die PeWoBe wußte nicht mehr, wohin mit ihnen, und steckte sie in eine lagereigene Turnhalle und in 80 schnell herbeigekarrte Container.

Die Flüchtlinge kommen zu einem Drittel direkt von der Grenze – meist aus Osteuropa –, zu zwei Dritteln über die Länderquote. Die verpflichtet Brandenburg, 3,55 Prozent aller Asylbewerber in der Bundesrepublik aufzunehmen.

Asmahan, die junge Libanesin, hat im Büro der ZAst den Termin für ihre «Identitätsbehandlung» bekommen und bei der Rezeption der PeWoBe den Heimausweis für sich und die Kinder. Er ist nicht nur Passierschein an der Pforte, ohne ihn gibt es auch keine Sozialhilfe. Die ist in den Bundesländern unterschiedlich hoch. Flüchtlinge in Brandenburg bekommen drei Mark am Tag, für Kinder ab fünf gibt es eine Mark fünfzig. Ausgezahlt wird aber erst nach zehn Tagen. «Drei Mark genügt ja», findet eine Angestellte der Ausländerbehörde, die sich um die sozialen Belange der Menschen hier kümmern soll. «Wenn man nicht stark raucht. Und trinken muß man ja nicht.»

Ohne Heimausweis gibt es in der Kantine auch nichts zu essen. Der Speiseraum ist auf der anderen Seite des Hofes. Rotkohl, Schweinebraten und Salzkartoffeln gibt es heute. Wer ein «M» für Moslem oder ein «H» für Hindu auf seinem Ausweis hat, kann gesonderte Mahlzeiten bekommen.

Der Weg zur Kantine und zur Behörde wird das einzige sein, was Amahans Tage unterbricht. In den nächsten Wochen wird es nichts geben als Essen und Schlafen, Ödnis und Warten.

Erzwungene Demut und Aggressivität

Der Flur vor ihrem Zimmer stinkt. Nach Urin und nach zu vielen Menschen. In den Waschräumen – auf jeder Etage einer für Frauen, einer für Männer – teilen sich rissige Steintröge den Platz mit neuen Aluduschen. Toilettenpapier kriecht über den Boden. Einige der graugestrichenen Zimmertüren sind durch Preßspan ersetzt. Hinter jeder Tür leben bis zu zehn Personen, nach Nationalitäten getrennt.

«Ich hab keine Hoffnung mehr in Deutschland», murmelt ein junger Syrer, der über Asmahan wohnt. «So hab ich mir das nicht vorgestellt. Du kannst nichts machen. Du sitzt in deinem Zimmer und wartest. Nach draußen kannst du nicht, aus Angst vor den Nazis. Der Wachschutz ist in Ordnung, nützt aber nicht viel. Und hier drinnen hast du Angst vor den Zigeunern.» Seine Frau sitzt neben ihm auf dem Bett. Sie ist schwanger. Selbst im Haus läßt er sie keinen Moment aus den Augen – Beschützer und Wärter. «Alle haben Angst vor den Rumänen», ergänzt ein Palästinenser, der dabeihockt. «Alle verstehen sich gut, nur mit denen geht es nicht.»

Die letzte Randale liegt erst einige Wochen zurück. Ein junger Roma soll einem Araberkind Reizgas in die Augen gesprüht haben. Die Eltern mischten sich ein, es gab eine Prügelei. Die Wache holte die Polizei. «War alles nicht so schlimm», sagt der Vertreter des Wachschutzes. «Es gab nur einen Verletzten.»

«Es gibt auch Negativerlebnisse hier im Objekt», heißt dies in der Sprache der Heimleiterin Langisch. Vor allem wenn es kalt wird und alle in die Zimmer gepfercht sind. «Manchmal reicht ein Wort, und es gibt eine Massenschlägerei.»

Der Behördenleiterin Neumann kommt ein Vergleich in den Sinn: Die Randale in der ZAst im Frühjahr, bei der ein Haus kurz und klein geschlagen wurde, erinnern sie an eine Gefängnisrevolte in Frankfurt/Oder. «Da haben sie auch alles zertrümmert», beschwert sich die Juristin. Um dann zu dem Schluß zu kommen: «Mit dem Verstand kann man das nicht begreifen.»

«Schutzgelderpressungen, Kleiderdiebstähle, Prügeleien und angedrohte Vergewaltigungen sind an der Tagesordnung», zählt sie auf. Daß es besonders Rumänen sind, die die anderen Flüchtlinge einschüchtern und ihnen die letzten Pfennige abnehmen, glaubt sie genau zu wissen. «Nur will niemand als Zeuge aussagen.»

«Früher», erzählt der Wachmann, «gab's vor allem Ärger mit den Schwarzafrikanern. Aber seitdem die in einem extra Trakt untergebracht sind, hat das aufgehört. Jetzt sind es meistens Rumänen und Zigeuner untereinander.»

Die Stimmung gegen die «Zigeunerclans» ist aufgeladen. Auch die Rumänen wollen mit ihnen nichts zu tun haben, diskriminieren sie ja schon in der gemeinsamen Heimat. Der Anteil von Rumänen und Roma – sie werden bei der Aufnahme nicht gesondert behandelt – ist in Eisenhüttenstadt besonders hoch. Sie kommen über die lange Grenze zwischen Brandenburg und Polen und zählen oft drei Viertel aller Asylbewerber hier. Um die Konflikte zu entschärfen, bringt die PeWoBe sie meist im Containerdorf unter.

Auf Asmahans Etage leben auch einige. Und es dauert nicht lange, bis sie die Einschätzung der anderen Araber teilt. Schmal, die langen Haare zurückgebunden, sitzt sie zwischen ihren wuselnden Kindern. «Sie haben Angst vor den Roma», erzählt sie. «Ich lasse sie möglichst nicht nach draußen.» Der fünfjährige Hussein und die sechsjährige Abir hopsen im Zimmer herum. Ihre roten und blauen Trägerhosen haben sie kurz nach der Ankunft bekommen. Berge von Kleidern haben die Eisenhüttenstädter zur Eröffnung der ZAst gespendet. Davon wird jeder Flüchtling einmal eingekleidet.

«Aber auch nur einmal», betont die Angestellte im Zimmer 114 der Ausländerbehörde. «Schließlich kann man auch damit Schindluder treiben. Erst sagen sie, sie haben den Anorak verloren und wollen einen neuen. Aber wenn sie keinen kriegen, ist der alte plötzlich wieder da. Hier können Sie einiges erleben, sag ich Ihnen.» Sie beugt sich wieder über ihre Schreibmaschine. «Aber wir kennen das ja schon. Und man muß ja in jedem auch den Menschen sehen», setzt sie fix hinzu und kümmert sich weiter um die «sozialen Belange» der Flüchtlinge.

«Es ist doch normal, daß bei so vielen Menschen auch mal was wegkommt», brummt Betreuer Winkelmann philosophisch und macht sich auf seinen Kontrollgang durch das Containerdorf. Weiße und gelbe Wellblechkästen, Wand an Wand auf dreckigem Sand. Vorne eine Tür, hinten ein Fenster, dazwischen 4,50 mal 2,20 Meter. In diesen Streichholzschachteln leben vier Personen oder mehr.

Ein Schritt und Winkelmann steht mitten im Zimmer. «Ausweise zeigen!» Sechs Erwachsene, ein junges Mädchen und ein Kind drängen sich zwischen Betten und einem Tisch. Sie kramen nach den Plastikkarten. «Du!» Winkelmann zeigt auf eine Frau. «Du gehörst doch gar nicht mehr hierher. Du bist doch auf Transfer.» Die Frau nickt ihm spöttisch zu. «Wo willst du denn schlafen? Hier kannst du doch nicht bleiben.» Sie sagt irgend etwas. Winkelmann versteht kein Wort, schüttelt den Kopf und macht die Tür von außen zu.

Draußen zuckt er mit den Schultern. «Was soll ich machen. Die Romafrau ist gestern in ein anderes Heim verlegt worden. Ihren Heimausweis hat sie nicht abgegeben, weil der angeblich verloren war. Jetzt ist sie zurückgekommen. Hier hat sie kein Bett mehr. Aber soll ich sie bei der Kälte draußen schlafen lassen?» Daß nachts im Heim immer mehr Menschen sind, als offiziell registriert, wissen alle: die Betreuer, die Heimleitung, die Ausländerbehörde. «Schließlich gibt's genügend Löcher im Zaun», meint Kollegin Neumann. Nur die Wachmannschaft glaubt, alles im Griff zu haben.

«Beamtenmentalität geht hier schlecht», bemerkt Winkelmann. Deshalb ärgert er sich oft über das Ausländeramt. Einem alten Roma, der über das Wochenende Urlaub haben wollte, weil sein Bruder verunglückt war, gab man in Zimmer 114 keine Erlaubnis. Ohne Urlaubsschein dürfen die Flüchtlinge Eisenhüttenstadt nicht verlassen. Eigentlich muß das Amt drei Tage Urlaub für Verwandtenbesuche bewilligen – aber der alte Mann kam zu spät. Es war freitags um 12.30 Uhr. Um 13.00 Uhr macht die Behörde Feierabend. «Und was ist passiert? Übers Wochenende ist der ganze Clan verschwunden. Alle 15 Leute. ‹Unbekannt verzogen› heißt das bei uns. Die Familie wurde doch praktisch gezwungen, unter falschen Angaben woanders noch mal Asylanträge zu stellen.»

Ein häßlicher Wind fängt sich im Gang zwischen den Wohnkartons, schleift Papier hinter sich her. In einem der offenen Mülleimer liegt einsam ein Schuh neben einem Plastikteller. Aus dem Sanitätscontainer weiter vorne kommt ein Bangladeshi, Handtuch und Shampoo in der Hand. «Das Heim ist ganz o. k.», sagt der 32jährige Momen. «Aber draußen ist es schrecklich. Mein Freund und ich haben Angst, raus zu gehen. Gestern wurden wir beim Telefonieren beschimpft.»

«Da haben wir's wieder», flucht Winkelmann. «Seit Monaten versuchen wir, Telefonzellen hier aufs Gelände zu bekommen. Die Anschlüsse gibt es ja. Das muß doch die Anwohner stören, wenn ständig Schlangen vor der einzigen Zelle hier in der Gegend stehen. Ich glaube, es ist Absicht, daß man uns keine hinbaut. Man will, daß sich die Leute in der Stadt über die Flüchtlinge ärgern.»

Momen und der 27jährige Abdul verbringen einen großen Teil des Tages im Bett. «Jede Arbeit wäre besser als das hier. Essen, schlafen, essen, schlafen.» Beide wollen sofort zurück nach Hause, wenn sie nicht mehr bedroht sind. «Wenn man arbeiten will, kann man nur saubermachen. Für ganz bißchen Geld. Das ist nicht gut.»

Die einzige Arbeit, die die Asylbewerber während ihrer Zeit in Eisenhüttenstadt machen dürfen, ist die auf dem Gelände. Wenn was aufgeräumt oder geputzt werden muß, stellt die PeWoBe manchmal Flüchtlinge an: für zwei Mark fünfzig. «Aber sie machen ja tags sowieso nur den Dreck weg, den die nachts gemacht haben», findet die stellvertretende Leiterin der Ausländerbehörde. «Und das dann gegen Bezahlung.»

Fremde vor wie hinter dem Zaun

Asmahan muß sich fotografieren lassen – fürs Bundeskriminalamt. Jeder Asylbewerber in Deutschland wird erkennungsdienstlich behandelt, einschließlich Fingerabdrücken. Zusätzlich werden alle Daten dem Zentralen Ausländerregister in Köln übermittelt. Kaum ist ein Flüchtling in Eisenhüttenstadt angekommen, fragt die Behörde beim AZR nach: Ist der Kandidat bereits bekannt? Hat er schon irgendwo anders einen Asylantrag gestellt? Ist er vorbestraft? Über Fernschreiber kommt postwendend Antwort; und bei «Neuzugängen» die AZR-Nummer, unter der der Asylbewerber ab jetzt gespeichert ist.

«Mit den Daten, das sollte man nicht so problematisch sehen», befindet ein Sachbearbeiter in der ZAst. «Denjenigen, die nichts verbrochen haben, schadet es ja nichts. Und bei den anderen ist man doch froh, wenn man sie erwischt.» Außerdem gehe es darum zu verhindern, daß Flüchtlinge an mehreren Orten gleichzeitig einen Asylantrag stellten und überall Sozialhilfe abkassierten. Es gebe eben immer schwarze Schafe, die Rechte hemmungslos ausnutzten. Das könne sich kein Staat gefallen lassen.

Außerhalb des ZAst-Geländes hört man es deutlich, was man sich von Ausländern nicht gefallen lassen darf. Gleich gegenüber der Kaserne, nur getrennt durch eine große Fläche bejammernswerten Grases, beginnen die Häuser der Eisenhüttenstädter. Dreistöckig, die Fronten durch dunkelblaue und burgunderrote Fensterreihen durchbrochen. Wer hier wohnt, hat das «Asylantenheim» immer vor Augen.

«Wir haben da unsere Erfahrungen gemacht», sagt eine 35jährige wichtig. «Uns haben sie in den Hausflur gekackt. Das sind speziell die Rumänen, die Roma. Bunttröcke nennen wir sie. Das müssen Sie mal sehen. Die schwärmen schon vor Tagesanbruch aus, suchen hier alle Mülltonnen durch und lassen das Zeug, was sie nicht gebrauchen können, einfach liegen.» Diesen Faden kann ihre Nachbarin gar nicht schnell genug aufgreifen: «Die Roma sind wirklich herumlungernde Betrüger. Auf dem Wochenmarkt und im Supermarkt wird ständig geklaut. Die Polizei ist machtlos, und in der Zeitung liest man auch nichts darüber.»

Vor und hinter dem Zaun Probleme mit denen, die sich nicht einpassen, das Sozialgefüge durchbrechen, die Ordnung nicht achten. «Mit den Roma haben die Deutschen meistens Probleme.» Heimleiterin Langisch guckt resigniert. «Die leben nun mal anders. Und ich soll ihnen jetzt Dinge einbleuen, die ihnen fremd sind.»

«Man muß da ja auch differenzieren», findet ein Architekt aus dem Wohnblock. «Die Schwarzafrikaner und die Inder, die sind eigentlich kaum Fremdkörper hier. Die grüßen mich an der Bushaltestelle. Schwieriger ist es mit den Rumänen und Roma. Ich selbst hab keine Probleme gehabt bisher. Aber die Stimmung hier hat sich durch die negativen Erfahrungen doch sehr verändert.»

Anfangs zeigten sich die Eisenhüttenstädter großzügig zu den Asylbewerbern. Noch im Frühjahr konnte die PeWoBe schreiben: «Die Bürger dieser Stadt bewiesen Einfühlungsvermögen, Toleranz und beispielhafte Solidarität. Im Gegensatz zu vielen anderen Kommunen mit ähnlichen Einrichtungen entstand hier ein wohltuendes, Ausländer akzeptierendes Klima.» Der Aufruf an die Bevölkerung, Asylbewerber einzuladen, sie in der Öffentlichkeit zu unterstützen und ihnen mit Sachspenden zu helfen, traf auf offene Ohren. Aber dann wurde es mit den Fremden doch anders, als die Kleinstädter erwartet hatten. Die Stimmung schlug um.

«Bis Mai hat es keine Aversionen gegeben», erinnert sich Tanja Neumann. «Bis hier dann plötzlich 1000 Leute waren und die Roma anfingen, ihr Heil in den Mülltonnen zu suchen. Durch das Stahlkombinat hat es in Eisenhüttenstadt schon zu DDR-Zeiten Ausländer gegeben. Aber wenn sie aufgefallen sind, mußten sie gehen.» Wenn jetzt welche gingen, kamen immer wieder neue nach. Das Leben in der Stadt veränderte sich, vor allem in dem Viertel rund um die ZAst. Die Anwohner reagierten erbost: «Den ganzen Sommer haben sie auf der Wiese vor unserem Haus gesessen und Türkenmusik gedudelt. Hier konnte man keine Mittagsstunde mehr halten.»

Ein anderer beugt sich von seinem Balkon und ergänzt: «Also bei gutem Wetter konnte ich mich nicht mehr hier aufhalten. Das war früher noch anders, das genaue Gegenteil, als da noch die Soldaten drin waren. Da herrschte Zucht und Ordnung.» – «Ist doch alles Quatsch!» ärgert sich ein Angestellter der Ausländerbehörde. «Als hier noch die Polizei war, haben die sich da drüben genauso aufgeregt.»

Auf praktischem Wege versucht die Heimleiterin nun die Konflikte zu entschärfen. Wenn ein Arzt ganztägig in der ZAst arbeitete, würden die Eisenhüttenstädter nicht mehr durch endloses Warten in den Praxen genervt. Wenn endlich Telefonzellen auf das Gelände kämen, hörten die Schlangen vor den öffentlichen Telefonen auf. Doch werden mit solchen Aktionen die erreicht, die auf der Straße ohne Umschweife sagen: «Das Ungeziefer muß weg!» Diejenigen, die glauben, daß jeder Asylbewerber die Taschen voller Dollars hat, während man selbst arbeitslos ist und von 450 Mark Sozialhilfe leben muß?

Bonjour Tristesse

Wer vorbei an Treibhausgerippen, Bergen von Kohle, Kies und Sand nach Eisenhüttenstadt reinfährt, liest an einem Betonpfahl: «Sie betreten eine Stahl-Krisenregion». Noch wird hier produziert. Mit 9000 Leuten, davon 5000 auf Kurzarbeit. West-Konzerne zögern, das Stahlkombinat zu übernehmen. Einige Filetstücke wären ihnen recht, den Rest kann der Rost holen.

Niemand rechnet damit, daß hier mehr als 3000 Arbeitsplätze übrigbleiben. Es waren einmal 11000, als Eisenhüttenstadt noch Stalinstadt hieß und ein Paradestück der Zone war: «Die erste sozialistische Stadt der DDR». Stadtgründung in den fünfziger Jahren auf der grünen Wiese, Schwerindustrie und eine Architektur, die «national» und «demokratisch» sein sollte. Heraus kam eine bescheidene Bebauungshöhe, parkartige Grünanlagen – eine banale Neubausiedlung. Ein Stück Ideologie aus der Aufbauphase der DDR.

Die Belegschaft des Hüttenwerks wurde im Laufe der Jahre aus allen Teilen des Landes zusammengeholt. Die Leute waren jung, hatten sofort eine Wohnung und verdienten gutes Geld. Eine «Goldgräberstadt» nennt Pfarrer Lange diesen Ort mit 60 000 Einwohnern, aber ohne gewachsene soziale Beziehungen.

Doch jetzt gibt es hier nichts mehr zu holen, und Aggression und Gewaltbereitschaft wachsen. «Es gibt genügend Jugendliche, die begeisterungsfähig für Randale sind», schätzt der Pfarrer. Er macht eine Sozialberatung für die Asylbewerber in seiner Gemeinde, was die Eisenhüttenstädter wenig begeistert. Drohanrufe kennt er inzwischen, und die riesigen Fenster des Gemeindehauses hat er vorsorglich gut versichern lassen. Der Seelsorger versucht zu verstehen, daß sich die Kleinstädter gegen den Vorwurf des Fremdenhasses wehren: Sie pochen darauf, daß es ja auch am Verhalten der Asylbewerber läge. Und wieder sind es die Roma, die sich mit ihrem schwierigen Sozialverhalten als Objekt der Ablehnung anbieten. «Die Roma rufen den größten Protest hervor und lassen sich auch nicht beraten.» Im bunten Völkergemisch sieht Christoph Langisch eher eine Chance, Ressentiments abzubauen.

«Manche in der Stadt hätten am liebsten einen elektrisch geladenen Zaun rund um das Asylantenheim und Schäferhunde drumherum», resümiert er das Klima. Das bestärkt Heimleiterin Langisch darin, daß ein Schutz um die ZASt tatsächlich gebraucht wird. «Ursprünglich wollten wir den Kasernenzaun abreißen. Aber inzwischen wissen wir, daß wir auf ihn nicht verzichten können. Erst kürzlich wurden drei Flüchtlinge draußen zusammengeschlagen.»

Bisher gab es noch keinen Überfall auf das Heim. «Es ist mit den Rechtsradikalen nicht so schlimm in Eisenhüttenstadt», versichert ein Wachmann. «Die kommen mal vors Tor und grölen. Aber aufs Gelände hat's bisher noch keiner geschafft.»

Aber genau das wünschen sich einige in der Stadt. Ein 50jähriger Mann von gegenüber will gerade das Haus abschließen, «wegen der Zigeuner». «Das ist ja nicht mehr auszuhalten mit denen», knurrt er, stellt die Bierflaschen, die er trägt, auf den Boden und grinst: «Im

Sommer haben wir uns manchmal gewünscht, daß die Rechtsradikalen kommen und da drüben mal aufräumen. Wie in Hoyerswerda. Da kann man nur noch mit dem Knüppel dazwischengehen. Hoffentlich kommen sie bald.»

Die meisten Flüchtlinge fürchten das und verlassen das Heim nur, wenn es unbedingt sein muß. Sie geben ihr Geld für Taxis aus, um nicht auf die Straße zu müssen. «Nobody told me, Germany is like this», klagt ein Senegalese. Aber ein Landsmann, der vorher in Hamburg untergebracht war, widerspricht ihm gutgelaunt. Ihm gefallen die Deutschen. Viel verrückter als sie findet er die Araber und die Rumänen im Heim, die alles kurz und klein schlagen.

Ein Neubeginn, der keiner ist

Betreuer Winkelmann macht sich von seinem Containerbüro auf zu Haus 7. Er ist zum Kaffeetrinken eingeladen. Die Heimleitung sieht es nicht gerne, wenn die Flüchtlinge in ihren Zimmern kochen oder essen. «Aber die Türken und Araber wollen ihren Tee und Kaffee selber machen. Und so soll es ja auch sein», sinniert Winkelmann. Und wenn die Leute «Sonderwünsche» haben, die man ihnen erfüllen kann, «das ist dann dieser menschliche Kontakt». Vor allem mit den Arabern versteht er sich gut, «so von Mann zu Mann».

Auf dem Weg besucht er Asmahan und die Kinder. Zehn Tage sind sie bereits in Eisenhüttenstadt. Den Nachmittag haben sie verschlafen. Jetzt müssen sie wach werden zum Abendessen um sechs. Wie üblich wird es Brot, Wurst und Tee geben, manchmal noch restliche Milch vom Frühstück. Und immer 0,2 Liter Obstsaft. «Das Essen ist zwar nicht schlecht», findet der Etagenbetreuer. «Aber auf Dauer zu eintönig. Beim Frühstück gibt's Marmelade, Käse, alles aus diesen Plastiktöpfen. Und Obst und Gemüse zuwenig, das muß man schon selbst dazukaufen.»

Marwan, gerade ein Jahr alt, robbt auf dem Boden und quiekt. Eine Stoffschnur ist um seinen Bauch gebunden, das andere Ende um einen Bettpfosten gewickelt. So bleibt sein Tatendrang an der langen Leine. Asmahan erzählt von der Anhörung bei der Ausländerbehörde. Dort mußte sie ihre ganze Geschichte noch einmal wiederholen: Warum sie den Libanon verlassen hat. Ob sie in Gefahr war.

Welche Reiseroute sie genommen hat. «Wir müssen überprüfen, ob sie nicht anfangen, sich zu widersprechen», erklärt Behördenleiterin Neumann. «Wenn sie mich belügen, werd ich böse. Bisher hat unser Amt noch keinen Asylantrag als ‹unbeachtlich› zurückgewiesen.» Hat die Ausländerbehörde diesen Teil erledigt, werden «Person und Vorgang dem Bundesamt für die Anerkennung ausländischer Flüchtlinge zugeleitet», heißt es im Aktenjargon. In Eisenhüttenstadt sitzt das Bundesamt ein Stock über der Ausländerbehörde. Dort wird der Antrag weiterbearbeitet, auch hier muß sich jeder Flüchtling noch einmal ausfragen lassen. Für Asmahan ist der Interviewtermin ein paar Tage später angesetzt.

Am Wochenende hat sie ihr Mann besucht. Oft kann er das nicht machen. Die Zugfahrkarte kostet 170 Mark. Er sitzt in Niedersachsen und wartet auf den Ausgang seines Asylverfahrens. Familienzusammenführung wird zwar als Recht im Asylverfahrensgesetz definiert, aber daß das schnell gehen könnte, verhindert die Bürokratie meist erfolgreich.

Winkelmann will weiter zu seiner Verabredung. Er tätschelt Marwan den Kopf, streckt seinen kräftigen Arm aus, legt ihn Asmahan um die Schultern, sagt ihr was ins Ohr. Sie rührt sich nicht.

Bei der Palästinenserfamilie im ersten Stock wird wild debattiert. Fünf Erwachsene sitzen auf Betten und Matratzen, fünf Kinder, schon im Schlafanzug, irgendwo dazwischen. Jetzt kommen noch Winkelmann und sein arabischer Kollege Isam. Die junge Palästinenserin springt nicht sofort auf, um ihnen einen Platz anzubieten. Ihr Mann faucht sie an.

«Das Heim ist gut. Die Ausländerbehörde ist schlimm. Die Verteilung ganz schlimm», macht sich ein junger Syrer gerade Luft. «Die in der Ausländerbehörde sind Rassisten. Wenn wir uns beschweren, sagen sie: Ich nicht Asyl – du Asyl.»

Immer wieder gibt es Ärger, wenn die Flüchtlinge nach ihrer Anhörung beim Bundesamt in ein kleineres Lager verlegt werden sollen. Zimmer 104 der Ausländerbehörde hat ein hübsch buntgemaltes Schild an der Tür – und ist bei den Asylbewerbern völlig verhaßt. Hier entscheidet sich ihr Schicksal für die nächsten Monate; erst hier erfahren sie, wohin ihr «Transfer» geht. Ob in das Heim nahe bei Berlin, was sich die meisten wünschen, ob in eines, wo schon Familienangehörige leben oder in eines von denen, in die niemand will: weil es dort keine Landsleute gibt, weil die Bewohner am Ort ausländerfeindlich sind oder die Wohnbedingungen miserabel. Darüber sind die Flüchtlinge gut informiert, es spricht sich schnell herum.

Wer ins Zimmer 104 gerufen wird, sieht seine Akte fein säuberlich auf dem Tisch liegen. Der Zuweisungsbescheid ist obendrauf geheftet. Ein Angestellter belehrt, daß man innerhalb eines Monats Widerspruch einlegen kann. Aber das sagt er auf deutsch. Kaum einer versteht ihn, ein Dolmetscher ist meist nicht vorhanden, und außerdem hat der Widerspruch keine aufschiebende Wirkung. Das heißt, man muß auf jeden Fall erst einmal reisen, ist dem Behördenbescheid ausgeliefert. «Wir versuchen die Wünsche der Asylsuchenden so gut es geht zu berücksichtigen», ist die Devise der Ausländerbehörde. «Aber sie verschicken Ehepartner einzeln oder Eltern ohne ihre Kinder. Das passiert immer wieder», bestätigen die Betreuer die Vorurteile der Heimbewohner.

Im Zimmer des Syrers versteckt sich Tajjedin. In einem blauen Schlafsack liegt er auf dem Boden, rührt sich kaum. Seit zwölf Tagen ist er untergetaucht, seit drei Tagen weigert er sich, zu essen. Der Libanese sollte mit zwei anderne Arabern nach Jüterbog verlegt werden. Er unterschrieb seinen Transferbescheid, an Widerspruch dachte er nicht. Dann wurde er krank. Seine Landsleute fuhren allein. Zwei Tage später waren sie wieder in Eisenhüttenstadt: In Jüterbog seien sie ganz allein unter lauter Zigeunern gewesen. Das könnten sie nicht ertragen.

Tajjedin weigerte sich, nach Jüterbog zu gehen. Die Behörde setzte seinen Transfertermin fest. Die Heimleitung nahm ihm seine Plastikkarte ab: keine Möglichkeit, in der Kantine zu essen, kaum eine Chance, das Gelände anders als über den Zaun zu verlassen. Der Syrer nahm ihn auf, gemeinsam versorgten ihn die Araber mit Essen. Bis er nicht mehr wollte.

16 Tage nach ihrer Ankunft in Eisenhüttenstadt hat Asmahan ihre Anhörung vor dem Bundesamt. Wieder erzählt sie ihre Geschichte und wieder sagt sie, daß sie mit den Kindern zu ihrem Mann will.

Fünf Wochen später: die gleichen vier mal vier Meter, die Betten, der Schrank, das gleiche Essen und der immer gleiche Gang – links über den Hof zur Kantine, geradeaus zu den Behörden. Das Bundesamt gibt an, ihre Akte nur wenige Tage nach dem letzten Interview an die Nürnberger Hauptstelle weitergeleitet zu haben. Asmahan vermutet, daß sie bewußt diskriminiert, daß ihr Verfahren bösartig verschleppt wird. Wahrscheinlich ist es viel banaler: der Gang der Bürokratie.

«Dazu sind wir hier im Staatsdienst, um die auf demokratischem Wege erwirkten Rechtsvorschriften durchzusetzen», sagt ein Vertreter der Ausländerbehörde Eisenhüttenstadt ohne Versprecher. Und fügt noch hinzu: «Es sind ja alles Menschen, die hinter den Akten stecken.»

Fuad M. Seyid Ali

«Wir sollen warten, nur warten»

Ein Flüchtling berichtet

Aus Sicherheitsgründen muß ich im Folgenden auf die namentliche Nennung jener Personen verzichten, die mit unserer Geschichte zu tun haben. Sie sollen nicht an Leben und Gesundheit gefährdet werden. Der Diktator Saddam Hussein sitzt immer noch fest im Sattel seiner Macht, und sein Unterdrückungsapparat ist intakt.

Die vielen Menschen in Deutschland, die uns während unserer Flucht menschlich, finanziell und auch moralisch unterstützt haben, kann ich wegen des begrenzten Rahmens leider nicht einzeln aufführen. Meine Familie und ich schulden ihnen allen unseren tiefempfundenen Dank. Solange wir leben, werden wir ihren Beistand nicht vergessen.

Erzwungene Rückkehr

Kurz nach Abschluß meines Studiums an der Georg-August-Universität in Göttingen am 19. 7. 1984 hatte ich nach langem Hin und Her die endgültige Entscheidung getroffen, in den Irak zurückzukehren. Zweifellos habe ich dabei über meine eigene innere Zerrissenheit, meine Ängste, die Bitten und Warnungen meiner Frau und vieler meiner Freunde, die nachdrücklich davon abgeraten hatten, hinweggesehen.

Die Gründe für meine Entscheidung lagen nicht nur in den acht

Jahren, die wir hier in Deutschland verbracht hatten, in denen wir –
vor allem aber meine Frau – unter Heimweh und Sehnsucht nach Verwandten und Bekannten, nach Sonne, Wärme und Licht gelitten haben. Es war nicht nur das Verlangen, einfach wieder dort zu sein und
weiter dort zu leben, wo wir geboren, aufgewachsen und seelisch gebunden waren. Es war nicht das Pflichtbewußtsein, das mich nach
Beendigung meines Studiums in die Heimat rief, um mein hier erworbenes neues Wissen in die Tat umzusetzen und damit meinem Land zu
dienen. Es war auch nicht der Traum von einer wissenschaftlichen
Karriere und dem damit verbundenen beruflichen Aufstieg. Es war
an allererster Stelle der enorme psychische Druck, unter den die irakischen Behörden mich gesetzt hatten.

Seit 1983 bekam ich regelmäßig Briefe von meinem Vater, meinem
jüngeren Bruder und meinem Bürgen[1], in denen sie mich alle eindringlichst baten, nach Studienabschluß umgehend nach Hause zurückzukehren und meine frühere Stelle an der Universität wieder anzutreten. Diese Briefe kamen, nachdem ich schriftlich darum gebeten
hatte, meine Studienzeit um ein weiteres Jahr zu verlängern. Die mir
von der Universität vertraglich festgelegten sieben Jahre reichten für
das Erlernen der Sprache, das Diplomstudium und die Promotion
nicht aus. Wie ich es schon damals vermutete, gingen die Behörden zu
Hause jedoch davon aus, daß ich an einer Rückkehr in den Irak nicht
interessiert sei. Daher setzten sie mich durch meine Familie und meinen Bürgen unter psychischen Druck, um meine Rückkehr zu erzwingen.

Meine Vermutung bestätigte sich, als ich im Februar 1984 einen
Brief von meinem Bürgen bekam, der nicht mit der Post geschickt
worden war, sondern über Umwege und Boten nach Göttingen gelangte. In diesem kurzen Brief erklärte er mir, daß ein Gerichtsverfahren gegen ihn eingeleitet wurde. Aufgrund seiner Erfahrung mit
ähnlichen Fällen ging er davon aus, daß der Gerichtsbeschluß schon
im voraus feststand. Außer der Bezahlung der im Vertrag festgelegten Summe von 15000 Dinar an die Regierungskasse mußte er mit
einer Haftstrafe von bis zu zehn Jahren rechnen. Die Verhandlungen
könnten nur dann verschoben werden, wenn er den Behörden den
Zeitpunkt meiner Rückkehr schriftlich versichern und sich verpflichten würde, mich bis zu diesem Datum nach Hause zu bringen. Da ich
in meinem Antwortbrief den Zeitpunkt meiner Rückkehr nicht genau

bestimmen konnte, begann er ab Ende März, mich mehrmals monatlich anzurufen und flehentlich zur Rückkehr zu bewegen. Anfang August 1984 habe ich ihm dann die erlösende Antwort gegeben: «Wir werden noch in diesem Monat bei euch zu Hause sein!»

An einem sommerlichen Augustmorgen machten wir uns auf die Rückreise. Meine Frau war verzweifelt; ich selber war zerrissen zwischen Bangen und Hoffen. Ich beruhigte und tröstete sie, indem ich ihr erklärte, daß wir beide uns immer über die Rückkehr in die Heimat einig gewesen waren. Beide hatten wir uns in der letzten Zeit ständig darüber beklagt, daß wir uns nun lange genug in der Fremde aufgehalten hätten und es höchste Zeit sei, nach Hause zurückzukehren. Wir haben öfter zusammen Pläne geschmiedet, wie es uns gelingen würde, wieder Wurzeln in der Heimat zu schlagen, Fuß zu fassen und ein neues Dasein aufzubauen. Wegen der Wirrnisse des irakisch-iranischen Krieges, der auf seinem Höhepunkt war, sowie den seit 1983 verschleppten Verhandlungen zwischen der PUK (Patriotische Union Kurdistan) und dem Baath-Regime wollten wir unsere Rückreise eigentlich so lange verzögern, bis die Zustände überschaubarer wurden. Dies haben die irakischen Behörden jedoch geahnt und durch ihren Psychoterror unser Hierbleiben und Abwarten verhindert. Außerdem, wer hätte uns versichern können, daß dieser schreckliche Krieg bald ein Ende findet und die PUK in ihren Verhandlungen mit dem Baath-Regime positive Ergebnisse erzielt? Uns blieb in der Tat kein anderer Ausweg, so daß wir einfach nach Hause zurückfahren mußten. Wir durften unsere Verwandten, Bekannten und Freunde, die von den irakischen Behörden mit schlimmen Konsequenzen bedroht wurden, nicht im Stich lassen.

Mehr als Startprobleme

Mit bitteren Wahrheiten konfrontiert, wurde unserer Freude, wieder zu Hause zu sein, ein schnelles Ende gesetzt. Was sie uns damals in den Briefen nicht schreiben konnten, erzählten unsere Angehörigen jetzt ohne Angst und Furcht. Der Geheimdienst hatte meinen Vater, meinen Bruder und meinen Bürgen mehrmals verhört und sie alle mit härtesten Strafen[2] bedroht, falls sie mich nicht zu einer sofortigen Rückkehr bewegten. Sogar die Briefe sind unter Aufsicht des Geheimdienstes geschrieben und verschickt worden. Mein Bürge erklärte mir, daß nicht der sachverständige Richter, sondern die Sektion der Baath-Partei an der Universität gemeinsam mit dem Geheimdienst hinter den Gerichtsbeschlüssen gegen Rückkehrverweigerer aus dem Ausland steckt. Seit dem Ausbruch des Krieges zwischen Irak und Iran lehnten immer mehr im Ausland studierende Iraker die Rückkehr ab, weil sie befürchten mußten, als Soldaten an die Front geschickt zu werden. Dies sei die neue Politik der Baathisten, die wie üblich auf Psychoterror und Sippenverfolgung basiert.

Sie erzählten mir den Fall einer Lehrerin, die neben der Geldstrafe auch zu zehn Jahren Gefängnis verurteilt wurde. Ihr Sohn, für den sie vertragsgemäß gebürgt hatte, weigerte sich, aus England zurückzukehren. Sie verbüßte ihre Strafe seit fast einem Jahr im Frauengefängnis Abu-Garib nahe Bagdad.

Es beunruhigte mich nicht sehr, als ich erfuhr, daß meine Frau und ich vor mehr als einem Jahr unsere Stellen als Beamte auf eine schriftliche Anordnung der Kulturaustauschabteilung der Universität hin verloren hatten. Denn laut meinem Vertrag mit der Universität hatte ich einen Anspruch auf sofortige Wiedereinstellung als verbeamtete Lehrkraft. Als ich aber vier Tge nach meiner Ankunft die Universität zum erstenmal besuchte, erfuhr ich vom Universitätspräsidenten, daß ich vorläufig nur eine befristete Stelle als Arbeiter bekommen könnte, bis mein Doktorgrad nach einer Überprüfung meiner Dissertation anerkannt worden sei.[3] Darüber hinaus müsse ich mich um eine Wiedereinstellung bewerben und mich einer Personalüberprüfung unterziehen. Dafür müßte ich mit einer Bittschrift, den ganzen persönlichen Papieren, Dokumenten und Studienzeugnissen nach Bagdad fahren und im Ministerium für Hochschulbildung vorsprechen.

Nach vielen Fahrten und Aufenthalten in Bagdad, nachdem ich mich unzählige Male an die Verantwortlichen im Ministerium gewendet hatte, stand eine Entscheidung über meine Wiedereinstellung auch nach dreimonatiger Wartezeit immer noch aus. An wen auch immer ich mich in dem Ministerium wandte, immer bekam ich das gleiche zu hören: Meine Sache werde weiter bearbeitet, ich solle warten und nur warten. Dieses mit Furcht verbundene Warten zerrte in entsetzlicher Weise an meinen Nerven und an meiner Geduld und versetzte nicht nur mich, sondern auch meine Frau und mein Elternhaus in Angst und Schrecken. Abgelehnt zu werden machte mir nichts aus, ich hätte mir eine Arbeit auf dem freien Markt suchen können. Angst hatte ich vor den Konsequenzen einer solchen Ablehnung, denn sie bedeutete in erster Linie, daß die Baathisten danach mit mir abrechnen würden.

In meinem ganzen Leben wollte ich niemals ein Berufspolitiker werden, doch ein politisierter Mensch – wie jeder Iraker und Kurde meiner Generation – bin ich immer gewesen. Dies ist in meinem Inneren so fest verwurzelt, daß es sich in meiner Dissertation widerspiegelt. Sie behandelt ein gesellschaftspolitisches Thema und kritisiert – wenn auch sehr zurückhaltend – die Agrarpolitik und insbesondere die Genossenschaftspolitik des irakischen Regimes.

Mittlerweile hatte ich mich bei vielen Freunden und Arbeitskollegen aus früheren Zeiten – in denen ich lange Jahre als Verwaltungsbeamter an den Universitäten in Basra und Sulaimaniya tätig war – erkundigt und sie um Rat und Unterstützung gebeten. Aber kaum jemand von ihnen wagte es oder konnte mir Unterstützung gewähren. Viele von ihnen waren der Meinung, daß die verzögerte Antwort auf meine Wiedereinstellung nur bedeuten konnte, daß sie negativ ausfallen wird. Da solche Überprüfungen von der Behörde unter strenger Geheimhaltung durchgeführt werden, gaben mir manche Kollegen den Rat, die unmittelbar dafür zuständigen Personen ausfindig zu machen und sie in irgendeiner Weise so zu beeinflussen, daß die Antwort ohne langes Hin und Her positiv ausfällt. Dieses hatte ich mir schon lange überlegt, fand jedoch nicht den Weg und die Mittelsmänner, die mich zu den zuständigen Personen führen konnten.

Zufällig begegnete ich einem ehemaligen Arbeitskollegen aus Basra an einer Straßenecke in Bagdad. Nach einer warmherzigen Begrüßung schlenderten wir zu einer Teestube. Damals in Basra war mein Freund ein mittlerer Beamter in der Personalabteilung des Universitätskuratoriums gewesen. Wie er mir erzählte, wurde er 1975 als Abteilungschef in das Ministerium für Hochschulbildung nach Bagdad versetzt. Fünf Jahre später versetzte man ihn auf einen niedrigeren Posten im Wirtschaftsministerium, da die Baathisten an seiner Loyalität zur Partei zweifelten. 1963 hatten sie ihn als «kommunistischen Verräter» ein Jahr lang im Gefängnis eingesperrt und brutal gefoltert. Als wir uns in Bagdad trafen, fing er an, seinem Haß und seiner Wut gegen die Baathisten Luft zu machen. Dies beseitigte meine anfängliche Zurückhaltung. Seelenruhig erzählte ich ihm meine Geschichte von A bis Z. Ich beschrieb ihm meine wachsende psychische Tortur, unter der ich seit drei Monaten litt, ohne einen Ausweg finden zu können. Zu meiner Überraschung wußte er eine Lösungsmöglichkeit, die ganz einfach war. Ich sollte die zuständigen Beamten schlicht mit kurdischem Wildhonig, Schafskäse, aus dem Iran geschmuggelten Samowaren und Teppichen sowie ein paar DM- und Dollarscheinen bestechen. Er gab mir einige Namen und Adressen und versprach, die ersten Kontakte für mich anzuknüpfen. Und was er gesagt hatte, hat er auch getan.

Weitere drei Moante später gelang mir die Bestechung von vier Personen, und ich erhielt schließlich die Genehmigung für meine Wiedereinstellung sowie die Anerkennung meines Titels. Die Anerkennung war jedoch mit der Auflage verbunden, meine Dissertation niemals ins Arabische zu übersetzen und sie zu veröffentlichen, obwohl normalerweise die Anerkennung mit der Erlaubnis zur Veröffentlichung verbunden ist.

Schikanen des Alltags

Nachdem ich die Lehrerlaubnis erhalten hatte, unterrichtete ich an der Universität meiner Heimatstadt in vier theoretischen Fächern. Darüber hinaus arbeitete ich als Mitglied in über einem Dutzend wissenschaftlicher Ausschüsse auf Fachschafts-, Fakultäts- und Universitätsebene. Dies war einfach zuviel für einen Neuling wie mich, der die meisten seiner Vorlesungen zu Hause vorbereiten mußte. Meine Arbeitsstunden überstiegen die vorgeschriebenen Wochenstunden um mehr als das Doppelte. Ich mußte aber – wie alle unabhängigen Lehrkräfte, die nicht in die Baath-Partei eintreten wollten – die von den baathistischen Funktionären angeordneten wissenschaftlichen Fronarbeiten klaglos ausführen, ohne Beschwerdemöglichkeiten zu haben. Die Baath-Funktionäre selbst besaßen die Schlüsselpositionen im Präsidium, im Kuratorium und in den Fakultäten. Sie beschäftigten sich ausschließlich mit politischen Fragen der Partei, Befehlserteilung und dem Herumreisen in schicken Autos. Als Wissenschaftler waren sie Hohlköpfe und leisteten kaum etwas auf diesem Gebiet.

Kurz danach erhielt meine Frau durch den Einfluß des Universitätspräsidenten wieder ihre Stelle in der Universitätsbibliothek. Trotz aller Strapazen bei der Arbeit waren meine Frau und ich zufrieden und bemüht, uns den Arbeitsumständen anzupassen. In der ganzen Folgezeit ging es uns wirtschaftlich gut. Wir bewohnten ein großes Haus auf dem Campus, das wir in mühevoller Kleinarbeit einrichteten. Der Campus bestand aus 98 Wohnungen, einem Kindergarten, einem Supermarkt und einem Klubhaus, das eine westdeutsche Firma gebaut hatte. Unsere beiden Kinder lebten richtig auf und fanden viele Freunde unter den Nachbarskindern auf dem Campus. Beide waren begeistert, ein- oder zweimal die Woche in meinem Elternhaus in der Altstadt übernachten zu dürfen und von der Oma, den Tanten und den Onkeln verwöhnt zu werden. Bei der Überwindung ihrer Sprachschwierigkeiten wurden sie von ihren Tanten – zwei von ihnen sind Lehrerinnen – betreut und unterstützt.

In einer totalitären Ein-Mann-Diktatur wird das Volk zum Befehlsempfänger degradiert, sein ganzes Alltagsleben besteht aus Verboten. Auch wenn man nun innerhalb dieses Systems äußerst behutsam und vorsichtig mit seinen Worten und Taten umgeht und sich streng an den allumfassenden Verbotskatalog zu halten versucht, gibt es dennoch keine Sicherheitsgarantien. Dies mußten viele Menschen zu Hause erleben. Meine Frau und mich traf es besonders hart: Beide wurden wir sowohl an der Universität als auch im privaten Bereich tagtäglich mit unzähligen Problemen konfrontiert. Dabei mußten wir uns jedesmal unter den Schutz der einen oder anderen Persönlichkeit stellen, um nicht zur Verantwortung gezogen zu werden.

Die Beispiele sind zahlreich, ich kann hier nur einige skizzieren: Ich mußte mich strikt an die vorgeschriebenen Lehrpläne und Lehrbücher mitsamt der darin enthaltenen faschistisch-chauvinistischen Parteiideologie halten, was mir sehr schwer fiel. Die Fächer, die ich unterrichtete – Entwicklungstheorien, Agrarsoziologie, ländliche Entwicklung und Gruppenführung –, beinhalteten sozialpolitische Sachfragen. Ob man wollte oder nicht – man mußte bei solchen Themen mehr sagen, als die von den Baathisten gesetzten Grenzen vorschrieben. Dies bedeutete, daß ich mich gelegentlich zwangsläufig «versprach». Ich war dann jedesmal sehr beunruhigt, denn alle Äußerungen wurden der Partei von Spitzeln zugetragen. Unser Verhalten gegenüber den Studenten wurde nicht nur in den Hörsälen, sondern auch außerhalb der Universität beobachtet.

Auch die Studenten teilten sich in zwei Klassen: Die eine bestand aus Mitgliedern der Baath-Partei, die alle Vorzüge und Annehmlichkeiten des Regimes genossen; die anderen waren keine Parteimitglieder, sie wurden wie Verstoßene behandelt, psychisch unterdrückt und gejagt. Mit ihren individuellen und sozialen Belangen hatten sie bei den baathistischen Verantwortlichen nichs zu suchen; sie wendeten sich in ihrer Ohnmacht an uns, die Machtlosen. Ich habe vielen dieser in Not geratenen Studenten geholfen, heimlich und über die Grenzen der Anordnungen und Vorschriften hinaus. In einem dieser Fälle erlaubte ich einem Studenten aus der Stadt A'mmara, sich drei Tage von der Universität zu entfernen, um der Beisetzung seines im Krieg gefallenen Bruders beizuwohnen. Diese Erlaubnis verstieß nicht nur gegen die Anordnung des Ministers für Hochschulbildung – die jegliche Abwesenheit der Studenten von der Hochschule verbietet –, sie wurde auch von Baath-Spitzeln – vermutlich aus dem «Freundeskreis» des betroffenen Studenten – entdeckt und der Partei zugetragen.

Meine Probleme erstreckten sich auch auf meine akademischen und öffentlichen wissenschaftlichen Aktivitäten. Eine von mir betreute Diplomarbeit wurde von der Sektion der Partei in der Fakultät als «nicht linientreu» eingestuft. In dieser Arbeit hatte ein Student aufgrund eines Fallstudiums in einem kleinen Dorf bewiesen, daß die «parallele Vettern-Cousinen-Ehe» noch eine vorherrschende Heiratsform auf dem Lande ist. Er fand außerdem heraus, daß bis zu 90 Prozent der Mädchen in diesem Dorf von ihren Eltern zwangsmäßig und sogar ohne ihre Zustimmung verheiratet werden. Dies war für die Baathisten ein gemeiner Verstoß gegen das Familiengesetz, das jeden Heiratsvertrag ohne das Einverständnis des Mädchens für null und nichtig erklärte.

Wegen solcher und ähnlicher Vorkommnisse wurde ich sowohl von der Fakultätssektion als auch der Universitätsorganisation der Baath-Partei eindringlich verwarnt und mit dem Ausschluß von der Universität bedroht. Ich verdanke es dem Schutz des Universitätspräsidenten, daß ich meine Stelle behalten konnte, da er der Partei gegenüber vor allem meine fachliche Kompetenz ins Feld führte. Die Baathisten kamen der Bitte des Präsidenten widerwillig nach. Als Alternative ergriffen sie ihre übliche und übelste Waffe, nämlich den psychischen Terror.

Unser gesamtes Leben wurde überschattet durch alltägliche Beschuldigungen, Bedrohungen und Beleidigungen seitens der Parteifunktionäre an der Universität. Mal beschuldigte man meine Frau, als Personalchefin die Flucht von fünf männlichen Angestellten in die Berge gedeckt zu haben, indem sie deren Abwesenheit nicht pflichtgemäß am ersten, sondern erst am fünften Tag der Parteiorganisation gemeldet hat. Ein anderes Mal wurde ich beschuldigt, Spenden für die «kurdischen Verräter» – gemeint sind die kurdischen Freiheitskämpfer in den Bergen – gesammelt und über einen Kontaktmann überwiesen zu haben. Die Funktionäre haben diese Beschuldigungen nicht in einem Verhör mit Beweismaterial gegen mich geäußert. Sie wurden meiner Frau und mir durch Dritte übermittelt, deren Aufgabe es auch war, sie in den Universitätskreisen zu verbreiten. Mir war klar, daß es sich um Pychoterror handelt, denn wenn es Beweise gegeben hätte, hätte es unseren sicheren Tod bedeutet.

Dramatischer wurde unsere Lage, als wir wöchentlich mehrmals aufgefordert wurden, in die Partei einzutreten. Wir mußten jedesmal einen langen Fragebogen ausfüllen, um zu begründen, warum wir bis jetzt noch nicht Mitglieder geworden waren. Obwohl ich wegen meines Alters (Mitte 40) nicht mehr wehrdienstpflichtig war, mußte ich in regelmäßigen Abständen einen anderen Fragebogen ausfüllen mit Angabe der Gründe, warum ich mich bislang noch nicht für die freiwillige Teilnahme an Saddams «Qadisiya»[4] gemeldet hatte. Unsere Nachrichtenübermittler haben uns ganz klar gesagt, daß wir beide durch unser Verhalten negativ aufgefallen wären. Falls wir uns nicht zur Partei bekennen würden, drohten uns schlimmste Konsequenzen.

Meine Meinung über die Baathisten habe ich seit über 30 Jahren. Für mich war und ist ein Baathist immer noch nicht lediglich ein Faschist und Chauvinist, sondern auch ein Krimineller. Wer Baathist werden will, muß seine Loyalität beweisen und sein Schicksal an das Schicksal der Partei binden. Als Parteimitglied muß er alles tun, was von ihm verlangt wird, bis hin zu Verbrechen und Morden. Vielleicht haben sich die Baathisten nicht nur an unserem Verhalten gestört, sondern meinen inneren Haß und meine Verachtung gespürt. Deshalb wollten sie uns zwingen, durch den Eintritt in die Partei unsere persönliche und politische Würde und Integrität aufzugeben. Aber lieber tausend Tode sterben, als einmal Baathist werden.

Keine Chance zum Bleiben

Unser Situation wurde akut lebensbedrohlich, als zwei meiner jüngeren Brüder im Februar/März 1986 in die abgelegenen Bergregionen Kurdistans flohen, um dem Militärdienst zu entkommen. Der ältere hatte den Wehrdienst schon lange vor Ausbruch des irakisch-iranischen Krieges beendet, wurde aber als Reservist wieder zum Dienst befohlen; der jüngere war Rekrut in einem militärischen Ausbildungszentrum in der Nähe Bagdads. Er floh heimlich zurück in unsere Heimatstadt, kurz bevor er zum mittleren Frontabschnitt abkommandiert werden konnte. Beide tauchten mehrere Monate bei Verwandten in der Stadt und in nahe gelegenen Dörfern unter. Nachdem das Militär immer häufiger massive Razzien durchgeführt hat, bekamen sie Angst davor, gefaßt und erschossen zu werden. Es blieb ihnen keine andere Wahl, als in die Berge zu fliehen. In den kurdischen Bergregionen suchten und fanden Abertausende kurdischer Jugendlicher Rettung vor Saddams höllischem Krieg gegen den Iran. Meine Brüder haben uns ihren Aufenthaltsort nicht genannt.

Ende Mai wurden mein Vater, meine anderen Brüder und ich in das Quartier der Parteiorganisation in der Altstadt befohlen. Man hatte die Flucht meiner Brüder entdeckt. Wir wurden daraufhin stundenlang verhört und bedroht, um ihren Aufenthaltsort zu verraten. Als offenbar wurde, daß wir ihn nicht wußten, wollte man mich dazu zwingen zu unterschreiben, daß ich sie innerhalb von sechs Wochen ausfindig machen und der Partei übergeben werde. Sie verlangten diese Unterschrift *ausdrücklich* von mir und nicht von meinem Vater oder meinen Brüdern. Sie begründeten es damit, daß ich die größte Autorität in der Familie besäße. Schließlich war ich der älteste Sohn der Familie. Sie wollten aber gerade mich in die Falle locken, um damit die formelle Voraussetzung für die Realisierung ihrer früheren Drohungen zu schaffen. Mein Vater und meine Brüder wurden noch in derselben Nacht freigelassen, während ich noch sechs Tage lang im Revier festgehalten wurde. Mit unzähligen Verhören, Beschimpfungen, Beleidigungen und Androhung von Folter wollten sie mich zur Unterschrift zwingen. Schließlich blieb mir keine andere Wahl, als zu unterschreiben. Am selben Tag wurde ich mit einem ärztlichen Attest, das die Zeit meiner Abwesenheit begründete, aus der Haft entlassen.

Nun saß ich mit meiner Familie mittendrin in der baathistischen Falle. Sie hatten mich vor die Wahl gestellt, entweder meine beiden untergetauchten Brüder zur öffentlichen Erschießung auszuliefern, oder selber in einem ihrer geheimen Foltergefängnisse zu verschwinden und bis zum Tod gepeinigt und gefoltert zu werden. Unsere Ängste nahmen zu, und wir fürchteten um unser Leben. Flucht war die einzige Alternative. Ich mußte allerdings befürchten, daß meine Eltern nach unserer Flucht festgenommen werden. Auch meine Eltern hatten sich schon Gedanken darüber gemacht. Der Grund für eine Festnahme war jedoch schon durch die Flucht meiner beiden Brüder gegeben. Die Eltern hafteten laut den menschenverachtenden Regeln der Baath-Partei im Rahmen der Sippenverfolgung für die Flucht ihrer unverheirateten und bei ihnen lebenden Kinder. Unsere Flucht konnte ihr Schicksal vielleicht gar nicht mehr verschlechtern.

Einer meiner Bekannten, der bei der Polizei arbeitete und gut informiert war, warnte mich inzwischen, daß wir unmittelbar bedroht seien und die Stadt sofort verlassen müßten. Wir waren also gezwungen, alles, was wir besaßen, zurückzulassen und in hektischer Eile nach Sulaimaniya zu gehen. Dort konnten wir bei Verwandten untertauchen, bis unser Fluchtweg organisiert war und Begleitpersonen gefunden werden konnten. Am 22. Juni 1986 floh ich mit meiner Frau, meiner Tochter (neun Jahre) und meinem Sohn (13 Jahre) in die befreiten Gebiete Kurdistans. Ich sah meine Frau und die beiden Kinder an. Ich fühlte mich ihnen gegenüber schuldig, sehr schuldig.

Bei den Peshmerga in den Bergen

Die befreiten Bergregionen Irakisch-Kurdistans standen damals unter der Verwaltung der oppositionellen kurdischen Parteien. Über geheime Umwege erreichten wir den ersten Kontrollposten der Peshmerga (kurdische Freiheitskämpfer), wo ein Verwandter meiner Frau (er ist dann 1988 gefallen) mit einem Landrover auf uns wartete. Er fuhr uns zum sommerlichen Hauptquartier der PUK in Bargalu, wo wir nach einigen Tagen in der Nähe der Rundfunkstation zunächst eine Hütte aus Schilfmatten und Blättern errichtet hatten. Ich kannte viele Mitglieder der PUK, darunter einige ihrer politischen Führer. Sie boten mir an, in der Informationsabteilung mitzuwirken oder Forschungen in den Dörfern durchzuführen, wenn ich dazu Lust hätte. Meine Frau und ich waren damit einverstanden zu bleiben.

Obwohl unsere Zukunftsperspektive ungewiß und unklar erschien, waren wir zufrieden, das bescheidene, aber sehr harte und karge Leben der Peshmerga zu teilen. Die bei ihnen herrschende offene Atmosphäre und die weitgehend freie Meinungsäußerung gefiel uns sehr. Während dieser Zeit bekamen wir neue Nachrichten aus der Stadt. Man teilte uns mit, daß unsere Wohnung auf dem Campus wie auch die Wohnung meiner Eltern in der Altstadt von den Baathisten durchsucht und mein alter Vater mitgenommen wurde. Außerdem ist einer meiner jüngeren Brüder in den Iran geflohen; über den Aufenthaltsort des zweiten Bruders wußte ich nichts.

Unser Gefühl der Geborgenheit dauerte auch hier in den Bergen nicht lange. Ständig gab es einzelne bewaffnete Auseinandersetzungen zwischen PUK-Kämpfern und Regierungstruppen. Sechs Wochen nach unserer Ankunft eskalierten die Kämpfe, nachdem die schon erwähnten Verhandlungen zwischen der PUK und dem Baath-Regime endgültig abgebrochen worden waren. Mittlerweile befand sich eine iranische Delegation im Hauptquartier und führte Verhandlungen mit der PUK. Man traf ein Kooperationsabkommen, nach der die PUK – als Gegenleistung für ihren Beistand an der Seite Irans – vom Iran militärische Unterstützung erhalten sollte. Unmittelbar danach wurde die Lage sehr gefährlich. Die befreiten Gebiete – vor allem aber die Hauptquartiere der PUK in drei Dörfern – gerieten unter starken Artillerie-Beschuß und wurden auch von Flugzeugen aus bombardiert. Wir hatten Informationen darüber, daß ein Großangriff mit 41 000 Soldaten bevorstand. Alle Familienangehörige der Peshmerga und der Führung verließen das Quartier und suchten anderswo Unterschlupf. Da wir nirgends in den Städten unterkommen konnten, blieb meiner Familie und mir keine andere Möglichkeit, als in den Iran zu fliehen. Am 30. August 1986 brachen wir mit Maultieren in Richtung der iranischen Grenze auf. Zwei Tage später begannen die Baathisten mit der Großoffensive auf die befreiten Gebiete.

Flucht in den Iran

Im Dorf Ashkan an der iranischen Grenze übergab uns die PUK den iranischen Pasdaran[5] mit der Empfehlung, uns bei der Weiterreise und dem Aufenthalt im Iran zu helfen. Erst später sollte uns klar werden, daß die Empfehlung der PUK für uns zum Verhängnis wurde. Anstatt uns am selben Tag aus dem umkämpften Gebiet in die nächste Stadt zu evakuieren und uns in einem Flüchtlingslager unterzubringen, wurden wir 19 Tage lang in Ashkan festgehalten. Dieses Dorf diente der PUK als Beobachtungsposten, Basis für den Nachschub und Durchgang für die Flüchtlinge. Abgesehen von der PUK-Vertretung in einem zweistöckigen Lehmhaus, einem Kaffeehaus und dem Quartier der Pasdaran war das Dorf menschenleer. Das Dorf lag unter starkem Dauerbeschuß der irakischen Luftwaffe und Artillerie, und es gab kaum etwas zu essen.

Nach vielem Bitten, Flehen und Protesten brachte man uns in die Stadt Sardasht, wo wir von dem sogenannten Nimayindegani-Imam[6] sechs Stunden lang verhört wurden. Anschließend mußte ich in deutscher und kurdischer Sprache Aussagen gegen das Baath-Regime machen, die von einem Rundfunk- und Fernsehteam aufgenommen wurden. Als sie von meiner Stellung im Irak erfuhren, verlangten sie zusätzlich von mir, ein Kommuniqué in kurdischer Sprache zu verfassen, in dem ich meine Landsleute, insbesondere die Soldaten, auffordern sollte, in den Iran zu fliehen – als Gäste der Islamischen Republik. Ich sollte mich darin ausdrücklich zum Imam Khomeini und seiner Politik bekennen. Da wir alle in einer ausgesprochen schlechten psychischen Verfassung waren, gestattete man mir, ihnen das Kommuniqué später schriftlich zu schicken, was ich aber nicht tat.

Von Sardasht kamen wir nach Mahabad, wo wir eine einmonatige Aufenthaltserlaubnis erhielten. Daraufhin bat ich die Pasdaran, uns eine Genehmigung für den Daueraufenthalt zu geben, damit wir eine Wohnung mieten können. Sie lehnten dies ab und gaben uns den Befehl, nach Kermanshah zu gehen und dort zu warten, bis man Kontakt zu uns aufnähme.

In jener Zeit begannen irakische Flugzeuge die iranischen Städte zu bombardieren. Kermanshah, wo sich eine Ölraffinerie befand, wurde besonders heftig unter Beschuß genommen; auch die ersten irakischen Boden-Boden-Raketen wurden auf diese Stadt abgeschossen.

Ich bemühte mich weiterhin, für uns eine Daueraufenthaltsgenehmigung zu bekommen oder in einem Flüchtlingslager untergebracht zu werden. Beides wurde abgelehnt. Als ich gegen die schlechte Behandlung protestierte und erklärte, daß ich ein Gegner des Baath-Regimes und freiwillig in die Islamische Republik gekommen bin, gaben sie mir zu verstehen, daß die Empfehlung der PUK völlig bedeutungslos sei und daß sie mich als Kriegsgefangenen mitgebracht hätten, wenn ich nicht freiwillig gekommen wäre. Wir hätten uns den Anordnungen der Behörden zu fügen.

Nur mit Mühe erreichte ich schließlich die Erlaubnis, in der Stadt Saqez Zuflucht zu suchen. Dort traf ich den Vizesekretär der PUK, der zwar Anteil nahm an unserer Situation, der aber auch nichts für uns tun konnte, da sich die Vereinbarung zwischen der PUK und dem Iran auf militärische Bereiche beschränkte. Er schickte mich mit einem Empfehlungsschreiben nach Uromieh in das Hauptquartier der Sozialistischen Partei Kurdistans, die bessere Beziehungen zu den iranischen Behörden haben sollte. Die Sozialistische Partei Kurdistans vermittelte uns zunächst eine zweiwöchige Aufenthaltserlaubnis und versprach, für uns eine Daueraufenthaltsgenehmigung beim Itila'at (Geheimdienst) zu besorgen, mit der wir die Möglichkeit erhielten, eine Wohnung zu mieten. Vorerst mieteten sie für uns ein Zimmer im Hotel Hafiz, das auch ihren Mitgliedern und Schützlingen als Treffpunkt diente. In den folgenden zwei Monaten erhielten wir immer wieder kurzfristige Aufenthaltsgenehmigungen, das Versprechen einer Daueraufenthaltserlaubnis wurde nicht eingelöst.

Nachde ich bei der Sozialistischen Partei Kurdistans lange genug gedrängelt hatte, gaben sie endlich zu, daß es in meiner Angelegenheit gewisse Probleme mit dem Itila'at gebe. Sie gaben mir ein Empfehlungsschreiben und die Adresse des Itila'at, ich sollte selber zu ihnen gehen.

Dort angekommen, übergab ich das Schreiben der Auskunft. Ich wartete draußen, zusammen mit vielen anderen Menschen, die überwiegend Flüchtlinge wie ich waren, bis mein Name aufgerufen wurde. Sie gaben mir die Adresse der Rundfunkstation West-Azerbaidjan, wo ich mich melden und einen Herrn Khairi treffen sollte. Er war ein sehr kluger, unterhaltsamer und welterfahrener Mensch, und zu meinem Erstaunen sprach er fließend Kurdisch. Alles an ihm war echt, nur seine Religiosität paßte nicht ins Bild. Er erinnerte mich tadelnd nicht nur an das in Sardasht gegebene Versprechen, ein Kommuniqué zu schreiben, sondern er wollte auch, daß ich für sie Propagandasendungen auf Kurdisch verfasse. Nach einer langen Unterhaltung merkte er, daß ich mich nicht zu Propagandazwecken einspannen lassen würde und verweigerte mir darauf jegliche Unterstützung.

Anfang Februar 1987 stellte er mich vor die Wahl, entweder für die Propaganda zu arbeiten und eine Daueraufenthaltsgenehmigung zu bekommen oder den Iran zu verlassen – wie die überwiegende Zahl der Flüchtlinge aus dem Irak. Mir blieb nur der zweite Weg. Im März 1987 übergaben wir unsere Pässe zusammen mit einem Ausreiseantrag dem Itila'at in Uromieh. Gleichzeitig habe ich mich schriftlich und telefonisch mit meinem Doktorvater in Göttingen in Verbindung gesetzt und ihm meine verzweifelte Lage beschrieben. Durch seine Vermittlung erhielt ich eine Einladung zu einem dreimonatigen Forschungsaufenthalt, der von dem DAAD (Deutscher Akademischer Austauschdienst) finanziert werden sollte.

Die iranischen Behörden versprachen uns, die Ausreisegenehmigung innerhalb von sechs Wochen zu erteilen. Ich fuhr deshalb von Mitte April bis Anfang Juli insgesamt siebenmal nach Teheran (hin und zurück immerhin 2000 km!), wurde aber jedesmal abgewiesen und auf einen späteren Zeitpunkt vertröstet. Im Juli erhielten wir vom Itila'at in Uromieh eine zweimonatige Aufenthaltserlaubnis für Teheran. Uns wurde versichert, die Pässe mit den Aureisevisa lägen dort bereit. So fuhren wir am 11. 7. 1987 nach Teheran, wo sich das gleiche Spiel noch vier Wochen lang wiederholte. Schließlich behaupteten die Behörden kaltschnäuzig, daß unsere Pässe verlorengegangen seien. Wir mußten zurück nach Uromieh und von dort nach Ashkan an die irakische Grenze, wo wir uns bei den iranischen Posten melden und in ein Flüchtlingslager gebracht werden sollten. Dort konnten wir einen Ausreiseantrag für einen «Laisser-Pass» stellen, was schlicht und einfach ein bis anderthalb Jahre Wartezeit bedeutete.

Diese Nachricht war so erschreckend, daß meine Frau einen Schock bekam und in Ohnmacht fiel. Seither leidet sie unter häufigen epileptischen Anfällen. Meine Tochter erkrankte schon in Saqez an einer schmerzhaften Blasenentzündung. Mein Sohn war noch in guter körperlicher Verfassung, entwickelte aber plötzlich die Angewohnheit, mir Tausende von Fragen über unser zukünftiges Schicksal zu stellen. Obwohl ich inzwischen 18 Kilo Gewicht verloren hatte, blieb ich seelisch einigermaßen stabil und spielte weiterhin die Rolle des Starken in der Familie.

Nur mit Beharrlichkeit gelang es mir, durch die Bestechung eines hochrangigen Flüchtlingsbeauftragten mit 400 Dollar, die Pässe samt den Ausreisevisa wieder «ausfindig» zu machen. Währenddessen erhielt ich die Nachricht von der Deutschen Botschaft in Teheran, daß mein Einreiseantrag für die Bundesrepublik Deutschland abgelehnt worden sei. Das einzige Land, in das wir ohne Visum einreisen konnten, war Syrien.

Als ich mich noch in Uromieh aufhielt, bekam ich die Nachricht, daß mein jüngerer Bruder den Iran verlassen hatte und sich in der Türkei aufhielt. Ich konnte mir sogar seine Adresse verschaffen und mit ihm korrespondieren. Nach zwei Jahren Wartezeit in der Türkei ist er von der kanadischen Regierung als Flüchtling aufgenommen worden und lebt nun seit 1989 in Kanada. Die jetzt aus meiner Heimatstadt ankommenden Flüchtlinge versicherten mir, daß mein Vater schon lange aus der Haft entlassen war. Wie lange er allerdings im Gefängnis verbringen mußte, konnte mir keiner von ihnen genau sagen. Der andere Bruder befand sich in der Gegend von Shaqlawa.

Über Syrien in die DDR und dann endlich in die BRD

Am 23. 9. 1987 landeten wir in Damaskus. Im Transitsaal des Flughafens bekamen wir unsere Pässe trotz stundenlanger Wartezeit nicht zurück. Nach mehrmaliger Nachfrage führte man uns vom Flughafengelände und brachte uns mit einem Wagen an einen unbekannten Ort, an dem wir von zwei Zivilisten verhört wurden. Weil unsere Pässe von der Irakischen Botschaft in Bonn ausgestellt waren und sehr viele Visastempel aus mehreren europäischen Länder enthielten, glaubten sie, daß wir Spitzel seien. Nach vielen Fragen und Antworten und nachdem meine Frau von wiederholten Anfällen fast ohnmächtig war, nahmen sie uns unsere Pässe ab und gaben uns eine Adresse, wo wir sie wieder abholen sollten. Man ließ uns gehen und schickte uns in das Hotel Barada mit der Auflage, jeden Ortswechsel bei der Polizei zu melden. Eine Woche später erhielten wir unsere Pässe mitsamt der Ausreisegenehmigung zurück.

In Syrien hatte ich überhaupt keine Aussicht auf Arbeit, unsere Kinder konnten nicht in die Schule gehen ohne eine Empfehlung des «Büros für Angelegenheiten der Iraker», das unter Aufsicht der sogenannten «irakischen linken Baathisten» stand. Ich hatte keine Lust, dorthin zu gehen, da mir klar war, daß sie uns nur für ihre eigenen Zwecke benutzen würden, wie schon im Iran. Für mich gab es aber auch keinen Unterschied zwischen linken und rechten Baathisten, sie waren und sind alle gleich schlecht.

Außerdem wurde die gesundheitliche Lage meiner Frau immer akuter, an manchen Tagen litt sie unter bis zu 18 Anfällen. Natürlich haben wir Ärzte aufgesucht, aber die empfohlenen Medikamente in Syrien nicht bekommen können. Inzwischen erkrankte auch mein Sohn, er bekam Gelbsucht. Da wir uns – genauso wie im Iran – nicht in den staatlichen Krankenhäusern behandeln lassen konnten, mußten wir privat behandelt werden und viel Geld dafür ausgeben. Um diese Zeit waren unsere finanziellen Mittel schon erschöpft, und ich bat Freunde in Deutschland um Unterstützung, die sie uns auch zukommen ließen.

Ich beschloß, Syrien um jeden Preis zu verlassen. Ich versuchte vergeblich, bei den Botschaften vieler Länder ein Visum zu bekommen. Somit war unser Schicksal besiegelt. Wir konnten nur als illegale Flüchtlinge unser Zielland erreichen. Nach vielen Appellbriefen an Freunde in den verschiedensten europäischen Ländern bekamen wir eine Einladung nach Ostberlin, mit der wir eine Einreisegenehmigung in die DDR erhielten. Nach nunmehr neun Monaten Aufenthalt in Syrien verließen wir am 14.6.1988 um drei Uhr morgens Damaskus und trafen einige Stunden später auf dem Schöneberger Flughafen ein. Wir fuhren sofort zum Bahnhof Friedrichstraße, um nach Westberlin zu gelangen. Am Grenzübergang wurden wir von der DDR-Polizei zurückgewiesen. Nach vielen Versuchen und nachdem unser Geld durch den Zwangsumtausch fast aufgebraucht war, klappte es endlich, am 24.6.1988 nach Westberlin entlassen zu werden und von dort aus nach Göttingen zu gelangen, wo wir um politisches Asyl ersuchten.

Unsere Flucht – mit allen seinen schrecklichen Erlebnissen und Ereignissen – dauerte zwei Jahre, bis wir endlich unser Ziel erreicht hatten. Wir mußten noch anderthalb Jahre auf die Anerkennung als politische Flüchtlinge warten. Trotz ärztlicher Behandlung geht es meiner

Frau gesundheitlich immer noch sehr schlecht. Sie leidet unter ihren Anfällen, die sie jederzeit – beim Einkaufen, unterwegs oder in der Küche – überfallen können und die sie das Bewußtsein verlieren lassen. Deshalb muß immer jemand bei ihr sein. Die schrecklichen Ereignisse im Irak seit einem Jahr brauche ich wohl nicht mehr zu erwähnen. Alle Menschen in der ganzen Welt haben durch das Fernsehen miterleben können, wie unser Land zerstört wurde und mehrere Millionen Kurden durch Kälte und Schnee in den Iran und in die Türkei getrieben wurden. Unter ihnen befinden sich mehrere Verwandte und Bekannte von uns, die derzeit in unzulänglichen Zelten leben. Wir vermissen diesmal nicht nur die Sonne und die Wärme der Heimat. Wir leben in Trauer und Besorgnis um unser Land und das Schicksal unserer Angehörigen.

Ein kurdisches Sprichwort lautet: «Der Kurde muß sechs Rippen mehr als andere Menschen in seinem Brustkorb haben, um seine schwere Lebenslast tragen zu können.»

Ob das auch auf mich und meine Familie zutrifft, weiß ich nicht. Wir sollen warten. Nur warten.

Anmerkungen

1 Jeder Iraker, der im Ausland studieren will, muß einen Vertrag mit dem Ministerium für Hochschulbildung unterzeichnen, bevor er ins Ausland gehen kann. Da im Falle des Vertragsbruchs eine hohe Geldstrafe bezahlt werden muß, muß eine vermögende Person den Vertrag mitunterzeichnen, um für den Betrag zu bürgen. Er bürgt nur für das Geld, jedoch nicht für die Rückkehr des Studenten. Gegen Bürgen verhängte Haftstrafen sind eine rein willkürliche Maßnahme der Baathisten.
2 In erster Linie sind damit willkürliche Festnahmen und schwere Folter gemeint.
3 Dieses Überprüfungsverfahren beruht auf dem 1975 erlassenen «Gesetz zur ideologischen Reinheit» (As-Salamat-Fikriya). Dieses Gesetz verlangt u. a., daß alle im Ausland geschriebenen Diplom-, Magister- und Doktorarbeiten mit der Ideologie der Baath-Partei – den Grundideen des arabischen Nationalismus nach baathistischem Verständnis – und der offiziellen Richtung der Staatspolitik übereinstimmen müssen. Andernfalls treten Strafmaßnahmen in Kraft, die von Geldbußen über Berufsverbot und Aberkennung des erworbenen akademischen Grades bis hin zu 15 Jahren Gefängnis reichen.

4 In der baathistischen Propaganda wurde der Krieg zwischen Irak und Iran «Saddams Qadisiya» oder die «Zweite Qadisiya» genannt. Nach dem Vorbild des ersten Qadisiya-Krieges im Jahre 637, in der die muslimische Armee des Khalifen Omar die Iraner besiegte und das Land eroberte.
5 Revolutionswärter.
6 Vertreter des Imam für Propaganda und Geheimdienst an der Front.

Heidi Bischoff-Pflanz

SOS-Rassismus Berlin

Eine Initiative gegen Rassismus

Wer heute mit offenen Augen und Ohren durch dieses Land geht, der wird nicht nur einen Rechtsruck in der Politik festsellen, der mit Minderheitenhetze einhergeht, sondern auch Hilflosigkeit und Angst bei jenen, die fürchten müssen, erschlagen zu werden, nur weil sie anders aussehen.

Was ist los in diesem Land, wo Neonazis offen mit Hitlergruß die erste «ausländerfreie Stadt» Hoyerswerda feiern können? Was ist los in diesem Land, wo Flüchtlinge von Skinheads aus ihren Unterkünften vertrieben werden? Was ist los in diesem Land, wo die Staatsanwaltschaft nicht gegen die Täter vorgeht, sondern gegen die von der Gewalt betroffenen Flüchtlinge ermittelt, weil sie «unbefugt und ohne staatliche Erlaubnis» das ihnen zugewiesene Bundesland verlassen haben?

Bei der Suche nach einer Antwort auf diese Fragen muß ich an den Abend des 9. Novembers 1989 zurückdenken, an dem ich gerade an einer der üblichen Krisensitzungen des rot-grünen Berliner Senats teilnahm und überraschend von der Öffnung der Mauer erfuhr. Schon damals mischte sich meine unglaubliche Freude mit einem leisen Unbehagen: Mit «historischen Situationen» konnten die Menschen in diesem Land noch nie umgehen, Menschlichkeit und Toleranz sind letztlich immer wieder von «nationalem Pathos» erdrückt worden.

Immer wenn man sich im deutschen Vaterland einig war, haben dies zuerst die Nichtdeutschen durch Ausgrenzung zu spüren bekommen. Wie ein brauner Faden zieht sich diese Lehre durch die Geschichte der Ausländergesetzgebung in Deutschland. Maxime vom «Allgemeinen Preußischen Landrecht» von 1794 bis heute: «Ausländer» dürfen sich nur wohlgelitten in Deutschland aufhalten, wenn es den wirtschaftlichen und nationalen Interessen des Staates dient; Ausländerinnen und Ausländer sind zwar Menschen, vor allem aber sind sie Objekte.

Ich kann es deshalb nicht als Zufall betrachten, daß gerade im «Schicksalsjahr der Deutschen» noch vor der Vereinigung in der alten Bundesrepublik ein neues Ausländergesetz verabschiedet wurde. Trotz der einhelligen Proteste von Kirchen, Gewerkschaften, Menschenrechtsorganisationen und Betroffenengruppen wurde im ersten Halbjahr 1990 dieses Gesetz im Eilverfahren durch die parlamentarischen Gremien gepeitscht. Bevor die Einigung perfekt gemacht wurde, sollte offensichtlich rechtlich und politisch klargemacht werden, daß ein vereinigtes Deutschland ein «Staat der Deutschen» sein würde, in dem Minderheitenrechte nicht viel gelten.

Einheit der Deutschen auf Kosten von Minderheiten – um diese Entwicklung zu verhindern, habe ich mich zusammen mit Freundinnen und Freunden aus Ost- und Westberlin nach dem Fall der Mauer voller Elan und Hoffnungen in die erste «gesamtdeutsche Ausländerarbeit» gestürzt. Gemeinsam wurde ein Arbeitskreis «APO-OW» (Ausländerpolitik Ost-West) gegründet. Kennenlernen und Erfahrungsaustausch standen anfänglich im Mittelpunkt, bald wurden aber auch gemeinsame Aktionen gegen Fremdenfeindlichkeit geplant. Ein Schwerpunkt unserer Arbeit im Sommer 1990 war noch die Organisation von Schutz und Hilfe für Sinti und Roma.

Angesichts der Renaissance eines deutschen Nationalismus schien es uns jedoch notwendig, eine breite, parteiunabhängige Bürgerrechtsbewegung ins Leben zu rufen, die gegen jede Form von nationalistischer und rassistischer Diskriminierung und für die volle demokratische Gleichberechtigung aller Menschen, unabhängig von Herkunft und Aussehen, eintritt. Auf dieser Grundlage wurde 1990 «SOS-Rassismus Berlin» gegründet.

«SOS-Rassismus Berlin» versteht sich nicht als Organisation, die in Konkurrenz zu bestehenden Vereinen und Gruppen tritt, sondern als ein überparteilicher und unabhängiger Zusammenschluß von Gruppen und Einzelpersonen, ein Forum für Aktionen und Kampagnen, das sowohl politisch als auch finanziell unabhängig ist. Nur so kann unseres Erachtens gewährleistet werden, daß sich die unterschiedlichsten politischen Gruppen unter dem «Schirm» von «SOS-Rassismus» zu gemeinsamen Aktionen zusammenfinden können und eine parteipolitische Vereinnahmung verhindert wird. Nur diese Unabhängigkeit schafft auch die Voraussetzungen, um phantsievolle Formen des zivilen Ungehorsams zu entwickeln.

Wir haben uns vornehmlich an zwei Erfahrungshintergründen orientiert: Zum einen die Kampagnen der französischen Organisation «SOS Rassism», die eine breite Mobilisierung gegen Fremdenfeindlichkeit und Rassismus in der französischen Gesellschaft initiiert haben; zum anderen die Bürgerbewegung in der DDR, deren Stärke im Herbst 1989 gerade darin bestand, über Gruppen- und Organisationsinteressen hinweg einen politischen Zusammenschluß aller Kräfte gegen das SED-Regime zu erreichen. In der Zeit des Umbruchs in der DDR hatten die Gruppen der Bürgerbewegung am zentralen Runden Tisch zudem «Leitlinien für eine demokratische Ausländerpolitik» entwickelt, die sich nicht an Abschreckung orientierten, sondern an den «Grundwerten» von Humanität und Menschenrechten. Wie der Verfassungsentwurf des Runden Tisches wurden auch diese Leitlinien mit der Vereinigung vom Tisch gewischt. Hätten sich die Regierenden in Bonn auf sie eingelassen, wären uns die rassistischen Überfälle und die sie anheizende Asyldebatte erspart geblieben.

Was wir langfristig mit der Gründung von «SOS-Rassismus Berlin» bewirken wollen, kann vielleicht ein Vergleich deutlich machen: So wie «Greenpeace» sich gegen die Zerstörung der bedrohten Umwelt einsetzt, wollen wir eine Art «Greenpeace für Menschenrechte» sein und dafür kämpfen,

● daß in der Frage der Menschenrechte nicht nach politischer, ökonomischer und nationaler Opportunität gehandelt wird und die Verwirklichung der Menschenrechte keine Kompromisse und keine Grenzen kennt;

● daß die demokratischen Rechte unteilbar sind und nicht nach Herkunft oder Paß differenziert werden;

● daß die freie Entfaltung von Minderheiten als Gradmesser für die demokratische Kultur angesehen werden muß;

● daß der institutionalisierte Rassismus beendet wird, der viele Gesetze und oftmals das staatliche Handeln bestimmt,

● daß in der Gesellschaft rassistische Vorurteile abgebaut und ein Klima der Toleranz und Offenheit geschaffen wird.

Gemessen an diesen Zielen steht «SOS-Rassismus Berlin» sicherlich noch ganz am Anfang. Und dennoch ermutigen die bisherigen Aktionen, auf dem eingeschlagenen Weg weiterzumachen. Ich möchte deshalb einige Aktionen beispielhaft vorstellen.

Mit seinem Urteil zum kommunalen Wahlrecht hat das Bundesverfassungsgericht juristisch abgesichert, was im «Staat der Deutschen» schon immer herrschende Politik war: daß Menschen aus anderen Ländern, die teilweise seit Jahrzehnten ihren Lebensmittelpunkt hier haben, von der Inanspruchnahme demokratischer Grundrechte ausgeschlossen sind. Seit diesem Urteilsspruch ist es um eine der wichtigsten Forderungen nach einem Stück Gleichberechtigung für Ausländer still geworden. Wie ein Gottesurteil hat der Karlsruher Gerichtsspruch gewirkt. Dabei weiß man doch aus der Geschichte der deutschen Justiz hinlänglich, daß sie kaum einmal demokratieweisend Recht gesprochen hat. Es gibt deshalb keinen Grund, auf die politische Forderung nach dem passiven und aktiven Wahlrecht für Ausländerinnen und Ausländer zu verzichten, es müssen jedoch neue Formen gefunden werden, um sie wieder in die politische Diskussion einzubringen.

Aus diesem Grund hat «SOS-Rassismus» bei den letzten Wahlen in Berlin dazu aufgerufen, daß deutsche Wahlberechtigte ihre Stimme an Immigranten und Flüchtlinge abgeben. Möglich ist dies, weil nach dem Wahlgesetz jeder Wahlberechtigte bei momentaner Unpäßlichkeit, Behinderung, Krankheit o. ä. zur Stimmabgabe eine Person seines Vertrauens mit in die Wahlkabine nehmen darf. Unserem Aufruf folgend, wurden am Wahlsonntag viele Berlinerinnen und Berliner «unpäßlich», in manchen Wahllokalen brach förmlich eine Epedemie der Unpäßlichkeit aus, so daß viele Immigranten und Flüchtlinge als Beistand gerufen wurden und wählen konnten. In einem Kreuzberger Wahllokal führte der Andrang und das vom Wahlleiter herbeigerufene Polizeiaufgebot dazu, daß das deutsche Wahlvolk draußen warten mußte und wir Gelegenheit hatten, intensiv über das herrschende Demokratieverständnis zu diskutieren.

1992 stehen in Berlin wieder Kommunalwahlen an. Eine Besonderheit wird dabei sein, daß die bei den ersten freien Kommunalwahlen in der DDR im Mai 1990 gewählten Ausländerinnen und Ausländer, die heute in den Bezirksparlamenten sitzen, dann nicht wieder kandidieren und auch nicht mehr wählen dürfen – ein «Geschenk» der alten Bundesrepublik. Wir werden diese Wahlen erneut benutzen, um das Stimmrecht an Ausländerinnen und Ausländer zu übertragen. Vielleicht wird es dann auch bald in anderen Bundesländern nachgeahmt.

Um über die Situation der Flüchtlinge konkret zu informieren, hat eine Theatergruppe von «SOS-Rassismus», als Sonderkommission der Ausländerpolizei verkleidet auf dem Ku'damm bundesdeutsche Touristen mit den Fragen konfrontiert, die üblicherweise den Asylbewerbern gestellt werden: «Wer hat Ihnen geholfen, hierher zu kommen? Können Sie Ihren Lebensunterhalt allein bestreiten?» Die meisten der Befragten reagierten betroffen, als sie aufgrund ihrer Antworten eine Ausreiseaufforderung und die Androhung der Abschiebung erhielten. Zumindest Verständnis für die unmenschliche Behandlung von Flüchtlingen konnte durch die sich ergebenden Diskussionen geweckt werden.

Besonders seit den brutalen Überfällen auf Flüchtlings- und ausländische Arbeiterwohnheime hat sich gezeigt, daß es immer mehr Menschen (vor allem Jugendliche und Frauen) gibt, die bei rassistischen Übergriffen nicht länger wegsehen wollen. Zusammen mit der Internationalen Liga für Menschenrechte hat «SOS-Rassismus» deshalb in den letzten drei Monaten Mahnwachen organisiert und ein großes Netz von engagierten Gruppen und Einzelpersonen aufbauen können, die ihre Aktivitäten gegen den alltäglichen Rassismus in Schulen, Behörden, auf der Straße entfalten. Die Vision einer breiten Bürgerrechtsbewegung ist keine Utopie.

Adressen

Die folgende Adressenliste wurde zusammengestellt von der *Ökumenischen Initiative Eine Welt Laurentiushof*; Bearbeitung: Gisela Drecktrah und Dr. Reinhard Voß; Redaktionsschluß: Dezember 1991.

Bundesweite Einrichtungen

amnesty international
Sektion der Bundesrepublik
Deutschland e. V.
Heerstr. 178
Postfach 170229
5300 Bonn 1
Tel. 0228/650981

Amt des Hohen
Flüchtlingskommissars der
Vereinten Nationen
Rheinallee 6
5300 Bonn 2
Tel. 0228/364011

Arbeiterwohlfahrt
Bundesverband e. V.
Ref. Ausländische Flüchtlinge
Oppelner Str. 130
5300 Bonn 1
Tel. 0228/6685–152

BUKO – Bundeskongreß
entwicklungspolitischer
Aktionsgruppen
Nernstweg 32–34
2000 Hamburg 50
Tel. 040/393156

Deutsche Flüchtlingshilfe
Bonn e. V.
Colmantstr. 5
5300 Bonn 1
Tel. 0228/650993

Deutsche Stiftung für UNO-
Flüchtlingshilfe e. V.
Simrockstr. 23
5300 Bonn 1
Tel. 0228/831483 (Dr. Koch)

Deutscher Caritasverband,
Flüchtlings- u. Ausländerhilfe
Lorenz-Werthmann-Haus
Karlstr. 40
7800 Freiburg
Tel. 0761/2001

Deutscher Paritätischer
Wohlfahrtsverband (DPWV)
– Gesamtverband –
Heinrich-Hoffmann-Str. 3
6000 Frankfurt 71
Tel. 069/6706–252

Deutsches Rotes Kreuz
Generalsekretariat, Ref. 24
Friedrich-Ebert-Alle 71
5300 Bonn 1
Tel. 0228/541–1

Diakonisches Werk der EKD
– Hauptgeschäftsstelle –
Stafilenbergstr. 76
7000 Stuttgart 1
Tel. 0711/2159–1

Gesellschaft für bedrohte Völker
Gemeinnütziger Verein e. V.
Postfach 2024
3400 Göttingen
Tel. 0551/55822–23

terre des hommes Deutschland e. V.
Geschäftsstelle Inlandsreferat
Ruppenkampstr. 11 a
Postfach 4126
4500 Osnabrück
Tel. 0541/7101–0

Verband der Initiativgruppen in der
– Ausländerarbeit – VIA e. V. –
Bundesgeschäftsstelle
Theaterstr. 10
5300 Bonn 1
Tel. 0228/655553

Zentrale Dokumentationsstelle der
Freien Wohlfahrtspflege für
Flüchtlinge e. V. (ZDWF)
Hans-Böckler-Str. 3
5300 Bonn 3
Tel. 0228/462047–8

Pro Asyl, Bundesweite
Arbeitsgemeinschaft für Flüchtlinge
Neue Schlesingergasse 22
6000 Frankfurt
Tel. 069/293160

Interessengemeinschaft der mit
Ausländern verheirateten Frauen
(IAF)
Mainzer Landstr 147
6000 Frankfurt 1
Tel. 069/737898

Regionale Einrichtungen

1000 Berlin

Pfarrei Heilig Kreuz
c/o Jürgen Quandt
1000 Berlin-Kreuzberg
Tel. 030/6912007/6925711

Kultur- und Hilfsverein e. V.
Mariannenplatz 21
1000 Berlin 36

Friedenszentrum
Martin-Niemöller-Haus
Pacelliallee 61
1000 Berlin 33
Tel. 030/8325497

Kontakt- u. Beratungsstelle
außereuropäischer Flüchtlinge
Potsdamer Str. 73
1000 Berlin 30

AL – Flüchtlings- u. Sozialberatung
Badensche Str. 29/i.
1000 Berlin 31
Tel. 030/8611088

Fluchtburg Berlin
Badensche Str. 29
1000 Berlin 31
Tel. 030/8614449

Trödel-Teestube
Alt Moabit 23 a
1000 Berlin 21
Tel. 030/3948982

Hilfe für ausländische Frauen
und Kinder
Karolingerplatz 6a
1000 Berlin 19
Tel. 030/3023490

Ärztegruppe Asyl im
Gesundheitsladen
Gneisenaustr. 2
1000 Berlin 61
Tel. 030/6932090

XENION – Psychosoziale Hilfe
Zillestr. 104
1000 Berlin 10
030/3424804

Deutsch-tamilische Gesellschaft
Elvirasteig 51
1000 Berlin 37
Tel. 030/3244333

Liga zur Verteidigung der
Menschenrechte im Iran
Postfach 752
1000 Berlin 15
Tel. 030/8258552
– ab 14.00 Uhr –

Autonome Iranische
Frauenbewegung
Friesenstr. 31
1000 Berlin 61

Verein Iranischer Politischer
Flüchtlinge
c/o Asyl e. V.
Nostizstr. 6–7
1000 Berlin 61
Tel. 030/6914183

OROHO-Horn-von-Afrika-
Zentrum
Prinzenallee 81
1000 Berlin 65
Tel. 030/4947364

SOS-Rassismus
Kohlfurter Str. 44
1000 Berlin 36
Tel. 030/614 7990

Verein iranischer Flüchtlinge
Tegeler Weg 25
1000 Berlin 10
Tel. 030/6932090

Eritrea-Hilfswerk in Deutschland
e. V.
c/o Herr Bairu Almedom

Graunstr. 19
1000 Berlin 65

The Eritreans – Eritreische Musik-
Folkloregruppe
c/o P. F. Appenheimer
Südendstr. 12
1000 Berlin 41

2000

BUKO-Bundeskongreß
Nernstweg 32–34
2000 Hamburg 50
Tel. 040/393156

Arbeitskreis Asyl
Rentzelstr. 1
2000 Hamburg 13
Tel. 040/448642

Gesellschaft zur Unterstützung von
Gefolterten
Laufgraben 27
2000 Hamburg 13
Tel. 040/448576

Peter Schütt
Eppendorfer Landstr. 102
2000 Hamburg 20
Tel. 040/462098

Freundeskreis Asyl
c/o R. Carstensen
Pronstorfer Str. 17
2361 Goldenbek
Tel. 04553/482

Immanuel-Gemeinde
c/o Pfr. Rolf Sänger-Diestelmeier
2800 Bremen

Verein Eine Welt
Buchtstr. 14–15
2800 Bremen
Tel. 0421/326023

Bürgerinitiative gegen
Ausländerfeindlichkeit
Bremer Str. 84
2940 Wilhelmshaven
Tel. 04421/25560

3000

Initiativausschuß ausländischer
Mitbürger
c/o AK Ausländer
Allerweg 3–7
3000 Hannover 91

Flüchtlingsrat Niedersachsen
c/o Dr. H. Reichardt
Ev. Akademie
3056 Rehburg-Loccum

Asyl e. V.
Lessingstr. 1
3200 Hildesheim
Tel. 05121/132820

AKAK e. V.
Gröninger Str. 12a
3250 Hameln
Tel. 05151/44441

Gesellschaft für bedrohte Völker
Postfach 2024
3400 Göttingen
Tel. 0551/55822–23

Kath. Jugend St. Martin, Eichsfeld
c/o A. Schmalstieg
Postfach 1323
3408 Duderstadt

Asyl-Arbeitskreis
c/o Kath. Pfarrgemeinde zum
verklärten Christus
v. Galen-Str.
3490 Bad Driburg
Tel. 05253/5398

Der Ausländerbeirat
Stadt Kassel
Postfach 102660
3500 Kassel
Tel. 0561/787–8027

Rat und Hilfe im Asyl
Frankfurter Str. 209
3500 Kassel
Tel. 0561/45152

Familientreffpunkt International
des Diakonischen Werkes
Kassel Stadt, Land und Kaufungen
Wilhelmshöher Allee 23
3500 Kassel
Tel. 0561/777487

4000

Landesarbeitsgemeinschaft
Ausländer – Flüchtlinge
Postfach 5002
4000 Düsseldorf 1

Asylarbeitskreis
Lenaustr. 41
4000 Düsseldorf

Flüchtlingsrat NRW
Worringer Str. 70
4000 Düsseldorf 1
Tel. 0211/350261

Flüchtlingsrat Düsseldorf
c/o Wilfried Nodes
Ausländergruppe Bilk e. V.
Weiherstr. 4
4000 Düsseldorf
Tel. 0211/3982149

ID Asyl
c/o Günter Haverkamp
Worrniger Str. 70
4000 Düsseldorf 1
Tel. 0211/358730

Kontaktkreis Asyl
c/o Dietmar Jordan
4005 Meerbusch 3
Tel. 02150/2302

Ökum. Arbeitskreis Asyl
c/o U. Kohlmetz
Elbinger Str. 23
4005 Meerbusch 2
Tel. 02159/3391

Asylarbeitskreis
c/o U. Hogenschurz
Haydnstr. 90
4020 Mettmann

Vannakam – Asylarbeitskreis
c/o Pfr. Meinhard
Maximilian-Kolbe-Str. 16
4030 Ratingen
Tel. 02102/490406

Ökum. Arbeitskreis Asyl
c/o Pfr. Dohmes
Kaiser-Friedr.-Str. 124
4040 Neuss
Tel. 0201/222152

Arbeitskreis Ausländische
Flüchtlinge
c/o Robert Jordan
Schlehenweg 15a
4044 Kaarst 2
Tel. 02181/608237 (d)
Tel. 02101/604302 (p)

Ökum. Arbeitskreis Asyl
c/o Inge Brisch
Wagnerstr. 19
4044 Kaarst 2
Tel. 02101/518494

Ökum. Arbeitskreis Asyl
c/o Lilo Puchelt
Bismarckstr. 106
4047 Dormagen 11
Tel. 02106/91191

Arbeitskreis Asyl
c/o Heinz Krapohl
Herrenshofferstr. 5
4052 Korschenbroich
Tel. 02161/640219

Duisburger Flüchtlingsrat
c/o Paul Bigalski
Postfach 210101
4100 Duisburg

Arbeitskreis «Politischen
Flüchtlingen aus Afrika helfen»
Stolzestr. 5
4100 Duisburg 12
Tel. 0203446224

Flüchtlingsrat
c/o Thomas Nolte
Kantstr. 23
4130 Moers
Tel. 02841/34567

Arbeitskreis Flüchtlingshilfe
c/o K. Gattwinkel
Wiesfurthstr. 96
4133 Neukirchen-Vluyn
Tel. 02845/4445

Asylkreis
c/o A. Koolen
Weiden 90
4150 Krefeld
Tel. 02151/54247

Arbeitskreis Asyl
c/o G. Wientgen
Kronaue 3
4150 Krefeld
Tel. 02151/561563

Arbeitskreis Asyl
c/o Doris Wirtz
Bouchnerstr. 8
4154 Tönisvorst
Tel. 02156/7205

Arbeitskreis Asyl
Langenhofstr. 19
4156 Willich 3
Tel. 02154/5221

Flüchtlingsrat K 14
Lothringerstr. 64
4200 Oberhausen

Flüchtlingsrat Wesel/Kleve
c/o Michael Kohlhaas
Ringstr. 68
4234 Alpen
Tel. 02802/6853

Arbeitskreis Flüchtlingshilfe
c/o Pfr. Berger
An der Vorburg 2
4234 Alpen
Tel. 02802/2219

Flüchtlingsrat
c/o I. Schäfers
Osterfelder Str. 11
4250 Bottrop
Tel. 02041/25334

Flüchtlingsrat
c/o B. Hannouneh
Waterloostr. 52
4300 Essen
Tel. 0201/326565

Flüchtlingsrat
c/o 3. Welt Laden
Kaiserstr. 8
4330 Mülheim
Tel. 0208/33624

Kontaktkreis Asyl
Gasthaus
Hl. Geist-Str. 7
4350 Recklinghausen

Arbeitskreis Asyl
c/o Intercent Marl
Bergstr. 196

4370 Marl
Tel. 02365/37039

Flüchtlingsrat Münster
c/o Gemeinn. Gesellschaft zur
Unterstützung Asylsuchender e. V.
Hammer Str. 39
4400 Münster
Tel. 0251/527483

Zentrum Eine Welt
Kirchstr. 41
4407 Emsdetten
Tel. 02572/84404

Otfried Morck
Hilgenesch 12
4425 Billerbeck
Tel. 02543/1352

Kunterbunt
c/o H. Hermes
Kirchstr. 9
4430 Steinfurt
Tel. 02551/3775

terre des hommes
Ruppenkampstr. 119
4500 Osnabrück
Tel. 0541/7101−0

Begegnungszentrum
Groner Allee 25−27
4530 Ibbenbüren

Freundeskreis Asyl
c/o T. Paopalachandran
Schniederbergstr. 135
4532 Mettingen

Flüchtlingsrat
Dortmund
c/o Brigitte Basener
Krückenweg 73
4600 Dortmund 50
Tel. 0231/719326

Asylplenum Bochum
c/o G. Nierstenhöfer
Stiepelnerstr. 38
4630 Bochum
Tel. 0234/73090

Arbeitskreis Asyl
c/o G. Döllgast
Hattroper Weg 115
4770 Soest
Tel. 02921/60815

Völkerverständigungszentrum
An den Kapuzinern
4790 Paderborn

Bielefelder Flüchtlingsrat
c/o IBZ Friedenshaus
Teutoburgerstr. 106
4800 Bielefeld
Tel. 0521/69874

Bernd Knopf
Stedefreunder Str. 151
4800 Bielefeld 16
Tel. 0521/771320

Arbeitskreis Asyl
c/o I. Haug
Stiftskamp 32
4900 Herford

Herforder Flüchtlingsrat
c/o Arbeitslosenzentrum
Postfach 7088
4900 Herford
Tel. 0521/771320

DUNIA e. V.
Schloßstr. 25
4902 Bad Salzuflen
Tel. 05222/81909

AK Flüchtlinge Lippe
c/o Eckard Morfeld
Katerberg 7
4920 Lemgo
Tel. 05261/6110

Betrifft Asyl Minden
c/o Pfr. Dr. H. Winter
Martinikirchhof
4950 Minden
Tel. 0571/26902

5000

Flüchtlingsrat Köln
c/o Kirchl. Dienst der Stadt
Kartäusergasse 9–11
5000 Köln 1
Tel. 0221/3383–249

Dorothee Heine
Kirchenkreis Köln-Nord
Myliusstr. 27
5000 Köln 30
Tel. 0221/528041

Peter-Christian Löwisch
Kölner Appell
Aduchstr. 2
5000 Köln 1
0221/727415

Psychosoiales Zentrum für
ausl. Flüchtlinge Köln
Caritas-Asylberatung Köln e.V.
Norbertstr. 25–27
5000 Köln 1
Tel. 0221/137378
Tel. 0221/136769

WIR e. V. – Forum für ein besseres
Verständnis zwischen Deutschen
und Ausländern
Elsa-Brandström-Str. 6
5000 Köln 1
Tel. 0221/7393730

Ökumenischer Arbeitskreis Asyl
c/o Pfr. Bröking-Bortfeldt
Nibelungenstr. 64
5000 Köln 60

284

Ökumenischer Arbeitskreis Asyl
c/o Pfr. Botterbusch
Am Theuspfad 44
5024 Pulheim 4

Aktionskreis Schöllerhof
c/o Diakon Röttger
Ludwig-Wolker-Str.
Pfarrbüro
5068 Odenthal

Arbeitskreis Asyl
c/o Gerda Frank
Auestr. 15
5090 Leverkusen 3
Tel. 02171/46544

Flüchtlingsrat Aachen
c/o Ute Sparschuh
Charlottenstr. 11
5100 Aachen
Tel. 0241/512837

Verein ausländischer
Mitbürger
Jülicherstr. 156
5100 Aachen

Arbeitskreis Asyl
Aachener Str. 96
5102 Würselen

Sachkreis Asyl der
Arbeitsgemeinschaft für
Ausländerfragen im Bistum Aachen
c/o Georg Lauscher, Bildungsstätte
Wiesenstr. 17
5120 Herzogenrath

Arbeitskreis Asyl
c/o H. und L. Dowe
Danziger Str. 11
5160 Düren
Tel. 02421/74329

Arbeitskreis Asyl
c/o M. Kemerling
Neusser Str. 38

5170 Jülich
Tel. 02461/3602

Notärzte Dt. Komitee
Kupferstr. 7
5210 Troisdorf

ARAZ-Asylgruppe
c/o F. Hasselbruch
Hauptstr. 9
5231 Oberwarmbach

Arbeitskreis Asyl
c/o Hansjörg Weber
Bergstr. 40
5244 Daaden

Arbeitskreis Asyl
c/o J. Schneider
Auf der Brück 46
5270 Gummersbach-Dieringhausen
Tel. 02261/700933

Verband der Initiativgruppen
Ausländerarbeit
Theaterstr. 10
5300 Bonn 1
Tel. 0228/655553

Deutsche Flüchtlingshilfe e. V.
Colmantstr. 5
5300 Bonn 1
Tel. 0228/650993

Deutsches Rotes Kreuz
Friedrich-Ebert-Allee 71
5300 Bonn
Tel. 0228/541–1

Arbeiterwohlfahrt
Bundesverband
Oppelner Str. 130
5300 Bonn 1
Tel. 0228/6685–152

Amt des Hohen
Flüchtlingskommissars der
Vereinten Nationen
Rheinallee 6

5300 Bonn 2
Tel. 0228/364011

amnesty international
Postfach 170229
5300 Bonn 1
Tel. 0228/650981

Rechtshilfefonds für Ausländer
Postfach 190135
5300 Bonn 1

ZDWF
Hans-Böckler-Str. 3
5300 Bonn 1
Tel. 0228/462047–48

Beauftragte der Bundesregierung
für Ausländerfragen
Postfach 140280
5300 Bonn 1

Deutsche Stiftung
UNO-Flüchtlingshilfe
Simrockstr. 23
5300 Bonn
Tel. 0228/831483

Flüchtlingsrat Bonn
c/o Rechtshilfefonds
Vorgebirgsstr. 6
5300 Bonn 1
Tel. 0228/630253

Not-Anwälte
c/o Dt. Notärzte
Herzeleid 31
5330 Königswinter 41

Pax Christi Rheinbreitbach
c/o Brigitte Fischer
Rheinstr. 32
5342 Rheinbreitbach

Migration-Deutsche-Ausländer
Rheinstr. 32
5342 Rheinbreitbach

Arbeitskreis Asyl
c/o K. Lommersum
Augenbroicherstr. 13
5350 Euskirchen
Tel. 02251/63379

Irene Tiedemann
Lilienstr. 6
5401 Emmelshausen

Dagmar Brenner
Am Hafen 12
5401 St. Goar

Ivonne Peiter
Friedrichstr. 7
5406 Winningen

Kontaktgruppe ausl. Flüchtlinge
c/o M. Wiedmann-Mayer
F.-von-Stein-Str. 12
5430 Montabauer

Pro Asyl Mayen
c/o A. Klasen
Koblenzer Str. 44
5440 Mayen
Tel. 02651/43580

Beratungsstelle für Politische
Flüchtlinge
Stehbach 47
5440 Mayen
Tel. 02651/3566

Arbeitskreis Asyl
c/o U. Knebel
Auf Schruf 9
5442 Mendig

Ev. Arbeitskreis Asyl
Marktstr. 32
5480 Remagen

Arbeitskreis Asyl
c/o Angela Ansari
Walramsneustr. 12
5500 Trier

Arbeitsgruppe Frieden
Palaststr. 3
5500 Trier
Tel. 0651/40141

Ev. Kirchengemeinde
c/o Pfr. Lorenz
Auf Mohrbüsch 5
5500 Trier
Tel. 0651/57177

Arbeitskreis Asyl
c/o M. Nober
Am Behrensborn 6
5503 Konz

Arbeitskreis Asyl
c/o A. Friedrich
Prälat-Bent-Str. 2
5520 Bitburg

Brigitte Maibaum
Haardthof 9
5558 Schweich

Arbeitskreis Asyl
c/o M. Schäfer
Trierer Str. 6
5568 Daun
Tel. 06592/2184

Eberhard Batz
Gemeindedienst Weltmission
Parsevalstr. 32
5600 Wuppertal 2
Tel. 0202/87173

Ökum. Arbeitskreis
c/o Ch. Hövel
Kolpingstr. 14
5600 Wuppertal 1
Tel. 0202/302006

Asylarbeitskreis
c/o J. Dietrich
Kohlenstr. 13
5620 Velbert 13
Tel. 02052/7899

Arbeitskreis Asyl
c/o W. Kühn
Walkürenstr. 37–39
5630 Remscheid
Tel. 02191/342470

Ökum. Arbeitskreis
c/o M. Becker
Königstr. 8
5657 Haan
Tel. 02129/2433

Arbeitskreis Asyl
c/o C. Unger
Augustastr. 55
5800 Hagen
Tel. 02331/337624

Arbeitskreis Asyl
Hochstr. 33
5860 Iserlohn
Tel. 02371/20438

Arbeitskreis Asyl
c/o M. Wirth
Parkstr. 9
5880 Lüdenscheid
Tel. 02351/1807/80/81

Pfarrgemeinde
St. Thomas Morus
Hälverstr. 8
5885 Schalksmühle

Ausländerhilfe e. V.
c/o Beratungsstelle
Sandstr. 17
5900 Siegen

Initiativgruppe Ausländerhilfe
c/o Hans Wargalla
Holunderweg 11
5900 Siegen
Tel. 0271/76202

Dritte Welt Laden
Am Klafelder Markt 19
5900 Siegen
Tel. 0271/88686

Flüchtlingsrat
c/o R. Lippke
Concordiastr. 12
5901 Wilnsdorf 3
Tel. 02737/3294

AG Solidarische Kirche
c/o Sophie Niemeier
Fischelbachstr. 37
5928 Bad Laasphe
Tel. 02752/5329

6000

Pro Asyl
Neue Schlesinger Gasse 22
6000 Frankfurt 1
Tel. 069/293160

amnesty international
c/o Pia Bolz
Vogelsbergstr. 36
6000 Frankfurt 1
Tel. 069/709297

Kirchlicher Flughafen-
Sozialdienst
Hausbriefkasten 174
6000 Frankfurt 75
Tel. 069/6904713

Unterstützung politischer
Flüchtlinge
c/o Club Voltaire
Kleine Hochstr.
6000 Frankfurt 1
Tel. 069/732972 oder
Tel. 069/446601 oder
Tel. 069/494989

«IAF – Verband bi-nationaler
Familien und Partnerschaften»
(vierteljährlich aktualisierte Liste
aller Kontaktstellen im
Bundesgebiet [ca. 70] hier bitte
anfordern)
Mainzer Landstr. 147

6000 Frankfurt
Tel. 069/737898

Internationaler Sozialdienst
Am Stockborn 5–7
6000 Frankfurt 50
069/58031

Psychosoziales Zentrum
Beratung und Therapie ausl.
Flüchtlinge
Hinter den Ulmen 15
6000 Frankfurt
Tel. 069/520081–82

Zentrale Beratungsstelle
Sozialdienst für Flüchtlinge
Mainzer Landstr. 351
6000 Frankfurt

Frankfurter Rechtshilfe-Komitee
c/o Ev. Studentengemeinde
Lessingstr. 2
6000 Frankfurt 1
Tel. 069/729161

Deutscher Paritätischer
Wohlfahrtsverband
Heinr.-Hoffmann-Str. 3
6000 Frankfurt 71
Tel. 069/6706–252

Ausländerbeirat
Berliner Str. 100
6050 Offenbach
Tel. 069/8065–2700

Ausländerbeirat
Offenbacher Str. 11
6057 Dietzenbach
Tel. 06704/27854

Flüchtlingshilfe
c/o M. Runte
Stoltzerstr. 53
6078 Neu-Isenburg
Tel. 06102/6170/38038

288

Dekanatsverein Rüsselsheim
c/o Karl Roth
Th.-Heuß-Str. 39
6084 Gernsheim
Tel. 06258/2158

Ausländerbeirat
Stadt Rüsselsheim
Faulbruchstr. 7
6090 Rüsselsheim
Tel. 06142/600367

AK Asyl
c/o Pfarrer Stolze
Prinz-Christians-Weg 11
6100 Darmstadt
Tel. 06151/44141

Initiative Ausländer
c/o Rainer Scheffler
Nahestr. 43
6140 Bensheim 1
Tel. 06251/68654

Kath. Pfarramt St. Nazarius
AK ausländische Mitbürger
c/o Franz Thoma
Römerstr. 5
6143 Lorsch
Tel. 06251/52332

Arbeitskreis Asylfragen
Pfr. Schwemer
Th.-Storm-Str. 10
6148 Heppenheim
Tel. 06252/71270

Ausländerbeirat
Stadt Wiesbaden
K.-Schumacher-Ring 2
6200 Wiesbaden
Tel. 06121/312627
Tel. 06121/312874

Verwaltungsgericht Wiesbaden
Informations- &
Dokumentationsstelle für Asyl und
Ausländerrecht

Mühlgasse 2
6200 Wiesbaden

Flüchtlingsbeirat Frankfurt
c/o V. Moratwitz
Inselbergstr. 5
6230 Frankfurt 80
Tel. 069/318033

Ökumenische Initiative
c/o Pfr. Roth
Ostring 15
6231 Schwalbach
Tel. 06196/3556

Arbeitskreis Asyl
c/o S. Sartorius
Gustav-Adolf-Str. 4
6233 Kelkheim
Tel. 06195/3815

Arbeitskreis Flüchtlinge
im Main Taunus
c/o Kath. Bezirksamt Main Taunus
Am Kirchplatz 6
6233 Kelkheim
Tel. 06195/3097, 3098, 3099

Menschenrechte/Asyl
c/o H. G. Feldmann
Fr.-Ebert-Str. 36
6234 Hattersheim 1
Tel. 06190/2223

Ausländerbeirat
Rathausstr. 3
6234 Hattersheim1
Tel. 06190/808152

AK Hilfe und Beratung Asyl
Christkönig-Gemeinde
Hauptstr. 52
6236 Eschborn
Tel. 06196/44018

Solidaritätskreis Asyl
c/o H. Leuninger
Lindenstr. 12
6238 Hofheim/Ts.

Initiative Asyl
c/o Pfr. Axel Held
Richard-Kirn-Str. 25
6241 Worms
Tel. 06241/78367

Internationaler Club
Burgweg 8
6242 Kronberg
Tel. 06173/78581

Ausländerbeirat
Stadt Limburg
Postfach 1455
6250 Limburg
Tel. 06431/2030

Caritasverband
Roßmarkt 12
6250 Limburg

terre des hommes
c/o Harry Fenzel
Parkstr. 35
6252 Diez
Tel. 06432/7629

Ausländerbeirat
Postfach 1340
6282 Friedrichsdorf
Tel. 06172/731–240

Ausländerbeirat
Berliner Platz 1
6300 Gießen
Tel. 0641/3062007

Ausländerbeirat
Karl-Kellner-Ring 23
6330 Wetzlar
Tel. 06441/405417

Ausländerbeirat
Postfach 1560
6348 Herborn
Tel. 02772/5021

Verein zur Beratung
ausländischer Kinder
Marxstr. 20
6370 Oberursel

Ausländerbeirat
Postf. 2343
6380 Bad Homburg
Tel. 06172/100–228

Arbeitskreis Asyl
c/o M. u. H. Etzel
An der Leimenkaut 37
6380 Bad Homburg

AK Asyl Bad Homburg
c/o Pfarrer Schweitzer
Dorotheenstr. 3
6380 Bad Homburg
Tel. 06172/6863

AK Flüchtlinge im Hochtaunus
c/o Kath. Bezirksamt Hochtaunus
Dorotheenstr. 9–11
6380 Bad Homburg
Tel. 06172/20061

Ausländerbeirat
Postf. 1852
6450 Hanau
Tel. 06181/295–967

Arbeitskreis Asyl Rheinland-Pfalz
c/o Diakonisches Werk
Binger Str. 45
6507 Ingelheim
Tel. 06132/7056

Humanitäre Hilfe Asylbewerber
c/o M. Kobold
Veit-Stoß-Str. 17
6507 Ingelheim
Tel. 06132/86317

Dirk Römer
Pfarrer
Dankwartstr. 2
6520 Worms
Tel. 06241/23236

AK Asyl Simmern
c/o C. u. H. Wolf
Riesweilerweg 4
6540 Simmern
Tel. 06761/7757

Anneliese Hansen
Poststr. 1
6540 Simmern

AK Asyl
c/o Rita Behrens
Wehrstr. 28
6542 Rheinböllen
Tel. 06764/2934

Arbeitskreis Asyl
Baumgartenstr. 4
6550 Bad Kreuznach

Ev. Kirchengemeinde
c/o AK Asyl
Herzog-Wolfg.-Str. 10
6554 Meisenheim
Tel. 06753/2454

Ökum. AK Asyl
c/o B. Deveaux
Dhauner Str. 82
6570 Kirn
Tel. 06752/2160

AK Asyl
c/o Peter Hahn
Hauptstr. 35
6580 Idar-Oberstein
Tel. 06781/44833

Erwin Bonn
Pfarrer
Buhlenbergerstr. 12
6589 Brücken

Verein Förderung
berufliche Integration
Talstr. 44
6600 Saarbrücken

Psychosoziales Zentrum
Dudweiler Landstr. 153
6600 Saarbrücken

ESG Saarland
Waldhausweg 7
6600 Saarbrücken
Tel. 0681/34383

Treff International
Rohrbachstr. 55
6700 Ludwigshafen
Tel. 0621/524850

Vereinigung Irakischer Studenten in
der BRD u. W.-Berlin
Postfach 270307
6700 Ludwigshafen

Gabi Kercher
Hugo-Bischof-Str. 18
6702 Bad Dürkheim

AK Asyl Speyer
c/o Dritte Welt Laden
Kutschergasse 9
6720 Speyer
Tel. 06232/78285

Humanitäre Hilfe Asyl
c/o E. Kamenetzki
Karolinenstr. 39
6730 Neustadt

AK «Humanitäre Hilfe»
Lüderitzstr. 18
6730 Neustadt
Tel. 06321/83655

IAF Neustadt
c/o M. Demir
Marktstr. 45
6735 Maikammer

Kath. Pfarramt
c/o Herr Mayer
6747 Annweiler
Tel. 06346/7334

Arbeitskreis Asyl
c/o Ch. Frank
Schulstr. 8
6751 Geiselberg

Ev. Pfarramt
c/o U. Degen
6762 Alsenz

Franz Fußhöller
Kirchbergstr. 107
6780 Pirmasens

Humanitäre Hilfe für Asylbewerber
c/o Gertrud Wittig
Luitpoldstr. 13
6790 Landstuhl
Tel. 06371/2280

Dritte-Welt-Laden
c/o M. Dirschau
C 3, 19
6800 Mannheim

AK Asyl / ESG
M 1, 6a
6800 Mannheim
Tel. 0621/21172

Reinald Fuhr und Frau
Berliner Ring 74
6806 Viernheim
Tel. 06204/2999

Meier-Dörken und Frau
Eichenweg 15
6840 Lampertheim 3
Tel. 06206/54831

Friedolf Jötten und Frau
Heinrichstr. 22
6842 Bürstadt
Tel. 06206/6165 oder. 7428

Diakoniekreis Ev. Kirche
c/o Ehepaar Fuhr
Wilhelmstr. 7
6845 Groß-Rohrheim
Tel. 06245/8234

Heidelberger Initiative
c/o H. Thomsen
Gutleuthofhang 10
6900 Heidelberg
Tel. 06221/801527

AK Asyl
c/o V. Spindler
Alte Eppenheimer Str. 38
6900 Heidelberg

Ökumenische Initiative
c/o Pfr. Lee
Alleeweg 8
6932 Hirschhorn
Tel. 06272/2225

Flüchtlingshilfe
c/o G. Geiser
Großbreitenbach 56
6942 Mörlenbach
Tel. 06209/5418

Dieter Wendorff
Kirchbergstr. 3
6948 Waldmichelbach
Tel. 06207/3505

7000

Diakonisches Werk
Stauffenbergstr. 76
7000 Stuttgart 1
Tel. 0711/2159−1

Arbeitskreis Asyl
Baden-Württemberg
c/o Prf. Baumgarten
Vogelsangstr. 60
7000 Stuttgart 1

Arbeitsgemeinschaft «Dritte Welt»
Viehwasen 22−32
7000 Stuttgart
Tel. 0711/425810

IG ausländischer Mitarbeiter
c/o Jama Maqsudie
Haußmannstr. 6
7000 Stuttgart 1

Interessengemeinschaft
ausländischer Mitbürger
c/o W. Bauer
Maicklerstr. 9
7012 Fellbach

Doris Stahl-Dietrich
c/o Soziale Brennpunkte
Weimarstr. 31
7014 Kornwestheim

AK Asyl
c/o Brauer-Ladopoulos
Roßbergstr. 59
7022 Leinfelden-Echterd.

AK Asyl
c/o U. Sandbote
Alfred-Flügel-Str. 1 d
7024 Filderstadt-Bonl.

AG Ausländerfragen
H.-M.-Schleyer-Str. 15
7032 Sindelfingen
Tel. 07031/83194

Flüchtlinge und wir
c/o Herrn Thibaut
Am Burgrain 2
7033 Herrenberg

AK Asylantenhilfe
c/o M. Köhnlein
Im Nepfling 10
7070 Schwäbisch-Gmünd

Comboni-Missionare
c/o J. Holz
Postfach 1252
7090 Ellwangen

AK Asyl
c/o F. H. Stockmar
Eisenbahnstr. 3/1
7100 Heilbronn

Christiane Dahlheimer
Ringstr. 10
7200 Tuttlingen

Wolfgang Strobele
Eckenerstr. 1
7200 Tuttlingen

Freundeskreis Asyl e. V. Rottweil
c/o Norbert Schulz
Fliederstr. 13
7216 Dietlingen-Böhringen
Tel. 07404/7625

Uschi Steuer
Kirchstr. 21
7218 Trossingen

Günter Weidele
Rathaus
7230 Schramberg

Arbeitskreis Asyl
c/o Gabriele Müller
Webertalstr. 33
7238 Oberndorf/N.

AK Asyl
c/o Urte Struppe
7242 Dorhan

AK Asyl
c/o Ch. Tangl
Jahnstr. 7
7312 Kirchheim/Teck

Freundeskreis Asyl
c/o Antje Schramm
Am Wäldchen 17/A007
7320 Göppingen

Freundeskreis Asyl
c/o Marika Büren
Goethestr. 30
7400 Tübingen

Freundeskreis Asyl
c/o Herta Gehr
Ahornweg 12
7400 Tübingen

RIDAF
c/o U. Gandras
Albrechtstr. 31
7400 Tübingen

Jörg Fingas
c/o Aktionskomitee
Froschgasse 1
7400 Tübingen

Freundeskreis libanesischer
Flüchtlinge
c/oG. von Mangoldt
Dachtelstr. 20
7406 Mössingen

Freundeskreis Eriträer und
Deutsche
c/o Pfr. Fritz Weber
Buchenstr. 16
7406 Mössingen
Tel. 07773/21847

Freundeskreis Rottenburg
c/o Peter Häußer
Anton Buhl Weg 7
7407 Rottenburg

Roland Dietrich
Hüllenbergstr. 22
7440 Nürtingen-Reutern

AK Asyl
c/o Bernd Mirbeck
Im Sand 56
7443 Frickenhausen

AWO – Überregionale
Beratungsstelle für ausl. Flüchtlinge
Roonstr. 28
7500 Karlsruhe
Tel. 0721/8207-0

Flüchtlingsrat
c/o AI-Büro
Gartenstr. 62
7500 Karlsruhe

Gerd Müller
Stefanienstr. 4
7500 Karlsruhe
Tel. 0721/25880

Freundeskreis Asyl
c/o Dieter Lehmann
Pforzheimer Str. 5
7505 Ettlingen

Ökum. Arbeitskreis Asyl
c/o M. Krapf
In der Wann 11
7600 Offenburg

Ökum. AK Asyl – Haus des
Friedens –
c/o Frau Dr. Geiger
Hauptstr. 118
7600 Offenburg

AK Asyl und Teestube
c/o Pfr. Schmider
Bismarckstr. 82
7630 Lahr

Ausländerprojekt Caritas/Diakonie
c/o B. Trapp und C. Bleckwehl
Kaiserstr. 85
7630 Lahr

Verein zur Betreuung ausl.
Flüchtlinge
Sonnenblumenweg 16
7700 Singen

Verein für Vorschulerziehung/
Sozialbetreuung
Bohlinger Str. 22
7700 Singen
Tel. 07731/28525

Frede Möhrle
Im Ständer 4
7705 Steißlingen
07738/302

Hannelore Gut
– Caritas –
Käferstr. 43
7710 Donaueschingen

Heinrich Feldmann
Villinger Str. 39a
7710 Donaueschingen

Arbeitskreis Asyl
c/o F. Maier
Obereschacher Str. 9
7730 VS-Schwenningen

Ev. Kirchengemeinde
c/o A. Benzing
Schluchseestr. 85
7730 VS-Schwenningen

Ruth Schmidt
Offenburger Str. 13
7730 VS-Schwenningen

Ulrich Hahn
Bickenstr. 10
7730 VS-Schwenningen
Tel. 07721/25401 oder 3125

Schmidt-Agyman
Gewerbestr. 20
7730 VS-Schwenningen

Elisabeth Seidel
Ahornweg 4
7737 Bad Dürrheim
Tel. 07726/8906

Arbeitskeis Asyl
c/o Friedhelm Rostan
Hagenmoosstr. 20
7742 St. Georgen 4
Tel. 07725/7794

Inge Bopp
Kohlheppstr. 8
7743 Furtwangen

BI gegen Ausländerfeindlichkeit
c/o Norbert Kather
Bücklestr. 19
7750 Konstanz
Tel. 07531/50003 (vormittag)
Tel. 07531/56247 (privat)

BI gegen Ausländerfeindlichkeit
c/o Barbara Greifeld
Jakob-Burckhardt-Str. 26
7750 Konstanz
Tel. 07531/57932

Ansgar Kosnavaz
Sankertsweiler Str. 7
7794 Wald

Deutscher Caritasverband
Karlstr. 40
7800 Freiburg
Tel. 0761/2001

Arbeitskreis Asyl
Fauler Str. 8
7800 Freiburg

AK Asyl
c/o M. Kleinschmidt
Britzinger Str. 58
7800 Freiburg

Intern. Freundeskreis in der
Erwachsenenbegegnungsstätte
Weingarten
Sulzburger Str. 18
7800 Freiburg

Fuchs
Oberlinden 22
7800 Freiburg
Tel. 0761/36587

Flüchtlingsrat
Friedhofstr. 8
7808 Waldkirch

P. Krauel
Pfarrer
Mulsowstr. 32
7850 Lörrach
Tel. 07621/51339

AK Asyl Blaustein
c/o S. Hansen
E. Grözinger-Str. 75
7906 Blaustein

amnesty international
c/o Barbara Missalek
Mozartstr. 9
7981 Berg-Wettishofen
Tel. 0751/59509

ai-Gruppe 378
AK Asyl
c/o R. Dalchow
Fr.-Schiller-Str. 21
7991 Oberteuringen

8000

International Rescue
Komitee
Holbeinstr. 12/I
8000 München 80
Tel. 089/4706011

Initiativgruppe Betreuung
ausländischer Kinder
Hermann-Lingg-Str. 12
8000 München 2

Hilfswerk für Menschen
in Not
Safferlingstr. 6
8000 München 19

Münchener Flüchtlingsrat
c/o Regina Makowiak
«3.-Welt-Café»

Deiser Str. 9
8000 München
Tel. 089/7257774

Initiative für Flüchtlinge
e. V.
c/o Frau Rassmann
Ickstadtstr. 32
8000 München 5
Tel. 089/2021539

Bayrischer Flüchtlingsrat
c/o L. Schlumberger
Brucknerstr. 25
8060 Dachau
Tel. 08131/85650

Christine Fuchs
Feuerhausgasse 11
8330 Eggenfelden

Hans Haberl
8346 Simsbach a. Inn
Tel. 08571/4754

BI-Asyl Regensburg
c/o Gotthold Streitberger
Silberne Fischgasse 17
8400 Regensburg
Tel. 0941/59173

Hanna Kiener
Bodenstein 106
8415 Nittenau
Tel. 09436/8693

Arbeitskreis Asyl
c/o Jost Hess
Hohenstaufenstr. 99
8480 Weiden

Freie Flüchtlingsstadt
c/o Otto Böhm
Johannesstr. 42
8500 Nürnberg
Tel. 0911/323022

Asylbewerber Stadtmission
Schafhofstr. 32
8500 Nürnberg 10
Tel. 0911/521350

Asylbewerber Stadtmission
Gerberstr. 15
8500 Nürnberg 40
Tel. 0911/4467177

Ausländerbeirat
Peter-Vischer-Str. 17
8500 Nürnberg 1
Tel. 0911/223408

Lothar Franzke
Festungsstr. 4
8630 Coburg
Tel. 09561/94908

Ko-Gruppe
c/o Asylantenhelferkreis
Zeppelinstr. 7
8670 Hof/Saale
Tel. 09281/93377

Freundeskreis für ausl. Flüchtlinge
c/o Michael Koch
Sanderglacisstr. 1
8700 Würzburg
Tel. 0931/83975

Arbeitskreis Asyl der KHG
Hofstallstr. 4
8700 Würzburg
Tel. 0931/50346

Freundeskreis Asyl
c/o E. Reininger
Am Güßgraben 1
8702 Kürnach
Tel. 09367/1444

Arbeitskreis Asyl
c/o Lothar u. Rose Soldan
Moltkestr. 5
8710 Kitzingen
Tel. 09321/24638

Arbeitskreis Asyl
c/o Jürgen Wilk
Hermann-Löns-Str. 29
8720 Schweinfurt
Tel. 09721/89238

Freundeskreis Asyl
c/o Friederike Sommer
Lukasstr. 7
8760 Miltenberg
Tel. 09371/6236

Initiativkreis für ausl. Flüchtlinge
c/o Franz Gerhard
Gartenstr. 35
8780 Gemünden/Main
Tel. 09351/3882

Arbeitskreis Asyl
c/o Petra Zanker
Friedberger Str. 2
8900 Augsburg
Tel. 0821/556963

Arbeitskreis Asyl
Kalchstr. 6
8940 Memmingen
Tel. 08331/5057

Haus International
Beethovenstr. 2
8960 Kempten
Tel. 0831/17138

Schweiz

Ökum. Basisb. Flüchtlinge
c/o Pfr. Bäumlin
Liebeggweg 19
CH-3006 Bern

Europ. Komitee zur Verteidigung
der Flüchtlinge
Missionsstr. 35
CH-4002 Basel

Verein Rechtsberatung
Asylsuchende
Idaplatz 2
CH-8003 Zürich

Schweizerische Zentralstelle für
Flüchtlingshilfe
Postfach 279
CH-8006 Zürich

Niederlande

Dutch Refugee Council
3c. Hugo de Grootstraat 7
NL-1052 LJ Amstederdam
Tel. 0031/2088 1311

Zu den Autoren

Heidi Bischoff-Pflanz, geb. 1942, z. Zt. als Sozialarbeiterin tätig; 1985 bis 1987 und 1989 bis 1990 Fraktionsvorsitzende der AL Berlin, Schwerpunkt Einwanderungs- und Flüchtlingspolitik; Austritt aus Fraktion und Partei während der rot-grünen Regierungskoalition in Berlin, seitdem parteilos. Gründungsmitglied von SOS-Rassismus Berlin.

Andrea Böhm, geb. 1961, Studium der Politik und Amerikanistik; seit 1989 Redakteurin bei der *taz* in Berlin; Arbeitsschwerpunkt u. a. Flüchtlinge und Migranten.

Freimut Duve, geb. 1936, seit 1980 Mitglied des Bundestages. Mitglied des Vorstandes der SPD-Fraktion; Mitglied im Auswärtigen Ausschuß/Unterausschuß für Menschenrechte und humanitäre Fragen. Von 1970 bis 1989 Lektor im Rowohlt Verlag und Herausgeber der Reihe rororo aktuell. Seit 1990 Herausgeber der Reihe «Luchterhand Essay». Autor zahlreicher Veröffentlichungen.

Hans Magnus Enzensberger, geb. 1929, Studium der Germanistik, Literaturwissenschaft und Philosophie; Begründer des Kursbuches; lebt als freier Schriftsteller in München

Heiner Geißler, geb. 1930, Mitglied des Bundestages, von 1977 bis 1989 Generalsekretär der CDU; 1982 bis 1985 Bundesminister für Jugend, Familie und Gesundheit; jetzt Stellvertretender Fraktionsvorsitzender der CDU/CSU.

Hans-Jürgen Heinrichs, geb. 1945, freier Schriftsteller und wissenschaftlicher Publizist. Herausgeber der Schriften von Michel Leiris, Victor Segalen, Max Raphael u. a. Publizierte vor allem in den Bereichen Ethnologie, Psychoanalyse, Kunst- und Literaturtheorie. Zuletzt erschienen von ihm die Essaysammlung *Fenster zur Welt*, ein Buch über Hubert Fichte: *Die Djemma el-Fna geht durch mich hindurch* sowie der Band *Der Reisende und sein Schatten*.

Barbara John, geb. 1938, Diplompolitologin; mehrjährige Tätigkeit als wissenschaftliche Assistentin. Seit Dezember 1981 Ausländerbeauftragte des Berliner Senats. Diverse Publikationen zu sprachdidaktischen und ausländerpolitischen Themen; u. a. Mitherausgeberin von *Von Zuwanderern zu Einheimischen, Hugenotten, Juden, Böhmen und Polen in Berlin*.

Anetta Kahane, geb. 1954, Studium der Lateinamerika-Kunde; ist seit Anfang 1991 Leiterin der RAA (Regionale Arbeitsstelle für Ausländerfragen). Die RAA arbeitet an Projekten zur Integration von Ausländern und zur Bekämpfung von Fremdenfeindlichkeit bei Jugendlichen in den neuen Bundesländern.

Claus Leggewie, geb. 1950, Professor für Politikwissenschaft in Gießen und Publizist, lebt in Frankfurt. Autor von *MultiKulti. Spielregeln der Vielvölkerrepublik*, Berlin 1990 (Rotbuch TB 28).

Hans-Joachim Maaz, geb. 1943, seit 1980 Chefarzt der Psychotherapeutischen Klinik in Halle. Mitbegründer der «Akademie für psychodynamische Therapie und Tiefenpsychologie» in der ehemaligen DDR. Seit 1989 Vorstandsmitglied der «Gesellschaft für Psychotherapie, Psychosomatik und Medizinische Psychologie». Veröffentlichungen u. a.: *Der Gefühlsstau. Ein Psychogramm der DDR*, Berlin 1990 (Argau), *Die Einheit beginnt zu zweit. Ein deutsch-deutsches Zwiegespräch*, September 1991 (zusammen mit Michael Lukas Moeller, Rowohlt · Berlin).

Bascha Mika, geb. 1954 in einem schlesischen Dorf in Polen; seit 1961 in der Bundesrepublik; Studium der Germanistik, Philosophie und Ethnologie; seit 1987 Redakteurin und Reporterin bei der *taz* in Berlin.

Ralf Neubauer, geb. 1952, Diplom-Volkswirt und Dr. agr., ist Wirtschaftskorrespondent der *Stuttgarter Zeitung*. Zusammen mit Peter Christ schrieb er: *Kolonie im eigenen Land. Die Treuhand, Bonn und die Wirtschaftskatastrophe der fünf neuen Länder*, erschienen im September 1991 bei Rowohlt · Berlin.

Bahman Nirumand, geb. 1936 in Teheran, studierte in München, Tübingen und Berlin Germanistik, Philosophie und Iranistik. Er war kurz vor dem Sturz der Monarchie wieder in den Iran eingereist, nachdem er Jahre vorher vor dem Geheimdienst des Schahs ins Berliner Exil geflüchtet war. Als Vorstandsmitglied der Nationaldemokratischen Front wirkte er an der demokratischen Opposition gegen Chomeini mit. Doch die Diktatur der Mullas zwang ihn bald in den Untergrund und anschließend abermals ins Exil. Bahman Nirumand lebt heute als Journalist und Schriftsteller in Berlin. Veröffentlichungen bei rororo aktuell u. a.: *Iran – hinter den Gittern verdorren die Blumen*. 1985; Bahman Nirumand/Keywan Daddjou: *Mit Gott für die Macht. Eine politische Biographie des Ayatollah Chomeini*. 1987/89; *Leben mit den Deutschen. Briefe an Leila*, Essay, 1989; *Sturm im Golf. Die Irak-Krise und das Pulverfaß Nahost*, 1990/91; *Die kurdische Tragödie. Die Kurden – verfolgt im eigenen Land*, 1991.

Victor Pfaff, geb. 1941, Rechtsanwalt in Frankfurt am Main, Mitglied der Bundesarbeitsgemeinschaft Pro Asyl, ist spezialisiert auf Fragen, die mit der Ausländereigenschaft zusammenhängen (Ausländer- und Flüchtlingsrecht, Staatsangehörigkeits- und Einbürgerungsrecht, internationales Ehe- und

Kindschaftsrecht); neben zahlreichen anderen Veröffentlichungen Mitverfasser des Kommentars Marx/Strate/Pfaff: *Asylverfahrensgesetz*.

Irene Runge, 1942 als Kind jüdischer Emigranten in den USA geboren, 1949 Rückkehr nach Deutschland, DDR; Studium der Soziologie und Ökologie; lebt heute als Publizistin und Wissenschaftlerin in Berlin.

Peter Schneider, geb. 1940, lebt als freier Schriftsteller in Berlin; Autor zahlreicher Erzählungen, Essays und Drehbücher; zuletzt erschien von ihm der Essayband *Extreme Mittellage*.

Sonia Seddighi, geb. 1955 in Arak/Iran; Ärztin; seit 1976 lebt sie in der Bundesrepublik Deutschland. 1991 veröffentlichte sie eine Kritik zu Betty Mahmoodys Buch *Nicht ohne meine Tochter*, die unter dem Titel *Eine Amerikanerin in Teheran* erschienen ist (Das arabische Buch, Berlin).

Fuad M. Seyid Ali, Kurde aus Irakisch-Kurdistan und promovierter Agrarwissenschaftler an der Universität Göttingen; Dozent an der Universität seiner Heimatstadt; von 1984 bis 1986 Übersetzungen in kurdischer und arabischer Sprache. Seit 1988 lebt er mit seiner Familie als anerkannter politischer Flüchtling in Deutschland.

Wolfgang Thierse, geb. 1943 in Breslau; bis 1975 Kulturwissenschaftler an der Humboldt-Universität, bis 1977 Mitarbeiter im Ministerium für Kultur der DDR, danach wissenschaftlicher Mitarbeiter an der Akademie der Wissenschaften der DDR, Zentralinstitut für Literaturgeschichte. Oktober 1989 Mitglied beim Neuen Forum, Januar 1990 Eintritt in die SPD. Jetzt MdB und Stellv. Vorsitzender der SPD-Bundestagsfraktion.

Andreas Zumach, geb. 1954, lebt seit 1988 als Autor und freier Journalist in Genf; zuvor Mitarbeiter der «Aktion Sühnezeichen/Friedensdienste» in Berlin.

WER KOMMT SCHON FREIWILLIG NACH DEUTSCHLAND?

Krieg in Jugoslawien, Unterdrückung der Kurden in der Türkei - handfeste Gründe, um zu fliehen. Denn wo Mord und Folter herrschen, wo also Menschenrechte mit Füßen getreten werden, ist ein humanes Leben nicht mehr möglich. Und so suchen die Flüchtlinge, die zu uns kommen, weniger den goldenen Westen, als vielmehr Schutz. In ihrer Heimat können sie, auch wenn sie es wollen, nicht leben. Es ist ein Gebot der Menschlichkeit, diese Bedrohten aufzunehmen. Darum setzen wir uns für ein uneingeschränktes Asylrecht ein. Unterstützen Sie uns durch Ihre Mitgliedschaft im Förderverein PRO ASYL e.V. oder durch eine Spende. Wir brauchen Sie, um weiterhin die Stimme für Flüchtlinge zu erheben.

PRO ASYL
Förderverein PRO ASYL e.V.